ÜBUNGEN
IM
BÜRGERLICHEN RECHT
FÜR ANFÄNGER

ZUM AKADEMISCHEN GEBRAUCH UND ZUM SELBSTSTUDIUM

VON

DR. RUDOLF STAMMLER,
PROFESSOR AN DER UNIVERSITÄT HALLE.

ERSTER BAND.

EINLEITUNG. ALLGEMEINER TEIL. RECHT DER SCHULDVERHÄLTNISSE.

ZWEITE, VERBESSERTE AUFLAGE.

MIT EINER KARTE DES IM DEUTSCHEN REICHE VOR 1900 GELTENDEN BÜRGERLICHEN RECHTES.

LEIPZIG
VERLAG VON VEIT & COMP.
1902

Lerne das Einfache vollenden, ehe du zu etwas Verwickeltem fortschreitest. Suche in jeder Kunst eine Stufenfolge der Erkenntnis zu erreichen, in welcher jeder neue Begriff nur ein kleiner, fast unmerklicher Zusatz zu tief eingeprägten, und dir selbst unvergeßlich gemachten, früheren Erkenntnissen ist. *Pestalozzi.*

Druck von Metzger & Wittig in Leipzig.

EUGEN HUBER

IN HERZLICHER FREUNDSCHAFT

DARGEBRACHT.

Vorwort.

1.

Die erste Frage, welche der Rechtsstudent sich klar machen muß, ist die nach einer festen Grundstimmung für die Verwertung seiner Studienzeit.

Hier stehen sich heute, aus längerer geschichtlicher Entwickelung her, zwei getrennte Auffassungen einander gegenüber. Nach der einen Meinung möchte das akademische Rechtsstudium ein gewisser Luxus sein, die Zeit eines staatlich zugestandenen äußeren Lebensgenusses, getragen von bevorrechteter Auffassung, — nach der zweiten Ansicht ist es dagegen eine pflichtmäßig obliegende Tätigkeit und eine Berufsarbeit, wie andere auch.

Die zuerst genannte Anschauung hat eine Tradition aus vergangenen Tagen für sich. Sie konnte sich namentlich für die Ausbildung der Juristen auf der Universität in der Periode festsetzen, in der das geltende Recht in Deutschland zum größten Teile partikular verschieden war. Da blieb der Rechtslehre im wesentlichen nur eine allgemein vorbereitende Aufgabe: Sie übermittelte den geschichtlichen Lauf der rechtlichen Ordnungen, von deren einzelner Ausgestaltung in der Gegenwart sie keine Darstellung liefern durfte; sie versuchte, an den Institutionen vormaliger Rechte die wissenschaftliche Technik zu zeigen, mit der auch heute Jurisprudenz und Gesetzgebung zum großen Teile arbeiten, und überließ es der späteren praktischen Tätigkeit, das wirklich bestehende Recht überhaupt erst kennen zu lernen.

In der neueren Zeit hat sich das grundlegend geändert. In dem Mittelpunkte des juristischen Unterrichtes auf der Hochschule steht nunmehr das praktisch geltende Recht, das in wachsendem Maße durch die Reichsgesetzgebung sich einheitlich ausgestaltet. Es gibt heute wohl keinen einzigen Zweig der Rechtserkenntnis, der nicht seine systematisch vollendete Ausführung in der akademischen Rechtslehre erführe: So bietet diese nicht mehr eine bloße Vorbereitung zu einer nachher zu beginnenden Ausbildung, sondern sie ist diese wissenschaftliche Ausbildung selbst.

Noch immer aber waltet weithin jene Tradition, die vorhin angedeutet wurde. Und das ist ein übles Ding, von dem Standpunkte unserer allgemeinen Lage aus.

Die Zeiten sind ernst. Nur durch bestes Aufbieten seiner Kräfte, durch rechtes Vervollkommnen des geistigen Könnens vermag ein Stand und ein einzelner seine Daseinsberechtigung zu behaupten.

Die Anforderungen ändern sich. Was der einen Epoche als ein harmloses Spiel nur erschien und als ein unbedenklicher Rest von mittelalterlicher Romantik, das ist anderen Tagen mit sachlichem Grunde ein soziales Unrecht! Und müßig ist es auch hier, einer angeblich guten alten Zeit sehnsüchtig nachzuschauen.

Übel stände es um unser Volk, wenn wirklich die Entwickelung des Charakters in rechter Weise sich nur durch eine Lebensführung erwerben ließe, die bloß einer verschwindend kleinen Zahl junger Leute zukommen könnte. Hier dürfte lediglich ein Versuch vorliegen, gewisse, bloß subjektiv gültige Neigungen nach allgemein gültiger Art zu rechtfertigen.

Die Lehrjahre eines Menschen sollen sich von den Wander- und Meisterjahren nicht durch Vergeudung von Zeit und Kraft und bloßen leichten Sinn unterscheiden. Wenn es überall Pflicht ist, sich gegenständlich zu vervollkommnen, so dürfen jene erstgenannten davon sich nicht ausnehmen.

Aber man meint wohl, daß sich beides doch *vereinigen* ließe? Davon ist hier keine Rede. Wir sprechen nicht von einem mehr oder weniger in frohen Erholungsstunden. Jetzt handelt es sich um zwei prinzipiell verschiedene Grundstimmungen, die tatsächlich in unserer, an diesem Punkte unfertigen Entwickelung miteinander ringen. Und von diesen kann bloß die eine richtig sein, und nur die eine das Feld behaupten.

2.

Für diejenigen, welche unserer allgemeinen Auffassung zustimmen, erhebt sich nun die weitere Frage: In welcher sachlichen Richtung soll die geforderte Berufsarbeit grundsätzlich aufgenommen werden?

Wer als pädagogischer Staatsmann oder als akademischer Lehrer für die wissenschaftliche Ausbildung jemandes zu sorgen hat, muß sich zuvor klar machen, wie normalerweise der am Schlusse der Unterweisung aussehen sollte, für den wir lehrend uns mühen. Welche Eigenschaften sollte also ein junger Jurist nach dem Abschlusse seiner Studien aufweisen?

Ich antworte: Nicht bloß ein gelehrtes Wissen und positive Kenntnisse; auch nicht nur solche in wissenschaftlichem Zusammenhange begriffen und behalten; vielmehr auf der selbstverständlichen Grundlage dieses letzteren eine geistig gehobene Qualität.

Dreierlei ist es, was für eine rechtswissenschaftliche Ausbildung nötig ist, und dessen Erlangung in der Überzahl der Fälle nur durch akademischen Unterricht möglich erscheint.

Wir wollen die Erkenntnis unseres Rechtes und seiner Geschichte in einer technisch einheitlichen Auffassung einpflanzen. Es ist als ein harmonisch ausgeführtes Ganzes einzusehen und allenthalben gleichmäßig so zu durchdenken, daß in seinen Begriffen und Sätzen kein Widerspruch besteht. Dadurch allein vermag die Jurisprudenz sich zum wissenschaftlichen Range zu erheben. Denn Wissenschaft ist jedes Bewußtsein, das auf Einheit geht und in der Umformung zu ihr sich vollendet.

Aber es ist zweitens auch erforderlich, dem angehenden Juristen eine planmäßige Anleitung zum praktischen Können zu geben. Er soll die Fähigkeit erhalten, juristische Themata methodisch gut anzufassen und durchzuarbeiten und seine Urteilskraft in der Subsumtion des Konkreten unter die maßgeblichen Normen zu üben. Und falls ich einen Ausdruck von etwas zugespitzter Fassung einsetzen darf, so gehört es zum Bereiche des akademischen Rechtsunterrichtes zu lehren, wie man gute Entscheidungsgründe mache, zu demjenigen des praktischen Vorbereitungsdienstes dagegen anzuleiten, wie ein zutreffender Tatbestand angefertigt und eine rechte Beweiswürdigung vorgenommen werde.

Zum dritten gilt es, den Sinn dahin zu schärfen, daß man das Recht in dem Ganzen des sozialen Lebens und des Menschendaseins begreift. Nicht als ein gelehrter Polyhistor, sondern als ein denkender Jurist. Der praktische Beruf kennt später nur abgegrenzte Aufgaben als Einzelheiten. Man müßte in ihnen ertrinken und untergehen, wenn nicht der theoretisch geübte Blick das Ganze der rechtlichen Ordnung und ihres Waltens umspannte. Die einzige Gelegenheit aber, das zu erringen, ist für die weitaus meisten nur in die kurze Spanne der Universitätszeit gelegt.

Und es ist wohl am Platze, die Gelegenheit wirklich auszunutzen. Nicht aus persönlichem Bedürfnisse allein. Die unmittelbare Aufgabe der juristischen Praxis fordert es, stetig gesteigert.

Es gibt zwei Arten rechtlicher Subsumtion. Ein besonderer Tatbestand wird entweder unter ein technisch geformtes Gesetz gebracht oder unmittelbar nach sachlich richtigem Rechte beurteilt. Wie jeder Jurist heute weiß, ist das der Hinweis auf *Treu und Glauben*, die *guten Sitten*, den *wichtigen Grund*, das *billige Ermessen* und viele andere Ausdrücke mehr. Mit diesem verstärkten Zurückgehen der neuen Gesetze auf ein grundsätzlich begründetes Recht ist unserem Stande eine bedeutsame, vielleicht die schwierigste Aufgabe jetzt gestellt. Es ist eine Lebensfrage für die heutige Rechtsprechung und Verwaltung und juristische Beratung, daß jenes Zurückgehen auf gegründete Prinzipien in gesicherter Methode und überzeugender Deduktion geschehe. Die gute Absicht des Gesetzgebers darf nicht ein kleines Geschlecht finden.

Aber dann ist es auch unerläßlich, daß der angehende Jurist in den Tagen seiner akademischen Arbeit zu der starken Grundauffassung energisch erzogen werde, deren feste Betätigung von ihm einmal erwartet wird. Es muß ihm klar werden, was jene doppelte Subsumtion besagt, die wir oben nannten. Es soll ihm eindringen, wie es eine juristische Aufgabe ist, im Urteilen nach dem Grundgedanken des Rechtes selbst, die das Gesetzbuch mit *Treu und Glauben* und anderem fordert, und nicht eine moralische, die auf innere Gesinnung bloß geht. Er soll erkennen, wie die rechtliche Ordnung, als die Form der Gesellschaft, grundsätzlich nur einen Zwangsversuch zum richtigen Verhalten der ihr Unterstellten bedeutet, und eine Ahnung mag ihm aufgehen, was der Satz besage: *Cuius merito quis nos sacerdotes appellet: iustitiam namque colimus et boni et aequi notitiam profitemur.*

3.

Haben wir hiernach das Ziel der akademischen Rechtslehre umschrieben, so wird sich der Weg dazu in rechter Richtung deutlich und gesichert festhalten lassen.

Es kann keinem Zweifel unterliegen, daß auch innerhalb des juristischen Unterrichtes das Bemühen des Lehrenden vorzüglich auf die Entwickelung der Selbsttätigkeit im Lernenden gerichtet sein muß. Oberste Aufgabe des Rechtslehrers ist die, daß er den Studierenden zu selbständigem Denken anregt: Das Mittel zur Bildung ist die Erregung der Selbsttätigkeit.

Nun ist es klar, daß bei solchem Satze in erster Linie an die Art des unterweisenden Vortrages gerührt wird, der nicht in bloßer (und sei es noch so *exakter*) Darreichung empirischen Stoffes bestehen soll; sondern bei welchem eine geistige Gemeinchaft zwischen Lehrer und Hörern zu begründen ist, indem diese sich in den Blickpunkt des anderen versetzen und mit seinen Augen sehen lernen, auf daß die eigene Blickkraft rege werde.

Allein zur gänzlichen Erfüllung des Vorhabens, tüchtige Juristen auszubilden, kann es mit nichten genügen, dem Vortrage in erwähnter Weise eine möglichst gute Qualität zu verleihen: Es wird auch nötig sein, dem Studierenden in Abwechselung mit dem Aufnehmen des Stoffes, Aufgaben zu stellen, die er in Selbständigkeit, unter Anleitung des Lehrers zu durchdenken und zu lösen hat. Es ist diese Erwägung, die mich vor vielen Jahren dazu geführt hat, von dem ersten Beginne des Studiums an Übungen für Anfänger einzurichten.

Mehrfach hat man solche Anfängerübungen als Bewährung von etwas schon Gelerntem und die dortigen Arbeiten als Leistungen der Studenten aufgefaßt. Daraus zogen die Lehrer den Schluß, daß jene Übungen der Vorlesung, zu der sie gehörten, erst im nächsten Semester zu folgen hätten, und die Schüler wiederum, daß es unter allen Umständen darauf ankäme, gute Arbeiten als abgeschlossene Leistungen vorzulegen. Aber dieses erfüllt keineswegs den hier obwaltenden pädagogischen Plan.

Danach sollen die Anfängerübungen nur eine weitere besondere Lehrart sein, um denselben Stoff, der in der Vorlesung vorgetragen wurde, noch einmal von anderem Standpunkte aus vorzuführen. Bei einem einmaligen theoretischen Vortrage von abstrakten juristischen Lehren rauschen diese an der überwältigenden Mehrzahl unserer Studenten vorüber. Und es ist eine illusorische Forderung, daß sie das also Vorgetragene zu Hause mit Verständnis sich einprägten und fortdauernd für eine weitere Einübung in kommenden Zeiten präsent hielten. Vielmehr muß eine jede wichtige Rechtsfrage für den Anfänger im Rechtsstudium in verschiedener Beleuchtung vorgenommen werden, wenn er sie überhaupt begreifen und beherrschen soll.

Zwar kann es wohl dem tüchtigen Dozenten gelingen, dem Hörer das besondere Problem eines Vortrages in der Auffassung des Vordenkenden deutlich zu machen. Aber um es erkennend unter sich zu haben, dazu ist notwendig, daß der Studierende für sich und von sich aus es noch einmal hervorbringe. Er muß in dieser Arbeit es erwerben, will er es geistig wirklich besitzen. Es soll ja seine eigene Gedankenwelt sein, die er durch die akademische Lehre erhält, und nicht bloß wiedergegebene Sätze der letzteren selbst. So ist ihm Gelegenheit zu bieten, das Vorgetragene, als ein Hilfsmittel zu dem gedachten Ziele, in angeregter Nachprüfung zu durchdenken und es in seine (vielleicht sehr besondere) begreifende Art zu übersetzen.

Aus eigener Kraft sich das zu leisten, dazu sind nur sehr wenige im stande. Und für diese braucht man allerdings keine besonderen pädagogischen Ziele und Mittel. Hier kann man vielmehr ruhig das Wort KANTS gelten lassen, welches er einmal seinen Vorträgen vorausschickte: daß er nicht für die hervorragend Beanlagten lese, da diese ihren Weg schon so wie so finden würden; auch nicht für die ganz Beschränkten, denn solchen sei überhaupt nicht zu helfen; sondern für die breite Menge der mit gutem Durchschnittsverstande Begabten, aus denen wohl etwas Tüchtiges geschnitzt werden könne, so man ihnen die rechte Anleitung und Unterweisung biete.

Nach alledem wird nun die Aufgabe klar stehen, welcher die Anfängerübungen meines Planes, in diesem ihrem Grundgedanken, gerecht werden sollen. Sie sind eine Wiederholung des theoretisch Vorgetragenen, und zwar eine Wiederholung von der eigenen Denkart des Schülers aus, der dadurch zu selbständigem wissenschaftlichem Denken erzogen werden soll. Sie treten in eine Lücke ein, welche durch die Beschränkung auf ein nur einmaliges Vorführen der Lehre, und zwar nur von dem Standpunkte des Dozenten aus, sich erfahrungsgemäß allzu leicht bildet und doch mit Grund scharf empfunden wird.

In dem von interessierten Praktikern immer wieder gemachten Vorschlage, daß die Universitätslehrer das von ihnen Vorgetragene in Besprechung jeweils wiederholen sollten, liegt also ein nicht ohne weiteres zu verachtender und wegzuwerfender Gedanke. Nur die pedantischen Einzelheiten eines schulmäßigen Abfragens sind hier unmöglich. Sie bleiben bei unserem Plane ganz beiseite. Nach ihm kommt es gar nicht darauf an, daß gerade mit jedem einzelnen *geübt* wird; sondern nur darauf, daß er mit dem nochmaligen besonderen Durchsprechen der Rechtsfragen Anweisung und Arbeitsmöglichkeit zu eigener kleiner Produktion erhält. Und die etwaigen schriftlichen Arbeiten sollen mithin nur ein Mittel zur Erlangung des wissenschaftlichen Verständnisses sein, und nicht eine Probe einer gewordenen, sondern einer richtig werdenden juristischen Ausbildung abgeben.

Dagegen werden Arbeiten, welche als Probe einer in gewissem Maße erlangten rechtswissenschaftlichen Befähigung dienen, besser aus den Übungen herausgenommen und einer hinter diesen liegenden eigenen Zwischenleistung übergeben. Wird deren Ziel sachgemäß gesetzt, und nicht Gedächniswerk, sondern verhältnismäßig gehobene juristische Qualität gefordert, so muß dieses ja eine Wohltat sein, — nicht nur für Schwache und leichter Beeinflußte und Verführte, sondern gerade für die Guten, die Fleißigen und Tüchtigen. Denn es ist längst bemerkt worden, wie in keiner anderen Berufsarbeit eine so lange Zeit zwischen den Beginn der Tätigkeit und die Probe ihrer richtigen Durchführung gesetzt ist, als bei dem akademischen Studium, und namentlich bei dem juristischen. Erst nach Jahren wird dem, der es vormals gar nicht von selbst überblicken konnte, amtlich eröffnet, wie er es vordem hätte machen sollen, und daß er vielleicht schon längst besser getan hätte, von dem für ihn ungeeigneten juristischen Berufe Abstand zu nehmen. Je mehr aber Stoff und Art des Rechtsunterrichtes auf der Universität sich mehren und steigern, um so stärker muß das Fehlen eines konkreten Zieles nach kürzerer Arbeitsdauer sich unleidlich bemerkbar machen.

Hier war solches zu erwähnen, um den Plan der Anfängerübungen klarer herauszuschälen. Sie sollen nicht die geschilderte Doppelaufgabe übernehmen und nicht Probeleistungen des vollführten Studiums einer theoretischen Vorlesung abgeben; sondern haben in der vorhin geschilderten Weise einen wiederholenden Parallelkursus auszuführen.

4.

Die einzelne Durchführung des damit entworfenen Planes ergibt sich nun in Folgerichtigkeit von selbst.

Es zeigt sich, daß es ein unökonomisches Haushalten mit Zeit und Kraft der Studierenden ist, wenn sie in dem einen

Semester die Vorlesung bloß rezeptiv entgegennehmen und dann in dem darauf folgenden Halbjahre mit den dazu gehörigen produktiv durchzudenkenden Übungen einsetzen. Das hat von dem hier dargelegten Grundgedanken aus nicht mehr Sinn, als wenn man wünschen würde, daß jede Vorlesung eigentlich zweimal gehört werden sollte. Denn ich bestreite nicht, sondern behaupte vielmehr: daß erst bei dem wiederholten Durchdenken in neuer Betrachtungsart das rechte wissenschaftliche Verständnis eines juristischen Lehrvortrages sich eröffnet; nur freilich nicht bei einer einfachen und genauen Reproduktion, sondern bei einem selbsttätig nachsinnenden Verarbeiten.

Weshalb aber soll dieses nicht alsbald Punkt für Punkt der Vorlesung zur Seite gehen, um deren wirkliches Verständnis erst zu schaffen und einzuprägen; warum statt dessen ein volles halbes Jahr bloß darauf verwenden, Stoff zu sammeln und nach Hause zu tragen, und diesen erst im folgenden Semester mit dem Lehrer durcharbeiten? — Ich gestehe, hierin nichts als einen pädagogischen Umweg erblicken zu können, den man bei anderen lehrenden Bestrebungen schwerlich wählen möchte. Was würde man von einem Sprachunterrichte halten, der zunächst nur die Lehren der Grammatik einseitig vortrüge, ohne jemals den Schüler zur probeweisen Verwertung des durchgenommenen Stoffes anzuleiten? Oder könnte man sich die Einführung in die Mathematik ersprießlicher Weise sonstwie denken, denn in Verbindung mit zu lösenden Übungsaufgaben? Bei dem Rechtsunterrichte aber steht es nicht anders. Und so wenig das Verstehen des heute Vorzutragenden — von dem Standpunkte des bloßen Vortrages aus — von dem wesentlich abhängig sein darf, was die Vorlesung in sechs Wochen bringen wird, so wenig braucht es das selbsttätige Einüben des jetzt Vorgeführten zu sein.

Nirgendwo ist das von größerer Bedeutung, als gerade in dem ersten Studiensemester. Hier ist das Verständnis des römischen Rechtes zu erschließen, das die beste Einführung und sicherste Grundlegung für das Rechtsstudium bietet. Es stellt ein abgeschlossenes System dar, klar zu überschauen, ohne alsbald in Einzelheiten zu sehr abzulenken; und mit sicheren juristischen Begriffen, in deren Synthesis die formale Methode auch unserer Rechtsvorstellungen sich zeigt. Es gewährt die Möglichkeit, da man es durch den weiten Gang der Jahrhunderte begleitet, den Sinn für das geschichtliche Werden eines Rechtes zu pflegen und dieses in seiner rechten Funktion innerhalb einer sozialen Entwickelung analysierend aufzuzeigen. Sein Aktionensystem ist die beste Schule für die Schärfe des juristischen Nachdenkens und Begründens; und seine Betrachtung führt alsbald zu den Klassikern der Rechtsprechung, den unerreichten Vorbildern in der Handhabung des Rechtes als einer *ars boni et aequi*.

Aber das römische Recht ist auf der anderen Seite in seinen Eigenarten dem Anfänger so fremd, daß die wiederholte und doch verschieden geleitete Durchsprechung im einzelnen ganz besonders angezeigt sein muß. Ihre Möglichkeit wird gleichzeitig durch exegetische und praktische Übungen gegeben. Die Lektüre römischer Quellen ist im ersten Studiensemester aus eigener Kraft des Studierenden so gut wie unmöglich, mit geeigneter, der Vorlesung folgender Anleitung ohne alle Schwierigkeit und überaus fruchtbar; und die alsbaldige praktische Anschauung dessen, was das Recht eigentlich will und soll, wird sich ohne das Hinführen zum selbständigen Nachdenken über konkrete Rechtsfragen ebensowenig gewinnen lassen, wie sie mit diesem Hilfsmittel leicht und eindringlich beschafft werden kann.

Und daß dieses in gemessener Zeit und unter Zusammenhalten der Kräfte der Studierenden geschieht, darauf drängt die nunmehrige Lage des Rechtes und der Rechtswissenschaft in starker Weise hin. Bis vor kurzem war (aus den in der ersten Nummer dieses Vorwortes erwähnten Gründen) für das römische Recht ein Zeitraum von drei Semestern (*Institutionen* und *Pandekten*) bemessen; jetzt konnte ihm nur ein einziges zugeteilt werden. Nur ergänzend und freilich sehr nutzbringend mögen in der weiteren Studienzeit Exegetika sich einlegen. Die Hauptarbeit aber ist heutzutage für diese Grundlegung des ganzen juristischen Studiums in dem ersten Halbjahre zusammenzudrängen, für das sonach gerade die Notwendigkeit eines sehr intensiven

Studiums sich ergibt; wie nicht minder diejenige, durch lehrende und durch verwaltende Einrichtungen dem tunlichst nachzuhelfen.

Für die sich anschließenden und nun weiter bauenden Anfängerübungen im bürgerlichen Rechte kann ich jetzt für alle Teile Aufgaben und Themata zur Verfügung stellen. Auch sie wollen einen eigenen Kursus neben den Vorlesungen abgeben. Es entspricht nicht ausreichend der Meinung unserer Übungen, wenn hier und da ein Rechtsfall aus der Sammlung herausgegriffen wird: während ihnen die Absicht zu Grunde liegt, das eindringliche, weil selbsttätig erworbene Verständnis des in der Vorlesung Gelehrten erst erschöpfend zu beschaffen. Darum sollten sie möglichst vollständig von dem Studierenden durchgearbeitet werden, der nun überall eine Probe für sich machen kann, ob er auch wirklich das wissenschaftliche Verständnis der gerade in Frage stehenden Lehre erlangt hat.

Auf diesem Studium des römischen und des bürgerlichen Rechtes baut sich dann abschließend das Praktikum des bürgerlichen Rechtes auf. Während die Anfängerübungen darauf abzielen, jede einzelne Lehre für sich zu klären und festzusetzen, so hat das Praktikum die Aufgabe, die Gesamtübersicht über das bürgerliche Recht in sicherer Beherrschung zu liefern. Es soll zugleich die methodische Einführung in die praktische Rechtswissenschaft geben und die Fähigkeit der juristischen Subsumtion, die in den seitherigen Übungen von selbst in gewisser Weise geweckt wurde, nach pädagogischem Plane nunmehr fördern und ausbilden. —

Auf dem Gebiete der Reform unseres juristischen Unterrichtes sind der Worte nachgerade genug gewechselt: es war notwendig, zu tatkräftigem Versuche einmal überzugehen. Daß dieses wünschenswert und angebracht ist, das ist mir allerdings eine sichere, in genügender Erfahrung wurzelnde Überzeugung; und jede mögliche Verbesserung und Vervollkommnung im Betriebe des Rechtsstudiums kann ja doch jedem nur willkommen sein. Ich kenne sehr wohl das Wort Lessings: *Erziehung gibt dem Menschen nichts, was er nicht auch aus sich selbst haben könnte; sie gibt ihm das, was er aus sich selbst haben könnte, nur schneller und leichter.* Aber ich fürchte, daß dieses außerhalb seines dortigen Zusammenhanges vor Mißdeutung nicht sicher ist, und es hat Auslegungen gegeben, die der Meinung des großen Urhebers ganz ferne lagen.

Daher vermeine ich, daß wer das Lehren zum Berufe sich erkoren, mit Lust und Liebe es betreiben mag, besser und sicherer bei dem Satze als Wahrspruch bleiben soll: Das Leben unterrichtet auch, aber recht nur den geschulten Kopf!

Halle a. S., 2. August 1902.

Rudolf Stammler.

Berichtigung.

§ 4 Nr. 4, d) [S. 8] lies: Gesetz, betr. die Abänderung des § 4 d. Ges. über d. Postwesen, v. 20. Dezember 1875.

Inhalt.

Einleitung.

Erstes Buch.

Allgemeiner Teil.

Erster Abschnitt.

Systematik des bürgerlichen Rechtes.

Zweiter Abschnitt.

Die Personen.

A. Natürliche Personen.

B. Juristische Personen.

Dritter Abschnitt.

Die Sachen.

Vierter Abschnitt.

Der bürgerliche Rechtsverkehr.

Fünfter Abschnitt.

Ausübung und Schutz der Rechte.

Zweites Buch.

Recht der Schuldverhältnisse.

Erster Abschnitt.

Art und Grenzen der Haftung des Schuldners.

Zweiter Abschnitt.

Die geschuldete Leistung.

Einleitung.

Quellen und Literatur.

I

1. In der Landgrafschaft Hessen-Darmstadt wurde durch landesherrliche Verordnung vom 2. März 1795 die Errungenschaftsgemeinschaft eingeführt. Durch die Rheinbundsakte wurde unter anderen auch das vormals reichsunmittelbare Gebiet der Freiherren von Riedesel (Lauterbach in Oberhessen), woselbst das Dotalsystem galt, mit jenem Lande vereinigt.

Vor der Geltung des BGB. schwankten die Gerichte, ob in Lauterbach in jener Frage das gemeine Recht oder das hessische Landesrecht anzuwenden sei.

Welches war die richtige Ansicht?

2. Durch eine zwischen Baden und der Schweiz getroffene Vereinbarung wegen Regulierung der Grenze bei Konstanz, abgeschlossen am 28. April 1878, seitens des Deutschen Reiches als rechtsgültig anerkannt am 24. Juni 1879, wurde eine in genannter Gegend zweifelhafte Grenze vertragsmäßig festgesetzt und dabei verschiedenes Areal, besonders zu dem Konstanzer Bahnhof gehörige Grundstücke, von seiten der Schweiz abgetreten und für die Zukunft der badischen Staatshoheit unterstellt.

Von welchem Einflusse ist diese Übereinkunft auf das dortselbst anzuwendende Privatrecht gewesen?

3. Das Hamburger Stadtrecht von 1603 widersprach in II, 9 Art. 13 dem römischen Rechte in der Frage: ob Kauf Miete breche? Jenes Gesetz war aber nur für die Stadt Hamburg erlassen und im Landgebiete nicht in Geltung. Am 1. August 1868 wurde die Vorstadt St. Georg und der seit 1830 zu ihr gehörige innere Hammerbrook mit der Stadt vereinigt. In der Bekanntmachung des Senates fand sich die Bemerkung, daß mit dem 1. August 1868 eine völlige Gleichstellung der Bewohner der seitherigen Vorstädte mit denen der Stadt eintreten sollte.

Es fragt sich, wie es seitdem mit Kauf und Miete in den ehemaligen Vorstädten stand? (EG. 170 u. 172.)

---

4. Im Januar 1740 waren zwei Lübecksche Schiffe in der Ostsee, unweit Dahms, holsteinischen Amts Cismar, gestrandet. Die holsteinischen Beamten waren willens, die Strandgerechtigkeit auszuüben, indem sie sich auf mehrere landesherrliche Verordnungen stützten, wonach den Bergern ein Dritteil, der Landesherrschaft ebenfalls ein Dritteil der geborgenen Güter zukam, den Eignern des gestrandeten Schiffes und der Ladung also nur ein Dritteil übrig blieb. Dagegen wandte sich der Rat der Stadt Lübeck an den Bischof Adolf Friedrich, als Administrator zu Schleswig-Holstein, mit der Bitte, die Schiffe frei zu geben, sich darauf berufend, daß das Standrecht dem römischen Rechte fremd, auch durch CCC. Art. 218 verboten sei.

Die Sache erwuchs nachmals an das Reichs-Kammergericht. Wie war selbige zutreffend zu entscheiden?

Gesetzesstellen:

Vorrede des peinlichen halssgerichts (1532).

. . . Welchs wir also inn druck zubringen verschafft haben, daß alle vnd jede vnser vnnd des Reichs vnderthanen sich hinfürter inn peinlichen sachen, inn bedenckung der groß vnd ferligkeyt der selben, jetzt angezeygten begrieff, dem gemeynen rechten, billicheyt vnd loblichen herbrachten gebreuchen gemeß halten mögen, wie eyn jetlicher on zweifel für sich selbst zuthun geneygt, vnd deßhalben von dem Almechtigen belonung zu empfahen verhofft. Doch wollen wir durch dise gnedige erinnerung Churfürsten Fürsten vnd Stenden, an jren alten wolherbrachten rechtmeßigen vnd billichen gebreuchen, nichts benommen haben.

Von mißbreuchen vnd bösen vnuernünfftigen gewohnheyten, so an etlichen orten vnd enden gehalten werden.

CCXVIII . . . . Deßgleichen an vilen enden der mißbrauch so eyn schiffmann mit seinem schiff verferet, schiffbrüchig würde, daß er alßdann der oberkeyt des selbigen orts, mit schiff, leib vnd güttern verfallen sein solt, . . . Wollen wir, daß eyn jede oberkeyt abschaffen vnd daran sein soll, daß sie hinfürther nit geübt, gebraucht oder gehalten werden, als wir dann auß Keyserlicher macht die selben hiemit auffheben, vernichtigen vnnd abthun, vnd hinfürter nit eingefürt werden sollen.

5. Handelsmann Samuel Hechelheim in Frankfurt a. M. hatte vor Eingehung seiner Ehe mit seiner Braut Ehepakten abgeschlossen, welche ganz nach der früher unter den Juden üblichen Schablone gearbeitet waren: wonach unter Berufung auf das jüdische Erbrecht die etwa überlebende Witwe neben ihrer zurückzugebenden Mitgift eine bestimmte Vergrößerung dieser Mitgift aus dem Nachlasse des Ehemannes erhalten sollte.

Nach dem im Dezember 1899 erfolgten Tode des Hechelheim beanspruchte die Witwe außer ihrer Mitgift die Hälfte der Errungenschaft, die ihr nach der Frankfurter Reformation von 1578 zustehe; wogegen die Verwandten des Hechelheim darauf aufmerksam machten, daß bei der jetzigen Sachlage jüdisches und gemeines Recht in Anwendung zu bringen seien; nach welchen beiden die hinterbliebene Ehegattin kein gesetzliches Erbrecht habe.

Wer war im Rechte? (EG. 213).

Cf. l. 7, 8 C. de Iudaeis (1, 9).

---

6. Der Gärtner Roland in Oppenheim, einer im vormals pfälzischen Teile von Rheinhessen gelegenen Stadt, ersucht im Jahre 1899 den Kaufmann Blauschild um ein Darlehen von 1000 ℳ, verzinslich zu 5%, rückzahlbar in zwei Jahren. Dieser will jedoch dem Roland den Kredit nur gewähren, wenn er ihm einen tauglichen Bürgen stellt. Einen solchen findet Roland in der Person seines Freundes Brenner, der die fragliche Bürgschaft zu übernehmen bereit ist.

Es sind folgende Fragen zu beantworten:

a) In welcher rechtlichen Form muß diese Verbürgung des Brenner eingegangen werden?

b) Wie stände es in dieser Hinsicht, falls eine solche Bürgschaft stattfinden sollte in: Heidelberg; — Lindenfels im Odenwalde (gleichfalls früher kurpfälzisch); — Neustadt in der Rheinpfalz; — Amberg in der Oberpfalz; — Bacharach am Rhein (preußische Rheinprovinz, ehedem zur Kurpfalz gehörig); — Karlsruhe; — München; — Bamberg; — Bayreuth; — Celle; — Hannover; — Hildesheim; — Hamburg; — Stettin; — Bergen auf Rügen; — Dresden;

— Straßburg im Elsaß; — Paris; — Zürich; — Genf; — Wien; — Smyrna, zwischen zwei deutschen Kaufleuten, — oder zwei sonstigen Reichsangehörigen?

Rechtsquellen[1]:

a) L. 8 pr. D. de fideiussoribus (46, 1); — § 8 I. de fideiussoribus (3, 20); l. 30 D. de V. O. (45, 1); l. 134 § 2 eod.

b) Heutiges gemeines Recht, auf Grund sichern alten Gewohnheitsrechtes: vgl. STRYK, Usus modernus pandectarum lib. 46, 1 § 6; WINDSCHEID, Lehrbuch des Pandektenrechtes § 476 Abs. 2, § 312.

c) Erneutes und verbessertes Land-Recht Churfürstlicher Pfalz bei Rhein, von 1610, wiederholt 1698.

T. I Tit. 15 § 3: . . . *ordnen, gebieten und wollen Wir, daß hinfüro alle der Bürger und Bawern bürgschafften, sie seyen so gering als sie wollen, mit jedes orts ordenlichen Amtmans, oder anderen gerichtlichen Obrigkeiten, in Städten, Flecken und Dörffern, vorwissen und bewilligung beschehen, auch dieselbige durch briefliche uhrkunden, oder ordentliche verzeichnuß, in eines jeden orts Ampt- oder Gerichtsbuch mit allen umbständen, notirt und auffgeschrieben, bekreftigt, sonsten aber nicht gültig, noch darauf ichtwaß erkandt werden soll.*

Die gleiche Bestimmung ist auch in das Landrecht des Fürstentums der oberen Pfalz von 1657, Tit. 16, übergegangen.

d) Policey-Ordnung für Braunschweig-Lüneburg, von 1618.

C. 42: *§ 2. Gebieten demnach und wollen, daß inskünftige niemand unserer Unterthanen, er sey auch wer er wolle, adelichen oder gemeinen Standes, für jemanden Bürge werde, er habe es denn zuforderst Uns vorgebracht und unseren Consens darüber erlanget. Gleichwol mögen die adelichen Landsassen, wann Unser Eigenthum darunter unbeschweret bleibet, auch ohne Unsern Consens vor 1000. Reichsthaler, und nicht höher Bürgen werden. § 3. Jedoch was Bürger betrift, die können es mit Vorwissen und Beliebung des Raths an jedem Ort. § 4. Wie dann auch die Bauern solches mit Consens der Beamten oder anderer Gerichts-Verwalter thun, die dann darin zu Beschwerung der Höfe ohne sonderliche hohe und große Ursachen, die sie bey sich*

---

[1] S. auch die Rechtskarte am Ende des Buches.

erwegen können und wir zu ihrer discretion setzen, nicht willigen werden oder sollen. § 5. Wofern nun diesem zuwider gehandelt wird, so soll die Bürgschaft kraftlos und nichtig seyn, auch von Uns oder den Unsrigen, oder Bürgermeistern und Räthen in den Städten und Flecken, denen Creditoren wider die Bürgen durchaus nicht verholfen.

In gleichem Sinne bestimmt die Hildesheim'sche Polizei-Ordnung von 1665, Art. 141.

Ebenso das Landrecht der Markgrafschaft Baden von 1622 und 1710, Th. IV. Tit. 15 § 3.

e) Codex Maximilianeus Bavaricus civilis IV, 10 § 4, Nr. 1.

f) ALR. I, 14 § 203.

g) CC. Art. 2011 ff., bes. 2015; vgl. Art. 1341.
EG. z. RCPO. § 14 Ziff. 2.

h) Bad. Landrecht Art. 2015; — Art. 1341. Vgl. Bad. AG. zu den Reichsjustizgesetzen § 146.

i) Österr. bürgerl. GB. § 1346; vgl. § 883.

k) Privatrechtl. GB. f. d. Kanton Zürich § 1781.

l) Sächs. bürgerl. GB. § 1449; vgl. § 821.

m) Altes HGB. Art. 281 Abs. 2; vgl. Art. 317.

n) Bayerisches Gesetz, die Intercessionen betr., v. 14. Januar 1871, Art. 3: *Die Eingehung von Intercessionen ist ohne Unterschied des Geschlechtes und Standes des Intercedenten an besondere Förmlichkeiten nicht gebunden.*

o) Schweiz. Obl. R. § 491.

p) Reichsgesetz über die Konsulargerichtsbarkeit vom 10. Juli 1879, § 3 und vom 7. April 1900 § 19.

Grundsätzlicher Standpunkt der angeführten Gesetzbücher zu dem seitherigen Rechte:

a) Promulgations-Patent vom 2. Januar 1756 zum Landrecht für die Kurbayerischen Lande mit Einschluß des Fürstentums der obern Pfalz.
Cod. Max. Bavar. civ. I, 2 §§ 9—13.

b) ALR. Einl. §§ 2—4. Preuß. Publ. Pat. zum ALR. v. 5. Februar 1794, Art. 1 und 2, 18; 3, 6; — 7.

Patent v. 9. September 1814 (für die wiedergewonnenen deutschen Provinzen) §§ 1 und 2.

Patent wegen Einführung des ALR. in die mit den preußischen Staaten vereinigten ehemals sächsischen Provinzen und Distrikte v. 15. November 1816, §§ 1—3, 9.

Gesetz v. 23. März 1873, Rechtszustand im Jahdegebiet.

c) Loi du 30. Ventôse An XII (31. März 1804), Art. 7: *Les Lois Romaines, les ordonnances, les coutûmes générales ou locales, les statutes, les réglements cessent d'avoir force de loi générale ou particulière, dans les matières, qui sont l'objet des lois composant le présent Code.*

Ebenso: Großh. Warschauische Verordnung v. 27. Januar 1808. — Westphälisches Dekret v. 21. September 1808.

d) Verkündigung des CC. in Baden unter dem Titel: *Das Badische Landrecht nebst Handelsgesetzen,* in offizieller Übersetzung, unter Aufhebung *des römischen und kanonischen Gesetzbuches und aller Land- und Stadtrechte und aller Rechtsgewohnheiten.*

Bad. Landr. Art. 4b.

e) Österr. Patent v. 1. Juni 1811, Nr. 4.

Österr. bürgerl. GB. §§ 10; 11.

f) Altes HGB. Art. 1.

g) Sächs. Verordnung v. 2. Januar 1863, die Publikation des bürgerlichen Gesetzbuches betreffend, § 2.

h) Schweizer. Obl. R. § 881.

i) Einf.-Ges. Art. 170.

II

1. Welcher Unterschied ist zwischen den folgenden Gesetzesbestimmungen bemerkenswert?

a) Verfassung des Deutschen Reiches v. 16. April 1871, Art. 4 : 13):

Der Beaufsichtigung seitens des Reiches und der Gesetzgebung desselben unterliegen die nachstehenden Angelegenheiten: . . . 13) die gemeinsame Gesetzgebung über das gesamte bürgerliche Recht, das Strafrecht und das gerichtliche Verfahren.

b) Schweizerische Bundesverfassung v. 12. September 1848, revidiert 1874, Art. 60:

Dem Bunde steht die Gesetzgebung zu: über die persönliche Handlungsfähigkeit; über alle auf den Handel und Mobiliarverkehr bezüglichen Rechtsverhältnisse (Obligationenrecht, mit Inbegriff des Handels- und Wechselrechtes); über das Urheberrecht an Werken der Literatur und Kunst; über den Schutz neuer Muster und Modelle, sowie solcher Er-

findungen, welche durch Modelle dargestellt und gewerblich verwertbar sind, über das Beitreibungsverfahren und das Konkursrecht.

Dazu Beschluß des Schweizervolkes vom 13. November 1898:

Der Bund ist zur Gesetzgebung auch in den anderen Gebieten des Civilrechtes befugt.

2. Allgemeine deutsche Wechselordnung, publiziert als Reichsgesetz am 24. November 1848 und 5. Juni 1869, Art. 41 Abs. 2: *Die Erhebung des Protestes ist am Zahlungstage zulässig, sie muß aber spätestens am zweiten Werktage nach dem Zahlungstage geschehen.*

Preußisches Einführungsgesetz vom 15. Februar 1850, § 4: *Proteste dürfen nur von 9 Uhr vormittags bis 6 Uhr abends, zu einer früheren oder späteren Tageszeit aber nur mit Zustimmung des Protestaten erhoben werden.*

Wie war und ist das juristische Verhältnis dieser Gesetzesbestimmungen zu einander? Ist der angeführte Satz des preußischen Rechtes noch heute in Geltung?

3. Im Jahre 1897 klagte ein Student der Medizin gegen seinen Vater auf Entrichtung eines monatlichen Unterhaltsbeitrages von 100 *M*, die zu ordnungsmäßiger Vollendung des Studiums nötig wären. Der Beklagte wandte ein, daß sein Sohn ihn mehrfach schwer beleidigt habe. Auch habe dieser sein mütterliches Erbe nicht mündelsicher angelegt und danach durch eigene Schuld verloren. Durch alles dieses sei der Anspruch des Klägers auf Unterhalt verwirkt.

Gesetzesstellen: L. 5 § 11 D. de agnoscendis et alendis liberis (25, 3). *Idem iudex aestimare debet, num habeat aliquid parens vel an pater quod merito filios suos nolit alere: Trebatio denique Marino rescriptum est merito patrem eum nolle alere, quod eum detulerat.* — ALR. II 2 § 253: *Ist aber der hilfsbedürftige Teil durch eigene Schuld verarmt; oder hat er sich gegen den andern so betragen, daß dieser ihn zu enterben berechtigt sein würde: so muß er mit dem bloß notdürftigen Unterhalte sich begnügen.* — BGB. 1611. — EG. 203.

Die Juristen waren verschiedener Ansicht. Die einen meinten, daß das Urteil bloß auf die Zeit bis 1. Januar 1900 sich erstrecken dürfte, und das Weitere einem späteren Prozesse zu überlassen wäre. Andere sagten, daß ein zweifaches Erkenntnis, für die Zeit vor und nach dem BGB., abzugeben sei. Von dritter

Seite wurde angenommen, daß das Gericht bloß nach dem 1897 geltenden Recht zu entscheiden und sich deshalb um das BGB. noch gar nicht zu kümmern habe.

Welches war die richtige Auffassung?

4. Sind folgende reichsgesetzliche Bestimmungen nach dem BGB. (EG. 32) noch in Geltung?

a) Strandungsordnung, v. 17. Mai 1874.

§ 9. . . . *Während der Seenot ist der Strandvogt befugt, zur Rettung von Menschenleben die erforderlichen Fahrzeuge und Gerätschaften, sowie jeden außerhalb der öffentlichen Wege zum Strande führenden Zugang auch ohne Einwilligung der Verfügungsberechtigten in Anspruch zu nehmen. Der hieraus entstehende wirkliche Schaden ist zu vergüten.*

BGB. 904.

b) Reichs-Strafgesetzbuch, v. 15. Mai 1871.

§ 34. *Die Aberkennung der bürgerlichen Ehrenrechte bewirkt ferner die Unfähigkeit, während der im Urteile bestimmten Zeit . . . 5. Zeuge bei Aufnahmen von Urkunden zu sein; 6. Vormund, Gegenvormund, Pfleger, Beistand der Mutter, Mitglied eines Familienrates oder Kurator zu sein, es sei denn, daß es sich um Verwandte absteigender Linie handele und die obervormundschaftliche Behörde oder der Familienrat die Genehmigung erteile.*

BGB. 1781 : 4); 2237 : 2). — EG. 34.

c) Gesetz, betr. die Pflichten der Kaufleute bei Aufbewahrung fremder Wertpapiere (Depotgesetz), v. 5. Juli 1896.

§ 2. *Eine Erklärung des Hinterlegers . . , durch welche der Verwahrer . . ermächtigt wird, an Stelle hinterlegter . . Wertpapiere . . gleichartige Wertpapiere zurückzugewähren oder über die Papiere zu seinem Nutzen zu verfügen, ist, falls der Hinterleger . . nicht gewerbsmäßig Bank- oder Geldwechslergeschäfte betreibt, nur gültig, soweit sie für das einzelne Geschäft ausdrücklich und schriftlich abgegeben wird.*

BGB. 700.

d) Gesetz über das Postwesen des Deutschen Reiches, v. 28. Oktober 1871.

Art. 7: *Bei Errichtung neuer Bahnhöfe oder Stationsgebäude sind auf Verlangen der Postverwaltung die durch den Eisenbahnbetrieb bedingten, für die Zwecke des Post-*

dienstes erforderlichen Diensträume mit den für den Postdienst etwa erforderlichen besonderen baulichen Anlagen von der Eisenbahnverwaltung gegen Mietsentschädigung zu beschaffen und zu unterhalten . . . Das Mietsverhältnis bezüglich der der Postverwaltung überwiesenen Dienst- und Dienstwohnungsräume auf den Bahnhöfen kann nur durch das Einverständnis beider Verwaltungen aufgelöst werden. BGB. 542; 544; 553; 564.

III

1. Welcher Unterschied liegt im Inhalte dieser Gesetzesbestimmungen vor?

a) EG. z. StGB. 2: *Mit diesem Tage* [1. Januar 1871] *tritt das Bundes- und Landesstrafrecht, insoweit dasselbe Materien betrifft, welche Gegenstand des Strafgesetzbuches für den Norddeutschen Bund sind, außer Kraft.*

b) EG. z. CPO. 14: *Die prozeßrechtlichen Vorschriften der Landesgesetze treten für alle bürgerlichen Rechtsstreitigkeiten, deren Entscheidung in Gemäßheit des § 3 nach den Vorschriften der CPO. zu erfolgen hat, außer Kraft, soweit nicht in der CPO. auf sie verwiesen oder soweit nicht bestimmt ist, daß sie nicht berührt werden.* — 3: *Die CPO. findet auf alle bürgerlichen Rechtsstreitigkeiten Anwendung, welche vor die ordentlichen Gerichte gehören.*

c) EG. z. BGB. 55.

2. An der Küste von Long Island ziehen sich Salzsümpfe hin, die seit Jahrhunderten von der Flut überschwemmt werden und zur Bebauung gänzlich ungeeignet sind. Jetzt hat man eine große Anlage hergestellt, durch die Sand, Muscheln und Kies, die den Boden der Meeresbucht bilden, in das sumpfige Gebiet hinaufgepumpt werden. Durch dieses Verfahren soll das Ufer um sechs Fuß gehoben werden, bis es nicht mehr von der Flut erreicht werden kann. Durch gewaltige Maschinen werden täglich 18 000 Kubikellen Meeressand aufs Land geschafft, und zwar vermischt mit einer fünffachen Menge Wasser, die es erlaubt, den Sand durch Röhren aufzusaugen und über die Niederung zu verteilen. Das Wasser fließt dann an Dämmen entlang wieder in das Meer zurück, während die festen Bestandteile niedergeschlagen werden, schnell trocknen und so einen festen Boden bilden. Später soll dann eine große Vorstadt auf diesem früheren Meeresgrunde entstehen, die durch eine zwei Meilen lange Promenade und durch eine elektrische Bahn mit Brooklyn und New York verbunden werden soll.

Gesetzesstellen: §§ 12; 20—24 I. de R. D. (2, 1). — ALR. II 16 § 8: *Grundstücke, welche noch niemandes Eigentum gewesen, kann der Staat für sich selbst in Besitz nehmen; oder auch an andere, sowohl zum Eigentum, als zur Nutzung, überlassen.* — Westpreußisches Provinzialrecht, v. 19. April 1844, 77: *Herrenlose und verlassene Grundstücke innerhalb der Grenzen eines adligen Gutes fallen dem Gutsherrn anheim.* — Preuß. Ges. v. 16. Februar 1857, 4: *Herrenlos gewordene Sachen und Grundstücke, sowie erblose Verlassenschaften fallen in dem, im Jahre 1807 unter preußischer Herrschaft verbliebenen Teile des alten Gebietes dem Fiskus, in dem übrigen Teile des Gebietes der Kämmerei der Stadt Danzig zu.* — BGB. 928. — EG. 55; 73; 129; 190.

Würde bei Beurteilung des erzählten Tatbestandes nach deutschem Rechte eine dieser Rechtsquellen Anwendung finden können?

3. Der Gerichtsassessor A. mietet am 1. August 1899 eine Wohnung auf ein Jahr. Zwei Tage darauf nimmt er ein Darlehen von 2000 ℳ auf, zu 4 % verzinslich, rückzahlbar in sechs Monaten. Am 2. September wird ihm von seiner Ehefrau ein Kind geboren; und er in demselben Monat als Vormund für einen verwaisten Knaben gerichtlich bestellt. Im Laufe des Oktober versichert er sein Leben bei einer Gesellschaft, die ihm eine Polize dahin ausstellt, daß sie berechtigt sei, nach dem Tode des A. an jeden Inhaber der Police die Versicherungssumme auszuzahlen und sich dadurch zu befreien; zugleich errichtet er ein Testament.

Während des Monates November kommt er mit einem Mitbewohner des Hauses in Streit, der einen dem A. vermieteten Kellerraum eigenmächtig an sich nimmt. Im Dezember kauft er eine altertümliche Uhr von X., wobei sich sechs Wochen später herausstellt, daß X. sie nur von dem Eigentümer Y. geliehen hatte, was A. unmöglich hatte wissen können.

Am 31. Dezember 1899 wird des A. Ehefrau, mit der er einen Ehevertrag nicht geschlossen hatte, schwer krank und stirbt nach wenigen Wochen. Bei der Liquidation ihres Nachlasses zeigt sich, daß eine laufende Ersitzung im Anfang Januar 1900 vollendet gewesen sein würde, sowie daß verschiedene Schulden zu begleichen sind, die jetzt ihrer Verjährung entgegengehen.

Sind die hier auftauchenden Rechtsfragen nach dem BGB. oder nach dem seitherigen Rechte zu erledigen?

IV

1. Wie sind folgende Tatbestände nach der Lehre von den Rechtsquellen zu beurteilen?

a) Im Auftrage des Landgrafen Georg I. von Hessen wurde 1591 ein Landrecht für die obere Grafschaft Katzenelnbogen (mit der Hauptstadt Darmstadt) fertiggestellt und als dortiges Gesetzbuch seitdem angewandt. Vor einigen Jahren bestritt ein Anwalt in einem Prozesse die Geltung des Gesetzbuches und beantragte, statt dessen nach dem gemeinen Rechte zu erkennen. In der Tat konnte ein die Publikation des Landrechtes anordnendes Edikt oder Reskript im Staatsarchiv nicht aufgefunden werden. Wahrscheinlich ist wirklich keines ergangen.

b) Solange man denken kann, sind die Bewohner mehrerer Straßen der Vorstadt durch ein an der Grenze der inneren Stadt gelegenes Grundstück gegangen.

c) Zwei Kirchengemeinden besitzen gemeinsam eine Kirche. Seit 1837 hat die Gemeinde A. $^2/_3$ und B. $^1/_3$ der Reparaturkosten in allen, immer häufiger wiederkehrenden Fällen getragen. 1875 hat A. einmal alle derartigen Kosten bestritten, sich aber dagegen verwahrt, daß daraus weitere Schlüsse gezogen würden. Jetzt kommen A. und B. in Streit, und A. will nur $^1/_2$ der Kosten noch übernehmen.

d) Ein Mäkler hat den Verkauf einer Gärtnerei vermittelt und verlangt nun von dem Verkäufer $2^0/_0$ vom Kaufpreis als Courtage, weil das als Mäklergebühr dortselbst seit längerem so üblich sei.

2. Vor einiger Zeit lag der englische Dampfer *Brass* zum Löschen im Hafen von Hamburg; er war an der Kaimauer so abgebäumt, daß die zur Aufnahme der Ladung bestimmten Schuten zwischen ihm und der Kaimauer lagen. Infolge starken Sturmes brachen die Bäume, der Dampfer wurde gegen die Kaimauer getrieben, und die Schuten wurden zerdrückt, so daß ihre Ladung verloren ging.

Der Eigentümer der Ladung verlangte von der Reederei des

Brass Schadensersatz. Er gründete dies auf Verschulden der Bemannung des *Brass*, wofür Beklagte einstehen müsse; das für den Schaden kausal gewordene Verschulden liege darin, daß der *Brass* gegen die Vorschrift des § 7 der Hamburger Hafenordnung über Nacht abgebäumt liegen geblieben war.

Seitens der Beklagten wurde Abweisung der Klage beantragt. Der angezogene § 7 sei seit 1888 nicht mehr angewendet worden und deshalb für abgeschafft zu erachten. Bis dahin war der Hamburger Hafen eng, und es sollten deshalb abgebäumte Schiffe nicht noch mehr den Verkehr hemmen; seit dem 1. Oktober 1888 sei im neuen Freihafen genug Platz und deshalb die alte Hafenordnung § 7 nicht mehr angewandt worden.

Das Gericht vernimmt eine Anzahl Ewer- und Schutenführer, die sämtlich besagen, daß jener § 7 allerdings ihres Wissens nicht mehr praktisch angewandt worden sei, sie aber geglaubt hätten, daß er noch in Geltung stehe.

Wie hat hiernach das Gericht zu erkennen?

Käme etwas darauf an, ob die Streitfrage vor oder nach dem 1. Januar 1900 entstanden wäre?

Wie stände es, wenn es sich um eine Vorschrift der Kaiserlichen Verordnung zur Verhütung des Zusammenstoßes von Schiffen zur See v. 7. Januar 1880 und 16. Februar 1881 gehandelt hätte?

3. Wenn ein angenommener Wechsel nicht bezahlt wird, so kann der Inhaber von seinen Vormännern Ersatz mit 6 % Verzugszinsen verlangen (WO. 50; 51). Für den Acceptanten selbst ist diese Höhe der Zinsen gesetzlich nicht festgelegt (vgl. WO. 81). Aber es hat sich durch Gewohnheit jener Satz von 6 % auch gegen den Hauptwechselschuldner eingeführt.

Wie ist es damit nach dem jetzt geltenden Rechtszustande (BGB. 246; 288) zu halten?

4. Nach einer früher weit verbreiteten Meinung, die auch vom vormaligen Reichs-Kammergericht angenommen wurde, sollten *servitutes discontinuae* nur durch unvordenkliche Verjährung ersessen werden können. Diese Meinung war nach römischem Rechte grundlos; und sie ist in dem letzten Jahrhundert immer mehr aufgegeben worden und wurde fast nirgends mehr befolgt. Nur in Neuvorpommern und Rügen, woselbst die Praxis des früheren Tribunales in Wismar seit dem siebzehnten Jahrhundert jener Ansicht sich angeschlossen hatte, haben die Gerichte auch in der neueren Zeit dieselbe als die richtige festgehalten.

Was folgt hieraus für den praktisch geltenden Rechtszustand

in Neuvorpommern für solche Rechte, die vor dem BGB. hätten ersessen sein müssen? (EG. 184.)

5. Der Kaufmann Heinrich Traub in Hamburg hatte seinen Sohn Alfred als Erben hinterlassen und seinem entfernten Verwandten Gustav Caesar in New Providence in Britisch-Westindien ein Vermächtnis von 9000 ℳ ausgesetzt. Gustav Caesar verstarb kurz nach Heinrich Traub, und es forderte nun die Witwe jenes von Alfred Traub klagend das Vermächtnis, da sie nach dortigem Rechte Erbin ihres Mannes geworden sei.

Der Beklagte bestritt ihre Berechtigung, weil nicht sie, sondern ein Vetter des Gustav Caesar, als dessen nächster Blutsverwandter, diesen beerbt habe; dieser Erbe aber habe ihm, dem Beklagten, gegenüber auf das Vermächtnis verzichtet.

Wovon wird die Entscheidung des Falles abhängen?

---

6. Wie sind folgende Satzungen rechtlich zu bestimmen?

a) Bau-Polizei-Ordnung für die Stadt Halle v. 10. April 1889. § 18: *Der Regel nach dürfen nur Grundstücke bebaut werden, welche unmittelbar an einer Straße oder einem öffentlichen Wege belegen sind . . .* § 30: *Ist ein Grundstück zur Entwässerung nach einem Nachbargrundstücke berechtigt, so ist dasselbe von einem direkten Anschlusse an den Straßenkanal für die der Servitutberechtigung unterliegenden Wässer nur dann entbunden, wenn aus diesem Zustande keine Nachteile für das öffentliche Wohl entstanden oder zu befürchten sind.*

b) Rostocksches Stadtrecht v. 19. Dezember 1757, I, 2 § V: *Es soll kein Bürger sein Erbe, Rente und Eigentum einem Gast oder Fremden oder andern, welche unsere Bürger nicht seyn, versetzen, verpfänden oder verkaufen oder zu treuen Händen demselben zum besten zuschreiben lassen . . .* (Vgl. EG. 88.)

7. Unter welche Begriffe fallen nachstehende Tatbestände?

a) Graf Albrecht IV. von Mansfeld gründete 1511 die Neustadt Eisleben. Letzteres war der Hauptort der reichsunmittelbaren Grafschaft. Die neue Stadt wurde gleich an den Mauern der Altstadt angebaut und erhielt von ihrem Gründer das Stadtrecht verliehen. Die Bürger der Altstadt fühlten sich dadurch benachteiligt und führten beim Kaiser Beschwerde, der auch 1514 dem Grafen schrieb: *Wenn nun dir noch jemand anders nicht geziemt, Stadtrecht oder anders, das der hohen Obrigkeit anhanget, ohne sonder Erlaubnis aufzurichten, so empfehlen wir dir von Römischer Kaiserlicher Macht ernstlich mit diesem Briefe gebietend, und wollen, daß du solch obberührt dein unbillig Fürnehmen des Stadtrechts in dem gemeldeten Dorfe wiederum abstellest.*

b) Unter dem 23. Oktober 1770 erhielt das Haus Leiningen-Westerburg eine *Kaiserliche Konfirmationsurkunde* einer *Primogeniturordnung* vom 14. April 1767. In der letzteren hieß es, daß zur Successionsfähigkeit in das reichsunmittelbare Territorium *iure primogeniturae* Abstammung aus einer durch *Vermählung mit ebenbürtigen Gemahlinnen aus Reichsfürstlich- oder alt-Reichsgräflichen Häusern* geschlossenen Ehe erforderlich sein sollte. Der Kaiser hatte aber in seiner Bestätigung hinzugefügt: *daß Wir uns dieserhalb begebenden Falles Unsere alleinige allerhöchste Kognition vorbehalten.*

c) Zufolge einer in der Familie Spiegelberg hergebrachten Observanz hat von jeher lediglich der älteste Sohn des letzten Lehensbesitzers in das Lehensgut succediert.

8. Die fürstlichen und gräflichen Häuser Isenburg, die 1806 mediatisiert worden waren, erließen 1834 durch Familienverträge Bestimmungen über ihr Hausvermögen. Das Stammgutvermögen des Isenburgischen Gesamthauses, sowie jeder Linie desselben sollte danach für alle Zeit unveräußerlich bleiben. Dabei wurde eine *Fideikommißverwaltung* zur rechten Durchführung jenes Hausgesetzes eingesetzt und diese ermächtigt, nötigenfalls selbständig aufzutreten.

Als vor einiger Zeit diese Kasse jemanden verklagte, bestritt dieser die Prozeßfähigkeit der Klägerin. Eine derartige juristische Person kenne das BGB. nicht; und keinesfalls könnten die Standesherren die staatliche Verleihung der Persönlichkeit vornehmen.

Wie ist zu befinden?

V

1. Dogmengeschichtliche Aufgabe.

a) Quellen:

Gai. II, 38, 39; L. 25 § 2 D. de usu fructu (7, 1). — L. 8 § 5 D. de novationibus et delegationibus (46, 2); L. 22, 23 C. de procuratoribus (2, 12 [13]).

L. 55 D. de procuratoribus et defensoribus (3, 3),
L. 13 § 1 D. de pactis (2, 14);
L. 2 C. de novationibus et delegationibus (8, 41 [42]);
L. 1, 2 C. de obligationibus et actionibus (4, 10),
L. 33 C. de donationibus (8, 53 [54]). —

b) Literatur:

Glossa ad L. 1 C. de O. et A. (4, 10), v. *mandatum:*

1. Aliud est cedere actionem, et aliud mandare: nam primo casu nil penes cedentum remanet, secundo casu remanet directa, secundum quosdam. 2. Sed Jo. dixit quod qui cedit, retinet directam, utilem transfert: sed qui mandat, tantum committit causae exercitium, et non transfert directam vel utilem: nisi in casibus *ut dixi* [in not. a]. vel nisi in subsidium *ut in hoc casu:* vel nisi fiat mandatum ut fiat procurator in rem suam quo casu idem est cedere, quod mandare: et ita hic potest accipi. 3. Tertii dicunt ut Azo inter cedere actionem, et mandare, nullam esse differentiam quoad cedentum vel mandatem: quia semper remanent penes eum directae: licet quoad eum cui fit cessio differentia sit . .

Glossa ad L. 2 eiusd. tit., v. *emerit:*

. . his ergo casibus statim competit utilis: sed facta cessione competit directa nomine cedentis. ut enim in vindicatione rei corporalis non transit dominium nisi facta traditione, sic ille cui venditur nomen, vel cui datur in dotem, non habet directam nisi facta cessione, utilem tamen in casibus: ut dixi . .

Glossa ad L. 5 C. quando fiscus vel privatus etc. (4, 15).

Glossa ad L. 35 pr. D. de donationibus (39, 5) v. *portionibus.*

Azo, Summa Codices, ad rubricam tit. C. de O. et A. (4, 10).

Bartolus de Saxoferrato, Comment. in Codic. Justin., ad L. 1 C. de O. et A., n. 6—26.

. . Quaero quae differentia est inter cedere actionem et mandare, et hoc tractat hic gl. 2. Tu dicas breviter quod respectu cedentis inter cedere et mandare non videtur differentia: nam semper directae remanent penes cedentem, quae non possunt ab eius ossibus separari . . sed respectu eius cui fit cessio bene est differentia. Nam quando mandantur actiones, transfertur solum exercitium directarum quas debet excercere nomine mandantis, sed quando cedentur, transfertur utilis quam exercebit nomine suo; illud enim quod operatur traditio in rebus corporalibus, illud operatur cessio in istis iuribus incorporalibus . . . Quae autem differentia sit inter cedere et concedere, dic ut dixi in ff. l. fi. de donat. . . Et ideo propter tollendas istas dubitationes notarii apponunt in instrumento omnia ista verba *dedit, cessit, concessit et transtulit atque mandavit.* Sed de significatione verbi *transtulit,* quid importet, dubitator, an sit idem quod *cessit* vel *concessit* . . . Quaero unde oriatur actio utilis. Gl. videtur velle quod actio utilis sit data a lege nec nascatur ex matre obligatione . . quod est verum indubitanter in utili quae competit ex cessione. Nam inter eum cui ceditur et debitorem nullum negotium est gestum ex quo actio possit oriri, merito decitur dativa, non nativa, quia non habet praeexistentem materiam ex qua oriatur . . . Aliae vero utiles possunt dici dativae habito respectu ad edictum praetoris . . Hoc praemisso quaerit Gl., utrum ille, qui intentat utiles, debeat dicere, adversarium sibi obligatum. Gl. dicit quod non. Non enim ista actio utilis competit sibi ex obligatione, sed datur a lege. Tu dicas breviter, quod si quidem intentatur utilis ex cessione, non possum eum dicere fuisse obligatum mihi, sed habeo eum dicere fuisse obligatum cedenti: quare debet condemnari mihi. Sed si intento alias utiles de quibus feci mentionem, recte eum potero mihi dicere obligatum. Et sic vides, quod illa difficultas utrum utilis sit dativa vel nativa, reducitur ad hoc, utrum possim dicere eum mihi obligatum vel non . .

Baldus de Ubaldis, Comment. in Codic., ad L. 1 C. de O. et A. (4, 10), n. 17 sqq.

Bartholomaeus de Saliceto, Comment. in Codic., ad L. 1 C. de O. et A. (4, 10), n. 1 sqq., n. 11.

Jason Maynus, Comment. in Codic., ad L. 9 C. de procuratoribus (2, 12 [13]).

Donellus, Commentarii iuris civilis, lib. XV c. 44:

. . . Cessione in nos transfertur actio, cum qui eam habuit, vult eam in nos translatam esse, et propriam nostram fieri, quibus modis ad nos transferri potest. Proprie quidem tunc cessae dicuntur actiones, cum sunt mandatae, *l. Modestinus D. de solut* . . . . Ut ceterae res, quae sunt in bonis voluntate domini transferri possunt, eaque voluntas rata est: *§ per traditionem Inst. de rer. divis. l. si in emtione. § 1 D. de actio. emt.* sic iure fit, ut actiones, quae semel nostrae esse coeperint, eadem voluntate in alium transferantur, quoad earum natura pati potest. nam et hae sunt in bonis *l. bonorum D. de verb. signif.* . . . Hoc videndum in hac translatione, an, quod transit, fiat proprium accipientis et quatenus? Hoc eo pertinet quaerere, ut sciatur, nullone modo iam pendeat actio cessa ex cedentis persona, ita ut nec ex poenitentia eius possit revocari, nec eius morte finiatur. Et de utilibus actionibus convenit, eas isto modo accipientis fieri proprias. Id enim significat, quod dicitur, eum, cui nomen datum est, utiles actiones habere suo nomine. *d. l. ult. C. si fis. vel priv. l. ult. C. de hered. vel act. vend.* . . . .

Sande, Comment, de actionum cessione, cap. VIII §§ 19 sqq., IX § 1; V § 3.

Schilter, Praxis iuris Romani in foro Germanico. Exerc. 28 § 19: . . . *Procuratorem in rem suam* Romani vocant creditorem, cui debitor solutionis causa actiones adversus debitorem suum mandavit, ut inde sibi ipse solveret. At *cessionarium* usus fori nostri eum vocat, qui statim acquirit dominium nominis per cessionem, sive ea donationis sive venditionis titulo facta fuerit... — Exerc. 30 § 62: . . . . Quod in alienatione rerum corporalium traditio est, id in alienatione iurium cessio dicebatur. Quae quasi traditio habuit hunc effectum a lege indictum, ut semper tacite reservatum intelligeretur dominium, ius atque actio directa, cessum vero utile tantum ius agendi. Ut itaque cessio sit modus acquirendi dominii utilis, non pleni, sed subordinati: titulus vero seu causa sit venditio, nec ille solus, sed ceteri at transferendum dominium habiles . . . § 63: . . . Verum enim vera ea pertinent ad forum Italicum. Contra vero si advertimus formulas cessionum fori Germanici, observare licet nullam ibi fieri solere mentionem aut mandati aut procuratoris in rem suam, sed e contrario potius solennem formulam: *Erb und eigentümlich cedieren und übergeben,* cum renunciatione omnis iuris et actionis directae et utilis: *sich daran aller weiteren An- und Zusprüche krefftiglich verzeihen* . . . Scilicet optime observavit Lauterbachius ad h. t. § II nr. 21 MERA iuris SUBTILITATE directam actionem retineri a cedente, eamque subtilitatem in eo consistere quod ICti Romani eam voluerint esse naturam obligationum et actionum personalium, ut a persona primi acquirentis in totum avelli non possint et transferri in alium, itemque realium actionum naturam, et iuris in re, ut per cessionem non transiret. Quare nec personales nec reales formaliter cessione transferri. V e r u m u t i n a l i i s p l e r i s q u e o m n i b u s u s u s f o r i G e r m a n i c i m e r a m i u r i s Q u i r i t i u m s u b t i l i t a t e m h a u d r e c e p i t , i t a e t i a m i n h o c i u r i s a r t i c u l o v i d e r e e s t . § 64: Ex quibus conficitur moribus et usu fori nostri venditionem ac cessionem iurium plene transferre dominium et absque mandato, atque efficere cessionarum non procuratorem tantum in rem suam, sed plene dominium, absque reservatione seu iuris directi . . .

Mevius, Decisiones super causis praec. ad sup. trib. Wismariense delatis, dec. VIII, 440.

Leyser, Meditationes ad pandectas, spec. 199 med. 1, 2, 6, 7.

Berger, Joh. Heinr., Oeconomia iuris, II, tit. VI, 1 n. 3.

Böhmer, Just. Henning, Exercitationes ad pandectas, II, exerc. 28 cap. 1 § 22.

Mühlenbruch, Die Lehre von der Cession der Forderungsrechte, 3. Aufl., bes. § 18: . . . Cession ist die Übertragung der Befugnis, ein fremdes Forderungsrecht als eigenes geltend zu machen. — § 3: . . . eine Forderung mit völliger Vernichtung seines Rechtes an derselben veräußern, heißt im Grunde nichts anderes als: eine Sache zerstören, hinterher aber sie noch auf andere übertragen wollen. Daß nun die Römer eben diesen Gesichtspunkt mit Konsequenz berücksichtigten, ergibt sich aus sehr bestimmten Anwendungen, und in der Tat sind die Folgerungen aus dem Gesagten zum Teil von der Art, daß selbst der Wille des Gesetzgebers schlechterdings nicht imstande sein würde, etwas daran zu ändern. — § 4: . . . Ein Verkehr mit Schuldforderungen war nun allerdings bei den Römern möglich; . . Allein wenn auch ein praktisches Bedürfnis sie veranlaßte, Konsequenzen aufzuopfern, mit denen das lebendige Wesen des Rechts sich nicht verträgt, so wußten sie doch glücklich das Extrem zu vermeiden, in das, wenn einmal von einer Regel abgewichen ist, eine unwissenschaftliche Praxis nur allzu leicht verfällt, und wovon die notwendige Folge Unsicherheit der Grundbegriffe des Rechts und eine Verwirrung der auf sie sich beziehenden positiven Einrichtungen ist.

Puchta, Pandekten § 280.

Kuntze, Die Obligation und die Singularsuccession §§ 7 ff.; vgl. §§ 85 und 86. Lehre von den Inhaberpapieren §§ 54—58, bes. S. 220. Die Obligationen im römischen und heutigen Recht §§ 45 und 46.

Brinz, Kritische Blätter civilistischen Inhaltes No. 2 S. 34 ff. Lehrbuch der Pandekten, 1. Aufl. § 130 S. 560, 2. Aufl. § 284.

Windscheid, Die Actio des römischen Civilrechts vom Standpunkte des heutigen Rechts. S. 1: . . . Die Strömung der Zeit trug das römische Recht hoch empor, und ganz hat sich dieser Strömung niemand entzogen. Jetzt ist eine Richtung wach geworden, und gewinnt immer mehr an Boden, deren Charakteristisches gerade in dem besonderen Maße von Eifer liegt, womit sie sich davor zu hüten bestrebt ist, daß ihr nicht ein römischer

Rechtssatz als allgemeingültiger Ausdruck des rechtlichen Gedankens erscheine, ohne es wirklich zu sein. — Und danach vgl., als hierher gehörig, aus der angeführten Monographie §§ 14—18, bes. S. 133ff.; 148. — Lehrbuch des Pandektenrechtes II § 329.

BÄHR, Zur Cessionslehre, in Jahrbücher für die Dogmatik des heutigen römischen und deutschen Privatrechts, Bd. I S. 351 ff.

c) Wegeleitung:

Welcher Grundsatz des römischen Rechtes ist in den oben vorangestellten Fragmenten zum Ausdrucke gelangt?

Welche Modalitäten hat er, laut den übrigen beigefügten Quellenstellen, in der Entwickelung jenes Rechtssystemes erfahren?

Welche Auffassung dieser Aussprüche der römischen Rechtsquellen, insbesondere des zugrunde liegenden Gedankens unseres Institutes, ist bei den einzelnen angeführten Schriftstellern in Verschiedenheit zu erkennen.

Wann und wo lebten diese?[1]

Welche allgemeine Tendenz in der Behandlung und Bearbeitung des römischen Rechtes läßt sich bei jedem einzelnen dieser Autoren erkennen? Und wie können sie hiernach gruppiert werden?

---

2. In entsprechender Weise ist zu bearbeiten:

a) Quellen:

L. 38 § 17 D. de verborum obligationibus (45, 1).

L. 6 C. si quis alteri vel sibi sub alterius nomine vel aliena pecunia emerit (4, 50);

L. 11 D. de obligationibus et actionibus (44, 7).

L. 1 C. per quas personas nobis adquiritur (4, 27). —

L. 9 pr. D. de administratione et periculo tutorum etc. (26, 7).

L. 2, 4 C. quando ex facto tutoris vel curatoris minores agere vel conveniri possunt (5, 39),

L. 2 D. eod. tit. (26, 9).

L. 5 § 1 D. eod. tit. (26, 9).

L. 5 § 9 D. de pecunia constituta (13, 5).

b) Literatur:

GLOSSA, ad L. 38 § 21 D. de V. O. (45, 1), v. *fieri*.

GLOSSA, ad L. 11 D. de O. et A. (44, 7), v. *inanem actum*.

---

[1] Biographische und bibliographische Notizen hinsichtlich der einzelnen Juristen, sowie Angabe weiterer Literatur über dieselben, findet man in HOLTZENDORFFS Rechtslexikon, 3. Aufl., 1881.

Glossa, ad L. 38 § 17 D. de V. O. (45, 1), v. *nihil interest.*

Glossa, ad § 4; 19 I. de inutilibus stipulationibus (3, 20).

Dissensiones dominorum (ed. Haenel) § 256.

Azo, Summa Codicis, in tit. C. per quas personas nobis adquiritur (4, 27), n. 10 sqq., praes. n. 14; in tit. C. de pactis (2, 3), n. 28 sqq.; in tit. C. si quis alteri vel sibi emerit (4, 50), n. 1—5.

Bartolus, Comment. in Digestum Novum, ad l. 38 § 20 D. de V. O. (45, 1).

Baldus, Comment. in Codic., ad l. 1 C. per quas personas nobis adquiritur (4, 27). Comment. ad Digest., ad l. 38 § 20 D. de V. O. (45, 1); ad l. 9 § 3 D. de R. C. (12, 1).

Cujacius, Comment. in Dig. tit. de V. O. (O. O. ed. Neapol. I p. 1152 sqq., ed. Paris. I p. 1179 sqq.), ad l. 38 § 17. Comment. in Codic. ad tit. 4, 50 (ed. Neapol. X p. 659 sqq., ed. Paris. IX p. 401 sqq.).

Donellus, Commentarii iuris civilis, lib. XII c. 16, 17.

Zasius, Opera omnia, t. III, Comment. in Dig., ad l. 38 § 17 D. de V. O. (45, 1) c. 1 n. 4 sqq., c. 3 n. 36 sqq.; ad l. 11 D. de O. et A. (44, 7) n. 4.

Grotius, De iure belli ac pacis, lib. II c. 11 §§ 12, 13; 18.

Wolf, Chr., Institutiones iuris naturae et gentium, §§ 433, 434.

Voet, Commentarius ad pandectas, ad tit. mandati (17, 1), n. 9.

Stryk, Usus modernus pandectarum, XVII, 1 § 6.

Pufendorf, Friedr. Esaias, Observationes iuris universi, t. II obs. 38 §§ 10—12, 20.

Glück, Ausführliche Erläuterung der Pandekten, Bd. XIV § 882 S. 197 ff., auch S. 266; Bd. XV § 958 S. 323 ff. Vgl. auch Bd. IV § 343 S. 564.

Savigny, System des heutigen römischen Rechtes, Bd. III § 113 S. 90 ff. Das Obligationenrecht als Teil des heutigen römischen Rechtes Bd. II §§ 54—60, bes. S. 36 ff.

Puchta, Cursus der Institutionen, § 203. Pandekten §§ 273; 275, 276; 278, 279.

Vangerow, Lehrbuch der Pandekten, Bd. III § 608.

Jhering, Geist des römischen Rechts auf den verschiedenen Stufen seiner Entwickelung, Bd. III § 53 a. E. S. 166 (2. Aufl. S. 173).

Windscheid, Lehrbuch des Pandektenrechts, Bd. I § 73.

Erstes Buch.

Allgemeiner Teil.

VI

1. Welche Privatrechtsverhältnisse liegen in folgenden Fällen vor?

a) In einer Restauration bestellt jemand ein Glas Bier, eine Portion Essen.
b) Man leiht ein Klavier gegen monatlichen Betrag.
c) Jemand leiht sich 100 ℳ gegen Pfand.
d) Man erbittet Bücher aus der Universitätsbibliothek.
e) Eine Köchin leiht von der Köchin einer anderen Herrschaft Eier oder Butter.
f) Ein Dienstmann soll ein Paket an eine bestimmte Adresse bringen.
g) Man bestellt in einer Buchhandlung ein Buch, das erst vom Verleger besorgt werden muß.
h) Man gibt einem Antiquar Bücher und erhält dafür andere.
i) Jemand besorgt auf Bitten seines Freundes diesem ein Theaterbillet.
k) Ein Weinreisender erhält von einem Privatmann Auftrag für 100 Flaschen Wein. Die Handlung läßt durch ihren Küfer den Wein abfüllen; und durch einen Spediteur der Eisenbahn für den Besteller überliefern.
l) Einsteigen in die Pferdebahn: entweder mit einheitlicher Taxe, etwa von 10 ₰ (vom Fahrgast in eine Büchse einzuwerfen), für beliebig lange Strecken der Fahrt, — oder mit verschiedenem Preise je nach der Länge des zurückzulegenden Weges (worüber Verhandlung mit dem Schaffner und Lösung einer Fahrkarte bei diesem); — Annahme einer Droschke zum Bahnhofe, — oder auf Zeit.

m) Ein Herr hat ein *Vielliebchen* gewonnen und ein Andenken von der Dame erhalten; er beauftragt, um sich erkenntlich zu zeigen, eine Blumenhandlung, der Dame einen Korb Blumen namens des Bestellers zu übersenden.

n) Überlassung von Spielkarten seitens des Wirtes: 1. gegen Kartengeld; — 2. ohne solches; — 3. in Übereignungsabsicht an die Gäste zum Einkaufspreis; — 4. oder mit Aufschlag.

o) Hingabe eines Buches zum Einbinden.

p) Trinkgeld an den Hausknecht im Gasthofe, an den Kellner in der Restauration.

q) Man bestellt sich bei dem Schuhmacher ein Paar Stiefel.

r) Man erwirbt in einer Tuchhandlung Stoff und gibt ihn dem Schneider zur Anfertigung eines Kleidungsstückes.

s) Der A. erlaubt seinem Nachbar B., daß dieser seinen Wagen auf den Hof des A. stelle.

t) R. übergibt bei Antritt einer Reise seine Blumen und seinen Kanarienvogel seinem Freunde X. zur Pflege und Wartung.

u) F. übernimmt von dem Domänenpächter W. auf zwei Jahre die Ausbeutung eines auf dem Gute vorhandenen Torflagers, indem er für den gestatteten Torfstich eine bestimmte Summe bezahlt.

v) Jemand überläßt altertümliche Gegenstände an ein Museum: 1. auf Zeit und unter Rückgabepflicht; — 2. in endgültiger Überweisung.

w) Man abonniert in einer Badeanstalt. — Man läßt seine Wäsche u. dgl. dort in Verwahrung; — oder übergibt am Eingange seine Uhr, Geldtasche und andere Wertsachen dem Bademeister.

x) Ein Stammgast übergibt ein ihm gehöriges Bierglas einem Gastwirte, damit dieser es verwahre und dem Eigentümer darin Bier verschenke.

y) Zwei Freunde verabreden einen Ausflug. Der eine läßt Bücher, die er mit sich trug, in der nahen Wohnung des anderen mit dessen Zustimmung.

z) In Chicago hat ein gewisser Mr. Cross ein eigentümliches *Hotel garni* eröffnet, in dem er gegen eine bestimmte Gebühr Stubenvögel aller Arten in Pension nimmt. Der Preis für Wohnung und Unterhalt richtet sich nach der Größe und Gefräßigkeit des Vogels. Papageien als starke *Gourmands* müssen z. B. etwa 2 *M* pro Woche zahlen; Spottdrosseln, die in Amerika sehr häufig in Gefangenschaft gehalten werden, zahlen 1 ℳ 50 ₰, und Kanarienvögel, die keine großen Ansprüche stellen, finden für 1 ℳ wöchentlich Unterkunft und Nahrung. Auch ein tägliches Bad ist in dem Preise eingeschlossen.

2. Auf was für Rechtsverhältnisse zielen nachstehende Inserate aus Zeitungen ab?

a) Freundliche Schlafstelle offen. Mainzer Tor 5.

b) Guter Mittagstisch in gebildeter Familie. Königstraße Nr. 10.

c) Reitunterricht wird gründlich erteilt. Kapuzinergasse 1.

d) Welcher Fachmann gibt unter strengster Diskretion zur Fabrikation von Fruchtäther nach englischer Art gut bewährte Vorschriften gegen hohes Honorar.

e) Ein junger Geschäftsmann wünscht einem geselligen kaufmännischen Vereine beizutreten. Gef. Off. unter F. B. 10.

f) Verloren Sonntag 22. Mai ein Korallenarmband Friedrichstraße bis Karlsplatz. Abzugeben gegen gute Belohnung Markt 23.

g) Schirm vertauscht — am letzten Vortragsabend in Bremer's Musikinstitut. Umtausch daselbst dringend erbeten.

h) Ein Landpfarrer wünscht einen Pensionär aufzunehmen. Gymnasium 25 Minuten von der Pfarre entfernt. Strenge Aufsicht. Kontrolle der Schularbeiten und Nachhilfestunden. Näheres in d. Exp. d. Bl.

i) Die Volksküche befindet sich Brunoswarte 16. Das Lösen von Marken für den folgenden Tag ist nicht mehr erforderlich, da eine ausreichende Portionenzahl stets vorrätig sein wird. Anweisungen auf ganze Portionen zu 25 ₰, auf halbe zu 13 ₰, welche an beliebigen Tagen verwendet werden können, sind bei Herrn . . . . zu haben. Die Verwaltung der Volksküche.

k) Rückladung wird gesucht für fünf große Wagen von Berlin nach Leipzig. — Meyer's Möbel-Transport-, Verpackungs- und Aufbewahrungsgeschäft.

l) Arbeitsnachweis der Landwirtschaftskammer Halle a. S. hat stets offene Stellungen für ältere und jüngere Landwirtschafterinnen (Gehalt 180—360 ℳ), Scholarinnen für Rittergüter und kleine Güter (mit und ohne Lehrgeldzahlung), Vermittlung für Stellensuchende kostenfrei.

m) Privat-Detektiv-Institut von O. H. bewirkt Ermittelungen, Beobachtungen und erteilt Auskunft über die Kreditwürdigkeit aufgegebener Firmen im Abonnement und gegen Einzelgebühr laut Tarif.

n) Bezug von Rheinwein in Leihkisten. Um auch für diejenigen Konsumenten, denen der Bezug des Weines im Faß wegen der Umständlichkeit der Abfüllung nicht zusagt, den direkten Bezug von Tischwein aus dem Produktionsgebiet zu billigem Preis zu ermöglichen, versende ich seit einigen Jahren diese Weine auf Flaschen gefüllt auch in sog. Leihkisten von 50 Flaschen einer Sorte. Die Leihkisten sind auf oftmaliges Hin- und Hersenden berechnet, daher besonders dauerhaft gearbeitet und, um das Auspacken zu erleichtern, mit verschraubbarem Klappdeckel versehen. Bei Benutzung dieser Einrichtung bleiben Kisten, Flaschen und Strohhülsen mein Eigentum, es kommt also nur der Wein selbst, mit geringem Aufschlag für Abfüllung und Packung, zur Berechnung, und es stellen sich demgemäß die Preise äußerst niedrig. Die Rücksendung der Kisten und leeren Flaschen muß franko und möglichst gleich nach dem Auspacken erfolgen. Bei dem ersten Bezug bringe ich die Flaschen mit 10 ₰ per Stück in Anrechnung, sodaß dieselben Eigentum des Empfängers werden und die Leihkiste gleich nach dem Auspacken leer an mich zurückgehen kann. Bei den späteren Bezügen fällt diese Berechnung der Flaschen von selbst fort, weil dann stets als Ersatz die inzwischen leer gewordenen Flaschen der jeweilig vorhergegangenen Sendung in den Leihkisten zurückgesandt werden.

o) Brauereiausschank von ca. 600 Hektolitern Jahresumsatz in mittlerer Provinzialstadt soll zu Anfang April an einen Wirt, der nachweislich gute Küche führt, auf Bierpacht vergeben werden. Off. mit Angabe der bisherigen Tätigkeit unter 812 F. an die Exped. d. Ztg. erbeten.

Bei solchen Geschäften bleiben nach dermaliger Übung Wirtschaft und Inventar im Eigentume der Brauerei, und der verschenkende Wirt bezahlt entweder eine im voraus fest bestimmte Summe für die Benutzung jener mit beliebigem Bierbezug (doch nur aus dieser Brauerei), oder aber er erhält von dem von ihm verzapften Bier prozentual eine Vergütung. Die Küche geht auf seine Rechnung.

3. Welche juristischen Begriffe sind in den kommenden Tatbeständen zu bemerken?

a) Eine unangenehme Weihnachtsüberraschung wurde einem

nach mehrmonatlicher Abwesenheit von der Riviera in die deutsche Heimat heimkehrenden Ehepaare zu teil. Als es nämlich den Salon öffnete, strahlte ihm in vollem Lichterglanze der von der Decke herabhängende achtflammige Gaskronleuchter entgegen, den das Dienstmädchen in seiner Herzensfreude, nach Italien mitgenommen zu werden, bei der Abreise der Herrschaft auszulöschen vergessen und der nun Monate lang Tag und Nacht gebrannt hatte. Die Gasrechnung von nicht geringer Höhe ist sowohl für die Herrschaft wie für die vergeßliche Magd ein bitterer Nachgeschmack zu der italienischen Reise.

b) Man wirft ein Geldstück in einen Automaten, um Schokolade oder Postkarten mit Ansicht (entweder mit Freimarke oder ohne solche) zu erhalten; oder um sich auf der daran befindlichen Wage zu wiegen.

c) Auf einem Jahrmarkt spielt ein Kasperle-Theater. Ein Vorübergehender bleibt stehen und sieht zu, als aber ein Teller zum Geldeinsammeln herumgeht, weigert er sich, zu zahlen.

d) Die Garderobe eines Stadttheaters wird verpachtet: Der Übernehmer muß bei jeder Vorstellung des Spielabschnittes in näher bestimmter Weise mit Dienern zur Stelle sein und die Garderobe verwalten; er zahlt an den Theaterdirektor, der von der Stadt als Eigentümerin das Theater in Pacht genommen hat, für den Winter 500 *M*. Dafür nimmt er das von den Besuchern gezahlte Garderobegeld für sich ein.

e) Eine Butterhandlung (B.) schließt mit der Gutsverwaltung des Freiherrn von Reitzmann in Dutzenrod einen Milchpachtvertrag, zunächst auf ein Jahr. Hiernach soll die Milch der auf dem Gute gehaltenen Kühe an B. abgeliefert werden, und zwar auf dem Gute selbst, wobei die Verwaltung dem B. zum Zwecke des mit der Empfangnahme und Verladung u. s. w. verbundenen Geschäftsbetriebes ein Zimmer auf dem Gute einräumt.

VII

1. Ist in nachstehenden Streitfällen, für welche landesrechtliche Einzelentscheidungen nicht bestehen, der Rechtsweg zulässig?

a) Die Gemeinde Weinheim verlangt vom badischen Fiskus eine Entschädigung von 2311 *M*, weil dieser eine Wegstrecke, welche der Gemeinde gehört hatte, im öffentlichen

Interesse in die Klasse der staatlichen Landstraßen eingezogen hat.

b) Im Fürstentum Waldeck wurden 1852 und 1853 durch die Staatsverfassung und ein ergänzendes Gesetz die Verhältnisse des Domanialvermögens geregelt. Über die Auslegung und Anwendung dieser Normen entstanden aber in der Folge Streitigkeiten zwischen Fürst und Ständen. 1878 erhob die Landesverwaltung Klage gegen den Fürsten, weil dieser von 1868—1877 die Amortisationsbeträge der Rothschildschen Schuld nicht aus den laufenden Revenuen, sondern aus dem Domanialstammvermögen bestritten habe. Der Fürst habe durch landesherrliche Verfügung die Verfassung verletzt und müsse daher aus seiner Privatkasse es ersetzen.

c) Der Förster Elburg klagt gegen den Grafen Erfluth auf Auszahlung einer Pension, die ihm nach Beendigung seines Beamtenverhältnisses laut der ihm erteilten Anstellungsurkunde zukomme.

d) Durch Truppenübungen des 3. Armeekorps sind die Felder des K. beschädigt worden. K. hält die Entschädigung, welche ihm von der im Reichsgesetze vom 13. Februar 1875, über die Naturalleistungen für die bewaffnete Macht im Frieden, vorgesehenen Kommission zugebilligt worden ist, für nicht ausreichend und beantragt klagend, den Militärfiskus zur Zahlung des verlangten Mehrbetrages zu verurteilen.

e) Durch militärische Schießübungen, welche von der augsburgischen Garnison, und zwar sowohl von der Artillerie, als der Infanterie, auf dem großen Exerzierplatze in der Nähe Augsburgs vorgenommen werden, erachten sich die Angehörigen der angrenzenden Gemeinden beeinträchtigt, weil durch einzelne über die abgegrenzte Schießfläche hinausfliegende Kugeln nicht nur ihr Eigentum, sondern auch ihre eigene Sicherheit bei Einbringung der Feldfrüchte gefährdet werde.

f) Neben dem Rittergute des Herrn von Kupke liegt der Schießstand der sechsten Artilleriebrigade; die Schießstände sind so eingerichtet, daß nach dem Kupke'schen Walde zu geschossen wird. Weil aber die ihr Ziel verfehlenden Kugeln über den Schießplatz hinaus einschlagen können, so ist während der Schießübungen jenseits der Ziele und Kugelfänge ein Raum von 425 Morgen Wald und etwa 750 Morgen

Ackerland durch eine Postenkette abgesperrt. Durch diese Absperrung, welche vom 12. Juli bis 12. August stattgefunden hat, behauptet von Kupke, in den Erntearbeiten bedeutend benachteiligt worden zu sein; er stellt deswegen Besitzstörungsklage an.

2. Am Ausflusse der Weichsel haben sich in der Ostsee fünf Inseln gebildet, welche der Forstfiskus besitzt und nutzt. Vor kurzem hat der Fischer Költen mit mehreren Genossen diese Inseln zum Zwecke der Ausübung der Fischerei betreten und der Aufforderung der staatlichen Beamten auf Entfernung nachzugeben sich geweigert.

Vor welcher Behörde und in welchem Verfahren kann gegen die Fischer vorgegangen werden?

3. Elf helgoländer Grundbesitzer verlangen vom Reichsfiskus eine Entschädigung von einer Million Mark wegen der nach ihrer Meinung durch die militärische Befestigung der Insel herbeigeführten Entwertung ihrer Grundstücke.

Sie strengen deshalb eine Klage vor dem Landgericht Hamburg an.

War dieses der richtige Weg, um die fragliche Angelegenheit zu erledigen?

4. A. klagt gegen die katholische Kirchengemeinde X., deren Mitglied er ist, daß sie gestatte: daß die Leiche seines im Duell getöteten (auf einem auswärtigen Kirchhofe provisorisch beerdigten) Sohnes auf dem im Eigentum der Gemeinde stehenden Kirchhofe zu X. *in der Reihe* ein ehrliches Begräbnis erhalte.

Gestützt wird die Klage darauf, daß die Mitglieder der Gemeinde, wie sie zu den Kosten beizutragen verpflichtet sind, die Berechtigung haben: die Anstalten, hier den Friedhof der Gemeinde für sich und ihre Familie bestimmungsgemäß zu benutzen; während die Beklagte die Zulässigkeit des Rechtsweges verneint, weil das Begräbniswesen dem öffentlichen Rechte angehöre und mit Rücksicht auf das Gemeinwohl geregelt sei.

Entscheidung?

5. Auler hat seine Base, Ida Schäfer, die sich auf Besuch in seiner Familie aufhielt und schwer erkrankte, vom 1. Januar bis 2. Mai, ihrem Todestage, verköstigt, verpflegt, mit Arzt und Arznei versehen und beerdigen lassen. Es sind ihm dadurch Kosten im Betrage von 350 ℳ erwachsen. Den Ersatz derselben verlangt er nunmehr von der Gemeinde Hainichen, gestützt auf nützliche Geschäftsführung: Ida Schäfer habe ihren Unterstützungswohnsitz in Hainichen gehabt, sie sei arm und zur Unterhaltungsforderung gegen den Ortsarmenverband berechtigt gewesen; er, Auler, habe an sie in der Absicht der Ersatzforderung geleistet und auch die Gemeinde von der Notlage der Verpflegten während ihrer Krankheit in Kenntnis gesetzt.

Die Gemeinde bestreitet die Zulässigkeit des Rechtsweges.

Es ist Reichsgesetz vom 6. Juni 1870 (vgl. 12. März 1894), bes. § 61 und § 28, zu vergleichen und hiernach der Fall zu begutachten.

Noch fragt es sich, ob bei sonst gleicher Sachlage die Entscheidung verschieden auszufallen hätte, wenn

a) nicht ein Privatmann, sondern ein Landarmenverband für vorläufigen Unterhalt der Bedürftigen gesorgt hätte?
b) nicht die Gemeinde Hainichen, sondern der vermögende Vater der Verpflegten auf Grund seiner gesetzlichen Unterhaltspflicht auf Ersatz hätte angegangen werden können?

VIII

1. Jedermann weiß, wenn er auch sonst nichts weiß, daß die Waren eine mit den bunten Nationalfarben ihrer Gebrauchswerte höchst frappant kontrastierende, gemeinsame Wertform besitzen — die Geldform. [a])

Ich setze überall in dieser Schrift, der Vereinfachung halber, Gold als die Geldware voraus. [b])

Anm.: Das OWENsche *Arbeitsgeld* ist ebensowenig *Geld* wie etwa eine Theatermarke. OWEN setzt unmittelbar vergesellschaftete Arbeit voraus, eine der Warenproduktion diametral entgegengesetzte Produktionsform. Das Arbeitscertifikat konstatiert nur den individuellen Anteil der Produzenten an der Gemeinarbeit und seinen individuellen Anspruch auf den zur Konsumtion bestimmten Teil der Gemeinprodukte. [c])

Der Wertausdruck einer Ware in Gold — x Ware $A = y$ Geldware — ist ihre Geldform oder ihr Preis . . . Geld hat dagegen keinen Preis. Um an dieser einheitlichen relativen Wertform der anderen Ware teilzunehmen, müßte es auf sich selbst als sein eigenes Äquivalent bezogen werden. [d])

Dienen daher zwei verschiedene Waren, z. B. Gold und Silber, gleichzeitig als Wertmaße, so besitzen alle Waren zweierlei verschiedene Preisausdrücke, Goldpreise und Silberpreise, die ruhig nebeneinander laufen, solange das Wertverhältnis von Silber zu Gold unverändert bleibt, z. B. = 1 : 15. Jede Veränderung dieses

Wertverhältnisses stört aber das Verhältnis zwischen den Goldpreisen und den Silberpreisen der Waren, und beweist so tatsächlich, daß die Verdoppelung des Wertmaßes seiner Funktion widerspricht.[e])

(Aus Marx, das Kapital.)

Fragen:

(Die einzelnen Nummern sind mit den im Texte angegebenen Verweisungen zu verbinden.)

a) Kann man hiernach *Vermögen* als Summe der dem einzelnen zur Verfügung stehenden *Waren* bezeichnen? Oder wie ist nach unserer Rechtsordnung jener Begriff richtig anzugeben? Gehören nicht auch die Schulden zu dem Vermögen (— des Gläubigers oder des Schuldners); oder gilt dies vielleicht nur für einen Teil derselben?

b) Steht dies nach geltendem deutschen Rechte auch so einfach, oder wird nach diesem erst eine bestimmte Erscheinungsform des Goldes zu seinem Charakter als Geld gefordert? Welche Reichsgesetze kommen hier in Betracht?

c) Trifft dieser Vergleich juristisch zu? Wie ist richtigerweise das begriffliche Verhältnis von: Kommunistischem Arbeitscertifikat, — Reichskassenschein, — Theaterbillet, — gewöhnlicher Schuldurkunde, — Quittung?

d) Aber ist nicht ein Handel mit Geld möglich (Bankgeschäft) in entsprechender Art, wie mit anderen Waren?

e) Was gilt hier nach heutigem Recht in Deutschland? Wie stand es früher? Was haben unsere Nachbarn und andere uns interessierende Staaten in dieser Hinsicht für Einrichtungen?

2. A. hatte die B. mit Zustimmung von deren verwitweter Mutter C. geheiratet; und es hatte C. mit den jungen Eheleuten eine gemeinsame Wohnung bezogen. Das gute Einvernehmen unter ihnen hörte aber bald auf, und zwar wesentlich durch Schuld der C., welche eine unbedingte Herrschaft über ihre Tochter ausübte. A. bezog darum mit seiner Frau eine eigene Wohnung. Bald darauf traf er, nach Hause zurückkehrend, die B. nicht an und machte ausfindig, daß dieselbe von C. und deren Sohn gewaltsam abgeholt sei. Die B. ist infolge dieser Tat schwermütig und dann völlig geistesgestört geworden.

A. stellte Klage gegen C. an, wurde aber abgewiesen, weil er zu der C. in keinem privatrechtlichen Verhältnisse stehe.

Bietet eine Berufung Aussicht auf Erfolg?

L. 1 § 5 D. de lib. exhib. (43, 30); l. 2 eod.; l. 11 C. de nuptiis (5, 4); freilich auch l. 13 D. ad exhib. (10, 4).

ALR. Einl. 88; 89; 92; II, 1 § 175; II, 18 § 12.

BGB. 1353; 1354; 823; 826.

3. L. 10 D. de obsequiis parentibus et patronis praestandis (37, 15). *TRYPHONINUS libro XVII disputationum.* Nullum in libertatis causa impositorum habet in [e]mancipato filio [pater], quia nihil imponi liberis solet. nec quisquam dixit iureiurando obligari filium patri manumissori ut libertum patrono: nam pietatem liberi parentibus, non operas debent.

IX

1. Ein Bauer B. bestellte seiner Mutter M. das lebenslängliche Einsitzrecht im Dachgeschoß, als auf dem Hofe haftend (BGB. 1093). Das erste Stockwerk vermietete er an demselben Tage, dem 1. August, auf 5 Jahre an den Tierarzt T. Am 9. September desselben Jahres errichtete er zu Gunsten seines Darlehensgläubigers G. eine Hypothek auf seinem Hause. B. starb am 10. April des nächsten Jahres und wurde von E. beerbt, der das fragliche Grundstück an K. verkaufte.

Es ist Gutachten über folgende Fragen abzugeben:

a) Haftete E. der M. oder dem T. oder G. gegenüber? Auch den etwaigen Erben dieser drei?

b) Wie steht es (in gleicher Weise gefragt) mit dem K.?

c) Wer haftet dem G. für seine Darlehensforderung?

d) Wenn G. das verpfändete Haus in Anspruch nimmt: welche Rechtsfolgen treten zwischen den verschiedenen Beteiligten ein?

2. Im Konkurse des S. melden sich:

a) $G.^1$ mit einer Restforderung auf Kaufgeld für verkaufte und dem S. überlieferte Waren.

b) $G.^2$, weil er dem S. Säcke und Fässer geliehen habe.

c) $G.^3$ wegen rückständiger Schneiderrechnung für einen letzthin dem S. gefertigten und übermittelten Anzug.

d) $G.^4$ unter Beanspruchung eines Pferdes, das ihm S. verkauft, aber trotz erhaltenen Kaufpreises noch nicht übergeben habe.

e) $G.^5$ auf Grund eines Darlehens, für das ihm eine Hypothek am Hause des S. zustehe.

f) G.[6] als Pächter eines Ackers des S. Früchte fordernd, die S. im letzten Jahre vertragswidrig selbst eingeheimst habe (BGB. 956).

Es fragt sich: Welche *actio* ist in jedem Falle begründet? — Welche Gläubiger können die fraglichen Gegenstände (Waren, Säcke, Kleider, Pferd, Haus, Früchte) aus der Konkursmasse voll für sich beanspruchen?

3. Der Brauereibesitzer Habich kaufte von dem Großkaufmann Hettich dessen Wohnhaus für 72 000 *M*. Der Kauf wurde notariell abgeschlossen. Die Auflassung des Hauses im Grundbuch ist bisher nicht erfolgt. Inzwischen ist Habich verstorben und über seinen Nachlaß der Konkurs ausgebrochen. Die Konkursverwaltung rechnet nun das Haus zur Konkursmasse, während der Vorbesitzer es wieder als sein Eigentum betrachtet. Wer ist im Rechte?

4. Susmann fragt bei einem Anwalt brieflich an:

Ich ließ vor ungefähr zwei Monaten einen Pfandbrief über 1500 *M* bei einem Bankhause lombardieren und entnahm darauf 1200 *M*. Vor einiger Zeit schickte ich jemanden mit den geborgten 1200 *M*, um dagegen den Pfandbrief wieder einzulösen. Diesem wurde dort aber die Antwort, die Kasse sei geschlossen, weil das Bankhaus zahlungsunfähig sei.

Werde ich nun den doch nur verpfändeten Pfandbrief zurückerhalten oder das, was das Darlehen weniger als den Wert des Pfandbriefes betrug, verlieren, oder was sind sonst wohl für Möglichkeiten anzunehmen?

5. Der Arabist S. erhielt nach dem Tode seines Freundes und Fachgenossen T. von des letzteren Witwe die Mitteilung, daß er aus dem Nachlasse das arabische Wörterbuch von Freytag, das der Verstorbene mit zahlreichen eigenen Zusätzen handschriftlich versehen hatte, erhalten sollte. S. nahm das Werk in Empfang, ordnete aber aus freien Stücken die Angelegenheit so, daß jenes Lexikon nach seinem Ableben wieder zu der Bibliothek der deutschen morgenländischen Gesellschaft in Halle a. S., an welche die übrige Bücher- und Schriftensammlung von T. gefallen war, kommen sollte. Nachdem er sich dahin mit dem Bibliothekar der Gesellschaft verständigt, ließ S. den Stempel der Bibliothek derselben auf die Titel der Bände des erwähnten Wörterbuches setzen, entlieh aber das Buch auf Lebenszeit.

Welche Rechtsstellung kommt nun hier den Beteiligten zu? Wie würde es stehen, wenn eine juristisch kritische Lage durch

Ausbrechen des Konkurses über einen von ihnen entstehen sollte? Oder, wenn hinterher Streitigkeiten über das endgültige Haben jenes Buches Dritten gegenüber auszufechten wären?

6. Ein Student mietet bei dem Mieter eines Stockwerkes ein Zimmer. Bald darauf will der Hauseigentümer das Treppenhaus erweitern und jenes Zimmer dazu ziehen.

Muß der Student sich dieses gefallen lassen? Und in welcher Weise sind die streitigen Rechte auseinanderzusetzen?

Ist dieser Fall demjenigen gleich zu erachten, da der Mieter eines Hauses dem Nachbarn das Verbauen von Licht untersagen will, weil des letzteren Grundstück mit einer Dienstbarkeit zu Gunsten des vermieteten Hauses belastet ist?

7. Vor zwei Jahren errichtete L. gemeinschaftlich mit K. auf der Grenze ihrer Grundstücke eine Scheidemauer, wobei beredet wurde, daß jeder die Hälfte der Kosten tragen solle. L. legt die gesamten Unkosten mit 350 ℳ vor. Jetzt verkauft K. sein Grundstück an E.

Welche Rechte und Pflichten liegen unter den genannten Personen vor?

8. Die Witwe W. vermietete an den Handelsmann H. auf fünf Jahre eine Wohnung in einem Hause, welches nach ungeteiltem Rechte zur Hälfte ihr Eigentum und zur Hälfte Eigentum ihres minderjährigen Sohnes war. An des letzteren Hälfte stand ihr in ihrer Eigenschaft als Mutter die Nutznießung zu (BGB. 1684, 1; 1649). Der Mietvertrag war ohne weiteren Vermerk nur von H. und W. unterschrieben. Nach Ablauf von drei Jahren, als der Sohn gerade volljährig geworden war, starb die W. und wurde von ihrem Bruder B. beerbt. Dieser verkaufte an S. den der W. früher gehörigen Anteil am Hause.

Nun verlangt S. von H. Räumung der Wohnung. H. wendet ein, daß S. als damaliger Miteigentümer, der von der W. vertreten worden sei, ihn wohnen lassen müsse, oder ihm die Hälfte des durch den Umzug erwachsenden Schadens ersetzen solle. Wogegen S. den H. an den B. verweisen will; der seinerseits wieder erklärt, daß ihn die streitige Sache gar nichts angehe, da er das fragliche Haus niemals im Besitz gehabt habe.

Es ist Entscheidung mit Gründen anzugeben.

BGB. 571; 1008; 1056; 1066; 1663; 1922.

X

1. Welche Bedeutung hat das Wort *Recht* in folgenden Gesetzesstellen?

BGB. 12; 89; 93; 99; 194; 226; 268; 273; 413; 863; 873; 1214; 1273; 1353; 1570; 1627; 1952; 2108; 2346; 2376.

2. In den nachstehenden Fällen erhob sich die Frage: Ob BGB. 823, 1 (. . *oder ein sonstiges Recht eines andern* . .) anzuwenden war?

Die Kläger beriefen sich darauf, daß ihrerseits *ein rechtlich geschütztes Interesse* vorliege, und *der ihnen zukommende Anteil an den Lebensgütern* verletzt worden sei. Ihre Gegner bestritten, daß nach diesen Begriffsbestimmungen die genannte Gesetzesstelle ausgelegt werden dürfe; eine *Willensherrschaft* gerade der klagenden Personen, wie die richtige Definition von *Recht* laute, stände hier aber jeweilig gar nicht in Frage.

a) Ein Student betritt eine Restauration und bestellt ein Glas Bier; es wird ihm verweigert, und der Wirt weist ihn aus persönlicher Feindschaft gegen den Verein, dem jener angehört, in auffälliger Weise zum Lokale hinaus.

b) Zechprellerei: Es speist jemand in einem Gasthofe ersten Ranges und wohnt dort mehrere Tage, ohne einen Pfennig Geld zur Verfügung zu haben.

c) Seitens der Ortspolizeibehörde wird angeordnet, daß die Besitzer von Gärten, Baumschulen u. s. w. alle Bäume, Sträucher, Hecken u. s. w. ihrer Gartenanlagen spätestens bis Anfang April von Raupennestern zu reinigen haben, bei Vermeidung einer Geldstrafe bis zu 60 ℳ oder Haft bis zu 14 Tagen (StGB. 368 : 2). — A. versäumt es. Sein Nachbar B. verklagt ihn, weil nun er, B., seinen Obstgarten deshalb nicht vorteilhaft habe verpachten können; alle Liebhaber hätten sich vor der bedenklichen Nachbarschaft gefürchtet.

d) X. öffnet unbefugterweise einen von Y. an Z. geschriebenen Brief (StGB. 299) und erfährt dadurch Tatsachen, deren weitere Verbreitung dem U. Schaden bringt.

e) Der Direktor einer Irrenanstalt beschwert sich über das allzu frühe und zu häufige Läuten der Glocken der benachbarten katholischen Kirche; dies sei für seine nervösen Patienten schädlich. Da diese Art des Läutens der von der Verwaltungsbehörde erlassenen Läuteordnung widerspricht, so klagt er gegen die Kirchengemeinde.

(Vgl. zu dieser Nr. 2 auch unten § 109.)

3. Greb hat an Loos ein Bauerngut mit Inventar verpachtet. Eckert, ein Gläubiger des Loos, läßt wegen fälliger unbezahlter Forderungen verschiedene auf dem Hofe befindliche Mobilien durch den Gerichtsvollzieher pfänden.

Nun stellt Greb Klage auf Freigebung dieser Gegenstände von der Pfändung an, indem er sich darauf beruft, daß dieselben in seinem mittelbaren Besitze sich befänden (BGB. 868).

Seitens des Beklagten wird Abweisung der Klage beantragt, da Greb Eigentum gar nicht habe behaupten können, eine Interventionsklage nach § 771 der CPO. aber nur zulässig sei, wenn *ein Dritter behauptet, daß ihm an dem Gegenstande der Zwangsvollstreckung ein die Veräußerung hinderndes Recht zustehe.*

Wie ist zu entscheiden?

XI

1. Am 17. Juli war Herr von Tusen verstorben; am 20. September wurde von seiner Witwe ein Kind geboren, das sich lebensunfähig erwies. Nun klagt der Bruder des von Tusen gegen die Witwe auf Herausgabe der halben Erbschaft ihres Gatten.

Im Prozesse gibt der als Zeuge vernommene Hebearzt Dr. Zenker die Aussage: daß er bei dem vollends zur Welt gebrachten Kinde einige Pulsationen des Herzens wahrgenommen habe . . es sei ihm aber scheintot vorgekommen, weil er keine weiteren Lebensäußerungen an demselben bemerkt habe; das Kind habe, obgleich es ganz ausgebildet war, ein unvollkommenes, ein Scheinleben geführt.

Entscheidung?

2. A. stirbt, mit Hinterlassung seiner schwangeren Frau und seines Bruders B., am 1. Januar. Am 1. April stirbt B. und wird von seinem Sohne L. beerbt. Einen Monat später gebiert die Frau des A. ein totes Kind.

Wie steht es mit der Erbschaft des A.?

BGB. 1922; 1923; 1925; 1931; 1942.

3. Ein Arzt in Westpreußen wurde zu einer achtzehnjährigen Frau gerufen, die seit acht Monaten verheiratet war und durch die Fahrlässigkeit eines mit einem Gewehr vorübergehenden Burschen einen Schuß in den Unterleib erhalten hatte. Die Frau lag auf einem Bette und schien im übrigen durch ihren Unfall auffallend wenig beunruhigt. Der Arzt fand in der Nähe des Nabels eine von einer großen Kugel herrührende Schußwunde, welche nur sehr wenig Blut hinterlassen hatte. Bei der notwendig werdenden Operation wurde festgestellt, daß das Kind, welches der Geburt nahe war, durch den Flintenschuß im Mutterleibe getötet war. Die Kugel war ihm bei der rechten Schulter eingedrungen und in der Gegend des linken Schenkels wieder ausgetreten. Der Arzt entdeckte schließlich die Kugel in den bei der Operation herausgezogenen Teilen. Die Mutter wurde trotz der schweren Operation in nicht allzu langer Zeit wieder ganz gesund. Man kann also sagen, daß in diesem Falle das noch ungeborene Kind der Mutter das Leben gerettet hatte, da ohne es die Kugel sicherlich der Frau tötliche Verletzungen beigebracht haben würde.

Die Frau klagt nun gegen den unglücklichen Schützen auf Schadensersatz: Das Kind sei im Testamente eines seiner Anverwandten zum Erben eingesetzt gewesen und hätte ihr, die sie von ihrem kürzlich verstorbenen Manne in Bedürftigkeit zurückgelassen worden wäre, Unterhalt aus seinem Vermögen leisten müssen.

Der Beklagte bestreitet, daß dieser Anspruch nach dem BGB. begründet sei.

Wie hat das Gericht zu erkennen?

BGB. 844, 2/2; EG. 42, I § 3, 2/2; BGB. 1923, 2; 2043, 1; 2101; 2106; 2108; 2178.

4. Der Totengräber Kars schenkt durch gerichtlichen Vertrag seiner unmündigen Enkelin Marie Sinner ein Grundstück mit kleinem Hause; in § 6 des Vertrages war bestimmt, daß etwa nachgeborene Geschwister der Beschenkten an der Schenkung teilnehmen sollten. Die Sinner'schen Eheleute nahmen die Schenkung für die genannte Enkelin und namens der weiter erwarteten Kinder an. Nachmals wurden noch zwei Kinder, Elly und Karl Sinner, geboren; erstere vier Monate nach jenem Vertrage, der zweite drei Jahre darauf.

Die drei Geschwister geraten in späteren Jahren untereinander in Streit; und Marie Sinner will die Beteiligung der beiden jüngeren Kinder an der Schenkung ihres Großvaters nicht anerkennen.

Wie ist die Rechtslage?

5. Wie sind folgende Vorgänge nach dem jetzigen Stande unserer Reichsgesetzgebung rechtlich zu beurteilen?

a) Zwei Sklaven, Pissub und Bumba, beide dem Häuptling Rei de Kanka in Kamerun, Deutschem Schutzgebiete, gehörig, entlaufen ihrem Herrn. Pissub flüchtet an Bord S. M. Schiff *Möve,* die im Hafen ankert; Bumba verbirgt sich im Hause eines dort ansässigen portugiesischen Kaufmannes, namens José Ribeiro, der die Herausgabe des Schwarzen verweigert.

b) Der Negerfürst Tschingenge kommt mit zwei Sklaven Kilolo und Sim nach Deutschland. Kilolo weigert sich, mit Tschingenge nach Afrika zurückzukehren; er verlangt vielmehr, daß seine Frau Wirza, mit der er zwei Kinder Jawno und Meta erzeugt hat, von jenem frei zu ihm nach Deutschland entlassen werde. — Dagegen geht Sim freiwillig nach Afrika zurück und dient dem Tschingenge weiter als Sklave.

XII

1. In Paris wurde vor längeren Jahren eine reiche ältere Dame Marie Regnault in ihrer Wohnung von unbekannter Hand ermordet aufgefunden. Bei ihr hatten nur ihre Kammerfrau Annette Gremeret und deren achtjähriges Töchterchen gelebt, welche beide von dem Verbrecher ebenfalls ermordet wurden. In dem Nachlasse fand sich ein Testament der Dame zu gunsten des Kindes. Es erhob sich ein Streit zwischen den Verwandten der Regnault und den Erben der Kammerfrau.

Wie würde er nach römischem und wie nach unserem bürgerlichen Rechte zu schlichten sein?

2. Der Arbeiter Bock, welcher in der Eisengießerei von Michaelsen als Former angestellt war, verunglückte bei der Arbeit und starb im Alter von 49 Jahren an der hierbei erlittenen Verletzung.

Der Witwe wurde auf Grund des Reichs-Haftpflichtgesetzes eine Rente zugesprochen, und zwar so lange, als der Verstorbene ohne jene Verunglückung wahrscheinlich noch gelebt haben würde, oder bis zu ihrem früheren Tode.

Nachdem die Rente elf Jahre ausbezahlt worden ist, weigert sich Michaelsen, sie weiter zu bezahlen; und es beruft sich sein Anwalt auf erhobene Klage der Witwe Bock auf l. 68 pr. D. ad leg. Falc. (35, 2). Da das BGB. nichts hierüber enthalte, so müsse die alte römische Präsumtion weiter gelten.

Ist die Weigerung berechtigt?

Vgl. auch l. 8 § 10 D. de transact. (2, 15); Sächs. GB. 35.

3. Kurze Zeit nach dem Tode des Kaufmanns Hentschel kommt dessen Witwe mit einem Kinde nieder. Sie hatte, als sie die Wehen kommen fühlte, ihr Mädchen nach der Hebamme geschickt; das Zurückkommen beider hatte sich aber verspätet, und so fanden sie die Witwe bewußtlos und das schon geborene Kind tot vor.

Die etwas verspätete Beweisaufnahme ergibt nur, daß es ein vollständig ausgetragenes Kind war.

Erhält die Witwe des Hentschel oder dessen noch lebende Mutter das von Hentschel hinterlassene Vermögen?

BGB. 1925; 1931.

---

4. Unter welchen näheren Voraussetzungen kann in nachstehenden Tatbeständen nach dem Verschollenheitsrecht des BGB. gerichtliche Todeserklärung erwirkt werden?

a) Bekanntmachung. Der am . . . zu Halle a/S. geborene, in unbekannter Abwesenheit lebende Arbeiter Max Senftleben entzieht sich der Sorge für seine Familie, so daß dieselbe aus öffentlichen Mitteln unterstützt werden muß. Um Mitteilung des Aufenthaltsortes des Genannten wird gebeten. N. N., den . . . Der Gemeindevorsteher.

b) *Mein Vetter ritt den Schecken an dem Tag,*
Und Roß und Reiter sah ich niemals wieder.
Wallenstein.

(Ist unserer Frage als ein Tatbestand der heutigen Zeit zu unterstellen.)

c) Am 11. Juli 1897 stieg der Nordpolfahrer S. A. Andrée mit zwei Begleitern von Spitzbergen aus im Luftballon auf, um den Nordpol zu erreichen. Seitdem fehlt jede Spur von ihnen.

d) Nachrichten über Schiffsunfälle:

Nach einer bei Lloyds eingegangenen Depesche aus St. Vincent (Kap Verdische Inseln) ist das deutsche Schiff *Baltimore*, von London nach New York, mit Ballast beladen, unterwegs leck gesprungen und am 24. Januar untergegangen. Alle an Bord befindlichen Personen sind vermutlich verloren, ausgenommen der Seemann Christansen, den der portugiesische Schoner *Alice* am 26. Januar aufnahm.

Aus Lübeck wird gemeldet, daß eine Anzahl Fischerboote, die auf offener See fischten, durch einen orkanartigen Sturm seewärts getrieben wurden. Die Rettungsdampfer kehrten resultatlos zurück. Es wird befürchtet, daß die Boote und Insassen im Sturm untergegangen sind.

Der deutsche Dampfer *Afrika*, welcher am Mittwoch von Antwerpen nach New Orleans in See gegangen war, ist bei starkem Nebel in der Nordsee mit dem norwegischen Dampfer *Saga* zusammengestoßen, welcher infolge des Zusammenstoßes sank. Die *Afrika* rettete acht Mann der Besatzung der *Saga*. Von dem Schicksal der übrigen Mannschaft ist nichts bekannt.

Von dem Dampfer *Salier* fehlt seit einigen Wochen jede Nachricht. Er hatte Kalkutta verlassen und war nach Hongkong und Nagasaki bestimmt.

In Marseille herrscht Aufregung über den Schiffbruch des Kauffahrteischiffes *Alix* bei Faraman. An Bord des Schiffes befanden sich neun Matrosen und fünf Passagiere. Nur von sechs Personen, die gerettet worden sind, hat man sichere Nachrichten. Diese Geretteten gehören sämtlich der Bemannung des Schiffes an. Die übrigen gelten als verloren; zwei dieser letzteren befinden sich seit geschlagenen 48 Stunden in einer besonders tragischen und erschütternden Lage. Diese Unglücklichen befinden sich nämlich auf dem Wrack, so daß man sie vom Lande aus sieht, ohne daß man ihnen wegen des hohen Seeganges Hilfe bringen könnte.

5. In seiner berühmten Dichtung *Enoch Arden* behandelt Tennyson den tragischen Konflikt in der Seele des tot geglaubten Seemannes, der nach langen Jahren zurückkehrt und die Gattin in neuer Ehe mit dem gemeinschaftlichen Spielgenossen der Jugend findet.

Wir wollen annehmen, daß Enoch Arden, der auf der Rückfahrt von China Schiffbruch erlitt und auf einer einsamen afrikanischen Insel viele Jahre hauste, gerichtlich für tot erklärt worden war. Alsdann fragt es sich, welche rechtlichen Folgen nach unserem BGB. sich an folgende Tatbestände angeschlossen hätten?

a) Seine Gattin Amira verheiratete sich mit dem Jugendgespielen Philipp Ray, da beide an den Tod des Enoch Arden glaubten.

b) Einer der beiden Ehegatten war davon unterrichtet, daß Enoch Arden noch am Leben sei.

c) Das die Todeserklärung aussprechende Urteil hatte die Vermutung von BGB. 18, 2 stehen lassen. Dann konnte durch einen nachträglich geretteten Mitreisenden des Enoch Arden festgestellt werden, daß dieser früher, als an jenem vermuteten Zeitpunkt gestorben war.

d) Enoch Arden starb bald nach seiner Rückkehr im Hause der Miriam Lane, ohne seinerseits schon Rechtsschritte wegen der zu Unrecht erfolgten Todeserklärung getan zu haben.

6. Im Beginne 1900 brachen in China die Unruhen der *Boxer* aus. Das angeblich zu ihrer Bekämpfung ausgeschickte chinesische Militär machte gemeinsame Sache mit den Aufrührern. Die Gesandtschaften in Peking wurden angegriffen, der deutsche Gesandte ermordet. Der Entsetzungsversuch des englischen Admirals Seymour mißlang; er mußte vor chinesischen Truppen und Boxern zurückweichen. Nun wurden die Takuforts bei Tsientsin und dann diese Stadt selbst von europäischen Truppen gestürmt; und am 14. August 1900 gelang der Einmarsch in Peking und die Befreiung der Gesandten. Der chinesische Hof war geflohen. Mit ihm fanden hierauf Verhandlungen statt. China verpflichtete sich, eine Anzahl hochstehender Boxer zu bestrafen und 450 Millionen Taëls Kriegsentschädigung zu zahlen; womit die ostasiatische Expedition endigte.

In welcher Weise kann über Leben oder Tod der dort *Vermißten* verfahren und entschieden werden?

7. Der Geometer Kalb ist vor einigen Jahren nach Sydney ausgewandert und hat damals in notarieller Urkunde alle seine ausstehenden Forderungen dem Gastwirte Möser abgetreten, darunter auch eine Forderung auf Auszahlung einer Erbschaft seines verstorbenen Bruders beim Tode von dessen hinterlassener Witwe.

Kalb ist seitdem verschollen. Jetzt stirbt die Witwe seines Bruders.

Wie steht es mit dem Anspruche des Möser?

8. Die Leunis Eheleute hatten sich in einem wechselseitigen Testamente zu Erben eingesetzt, dabei aber bestimmt, daß das nach dem Tode des Letztlebenden von ihnen noch vorhandene Vermögen an die gesetzlichen Erben des Mannes fallen solle. Die nächsten Verwandten des Mannes waren eine Schwester, zwei Töchter einer verstorbenen Schwester und ein Sohn (A.) eines verstorbenen Bruders, dessen Frau wieder geheiratet und zwei Kinder zweiter Ehe hatte, vor kurzem aber gleichfalls mit Tod abgegangen war. A. war seit neun Jahren verschollen.

Um diese Zeit starb Leunis; die Witwe schlug die Erbschaft zu Gunsten der gesetzlichen Erben ihres Mannes aus (BGB. 1942; 1953). Der den A. treffende Teil wurde von einem Pfleger in Empfang und Verwaltung genommen. Nachdem A. darauf in ordnungsmäßigem Verfahren für tot erklärt worden war, nahmen sowohl seine Halbgeschwister, wie die Verwandten des Leunis den auf A. gefallenen Erbteil des alten Leunis in Anspruch (BGB. 1923, 1; 1925; 1926).

Wie war zu erkennen?

XIII

1. Ein junger Jurist erhält von einem auswärtigen Freunde folgenden Brief mit der Bitte um baldige Auskunft:

Als unmündiger Seminarist habe ich mich zur Abnahme eines Konversationslexikons schriftlich verpflichtet. Meine jetzigen Verhältnisse gestatten mir eine weitere Abnahme des Werkes nicht. Die verschiedenen Bitten um Aufhebung des Vertrages sind von der Buchhandlung mit Klagedrohung beantwortet worden.

Kann ich zur Abnahme des ganzen Werkes gezwungen werden?

2. Der minderjährige Sally Kautz hat unter Genehmigung seines Vormundes dem Hermann Sommer Vollmacht gegeben, mit einem Schuldner des Kautz zwecks endlicher Begleichung der Schuld in Verhandlung zu treten und demselben, wenn er die Hälfte des Ausstandes bar bezahlt, den Rest zu erlassen.

Ehe die Angelegenheit geordnet ist, wird Sally Kautz volljährig und die Vormundschaft erlischt.

Ist dieses auf die erteilte Vollmacht von Einfluß?

3. Auf einem Baue entsteht eine Schlägerei. Der dabei beteiligte Arbeiter Ropels, zwanzig Jahre alt, wird von dem einen Verletzten mit Privatklage belangt. In dem Termine vor dem Schöffengericht kommt ein Vergleich zustande. Ropels übernimmt hierbei die Kosten des Verfahrens.

Ist das rechtsgültig?

4. Ein neunzehnjähriger Student der Rechtswissenschaft bezieht mit Einwilligung seines Vaters die Universität. Dort bleibt er bei seinem Hauswirt den Mietzins, sowie das Geld für das Frühstück und Abendbrot schuldig; ebenso dem Schneider den Betrag für einen Anzug.

Fragen:

a) Haftet der Vater des Studenten für jene Schulden?

b) Wie steht es, wenn der Studierende mütterliches Vermögen besitzt, das in Verwaltung und Nutznießung des Vaters steht?

c) Ist es von Einfluß, ob beide Eltern verstorben sind und ein entfernter Verwandter die Vormundschaft über den Studenten führt?

d) Welche rechtliche Bedeutung hat es, wenn der Student aus seinem Wechsel die erste Monatsrechnung des Hauswirtes bezahlt hat, die zweite aber nicht; oder wenn er dem Gläubiger eine Abschlagszahlung von 30 *M* leistet?

5. Ein Bauer war auf Bezahlung von 300 *M* verklagt worden, die der Gläubiger von einem Bierwirt zu fordern hatte, für welchen sich der Beklagte in einer Urkunde verbürgt hatte.

Beklagter entgegnete, daß er bei Übernahme der Bürgschaft in hohem Maße betrunken gewesen und dieser trunkene Zustand vom Kläger arglistig dazu benutzt worden sei, um den Beklagten zur Übernahme der Bürgschaft zu veranlassen.

Entscheidung?

Gesetzesstellen: BGB. 104 : 2); 105, 2; 827; — vgl. c. 7 C. 15 qu. 1 *nesciunt quid loquantur — iacent sepulti;* auch l. 11 § 2 D. de poenis (48, 19); l. 12 pr. D. de custodia etc. (48, 3); — l. 48 D. de reg. iur. (50, 17).

6. Kahlert war im Testamente des Sauer als Legatar bedacht gewesen; Sauer hatte aber durch ein späteres Testament das Vermächtnis wieder aufgehoben. Kahlert ficht dies an, weil Sauer damals geisteskrank und willensunfähig gewesen sei.

Das Beweisverfahren ergibt: daß Sauer an einem Intelligenzdefekte äußersten Grades gelitten habe und altersschwach und stumpf gewesen sei; das zweite Testament war ihm von seinem Bruder, dem Testamentserben, vorgeschlagen und diktiert worden, Sauer hatte es danach geschrieben und unterschrieben.

Welches Urteil ist abzugeben?

7. Vor einigen Jahren starb in Berlin Simon Blad, ein reicher Rentner. Er hinterließ ein Testament, in dem er die Städte Berlin, Bingen und Mainz zu seinen alleinigen Erben einsetzte, unter Übergehung seiner Schwester und deren Kinder. Diese gingen gegen das Testament vor, weil der Erblasser zur Zeit von dessen Errichtung nicht geschäftsfähig gewesen sei (BGB. 104; 105). Die Beweiserhebungen lassen außer allem Zweifel, daß der verstorbene Millionär in den letzten sechs Jahren seines Lebens an hochgradigen Verfolgungswahnsinn gelitten hatte. Von besonderem Gewicht ist die Aussage des langjährigen Hausarztes des Herrn Blad. Er erklärt, er habe oft Kaffee und Suppen untersuchen müssen, von denen Herr Blad behauptete, daß ihnen seine eigene Schwester und deren Sohn (also die gesetzlichen Erben) das Gift beigemischt hätten. *Im Juli 1891*, so heißt es in der Aussage des Arztes, *erneuerte Herr Blad sein Testament und gab es mir zur Einsicht. Als ich es gelesen und ihn erstaunt fragte, warum er denn seiner Schwester, die doch so viele Jahre bei ihm gewesen sei, kein bestimmtes Kapital ausgesetzt habe, erwiderte er: Fällt mir gar nicht ein! Damit die Bande mich noch schneller um die Ecke bringt!*

Die Verwaltungen der zu Erben eingesetzten Städte halten das Testament für gültig und auch nach BGB. 2078 nicht angreifbar.

Es ist über diesen Streitfall ein begründetes Gutachten auszuarbeiten.

8. Durch Beschluß des Amtsgerichts Charlottenburg war der Schlosser Dämpig im Jahre 1899 für *blödsinnig* erklärt worden.

ALR. I 1 § 27: *Rasende und Wahnsinnige heißen diejenigen, welche des Gebrauchs ihrer Vernunft gänzlich beraubt sind.* § 28: *Menschen, welchen das Vermögen, die Folgen ihrer Handlungen zu überlegen, ermangelt, werden blödsinnig genannt.* § 29: *Rasende und Wahnsinnige werden in Ansehung der von dem Unterschiede des Alters abhängenden Rechte, den Kindern, Blödsinnige aber den Unmündigen* (7—14 Jahre) *gleichgeachtet.*

Jetzt beantragt Dämpig die Aufhebung der Entmündigung. In dem danach eingeleiteten Verfahren wird festgestellt, daß der Entmündigte nicht geisteskrank, wohl aber in dem Grade geistesschwach sei, daß er seine Angelegenheiten nicht zu besorgen vermöge.

Was ist nun juristisch zu tun? Und welche Rechtslage hat einzutreten?

XIV

1. Auf welche Sätze unseres bürgerlichen Rechtes kann sich der Geschädigte in folgenden Fällen berufen:

a) Eine Ehe ist wegen Verschuldung der Frau geschieden worden. Die Frau führt aber den Namen ihres seitherigen

Ehemannes weiter; und das in einer Weise, die bei Fremden den Glauben erwecken muß, daß die Ehe noch bestehe.

b) X. läßt einen italienischen Knaben mit Namen Johann Maria Farina in Cöln in das Handelsregister eintragen und sich selbst als Prokurist dieser neuen Firma; in der Tat war der Ausländer gar nicht am Betriebe des Geschäftes beteiligt, sondern das Ganze nur eingefädelt worden, um der bekannten Firma Farina in Erzeugung und Vertrieb cölnischen Wassers Konkurrenz zu machen.

c) Eine Buchhandlung kauft den Restbestand der Auflage eines Liederbuches und vertreibt die Exemplare wieder, nachdem sie ein neues Titelblatt mit dem Namen eines anderen Musikschriftstellers (— entweder mit dessen Genehmigung, — oder ohne sie) vorgesetzt hatte.

d) Der Generalvertreter des bürgerlichen Brauhauses in Pilsen stellt gegen die Münchener Thomasbrauerei Klage an, weil die Thomasbrauerei helles Bier unter der Bezeichnung *Pilsener* in den Verkehr bringe.

e) Der in Berlin erscheinende *Reporter*, Illustriertes Weltblatt, hat seinerzeit eine Schönheitskonkurrenz veranstaltet und eine Anzahl von Damenporträts veröffentlicht, aus denen die Leser die Schönste durch Abstimmung ermitteln sollen. Eines dieser Porträts ist ohne Genehmigung der betreffenden Dame von Herrn X., unter Fälschung der Namensunterschrift der Dame, eingesandt worden.

2. Die königliche Regierung zu Posen hatte einem Kaufmann Kurczewski amtlich mitteilen lassen, daß sein eigentlicher Name Kurtze sei und daß er sich in Zukunft dieses Namens zu bedienen habe. Der erwähnte Kaufmann schrieb sich aber nach wie vor Kurczewski, unter Berufung darauf, daß sein Vater seit seiner Verheiratung im Jahre 1849 unbeanstandet den Namen Kurczewski an Stelle des Namens Kurtze geführt habe.

Welche Gesetzesbestimmungen kommen in Frage? Wie ist danach zu erkennen?

3. Ein Privatmann zu X., der sich *von Heller* nannte, erhielt auf Grund vom StGB. 360 : 8) von der königlichen Polizeidirektion X. im Auftrage des dortigen Regierungspräsidenten eine bei der Polizeikasse zu erlegende Strafe von 30 *M*, eventuell 3 Tage Haft festgesetzt. Er erhebt vor dem Landgericht X. Klage gegen den Regierungspräsidenten sowie die Polizeidirektion, mit dem Antrage, festzustellen, daß er berechtigt sei, den

Familiennamen *von Heller* zu führen, und daß die Beklagten nicht befugt seien, ihm die Führung dieses Namens zu verbieten. Er beruft sich darauf, daß seinem Urgroßvater der erbliche Adel vom Könige von Schweden verliehen worden sei und daß er in jedem Falle berechtigt sei, die Partikel *von* als Bestandteil seines bürgerlichen Namens zu führen. Die Beklagten bestreiten die Zulässigkeit der erhobenen Klage.

Entscheidung?

4. Der elsässische Dialektdichter Dr. Julius Greber veröffentlichte vor kurzem ein Lustspiel *Sainte-Cécile*, dessen komische Hauptfigur den Namen Stieffatre führt. Der Rentner Edmund Stieffatre hat nun gegen Dr. Greber und die Verleger der *Sainte-Cécile*, die Buchhändler Schlesier und Schweickhardt, beim Straßburger Landgericht eine Klage eingereicht und beantragt, *den Beklagten den Verkauf und die sonstige Verbreitung des Lustspiels Sainte-Cécile unter Benutzung des Namens Stieffatre für jeden Fall der Zuwiderhandlung zu verbieten.* Die Höhe der Streitsumme ist auf 2000 *M* festgesetzt. Die Klage stützt sich darauf, daß der Rentner Stieffatre der einzige Träger dieses Namens sei, daß eine Reihe von Charakterzügen, welche der Greber'sche Stieffatre aufweise, für den Rentner Stieffatre zutreffe, und daß es einem Autor nicht gestattet sei, eine Namensbezeichnung wider den Willen ihres Trägers dichterisch zu annektieren.

Der Vertreter des Beklagten nimmt dem gegenüber an, daß weder nach dem seitherigen, noch nach dem neuen bürgerlichen Recht der Klageanspruch begründet sei.

Wie ist zu erkennen?

5. Die Zacherlbrauerei hat das Wortzeichen *Salvator* für ihr althistorisches Salvatorbier amtlich (— wo? wie? auf Grund welches Gesetzes?) eintragen lassen und hat dann den anderen Brauereien, die in neuerer Zeit gleichfalls Salvatorbier in den Handel brachten, die Anwendung der Bezeichnung *Salvator* gerichtlich bestritten.

Auf welche Gesetzesbestimmungen ist dieser Anspruch zu gründen? Wie hat Antrag und Urteil zu lauten?

Sind in diesen Streitigkeiten nachstehende Besonderheiten von rechtlichem Einflusse?

a) Die Löwenbrauerei hat ihr Märzenbier nicht unter dem Namen *Salvator*, sondern als *Salvatorbier* in den Handel gebracht.

b) In Schwabing (einer Vorstadt Münchens) ist eine Brauerei

unter der Firma *Salvatorbrauerei.* Gegen diese hat die Zacherlbrauerei Klage auf Streichung des Wortes *Salvator* aus der Firmenbezeichnung gestellt.

c) Eine dritte Verwickelung besteht zwischen Zacherl- und Spatenbrauerei. Die Spatenbrauerei hat ein Firmenbild registrieren lassen, das u. a. auch das Wort *Salvator* enthält. Das Firmenbild kann nicht beanstandet werden, aber die Zacherlbrauerei bestreitet der Spatenbrauerei das Recht, das Wort *Salvator* außerhalb des Firmenbildes zu geschäftlichen Anpreisungen zu benutzen.

6. Der Verlagsbuchhändler Lipperheide begründete 1865 in Berlin die *Modenwelt.* Das Blatt erlangte allmählich weite Verbreitung und großes Ansehen. Dies benutzte ein Konkurrent, um 1889 ein Blatt *Kleine Modenwelt* herauszugeben; und ein Dritter, welcher 1892 die *Große Modenwelt* begann.

Demnächst klagte Lipperheide gegen jene Verleger mit dem Antrage, daß sie für ihre Blätter sich des Wortes *Modenwelt* in der Bezeichnung zu enthalten hätten.

Welche Rechtseinrichtungen kommen in Betracht? Wie ist danach zu urteilen?

---

7. Wie sind folgende Zweifel über die bürgerliche Ehre jemandes nach dem Rechte der Römer, des deutschen Mittelalters, der neueren und unserer heutigen Zeit zu behandeln?

a) Auth. *Habita* (c. Frider. I): . . omnibus, qui causa studiorum peregrinantur, scolaribus et maxime divinarum atque sacrarum legum professoribus hoc nostre pietatis beneficium indulgemus, ut ad loca, in quibus litterarum exercentur studia, tam ipsi quam eorum nuntii veniant et habitent in eis secure. (§ 4) Hac igitur generali et in eternum valitura lege decernimus, ut nullus de cetero tam audax inveniatur, qui aliquam scolaribus iniuriam inferre presumat, nec ob alterius eiusdem provincie delictum, quod aliquando ex perversa consuetudine factum andivimus, aliquod damnum eis inferat: scituris his sacre constitutionis temeratoribus et illius temporis, si hoc vindicare neglexerint, locorum rectoribus, restitutionem rerum ab omnibus exigendam in quadruplum, *notaque infamie ipso iure eis irrogata dignitate sua careant in perpetuum* (a. 1158).

b) L. 11 C. de causis ex quibus infamia alicui irrogatur

(2, 11 [12]): Debitores, qui bonis cesserint, licet ex ea causa bona eorum venierint, infames non fiunt (a. 223).
Cicero, pro Quinctio c. 15; Gaius II, 154.

c) L. 20 C. eod.: Improbum fenus exercentibus et usuras usurarum illicite exigentibus infamiae macula irroganda est (a. 290).
Cf. tit. Dig. de his qui notantur infamia (3, 2);
Lex Julia municipalis (Tabula Heracleensis) lin. 108—143. (Bruns, fontes iuris Romani antiqui, ed. V n. 18.)

d) Suetonius, Tiberius c. 35: Feminae famosae, ut ad evitandas legum poenas iure ac dignitate matronali exolverentur, lenocinium profiteri coeperant, et ex iuventute utriusque ordinis profligatissimus quisque, quo minus in opera scaenae harenaeque edenda senatus consulto teneretur, famosi iudicii notam sponte subibant; eos easque omnes, ne quod refugium in tali fraude cuiquam esset, exilio adfecit.

e) Wilhelm Baumgärtner verlangte 1799 in A. die Aufnahme in die Schusterzunft. Man verweigerte sie ihm, weil sein Vater Schäfer gewesen und mehrmals Vieh abgedeckt, namentlich einmal einen tollen Hund tot geschlagen und ihm die Haut abgezogen, Wilhelm selbst aber einmal auf einen Schinderkarren sich gesetzt, weil ihm dies als Mittel angegeben worden, die Krätze, mit der er behaftet gewesen, zu vertreiben, auch die Tochter des Scharfrichters geheiratet habe.

Vgl. Sachsenspiegel I, 38; Brünner Schöffenbuch (etwa 1350, hrsg. v. Rößler 1853) c. 691; RPO. v. 1530, tit. 23; RPO. v. 1577 tit. 38 § 1; RGutachten 1731 § 5; RSchluß 1732 art. 5.

8. Genügen folgende Tatsachen zur Anwendung von BGB. 1568 oder 1666?

a) Es wird jemand aus dem Stande der Reserveoffiziere entlassen, weil er auf eine ihm gewordene Beleidigung den Gegner nicht zum Zweikampfe gefordert hat; — oder, weil er einer politisch oppositionellen Partei angehört und für diese öffentlich agitiert.

b) Ein Deutscher hat sich als Soldat bei einer ausländischen Macht anwerben lassen. Als das Reich mit der letzteren in Krieg gerät, bleibt er in seiner Stellung (StGB. 88, 3; 20).

c) X. war wegen Meineids zu drei Jahren Zuchthaus verurteilt, unter Aberkennung der bürgerlichen Ehrenrechte auf fünf Jahre. Die Frist ist jetzt abgelaufen.

d) Jemand hat einen *auf Ehrenwort* lautenden Schuldschein verfallen lassen, den er wegen einer Schuld aus gewerbsmäßig betriebenem Glücksspiele (StGB. 284) ausgestellt hatte.

XV

1. An welchem Orte haben nachstehende Personen ihren Wohnsitz?

a) Ein *Sachsengänger* (Taglöhner, welcher für den Lauf des Sommers, von dem Osten herkommend, auf landwirtschaftlichen Gütern, besonders der Provinz Sachsen, in Arbeit geht).

b) Zwei Ehegatten, welche zufolge getroffener Übereinkunft dauernd tatsächlich getrennt leben.

c) Ein Geisteskranker, der wegen unheilbaren Wahnsinnes von seinem Geburtsorte weg in eine Irrenanstalt verbracht wird.

d) Ein Offizier, der einem in Mainz garnisonierenden Regimente angehört und für die Dauer einer dienstlichen Verwendung in Deutz wohnhaft ist, — entweder seine Familie mitnehmend oder sie in Mainz zurücklassend.

e) Das uneheliche Kind einer 22jährigen Fabrikarbeiterin, deren Eltern in Magdeburg wohnen, während sie selbst einen Dienst als Hausmädchen in Halberstadt angenommen hat.

f) Ein Strafgefangener, der eine sechsjährige Zuchthausstrafe in X. verbüßt, dessen Ehefrau von ihrem seitherigen gemeinschaftlichen Wohnorte Y. mit Genehmigung ihres Mannes nach Z. verzieht, wo beide nach Vollendung der Strafzeit dauernd bleiben wollen.

2. Ein Student, der an einer mitteldeutschen Universität studiert, meldete bei dem Handelsgericht einer thüringischen Residenzstadt an, daß er als Prokurist eines neugegründeten Flaschenbiergeschäftes in der betreffenden Stadt eingetragen zu werden wünsche. Das Gericht verweigerte die Eintragung, weil der Antragsteller seinen Wohnort in der Universitätsstadt und nicht am Geschäftsort habe.

Kann zur Beschreitung des Beschwerdeweges geraten werden?

3. Der Herzog von Arenberg, der in Preußen verschiedene Güter besitzt, aber gewöhnlich in Berlin wohnt, war vom Magistrat von Recklinghausen mit seinem gesamten großen Einkommen zur Gemeinde-Einkommensteuer herangezogen worden, während der Herzog den Magistrat nur für berechtigt erachtete, sein Einkommen aus Grundbesitz und Renten, das ihm aus Quellen in der Gemeinde Recklinghausen zufließt, zur Gemeinde-Einkommensteuer heranzuziehen, da er in der Gemeinde nicht seinen Wohnsitz habe, sondern im Schlosse ihm nur ein Salon, zwei Schlafzimmer und zwei Dienerzimmer vom Pächter zur Verfügung gestellt und allerdings stets bereit gehalten werden müßten. Der Magistrat berief sich dagegen auf die Stiftungsurkunde des hier in Frage kommenden Fideikommisses von 1854, wonach der Herzog zu Recklinghausen *domiziliere;* dem gegenüber der wirkliche Aufenthalt gleichgültig sei?

Wie ist zu erkennen?

4. Ein Ehemann war in A. wohnhaft; er starb am 6. Februar. Seine Witwe wird krank und begibt sich nach B. in ärztliche Behandlung. Nach einigen Monaten beschließt sie, bei anscheinender Besserung, nach dem gesunderen Orte C. überzusiedeln. Sie läßt durch einen Bekannten dortselbst eine Wohnung mieten und ihre Möbel am 10. Oktober nach C. zu schaffen. Im Begriffe dorthin abzureisen, stirbt sie am 16. November.

Bei welchem Gerichte (in A. oder B. oder C.) kann ihr Testament angefochten werden?

CPO. § 27: *Klagen, welche die Feststellung des Erbrechts .. zum Gegenstande haben, können vor dem Gerichte erhoben werden, bei welchem der Erblasser zur Zeit seines Todes den allgemeinen Gerichtsstand gehabt hat.* — § 13: *Der allgemeine Gerichtsstand einer Person wird durch den Wohnsitz bestimmt.*

5. Arenz wird beim Amtsgericht Halle a. S. von Herz auf Bezahlung einer Warenschuld von 280 *M* verklagt, schützt aber Unzuständigkeit des Gerichtes vor, weil er in Weimar wohne und sich dermalen nur besuchsweise bei seiner, in Halle a. S. einen selbständigen Handel betreibenden Ehefrau aufhalte.

Ist der Einwand begründet?

6. Die Ehefrau Lauber in Kirchgöns klagt gegen ihren Ehemann auf Rückkehr zu ihr, weil sich derselbe, obgleich in dem Ehevertrag bestimmt gewesen: *ihren Wohnsitz nehmen die jungen Eheleute in Kirchgöns bei dem Vater der Braut,* doch von hier weg nach Dornholzhausen, seinem früheren Heimatsort, begeben habe.

Der Beklagte wendet ein, daß er als Ehemann den Wohnsitz zu bestimmen und beliebig zu verändern berechtigt sei; und verlangt zugleich widerklagend, daß die Frau sich zu ihm nach Dornholzhausen zu begeben verurteilt werde.

Entscheidung?

7. X. ist in Hamburg als ehelicher Sohn eines dortigen Kaufmannes am 21. Januar 1869 geboren. Am 1. Oktober 1885 tritt er als Einjährig-Freiwilliger in Marburg i. H. ein. Am 1. Oktober 1886 bezieht er die technische Hochschule in Braunschweig für $2^1/_2$ Jahr, um dann eine Lehrstelle in einem Bremenser Exportgeschäft anzunehmen, in welcher Stellung er bis 1. Dezember 1889 verbleibt. An diesem Tage geht er im Auftrage seines Hauses nach Melbourne in eine Zweigniederlassung desselben. Im Januar 1891 zurückgekehrt, erhält er eine Anstellung in einem Handlungshause in Lübeck.

a) Welche Wohnsitze hat X. gehabt?
b) Wo war im Herbst 1892 sein Unterstützungswohnsitz? Was hätte hierüber zwei Jahre später gegolten?
c) Welche Staatsangehörigkeit besitzt er?
d) Wie wäre es damit, wenn er in Australien das Bürgerrecht erworben hätte?

8. Ein Bruder des vorigen, geboren am 3. Mai 1870, beabsichtigte Ende der achtziger Jahre gänzlich nach Amerika auszuwandern.

a) Hatte er ein Recht auf Entlassung?
b) Er kehrte im vorigen Sommer nach Deutschland zurück und will wieder Deutscher werden: Welcher Rechtsakt steht da in Frage? Hat er ein Recht auf dessen Vornahme? Überall, oder nur in Hamburg?

9. Ein Mann, ursprünglich Deutscher, lebte seit 25 Jahren in Schweden. Nach sechs Jahren wurde ihm ein Sohn geboren. Nach weiteren 16 Jahren ist er von Schweden nach Holland gezogen.

Würde nun, wenn der Vater jetzt das holländische Bürgerrecht erwürbe, der Sohn in Bezug auf seine Militärpflicht als Schwede oder als Holländer angesehen oder von Deutschland aus in Anspruch genommen werden?

10. Cicero pro L. Cornelio Balbo: Iure enim nostro neque mutare civitatem quisquam invitus potest neque, si velit, mutare non potest, modo asciscatur ab ea civitate, cuius esse se civitatis velit: ut si Gaditani sciverint nominatim de aliquo cive Romano, ut sit is civis Gaditanus, magna potestas sit civi nostro mutandae civitatis nec foedere impediatur, quo minus ex cive Romano civis Gaditanus possit esse. Duarum civitatum civis noster esse iure civili nemo potest: non esse huius civitatis, qui se alii civitati dicavit, potest. — Itaque in Graecis civitatibus videmus, Athenis Rhodios, Lacedaemonios, ceteros undique adscribi, multarumque esse eosdem homines civitatum. Quo errore ductos vidi egomet nonnullos imperitos homines, nostros cives, Athenis in numero iudicum atque Areopagitarum certa tribu, certo numero, cum ignorarent, si illam civitatem essent adepti, hanc se perdidisse, nisi postliminio reciperassent. Peritus vero nostri moris ac iuris nemo unquam, qui hanc civitatem retinere vellet, in aliam se civitatem dicavit.

Würde nach der deutschen Gesetzgebung ein in der Sache entsprechender oder ein abweichender Rechtszustand festzustellen sein?

XVI

1. Wer ist in den kommenden juristischen Tatbeständen das berechtigte und verpflichtete Subjekt?

a) Abonnement auf eine Zeitung bei dem Kaiserlichen Postamt Nr. 4 in Halle a. S.

b) Einem Jägerbataillone werden Fahnen verliehen; — das Offizierkasino eines bestimmten Regimentes schafft für seine geselligen Räume einige Möbel an.

c) Durch freiwillige Sammlungen werden Mittel zur Erbauung eines Diakonissenhauses aufgebracht, in welchem Diakonissinnen ausgebildet und Kranke aufgenommen und verpflegt werden sollen.

d) Ausschreiben. Die Domäne Salza soll vom 1. April 1903 bis dahin 1921 verpachtet werden . . . Die Pachtbedingungen liegen in unserer Domänen-Kontrolle im Regierungsgebäude hier zur Einsicht aus . . . Erfurt, 7. April 1902. Königliche Regierung. Abteilung für direkte Steuern, Domänen und Forsten.

e) Eine Studentenverbindung erwirbt ein Haus: entweder auf den Namen eines früheren Mitgliedes; — oder der Vereinigung der gesamten früheren Mitglieder; — oder des studentischen Vereins selbst; — oder einer besonders zu jenem Zwecke gegründeten Aktiengesellschaft.

f) A. bedingt sich beim Verkaufe von Grundstücken aus, daß für alle Zeiten die Besitzer des verbleibenden Stammgutes das Gang- und Fahrtrecht über das verkaufte Areal haben sollen.

g) Der 1894 verstorbene Graf Schack hatte vor etwa 20 Jahren den Entschluß geäußert, seine berühmte Gemäldegalerie *der Stadt Straßburg* letztwillig zuzuwenden. Aus Verdruß über die unpatriotische Haltung der dortigen Protestler unterließ er es und wollte sie nun *dem Deutschen Reiche* überweisen, soll aber bedeutet worden sein, daß dies juristisch nicht möglich sei. So vermachte er sie *dem Deutschen Kaiser*.

2. Der Kaufmann Kunz hatte sich auf dem Verbandstage der Vereine *Kreditreform* für den Fall, daß er sich gewisse Handlungen zu schulden kommen lassen sollte, verpflichtet, eine bestimmte Vertragsstrafe zu zahlen. Der damalige Geschäftsführer des Verbandes, Reinhardt, schloß, weil die Vereine und der Verband derselben keine juristische Persönlichkeit hatten, den Vertrag mit Kunz nicht als Vertreter des Verbandes, sondern in der Weise, daß der Anspruch auf die Vertragsstrafe dem jedesmaligen Geschäftsführer des Vorortvereins für seine Person zustehen sollte.

Als später Kunz gegen die Vertragsordnung sich verging, klagte Pleischer, ein Amtsnachfolger des Reinhardt, die Vertragsstrafe ein.

Es fragt sich: Lag in jenem Abkommen ein rechtsgültiger und vollwirksamer Vertrag vor? Und wie ist es des näheren juristisch zu charakterisieren?

3. Am 25. Oktober 1742 errichtete der Geheime Medizinalrat Dr. Friedrich Hoffmann zu Halle a. S. ein weitläufiges Testament, in welchem es im § 20 hieß:

Da ich auch auf meinen Erb- und Geschlechtsbogen auf dem Gottesacker allhier ein vieles gewendet, und ein *monumentum* allda aufrichten lassen, mithin nicht gerne wolte, daß solches, wie es bei *alienationibus* leider geschiehet, *ruiniret* werde; So verordne ich hiemit, daß dieses Erb-Begräbniß je und alle Wege zwar vor meine alhier lebende *Descendenten* als ein Hoffmannisches Erb-Begräbniß verbleiben, und dieselben bey Ihren Absterben darinn Ihre Ruhestatt haben sollen, jedoch, so ferne keines von meinen *Descendenten* alhier wohnhafft, will ich in solchem Fall und so lange sich niemand davon alhier befindet, die hiesige *Löbl. Medicinische Facultät* dergestalt *substituirt* haben, daß wenn daraus, jedoch nur von *Professoribus Medicinae* männlichen Geschlechtes jemand versterben solte, desselben Leichnam darin geleget werden solle, jedoch ohne eintzige Veränderung meiner und meiner Erben angehenden *epitaphiorum* und *inscriptionum*.

Und habe ich dagegen zu erwaehnter *Löbl. Facultät* das Vertrauen, Sie werde auf die *conservation* dieses immerwährend zu benennenden Hoffmannischen Erb-Begräbnisses, auch meines und der meinigen *monumentorum* ein beständiges Aufsehen haben und löblich übernehmen, wie ich denn alle künfftige Herren *Professores* in dieser *Facultät* deshalb hiemit noch dienstlich ersuchet haben will.

Wie ist diese Verfügung juristisch aufzufassen? Welche Rechtsfolgen knüpfen sich an sie? Wer ist nun hinsichtlich des *Geschlechtsbogens* die berechtigte Person?

4. Das Dorf Wallenrod hat sich vor vielen Jahren mit dem Freiherrn Riedesel zu Eisenbach über eine Verpflichtung zur Brennholzlieferung an die Einwohner von Wallenrod vergleichsweise dahin geeinigt, daß jeder Hausbesitzer jährlich zwei Stecken Buchenholz und zwei Stecken Tannenholz gegen Zahlung des Hauelohnes — das Schulhaus aber, wegen mehr zu heizender Räume, vier Stecken — erhalten solle.

Vor kurzem wurde ein neues Schulhaus nötig; und es tauscht die Gemeinde das seitherige gegen die Hofraite des Adam Sippel um, die sie zu einem Schulhaus umbaut.

Jetzt beansprucht Sippel für sein Haus die erwähnten vier Stecken Brennholz; das *Schulhaus* sei keine juristische Person, sondern berechtigt seien die einzelnen Gehöfte und ihre jeweiligen Eigentümer; — wogegen die Gemeinde behauptet, daß sie als Korporation dem Freiherrn gegenüber berechtigt sei und frei bestimmen könne, wie sie das Holz verteile.

Entscheidung?

5. Zu einem Gastwirte kommt ein Student mit den Worten: Unsere Verbindung erhält Besuch, drei Personen; können Sie denen ein paar Tage lang Wohnung und Kost geben? — Der Wirt sagt zu; und alles wird verabredet.

Der Besuch trifft ein, wohnt und schmaust und macht eine lange Rechnung. Als nach einem halben Jahre der Wirt leise zu mahnen beginnt, wird ihm die Antwort: Es ist kein Geld in der Kasse.

Die vormaligen Mitglieder sind nicht mehr zur Stelle, der Verein besteht aus anderen, neu eingetretenen Studierenden. Jener damalige Wortführer ist sogar durch Vereinsbeschluß ausgestoßen worden.

Wie kommt der Gastwirt zu seinem Gelde?

6. In X. bestand vor längeren Jahren ein akademischer

Schachklub, der aus Mangel an Mitgliedern seinerzeit *sich suspendierte.* Die der Korporation gehörigen Schachbretter, Spiele, Bücher und Mobilien wurden einem befreundeten Turnvereine zur Aufbewahrung übergeben.

Es fragt sich:

a) Wer ist nun Eigentümer der bezeichneten Gegenstände?

b) Wie steht es mit etwaigen Schulden des Klubs?

c) Wenn nach einigen Semestern sich Jünger Caïssas in genügender Anzahl finden, um den Schachklub *wieder auf-zutun:* sind diese dann Rechtsnachfolger der früheren Mitglieder, — oder wie ist sonst die Rechtslage?

d) Wer ist überhaupt berechtigt, jene übergebenen Sachen von dem Turnverein herauszuverlangen?

7. Die Mehrzahl der Milchlieferanten einiger Dorfschaften war zur Förderung ihrer gemeinsamen Interessen zu einem Vereine zusammengetreten, wobei sie sich schriftlich bei einer Vertragsstrafe zur Beobachtung gewisser Vorschriften verpflichtet hatten. Der Landwirt Hecht, der dem Vereine beigetreten war, verletzte diese Vorschriften und erklärte sodann seinen Austritt aus dem Vereine.

Nachdem bald darauf der Verein durch Eintragung in das Vereinsregister Rechtsfähigkeit erlangt hatte, klagte er gegen Hecht die verwirkte Vertragsstrafe ein. Der Beklagte wandte ein, daß der klagende Verein zu der Zeit, wo der Anspruch angeblich entstanden sein solle, noch nicht als Rechtssubjekt bestanden habe, ihn daher auch nicht erworben haben könne. Von klägerischer Seite wird erwidert, daß es doch immer derselbe Verein sei, der in Frage stehe.

Wie ist hierüber zu urteilen?

XVII

1. Auf welchem Wege können nachstehende Vereine Rechtsfähigkeit erlangen? Welche Rechtsbehelfe sind möglich, falls die ergriffenen Maßnahmen bei den angegangenen Behörden keinen Erfolg haben?

a) Ein auf Gegenseitigkeit gegründeter Viehversicherungsverein.

b) Arbeiterbildungsverein zu H.: *Zweck des Vereins ist, die Wohlfahrt seiner Mitglieder nach jeder Richtung zu fördern. — Diesen Zweck sucht der Verein zu erreichen a) durch*

Abhaltung von Vorträgen, Unterrichtsstunden, Versammlungen zur gemeinschaftlichen Besprechung, Pflege des Gesanges und des Turnens; b) durch Einrichtung und Unterhaltung von Lesezimmern und Bibliothek. Durch Einrichtung von Abteilungen zur besonderen Pflege des menschlichen Wissens; c) durch Pflege von volkstümlichen Festen und Unterhaltungen. — Fragen der Tagespolitik sind von den Besprechungen ausgeschlossen. (Die Gründer und Leiter des Vereins gehörten zu den Führern der sozialdemokratischen Partei.)

c) Ein Konsumverein; — eine Begräbniskasse; — Verein für Feuerbestattung; — Baptistenverein; — die Neu-Guinea-Kompagnie.

d) Als Zweck eines kaufmännischen Vereins ist angegeben: Belehrung der Mitglieder durch Vorträge, Veranstaltung von Lehrlingskursen, Vermittelung von Stellen für Handlungsgehilfen. — Entsprechend heißt es in den Satzungen eines Verbandes von Oberförstern: Wahrung der gemeinsamen dienstlichen, wie auch außerdienstlichen Standesinteressen und Vertretung solcher nach außen, wie nach innen. — Versicherungsbeamtenverein: Pflege der Kollegialität, Fortbildung seiner Mitglieder in Berufs- und anderen Wissenschaften, Errichtung einer Bibliothek und einer Spar- und Darlehenskasse.

e) Weitere Vereinszwecke: Eine auf Gegenseitigkeit beruhende schnelle und kräftige Unterstützung der Hinterbliebenen verstorbener Mitglieder; — Pflege des Lawn-Tennis-Spieles in hiesiger Stadt durch Anlage und Unterhaltung geeigneter Spielplätze; — Förderung und Pflege der geistigen und materiellen Interessen der Mitglieder.

f) Der Verein *Kreditreform* bezweckt: eine zeitgemäße Reform des Kreditwesens anzubahnen und Handels- und Rechtsschutzinteressen zu fördern, insbesondere seine Mitglieder durch vertrauliche Mitteilungen über Geschäfts- und Kreditverhältnisse vor Verlusten zu schützen, auch auf Verlangen die Beitreibung ihrer Ausstände im Wege des Mahnverfahrens zu besorgen.

g) Der *Verband landwirtschaftlicher Genossenschaften in Westpreußen* dient der einzelgenossenschaftlichen Arbeit, garantiert eine wirksame Vertretung nach außen, gewährleistet durch geeignete Revision eine Sicherung der Geschäftsführung der einzelnen Genossenschaften, ermöglicht die Vervollkommnung ihrer inneren Einrichtungen und bezweckt den Anschluß sämtlicher deutschen Genossenschaften an den bestehenden *Allgemeinen Verband.*

2. Anfrage eines Geistlichen bei seinem Rechtsbeistande:

Der hiesige evangelische Männer- und Jünglingsverein, dessen stellvertretender Präses ich bin, bedarf zu seiner weiteren Entwickelung der Rechte einer juristischen Person. Wie kann dieses erreicht werden; und welche Schritte haben wir dieserhalb zu tun?

3. Der im vorigen Falle erwähnte Männer- und Jünglingsverein hatte mit dem Kaufmann Sontag einen Kaufvertrag über das Grundstück x abgeschlossen, mit der Abrede, daß die Auflassung erst erfolgen solle, wenn der Verein Rechtsfähigkeit erlangt haben werde. Dem Verein, der auch heute noch nicht juristische Person ist, war der Besitz des Grundstückes von Sontag nach dem Vertragsschlusse übertragen worden; worauf x an den Wirt Kreß von dem Vereine vermietet wurde.

Jetzt klagt Sontag gegen Kreß auf Herausgabe des Grundstückes x. Der Beklagte beruft sich auf den mit dem Vereine abgeschlossenen Mietvertrag.

Wie ist zu erkennen?

4. In einem Wiesengrunde, welchen ein ganz schmaler, keiner öffentlichen Benutzung unterliegender Bach durchfloß, war seit unvordenklicher Zeit das Wasser dieses Baches von den Wiesenbesitzern zur Bewässerung ihrer Wiesen, und zwar in einer ganz bestimmten, periodisch wiederkehrenden Reihenfolge benutzt worden. Es fand sich auch ein altes Statut vom Jahre 1700 vor, wonach diese Benutzung des Wassers in der fraglichen Weise unter den Wiesenbesitzern geregelt war.

In einem Rechtsstreite unter den so Verbundenen fragte es sich: wie ihr Verhältnis rechtlich aufzufassen sei?

Wie würde es damit nach dem 1. Januar 1900 stehen?

Was wäre zu sagen, wenn sich der ganze obige Tatbestand unter der Herrschaft des BGB. abgespielt hätte?

Vgl. EG. 65; 163.

5. Ein Verein war als rechtsfähig in das Vereinsregister eingetragen worden; als Zweck stand namentlich angegeben: Veranstaltung von Volksunterhaltungsabenden und Darbietung künstlerischer Genüsse an Unbemittelte.

Ehe der Verein nach der Eintragung mit seiner Tätigkeit beginnt, wird entdeckt, daß

a) die Gründer und Mitglieder die Absicht hatten, an jenen Abenden der Unzucht Vorschub zu leisten;

b) oder: der Verein nur fünf (— oder: nur zwei) Mitglieder hatte, während die Unterschriften der anderen angeblichen Mitglieder ohne deren Einwilligung unter die Satzung gebracht worden waren;

c) oder: daß der Zweck des Vereins in Wahrheit darauf ging, aus der Veranstaltung jener Abende Gewinne zu ziehen, welche Absicht von den Mitgliedern verheimlicht worden war.

Wie ist in den verschiedenen Fällen nach dem BGB. zu verfahren?

Was wäre zu tun gewesen, wenn jene Mängel schon bei der Anmeldung oder doch jedenfalls vor der Eintragung den Behörden bekannt geworden wären?

Macht es einen Unterschied, wenn die genannten einzelnen Zwecke erst nach der Eintragung aufgetaucht und von dem Vereine zu den seinigen gemacht worden wären?

XVIII

1. Sind nachstehende Bestimmungen in den Satzungen rechtsfähiger Vereine zulässig? Wie ist alsdann die Rechtslage?

a) Die Geschäfte des Vereins sollen durch einen *Direktor* geführt werden, der von einem *Vorstande* überwacht ist.

b) Der Vorstand wird von sämtlichen Mitgliedern des Vereins gebildet.

c) Im Falle des Rückganges der Mitgliederzahl durch Tod oder Austritt soll das etwa allein übrigbleibende Mitglied den Vorstand abgeben.

d) Der Abschluß von Mietverträgen über das dem Vereine gehörige Haus soll nur durch die Vorstandsmitglieder gemeinsam geschehen. Ebenso soll eine Kündigung des Mieters bloß dann rechtswirksam sein, wenn sie an sämtliche Mitglieder des Vorstandes gleichzeitig geschieht.

e) Der Verband besteht aus fünf rechtsfähigen Vereinen. Vorstand soll der jedesmalige Vorstand des vorsitzenden Vereins sein. Der Vorsitz wechselt halbjährlich.

2. An wen kann sich in folgenden Fällen der Geschädigte halten?

a) Die Mitgliederversammlung eines rechtsfähigen Vereins beschließt, einen Dritten widerrechtlich durch Drohung zum Abschlusse eines Geschäftes zu bestimmen.

b) Der Schaffner einer Straßenbahn gibt einem Fahrgaste wissentlich eine falsche, schädigende Auskunft; — oder er unterschlägt versehentlich zurückgelassene Sachen jener.

c) Bei einem Ausstande gegen die Tafftal-Bahngesellschaft ließen sich Mitglieder der etwa 80 000 Köpfe starken Gewerkschaft der Eisenbahner, welche die Arbeitseinstellung veranlaßt hatte, zu Ausschreitungen gegen etliche dem Verbande nicht angehörende Arbeiter verleiten. Darauf klagte die dadurch geschädigte Eisenbahngesellschaft gegen den Gewerkverein und erhob auf Schadensersatz von 400 000 *M* Anspruch. Die hier nach unserem Rechte zu beurteilende Rechtssache gelangte nach englischem Gesetze vor das Oberhaus.

d) Der Kassierer eines rechtsfähigen Vereins nimmt von einem Kunden ein beim Vereine zu hinterlegendes Wertstück in Empfang und bringt es schuldhaft beiseite.

e) Bei Vertragsverhandlungen mit einem Dritten überschreitet das damit betraute Mitglied des Vorstandes die ihm erteilte Vertretungsmacht.

3. Von den Marschhauptleuten, den ständigen Vertretern einer Deichgenossenschaft, die zugleich Wege anlegt und unterhält, wurde einem Unternehmer die Herstellung von Erd- und Planierungsarbeiten vertragsmäßig übertragen. Der Unternehmer erhielt dann auch den vereinbarten Preis für den größeren Teil der Arbeiten ausbezahlt; dagegen wurde ihm der Rest verweigert, weil diese Arbeiten für eine Wegstrecke geliefert worden waren, für welche die Marschhauptleute zu sorgen nicht zuständig waren. Letzteres erwies sich als richtig. Der Unternehmer klagte aber trotzdem gegen die Genossenschaft.

Entscheidung?

4. In der Gemeinde Meerholz gab es 45 Gemeindenutzungsberechtigte. Der fragliche Gemeindenutzen wurde nach privatrechtlichen Grundsätzen erworben, verkauft, vererbt u. s. w. Zu dem Gemeindenutzen gehörte auch die Berechtigung auf Bauholz aus dem Gemeindewald. Seither hatte jedes Mitglied, das bauen wollte, auf Anmeldung Holz zugewiesen erhalten. Vor kurzem faßten die Gemeindenutzungsberechtigten einen Mehrheitsbeschluß, wonach das verfügbare Bauholz nicht mehr an einzelne nach dem jeweiligen Bedürfnisse abgegeben, sondern alljährlich verkauft und der Erlös verteilt werden sollte. Die Minderheit von drei Mitgliedern fühlt sich verletzt und klagt.

Rechtsfolgen?

5. In Hassenheim bestand eine Korporation von 19 Mitgliedern zum Zwecke der Erbauung und Unterhaltung von mehreren Schleusen. Als nach einigen Jahren Neubauten im Flusse nötig wurden, beantragte ein Teilnehmer in einer Versammlung aller Beteiligten, daß zwei Mitglieder ihre den Schleusen zunächst gelegenen Grundstücke zum Behufe jener Bauten hergeben sollten. Dieser Antrag wurde mit allen Stimmen gegen diejenigen der beiden Betroffenen zum Beschlusse erhoben. Letztere wollen sich dem Beschlusse nicht fügen.

Wie ist zu erkennen?

6. Der *Börsenverein der deutschen Buchhändler in Leipzig* ist eine mit juristischer Persönlichkeit ausgestattete Genossenschaft. Die Mitglieder können nach den Statuten, bei geflissentlicher Nichtbeachtung satzungsgemäßer Verfügungen des Vorstandes, in einem näher vorgeschriebenen Verfahren durch Beschluß der Hauptversammlung, zu dessen Gültigkeit eine Mehrheit von zwei Dritteln der abstimmenden Mitglieder erforderlich ist, aus dem Vereine ausgeschlossen werden.

Der Buchhändler Ehlers ist nach Maßgabe dieser Bestimmungen ausgeschlossen worden. Er klagt nun auf Anerkennung, daß diese Ausschließung zu Unrecht erfolgt sei, und erbietet sich zum Beweise, daß er die ihm zur Last gelegten Verstöße gegen die Satzungen in der Tat nicht begangen habe.

Beklagte bestreitet die Zulässigkeit der erneuten Nachprüfung durch das Gericht, das keine Instanz über den Beschlüssen der Hauptversammlung sei.

Wie wird das Gericht zu befinden haben?

7. Die Satzungen der mit juristischer Persönlichkeit versehenen Goethe-Gesellschaft zu Weimar, vom 21. Juni 1885, sagen in § 8: *Die satzungsmäßigen Bestimmungen, daß der Sitz der Gesellschaft und der Mittelpunkt der Geschäftsführung Weimar ist, sowie daß die Generalversammlungen daselbst abzuhalten sind, können nicht aufgehoben werden.* § 10: *Änderung der Satzungen und Auflösung der Gesellschaft fordern eine Mehrheit von $^2/_3$ der abgegebenen Stimmen. In der Generalversammlung nicht persönlich erschienene Mitglieder begeben sich ihres Stimmrechtes in derselben.* § 14: *Für den Fall der Auflösung der Gesellschaft fällt deren Vermögen dem Goethe-Archiv zu Weimar zu, behufs*

Weitererwerbung für dasselbe und behufs Förderung solcher wissenschaftlicher Zwecke, welche denen der Goethe-Gesellschaft gleichen oder verwandt sind.

Besteht nun wirklich gar keine rechtliche Möglichkeit, den Sitz der Gesellschaft zu verlegen? Wäre es vielleicht angängig, gegen eine widerstrebende Minderheit, erst § 14 der Satzungen aufzuheben, dann nach § 10 die Gesellschaft aufzulösen und eine neue zu gründen, auf die das Vermögen überginge? Oder gibt es einen anderen Weg?

XIX

1. Wer ist nachstehend die bedachte Person?

a) Ein ungarischer, der liberalen Partei angehöriger Abgeordneter hat beschlossen, eine in ihrer Art einzige Stiftung zu errichten. Er bestimmt dafür ein Kapital von 150 000 Gulden und eine schöne Villa auf dem Svabhegy. Das Erträgnis des ersteren, sowie die Benutzung der Villa sind jeweilig für den besten lebenden ungarischen erzählenden Schriftsteller bestimmt, der bis an sein Lebensende diese Nutznießung behält. Wer dies sei, hat von Fall zu Fall eine Jury zu entscheiden, welche aus je zwei Mitgliedern der Akademie, der Kisfaludy- und der Petöfi-Gesellschaft und zwei namhaften Verlegern besteht; die Jury wählt mit Stimmenmehrheit einen Präsidenten.

b) X. hinterläßt letztwillig der Redaktion einer Zeitung eine Summe, um in dauernder Weise deren Erträgnisse zu gewissen politischen Zwecken zu verwenden.

c) Ein in Mariahilf verstorbener Wundarzt Kehrer hat in seinem Testamente u. a. folgende Bestimmung getroffen: § 4. *Zu Erben meines Nachlasses ernenne ich die armen, alten Leute in Wien, zu Händen des Herrn Bürgermeisters von Wien, welcher über meinen Nachlaß in dieser Richtung ganz nach Gutdünken zu verfügen berechtigt sein soll.* Außer zwei Häusern sind noch Wertpapiere und Sparkassenbücher, letztere im Werte von 140 000 Gulden, im Nachlaßvermögen vorhanden.

2. Der verstorbene K. S. hat in seinem Testamente 500 000 ℳ mit der Bestimmung gestiftet, daß die Erträgnisse dieser Summe unter *den alten, armen, arbeitsunfähigen Männern der Stadt G.*

zu verteilen seien; *daß aber das Geld der städtischen Armenkasse in keiner Weise zu gute kommen solle.*

Es fragt sich:

a) Wie ist die Verfügung rechtlich aufzufassen und zu verwirklichen?

b) Wer ist befugt, die Klage gegen die Erben des Stifters auf Vollzug jener testamentarischen Verfügung anzustellen?

c) Wer hat für die Verwaltung des Kapitals und die Verteilung der Erträgnisse zu sorgen?

L. 28 C. de ep. (1, 3); l. 48 (49) eod.; Nov. 131 c. 10, 11. — ALR. II, 19 § 36. — BGB. 85; 86; 29; 2072.

3. In welcher Art sind folgende juristische Personen zutreffend zu klassifizieren?

a) Die mit landesherrlicher Genehmigung gegründete, auf Gegenseitigkeit beruhende Rentenanstalt zu Darmstadt bezweckt, ihren Teilnehmern gegen bestimmte Einlagen jährliche, mit dem Alter wachsende Renten zu gewähren. — Die Anstalt betreibt zugleich ein Depositengeschäft, wonach bare Gelder verzinslich bei ihr hinterlegt werden können, sowie eine Lebens- und eine Leibrentenversicherung. Sie führt die Firma *Renten- und Lebensversicherungs-Anstalt zu Darmstadt;* und es sind ihr die Rechte einer juristischen Person verliehen. — Zur Unterscheidung (sagen die Statuten wörtlich) heißen die Mitglieder der Rentenanstalt Rentenversicherte, die Erwerber von Lebensversicherungen Lebensversicherte und die Käufer von Leibrenten Leibrentenversicherte.

b) Von Bekker rührt der folgende problematische Tatbestand her:

Ausgesetzt ist ein größeres Kapital zu wissenschaftlichen Zwecken, Verfügung und Genuß haben allein die Ordinarien Einer Universität, denen der Beitritt freigestellt ist; die Stiftungsurkunde enthält eine vollständige korporative Verfassung, gibt der Generalversammlung auch das Recht, die Aufhebung zu beschließen, wonach die Bibliothek des Vereins bei den Mitgliedern zur Verteilung käme, das übrige Vermögen aber an den Staat fiele.

c) *Wir Friedrich Wilhelm, von Gottes Gnaden König von Preußen u. s. w. Thun kund und fügen hiermit zu wissen: Demnach Uns die in Unseren hiesigen Königlichen Residenzien bereits im Jahre 1740 von Unserem in Gott ruhenden*

Oheim und Vorfahren in der Regierung Friedrich den Zweiten, König von Preußen, glorreichen Andenkens, gestiftete Freimaurer-Mutter-Loge, zu den drei Weltkugeln genannt, in tiefster Ehrfurcht gebeten, das ihr bei ihrer Stiftung als einer rechten und wahren Freimaurer-Mutter-Loge ertheilte Confirmations-Patent und Protectorium zu bestätigen, Wir deren Suchen nachgegeben, ertheilen derselben hiermit und Kraft dieses nicht nur Unsere nachgesuchte besondere Königl. Protection, Schutz und Schirm, sondern bestätigen auch noch die ihr als einer wahren Freimaurer-Mutter-Loge ertheilten Rechte und Vorrechte, dergestalt und also, daß die zur selbigen gehörigen benannten Groß- und Ober-Meister, Vorsteher, Secretarius, Redner und übrigen Mitglieder, Tochter-Logen in Unseren Landen zu errichten, Grundstücke zu erwerben und wiederum an andere zu veräußern, und als eine moralische Person zu handeln berechtigt seyn sollen. (9. Februar 1796.)

Ein gleiches Privileg ist durch Edikt vom 20. Oktober 1798 der Großen Landesloge der Freimaurer von Deutschland und der Großen Loge von Preußen (Royal-York zur Freundschaft) erteilt worden. Aus diesen drei Mutterlogen sind alle übrigen Freimaurerlogen in Preußen hervorgegangen.

d) Zu Bremen war in den neunziger Jahren durch Übereinkunft der Professoren und Lehrer des Gymnasiums ohne Zutun der Staatsgewalt, jedoch mit deren stillschweigender Gestattung, eine Pensionsanstalt für die Witwen und Waisen jener Lehrerkategorie gestiftet worden, welche Anstalt ihren Fortbestand, ohne Zuschüsse aus der Staatskasse, nur durch Beiträge der Mitglieder und freiwillige Zuwendungen von dritter Seite erhalten hat.

4. Ende des 18. Jahrhunderts wurde in Bamberg unter Mitwirkung der Gewerbemeister eine Einrichtung getroffen, deren Zweck darin bestand, den Lehrlingen und Gehilfen im Falle der Erkrankung eine entsprechende Pflege und Heilung zu verschaffen. Die hierfür entworfenen Statuten wurden von dem Fürstbischof Franz Ludwig von Erthal genehmigt.

Nach dem Reichsgesetz über die Krankenversicherung vom 15. Juni 1883 und 30. Juni 1900 konnte der ursprüngliche, in § 1 der Statuten ausgedrückte Zweck dieses *Institutes kranker Handwerksgesellen* nicht mehr erreicht werden. Die Gewerbemeister beschlossen daher in einer ihrer sogenannten Generalversammlungen, den erkrankten Gesellen anstatt der Pflege eine Geldunterstützung zukommen zu lassen.

Dies veranlaßte drei Handwerksgesellen in Bamberg, Klage gegen das Institut zu erheben, mit dem Antrage: festzustellen, daß die sogenannte Generalversammlung der Meister den Zweck des Institutes nicht ändern könne.

Der satzungsgemäße Vorstand schützt Unzulässigkeit des Rechtsweges vor, unter Berufung auf das bayerische Gesetz über den Verwaltungsgerichtshof vom 8. August 1878, Art. 8: *Verwaltungsrechtssachen im Sinne dieses Gesetzes sind . . . 35. Rechtsansprüche auf den Genuß oder Mitgenuß von Stiftungen; Rechte in betreff der Stiftungsverwaltung und der Verleihung des Stiftungsgenusses.*

Die klagende Partei bezeichnet dagegen das Institut als Korporation der Meister. Aber auch wenn man es als eine örtliche Stiftung eines durch eine bestimmte Anzahl von Personen verwalteten Zweckvermögens, das durch Vermächtnisse und Schenkungen vermehrt worden sei, auffassen wolle, so sei doch die Grundlage das *Zweckvermögen*, das nach richtiger Theorie dasselbe sei, wie die juristische Person; dieses Zweckvermögen sei dann mit einer Auflage belastet, mit nichten aber liege eine eigene selbständige Person einer *Stiftung* vor.

Wie ist zu erkennen?

5. Es gibt in Bayern 17 367 Stiftungen mit einem Gesamtvermögen von 573 $^1/_2$ Millionen Mark, wovon 400 Millionen rentieren.

Von den bayerischen Stiftungen entfallen nach ihrer Begründung auf die Zeit vor das Jahr 1000: 199, auf das 11. Jahrhundert: 127, das 12.: 171, das 13.: 223, das 14.: 371, das 15: 728, das 16.: 944, das 17.: 2616, das 18.: 8438, wobei jedoch zu bemerken ist, daß viele Stiftungen erst in dem 19. Jahrhundert zur amtlichen Kenntnis und unter staatliche Aufsicht gelangten, die viel älter sind. Gegenwärtig werden jährlich etwa 1 $^1/_2$ Millionen Mark durch Stiftungen festgelegt.

Von manchen solchen Vermächtnissen gilt allerdings das Goethesche Wort: *Vernunft wird Unsinn, Wohltat Plage.* Was vor 500 und 1000 Jahren angebracht war, ist jetzt oft nicht mehr erforderlich oder segenbringend. Man denke an solche Stiftungen, wie sie z. B. aus Lübeck berichtet werden. Dort hatte eine Stiftung den Zweck, Bürgersöhne, die in türkische Gefangenschaft gefallen waren, loszukaufen; eine zweite verfügte, daß 546 ℳ jährlich an eine Magd vergeben würden, die sechs Jahre lang in der Breitenstraße, zwischen Pfaffen- und Milchstraße, bei einem Bürgermeister oder Ratsherrn gedient hatte; eine dritte wollte 50 ℳ jährlich zur *Zähmung mutwilliger Gesellen aus der Verwandtschaft* angewandt wissen. Von einer mitteldeutschen alten Reichsstadt erzählt man, ihre Spitäler seien so wohl dotiert, daß es für Bürgersöhne das klügste sei, sich nach erlangter Volljährigkeit in ein Spital aufnehmen zu lassen.

Hier interessiert nun die Rechtsfrage: Sind wir an diese Stiftungen unabänderlich gebunden, oder ist eine Aufhebung oder zeitgemäße Umgestaltung derselben auf irgend welchem rechtlichen Wege möglich?

XX

1. Wie sind folgende Tatbestände rücksichtlich der Rechtssubjekte aufzufassen?

a) Reichsbanknebenstelle; — Kreiskasse des Saalkreises; — Königliche Bibliothek der Universität; — die Gräflich von Zechsche Renteneinnahme zu Goseck.

b) Aus dem Statut der städtischen Sparkasse zu H.: Die Sparkasse steht unter Garantie der hiesigen Kommune, das Kämmereivermögen haftet für alle Ausfälle. — Zur Ermöglichung einer prompten Rückzahlung der Einlagen ist die Kämmerei verpflichtet, der Sparkasse die außer dem baren Bestande derselben zur Rückzahlung erforderlichen Summen vorzuschießen. — Das Direktorium (1 Magistratsmitglied, 4 hiesige stimmberechtigte Bürger) ist ohne weitere Autorisation berechtigt, die Sparkasse in gerichtlichen und außergerichtlichen Angelegenheiten zu vertreten, für sie rechtsverbindliche Erklärungen jeder Art abzulegen, insbesondere Prozesse zu führen.

c) Drei zu einem Schulverbande vereinigte Gemeinden haben auf gemeinschaftliche Kosten ein Schulgebäude errichtet und unterhalten es zu ihren gemeinsamen Schulzwecken.

d) Auf Grund des § 1 des Gesetzes v. 22. April 1875 über die Einstellung der Leistung aus Staatsmitteln für die römisch-katholischen Bistümer und Geistlichen (später geändert durch Gesetz v. 23. Mai 1882, Art. 2) verfügte der Kultusminister am 24. August 1875, daß das erzbischöfliche

Palais zu Cöln, das dem Erzbischof zur Dienstwohnung eingeräumt worden war, bis zum 1. Oktober geräumt werde. Nun erhob der Erzbischof Paul Melchior als Vertreter des erzbischöflichen Stuhles zu Cöln beim Landgericht daselbst Klage, durch welche er das Eigentum des fraglichen Gebäudes in Anspruch nahm.

e) Im Jahre 1897 veröffentlichte der Orientalist Oppert eine interessante Arbeit über die Handels- und finanziellen Operationen eines chaldäischen Gottes der Stadt Sippara am Euphrat, des Gottes Samas, d. h. des Sonnengottes. Die Priestergenossenschaft dieser Gottheit, die im Namen des Gottes selbst die Geschäfte betrieb, vermochte mindestens 3000 Jahre lang sich zu halten und ihre Operationen mit Glück durchzuführen. Sie lieh Geld zu einem sehr hohen Prozentsatz, vielleicht zu 25 bis 33 % aus. Der Gott war auch Großgrundbesitzer und diese Tatsache hat zur Folge gehabt, daß man in Sippara keine Kontrakte über Terrainverkäufe aufzufinden vermochte, während Schriftstücke dieser Art im übrigen Mesopotamien sehr häufig sind. Der Gott verpachtete seine Ländereien und erhielt für jede Tonne Gebiet eine gewisse Anzahl von Tonnen Getreide, die zwischen drei und dreißig schwankte. Man besitzt genaue Abrechnungen auf Denkmälern. Der Gott vermietete Häuser in der Stadt; und man ist auch im Besitze von Rechnungsablegungen über den Verbrauch des von dem Gotte einkassierten Geldes. Er kaufte nur Sachen, die man ihm nicht als Geschenke verehrte, und verkaufte sie mit Nutzen wieder.

2. Velten besaß eigentümlich ein Hofgut, mit welchem eine Berechtigung auf Holzlieferungen aus dem benachbarten fiskalischen Forste verbunden war. Dieses Gut veräußerte er an die königliche Eisenbahndirektion Hannover, die es später an den Ackermann Sell verkaufte. Sell erfährt nachmals von dem früheren Rechte des Hofes auf Holzlieferungen und nimmt nun diese Berechtigung der königlichen Forstverwaltung gegenüber in Anspruch. Diese erwidert, daß das Recht durch den Kauf des Gutes seitens der Direktion doch wohl erloschen sei (BGB. 889). Entscheidung?

3. Im Jahre 1409 schloß die Stadt Alsfeld in Hessen mit dem Stephansstift zu Mainz einen Vergleich ab, wonach sie versprach, einen infolge übernommener landesherrlicher Verpflichtung entstandenen Rückstand von 470 Gulden in bestimmten Jahreszielen mit je 50 Gulden zu bezahlen.

Da sie ihrem Versprechen nicht nachkam, wurde sie bei dem kaiserlichen Hofgericht verklagt und *in contumaciam* verurteilt; worauf am 19. September 1418 Kaiser Sigismund von Ulm aus anordnete: daß Wir von Römischer, Königl. Macht und Gewalt die Bürgermeister, Schöffen, Rat und Bürger gemeinlich, Mannsgeschlecht und über vierzehn Jahre alt, zu Alsfeld in unsere und des Reiches Acht getan und gekündet . .

Welcher eigentümliche Rechtsgrundsatz ist hier befolgt und zur Durchführung gebracht? Findet er sich im römischen oder in unserem bürgerlichen Rechte?

Wie verhält sich dazu BGB. 89? Unter welchem veränderten Tatbestande würde dieser in obigem Rechtsfalle zur Anwendung gebracht werden können?

4. Durch den Bau einer Eisenbahn war die Verlegung einer Staatsstraße und zu diesem Zwecke die Wegsprengung eines Felsens nötig geworden. Durch die Sprengungen, welche von dem königlich preußischen Regierungsbauführer Canegießer angeordnet worden waren, haben wiederholt Sprengstücke das dem Klar gehörige Wirtshaus, einmal auch den darin befindlichen Klar selbst getroffen. Klar beschwerte sich bei Canegießer; allein auf Verfügung dieses letzteren wurden die Sprengungen und dabei weitere Beschädigungen trotzdem fortgesetzt; sogar in der Weise — wie sich später herausstellte —, daß überhaupt keine nötigen Vorsichtsmaßregeln bei der Vornahme der Sprengungen getroffen wurden.

Wen kann nun Klar wegen des ihm zugefügten Schadens belangen: den Bauführer; — die sprengenden Arbeiter; — die Unterbeamten, welche die Anordnung des Bauführers in der gedachten Art ausführten; — den Fiskus; — irgend einen der genannten nach seiner Wahl; — oder den Fiskus subsidiär hinter anderen?

5. Stelzer hatte eine Bürgschaft des Kommerzienrats Jörtz im Betrage von 400 000 ℳ gefälscht und sich diese Fälschung vom Bürgermeisteramte beglaubigen lassen. Da der Beamte die Beglaubigung vollzog, ohne Erkundigungen eingeholt zu haben, so entsteht die Frage, ob die Stadt für diese Summe haftbar zu machen ist?

6. Wie steht es mit der Haftung des Fiskus in den kommenden Fällen?

a) Ein Wertstück aus dem Auslande war von dem Postamte des Ankunftsortes vorschriftsmäßig der Zollbehörde übergeben worden. Der Adressat wurde benachrichtigt, um sich das Paket auf dem Zollamte abzuholen. Ehe das geschah, wurde es von einem Zollbeamten unterschlagen.

b) Ein zur Radfahrerabteilung verwendeter Gefreiter, der zur Erfüllung der Wehrpflicht eingezogen war, hatte bei einer dienstlichen Fahrt durch fahrlässiges Verhalten einen Menschen überfahren.

c) Der Ewer *Anna* wurde durch den Kaiser-Wilhelm-Kanal von dem reichsfiskalischen Dampfer *Schwerin* geschleppt. Der Führer des Schleppdampfers verschuldete einen Unfall des Ewers. Der Fiskus berief sich auf die vom kaiserlichen Kanalamte in Kiel am 28. August 1896 erlassene Betriebsordnung, in der es § 1 u. a. heiße: *Das Deutsche Reich übernimmt keinerlei Verpflichtung zur Ersatzleistung für Schäden, welche die Schiffe im Kanal erleiden, selbst wenn ein Verschulden der Kanallootsen oder anderer Angestellter der Kanalverwaltung dabei in Frage kommt.*

7. Die Kirche zu B. hat ihre Gelder zum größten Teile in Staatsobligationen angelegt. Nun ist eine Obligation schon seit mehreren Jahren ausgelost, ohne daß es der Kirchenvorstand oder auch nur dessen Vorsitzender gewußt haben.

Es fragt sich:

a) Wer ist für die Zinsen verantwortlich: der Vorsitzende des Kirchenvorstandes, der Pastor, dem eine entsprechende Zeitung gehalten wird; — der Kirchenvorstand; — der Bankier, der den Ankauf besorgte und es auch übernahm, über die Verlosung zu wachen, aber vor einigen Jahren gestorben ist?

b) Wer ist legitimiert, die etwaige Forderung geltend zu machen?

c) Wie wäre es, wenn die Hälfte jener Wertpapiere im Eigentume einer milden Stiftung gestanden hätte und von der B.schen Kirche nur zu verwalten gewesen wäre?

XXI

1. Ist in folgenden Fällen eine *Sache* im Sinne des Gesetzes gegeben?

a) Ein Stück Sumpf- und Moorland.

b) Ein Sparkassenbuch; — ein Wechsel.
c) Die Photographie jemandes.
d) Ein Bach, ein Springbrunnen, eine Kanne Wasser.
e) Das Manuskript eines Romans.
f) Patent für ein Haarfärbemittel.
g) Gas zu Beleuchtungs- oder Kochzwecken.
h) Eine Postanweisung; — zehn Post-Paketadressen.

2. Die Aktiengesellschaft *Städtische Elektrizitätswerke* in Berlin hatte sich vertragsmäßig der Generalintendantur der königlichen Schauspiele zu Berlin zur Lieferung des elektrischen Stromes für die Beleuchtung der beiden königlichen Theater in Berlin verpflichtet. Der Steuerfiskus verlangt für diesen Vertrag Stempel, weil es *ein Lieferungsvertrag von Sachen* sei.

Mit Recht?

3. Sind nachstehende Handlungen dem dabei angegebenen Strafgesetz verfallen?

a) Der Restaurateur Lotz hat in dem Hofe hinter dem Hause sehr kunstvoll einen Schneemann errichtet, der allgemein angestaunt wurde und viele Gäste herbeizog. Einer der letzteren verübt an dem Schneemann Unfug und vernichtet dessen Gestalt.

StGB. 303: *Wer vorsätzlich und rechtswidrig eine fremde Sache beschädigt oder zerstört, wird . . . bestraft.*

b) Der Maurermeister Seller in Berlin hatte, nachdem auf seine bewegliche Habe ein Arrest ausgewirkt worden war, eine Hypothek durch Cession veräußert.

StGB. 289: *Wer seine eigene bewegliche Sache . . . dem Nutznießer, Pfandgläubiger oder demjenigen, welchem an der Sache ein Gebrauchs- oder Zurückbehaltungsrecht zusteht, in rechtswidriger Absicht wegnimmt, wird . . . bestraft.*

4. Was ist in den folgenden Fällen der Gegenstand: des Eigentums; — des Besitzes; — des jeweiligen obligatorischen Vertrages? Weicht das BGB. dabei vom römischen Rechte ab?

a) Ein Zweigespann.
b) Eine Rinderherde.
c) Ein Bauerngut mit allem Inventar.
d) Ein Paar Handschuhe.
e) Eine Mandel Eier, — ein Dutzend Austern.
f) Ein Tafelservice, — eine Tasse, aus Ober- und Untertasse bestehend, — ein Besteck Messer und Gabel.

g) Ein Bienenstand.

h) Ein Konversationslexikon in 16 Bänden, — in Lieferungen erscheinend.

i) Ein Reißzeug oder Farbenkasten; ein kunstvoll gearbeitetes Schachspiel.

k) Ein Gestüt.

l) Ein Zigarrengeschäft.

5. Nöllner übersendet der Brauerei Fürst in A. durch den Fuhrmann Bitter 16 Ballen Hopfen im Werte von je 35 *M*. Auf dem Transporte gehen vier Ballen zu grunde. Die übrigen zwölf werden, da Fürst die Annahme mit Fug verweigert, in A. für 310 *M* (anstatt 420 *M*) versteigert.

Es fragt sich, ob Nöllner nur viermal 35 *M*, oder auch noch 110 *M* ersetzt verlangen kann?

HGB. 429: *Der Frachtführer haftet für den Schaden, welcher durch Verlust oder Beschädigung des Frachtgutes seit der Empfangnahme bis zur Ablieferung entstanden ist, . . .* 430: *Muß auf Grund des Frachtvertrages von dem Frachtführer für gänzlichen oder teilweisen Verlust des Gutes Ersatz geleistet werden, so ist der gemeine Handelswert . . zu ersetzen . .*

6. Der Konkursverwalter der falliten Firma Günther klagt gegen denjenigen der ebenfalls in Konkurs verfallenen Firma Naumann auf Ausantwortung der gesamten Naumannschen Masse, da Naumann laut beigebrachter Vertragsurkunde vor einem Vierteljahre sein ganzes Vermögen käuflich auf Günther übertragen habe, und mithin Günther, der den Kaufpreis durch Aufrechnung mit ausstehenden Forderungen gegen Naumann sofort getilgt habe, Eigentümer jenes Vermögens geworden sei.

Ist dieser Anspruch begründet, und warum oder warum nicht?

7. Kullmann war Gläubiger des Pözl und sollte ihm weitere Vorschüsse geben. Zum Zwecke der Deckung verkaufte und übergab Pözl an Kullmann das gesamte zum Inventar seines, des Pözl, Gutes gehörige Vieh.

Dabei wurde in besonderer Urkunde folgender Vertrag unter ihnen abgeschlossen:

Pözl behält auch noch nach der Tradition das verkaufte Vieh bis auf weiteres zur landwirtschaftlichen Benutzung in Miete, dergestalt, daß er, wie seither, selbiges verwenden, gebrauchen und sämtliche Nutzungen davon ziehen soll, hinwiederum aber auch verpflichtet ist, für die Fütterung und Erhaltung des Ganzen nach besten Kräften zu sorgen. Selbst der Verkauf und das Schlachten einzelner abgängiger und überflüssiger Stücke ist dem Pözl gestattet, insoweit solches bei einem ordentlichen Wirtschaftsbetriebe üblich und nötig ist. Doch sollen an die Stelle der wegfallenden Stücke eine entsprechende Zahl von Zuzucht und die von Pözl mit dem gelösten Kaufgelde neu erworbenen Stücke stets sofort wieder eintreten.

Als Pözl später in Konkurs verfiel, nahm Kullmann das vorhandene Vieh als sein Eigentum in Anspruch.

Wie ist dieser Anspruch rechtlich zu beurteilen?

BGB. 586 ff.; 868; 1048; 1378.

XXII

1. Unter welche Rechtsbegriffe sind die im kommenden aufgeführten Sachen zu bringen?

a) Von einem Hamburger Kaufhause werden einem Agenten in Barcelona 100000 Kilo Wicken zum Preise von $21\frac{3}{4}$ Pesetas per 100 Kilo angeboten.

b) Der Senat der freien Hansestadt Bremen übermittelte dem Fürsten von Bismarck zu dessen 80. Geburtstage am 1. April 1895 als Geschenk einen Korb mit 12 Flaschen alten Weines von 1483 aus dem Rosenfaß im Bremer Ratskeller.

c) Ein Drogengeschäft wurde im ganzen verkauft. Der Käufer übernahm dabei *am 1. Oktober sämtliche Vorräte der verkaufenden Firma in allen Kopalen, Asphalt, Bernstein, soweit sie vor dem 1. Juli vorhanden waren, zum Preise der letzten Bilanz, soweit sie später eingegangen sind, zu denjenigen Preisen, zu welchen sie im Buche stehen. Ebenso die am 1. Oktober noch schwimmende oder rollende Ware in den gedachten Waren zu Originalfakturapreisen der verkaufenden Firma.*

d) An einen Mühlenbesitzer gelangte von einem ihm bekannten Domänenpächter ein Brief: *Falls Sie Neigung haben, meinen Weizen zu kaufen, so bitte ich um baldiges Gebot. Ich habe einen Vorrat von 3000 Himten.* Der Empfänger telegraphierte darauf: *Kaufe 3000 Weizen 7 ℳ*; worauf der Verkäufer wieder depeschierte: *Zu 7 ℳ acceptiere ich.*

2. Das Bankhaus Lochmann hatte im Auftrag des Meyer für 5100 fl. Elisabethbahn-Prioritäten gekauft und mit ihren Nummern bezeichnet auf Depot-Konto dem Meyer gutgeschrieben. Nachmals klagt Meyer auf Herausgabe und zwar im Urkundenprozeß.

Das beklagte Bankhaus wollte verschiedene sachliche Einwendungen und Gegenansprüche vorbringen und bestritt deshalb die Zulässigkeit der gewählten Prozeßart.

CPO. § 592: *Ein Anspruch, welcher die Zahlung einer bestimmten Geldsumme oder die Leistung einer bestimmten Quantität anderer vertretbarer Sachen oder Wertpapiere zum Gegenstande hat, kann im Urkundenprozesse geltend gemacht werden, wenn die sämtlichen zur Begründung des Anspruches erforderlichen Tatsachen durch Urkunden bewiesen werden können.*

Entscheidung?

3. Die Maschinenfabrik von Röhrig und König in Magdeburg hatte einer in der Provinz Sachsen gelegenen Zuckerfabrik zwei Maschinen für den Fabrikbetrieb der Bestellerin nach genauem Anschlage und auf Grund besonderer Zeichnungen zu liefern.

Welchen Gesetzesbestimmungen unterliegt dieses Rechtsverhältnis? Vgl. BGB. 651; HGB. 381, 2.

---

4. Durch schriftlichen Vertrag hatte Kern einen Anbau an einer Scheune in der Weise gekauft, daß er diesen Anbau abzubrechen und fortzuschaffen habe. Kern weigert sich später dessen, weil der Vertrag nach BGB. 313 nicht gültig sei.

Hat er Recht?

5. Der Landwirt Pfort, der kinderlos verstorben war, hatte für diesen Fall mit seiner Ehefrau durch Ehevertrag bestimmt, daß *die fahrende Habe dem Letztlebenden von ihnen erblich verbleiben, alles übrige beigewendete Vermögen aber auf die beiderseitigen nächsten Anverwandten zurückfallen* solle.

Seine Erben verlangten nun klagend von der Witwe, die den ganzen Nachlaß besaß, Ersatz folgender Posten: 1. Den während der Ehe eingegangenen Erlös für Grundstücke, welche der Erblasser von seinem Vater während der Ehe erblich erhalten und verkauft hatte, im Betrage von 3050 *M*; 2. 400 *M* Kaufgeld für einen von dem Vater des Erblassers verkauften Acker, welcher dem letzteren zugefallen und während der Ehe vereinnahmt worden war; 3. 750 *M*, die dem Pfort als Erbteil von seinem Bruder zugefallen und als Kaufgeld für Grundstücke verrechnet worden waren, die Pfort während der Ehe erkauft hatte.

Die Witwe wandte ein, daß diese Beträge zur fahrenden Habe gehörten.

Welcher der Streitteile ist im besseren Rechte?

XXIII

1. Findet auf folgende Tatbestände BGB. 93 oder 94 oder 95 oder 96 Anwendung?

a) Es war ein im Grundstücke eines Gärtners lagernder Komposthaufen (Haufen Erde, der mit Blättern, Abfall u. dgl. vermischt ist und zur Verbesserung des Bodens verwandt wird) verkauft worden.

b) Von einer Fabrik wird aus ihrem Grundstück heraus auf Grund besonderen Vertrages ein Anschlußgeleise nach dem benachbarten Bahnhofe, also auf dem Grund und Boden der Bahn gelegt.

c) Ein Blumenfreund pflanzt fremde Topfpflanzen in ihm gehörige Töpfe und Erde; — oder er zieht sie aus fremdem Samen oder fremden Stecklingen.

d) Ein Gerber hat zum Betriebe seines Handwerks einen hölzernen, dem Windzuge allseitig offenstehenden Schuppen auf gemietetem Grund und Boden errichtet, und zwar in der Weise, daß sechs gemauerte Pfeiler aufgestellt wurden, auf welchen die hölzernen Säulen, die durch hölzerne Spangen verbunden waren, frei standen, ohne in eine Vertiefung der Pfeiler eingelassen zu sein.

Cf. l. 60 D. de ARD. (41, 1).

e) Es ist ein öffentlicher Weg schadhaft geworden. Ein Anlieger bessert ihn mit Genehmigung der Gemeinde, der der Weg gehört, aus, bringt die dabei abgegrabene Erde vom Wege an dessen Seite und schichtet sie dort auf seinem Grundstücke in Haufen auf, die sich also an den Straßenkörper anlehnen.

2. Es wird ein Grundstück in Zwangsverwaltung genommen. Nun melden sich verschiedene Personen, die sich an den von ihnen gelieferten Sachen das Eigentum vorbehalten haben und verlangen für jene Sachen Freigabe von der Zwangsvollstreckung. Ist dies nachstehend begründet?

a) Ein dem Neubau eingefügter Kachelofen.

b) Eine in widerruflicher Weise auf dem Grundstücke gestattete Bauhütte.

c) Webstühle, die einer Fabrik geliefert und von dieser in den Arbeitsräumen auf dem Fußboden festgeschraubt waren.
d) Eine Badeeinrichtung, die mit Badewanne und Ofen eingefügt ist, und für welche Wasserleitungsrohre in dem Hause gelegt sind.

3. Der Landschaftsgärtner Herfarth besitzt eine umfangreiche Baumschule. Er führt seit längerem regelmäßigen Handel mit Obstbäumen. Auf Betreiben des Kaufmanns Jäschke, dem Herfarth zur Zahlung einer rückständigen Schuld verurteilt ist, werden in der Baumschule 248 Stück eingepflanzte Obstbäume gepfändet.

Der Schuldner beantragt Aufhebung der Pfändung. Die Bäume seien fest angewurzelt. Er habe sie als schwache Stämmchen eingesetzt; und es komme vor, daß solche Bäume 10 bis 20 Jahre in der Baumschule verblieben. Pfändbar sei höchstens das Obst. Auch könne man noch nicht wissen, ob die Bäume überhaupt je zum Verkaufe tauglich würden.

Dagegen meint der Gläubiger, daß auch bei zwanzigjähriger Verbindung doch nur *ein vorübergehender Zweck* in Frage stehe. Wenn man Früchte auf dem Halme pfänden könne (CPO. 810), so müsse das gleiche auch bei Obstbäumen möglich sein. Ob sich ein Baumschulenbesitzer nachträglich dazu entschließe, die Bäume vielleicht dauernd stehen zu lassen, sei gleichgültig; denn in der Regel werde es nur vorübergehend sein.

Wie ist hiernach begründetermaßen zu erkennen?

---

4. Es ist ein großer Bauernhof verkauft worden; bei der Übergabe entsteht Zweifel und Streit darüber: ob die nachbenannten Gegenstände dem Käufer mitzuliefern sind oder von dem Verkäufer fortgeführt werden dürfen (BGB. 314)?

a) Die Zaunpfähle, mittels deren der Hof von der Straße und von dem Garten abgetrennt ist.
b) Die Hundehütte; — der Kettenhund.
c) Der Röhrentrog am Brunnen; — die Kette des Ziehbrunnens; — der Eimer an dieser Kette; — die Welle, um welche die Kette sich windet.
d) Gardinen im Wohnhause; — Gardinenstangen; — eingegipste Haken für Spiegel.
e) Die auf der Kellertreppe hängenden Feuereimer; — die Glocke an der Haustüre; — Klingelzüge und Drähte in den Zimmern.

f) Eine im Hause eingebaute Uhr; — Öfen; — Wandleuchter; — Laternen vor dem Hause und Stalllaternen.

g) Kasten und Fenster zu Mistbeeten; — Blumenstäbe und Bohnenstangen; — vorhandener Dünger.

h) Topfbutter in der Küche; — die zum Betriebe, sowie die zur Veräußerung bestimmten Vorräte an Getreide, Stroh, Holz und anderen Gutserzeugnissen.

i) Krippen und Tröge; — Melkschemel; — Regale, Anrichten, befestigte Weinschränke; — Ketten an der Stallwand, um das Vieh daran zu binden.

k) Ein in der Brennerei angebrachter Brennerei- und Destillierapparat.

l) Werkzeuge und landwirtschaftliche Geräte; — eine Dreschmaschine; — Gondeln auf dem Teiche.

5. Sind folgende Sachen als *Zubehör* zu bestimmen?

a) Dekorationspflanzen in einem Gärtnereianwesen.

b) Zuchtschweine auf einem Landgute.

c) Ein Fleischerwagen mit Bespannung in einem Grundstücke, das zum Betriebe einer Fleischerei dauernd eingerichtet ist.

d) In einer Brauerei Bottiche und Fässer; sowie Flaschen und Kasten für diese zum Biervertriebe.

e) Sand und Teer, welche zum Abputzen des Gebäudes und zum Teeren des Daches bestimmt sind und auf dem Bauplatze sich befinden.

6. Anfrage bei einem Rechtsanwalt.

Ich habe mir in meiner Wohnung als Mieter zwei Privatklingeln anlegen lassen; bestehend aus fünf Elementen und zwei Klingeln nebst dazu gehörigem Draht. — Das Haus ist jetzt in Subhastation gewesen, und der neue Besitzer verlangt nun, daß ich bei meinem jetzigen Auszug meine Privatklingeln nebst Zubehör unentgeltlich da lassen soll, weil sie das rechtliche Schicksal des Hauses zu teilen hätten. Bin ich dazu verpflichtet?

7. Gegen den Schuhmachermeister Philipp Stein erhob der Rentner Carl Wilhelm Anzeige bei dem Staatsanwalt: Stein habe ihm für ein Darlehen sein Haus verpfändet; bei der Zwangsversteigerung sei es ihm, dem Wilhelm, gerichtlich zugesprochen worden; nach der Besitznahme habe sich gezeigt, daß Stein zwei große eiserne Öfen und einen Kochherd mit sich genommen, als er nach der Versteigerung mit seiner Familie das Haus verlassen habe.

Es fragt sich, ob Stein strafrechtlich verantwortlich ist?

8. Von dem Weinberge eines Ökonomen, woselbst die Weinbergpfähle ausgezogen und in sechs verschiedene Haufen zusammengestellt waren, wurden im Januar von A. und B. etwa 40 Stück dieser Pfähle entwendet. Der Staatsanwalt erhebt Anklage wegen Diebstahls (StGB. 242). Das Strafgericht betrachtet aber jene Tat als Felddiebstahl, strafbar nach dem Polizeistrafgesetzbuch (EG. z. StGB. 2, 2: *In Kraft bleiben die besonderen Vorschriften des . . Landesstrafrechtes, namentlich über strafbare Verletzungen der . . . . Forst- und Feldpolizei-Gesetze . .*) Gründe: Jene Pfähle seien Zubehör der Weinstöcke, Aneignung von letzteren sei nur Feldpolizeiübertretung, so könne die der Zubehör nicht härter gestraft werden, cf. l. 47 D. de CE. (18, 1).

War die Entscheidung richtig?

9. Die herzoglich v. D.sche Verwaltung war verpflichtet, die Kirche im Dorfe Rimbach zu unterhalten. Es entsteht Streit, ob dies auch auf die innere Einrichtung (Altar, Kirchenstühle u. s. w.) gehe? Und ob sie auch für gute Glocken sorgen müsse?

10. Durch Bergbau wurden Gasleitungsröhren so verletzt, daß Brüche und Undichtigkeiten entstanden, und die Gasanstalt durch die schadhaften Röhren um so viel mehr Gas den Konsumenten zuleiten mußte.

Kann sie diesen Schaden ersetzt verlangen?

Preuß. Berggesetz vom 24. Juni 1865, § 148: *Der Bergwerksbesitzer ist verpflichtet, für allen Schaden, welcher dem Grundeigentume oder dessen Zubehörungen durch den Betrieb des Bergwerkes zugeführt wird, vollständige Entschädigung zu leisten.*

11. Ein Gutsbesitzer hat von einer Fabrik eine landwirtschaftliche Maschine bezogen, welche zum dauernden Dienste für die Bewirtschaftung des Gutes bestimmt ist. Die Verkäuferin hat sich bis zur Zahlung des Preises das Eigentumsrecht vorbehalten. Der Gutsbesitzer gerät in Zahlungsschwierigkeiten. Die Landschaft, von welcher er Darlehen erhalten hatte, macht ihre dafür bestellte Hypothek geltend und will auch jene Maschine in Anspruch nehmen. Die Fabrik widerspricht.

Wer ist im Rechte?

12. Ein Möbelhändler hatte einem Gastwirt Möbel verkauft und bis zur Bezahlung des ganzen Kaufpreises sich das Eigentumsrecht vorbehalten. Als das Gasthofsgrundstück zur Zwangsvollstreckung gelangte, waren die Möbel noch nicht vollständig bezahlt. Der Möbelhändler klagte gegen den Ersteher des Grundstückes auf Herausgabe der Möbel. Der Konkursverwalter erachtete die Ansprüche jenes nur bezüglich derjenigen Möbel für begründet, welche zum persönlichen Gebrauche des Gastwirts bestimmt gewesen; dagegen nicht, soweit die Möbel in den Fremdenzimmern und in den Restaurationsräumen Verwendung gefunden. Denn soweit seien die Möbel Zubehör des versteigerten Gasthofes geworden und die Eigentumsrechte an ihnen auf den Ersteher des Grundstückes übergegangen (ZVG. 55, 2).

Es ist Gutachten mit Gründen auszuarbeiten.

XXIV

1. Ein verpachtetes Grundstück wurde überschwemmt, und es blieb auf ihm eine Art von Sand zurück, die wegen ihrer Brauchbarkeit für verschiedene industrielle Zwecke ziemlich gesucht ist. Der Pächter ließ den Sand wegschaffen und verkaufte ihn. Dagegen erhob der Verpächter Einsprache, weil der Sand keine Frucht, sondern ein Zuwachs seines Grundes sei.

Wer hat den rechtlichen Anspruch auf den Sand, oder dessen Erlös, oder dessen Wert?

2. Ein Wiese steht im Nießbrauche. Sie gewährt nach einiger Zeit keinen rechten Grasertrag mehr, weil der Grund torfartiger Natur ist.

Darf nun der Nießbraucher den Torf ausheben und für sich verwenden?

3. Die Witwe Littmann war Nießbraucherin eines Bauerngutes, zu welchem ein beim Beginne ihres Nießbrauches mit Holz bestandenes Grundstück gehörte. Sie ließ dieses Holz, das infolge der früheren Urbarmachung der anstoßenden Waldungen im Absterben begriffen war, fällen und verkaufen und zog den Erlös im Betrage von 450 ℳ ein, während das betreffende Grundstück zu Ackerland umgewandelt wurde.

Der Vormund des noch minderjährigen Eigentümers verlangte jene Summe heraus, weil sie nicht als Frucht zu betrachten sei.

Mit Recht?

4. Eine trächtige Kuh wird mit Ausschluß des zu gebärenden Kalbes verkauft und dem Käufer sofort übergeben.

Steht dem Käufer in betreff des später geborenen Kalbes die Vindikation oder nur ein persönlicher Anspruch zu?

Müßte, wenn die Kuh auf dem Transport das Kalb wirft, für dieses besondere Frachtgebühr bezahlt werden? Cf. l. 19 § 7 D. locati (19, 2).

5. A. verkauft dem B. einen Garten im Mai und überträgt alsbald das Eigentum auf den B.; nimmt aber, wie die Vertragsurkunde sagt, die Obsternte des laufenden Jahres von der Veräußerung aus.

Wie ist das rechtlich zu charakterisieren und durchzuführen?

6. P. hat von E. einen Acker gepachtet und auf diesem Weizen gesäet. Als dieser geschnitten werden soll, finden des P. Knechte auf dem Felde Leute des E. vor, welche den Schnitt hindern wollen. Die ersteren vertreiben aber letztere mit Gewalt und bringen das Getreide nach Hause.

Wie steht es mit dem Eigentum am Weizen; und wie mit obligatorischen Ansprüchen?

7. Der Pächter der Domäne Burow hat vom Fiskus Gestattung erhalten, auch den zur Domäne gehörigen Wald in ordnungsgemäße forstliche Behandlung und Nutzung zu nehmen. Er schließt daher mit einem Holzhändler einen Kaufvertrag über eine bestimmte Anzahl von Stämmen, die von dem Käufer selbst gehauen und abgeholt werden sollen; die hierzu bestimmten werden von dem Händler mit einem Holzhammer gezeichnet.

Verschiedene Umstände machen es bald danach dem Pächter wünschenswert, sein gesamtes Verhältnis zur Domäne zu lösen; er wird vom Fiskus seines Vertrages entlassen.

Wie steht es nun mit den von dem Holzhändler gekauften Stämmen? Welche Rechtsverhältnisse liegen vor; welche Ansprüche sind begründet? An wen kann sich im besonderen der Händler halten, und worauf?

XXV

1. Sind folgende Handlungen zulässig, oder können bestimmte Personen dagegen rechtlich auftreten?

a) Ein Grundbesitzer sammelt das auf seinem Grund und Boden hervortretende Quellwasser, welches seither gewissen Nebenflüssen der Kinzig zugeflossen ist, und verwendet es in seinem wirtschaftlichen Betriebe. Dadurch wird der Kinzig soviel Wasser entzogen, daß mehrere Mühlen an ihr nun nicht mehr betrieben werden können.

b) In einen Bach, der mehrere Grundstücke durchfließt, leitet der eine Grundeigentümer, ein Färber, aus seiner Färberei Abfälle und sonstige verunreinigende Substanzen.

c) Der Freiherr von Fach, welcher auf beiden Seiten der Fulda

Ländereien besitzt, läßt diese durch eine auf seine Kosten errichtete Brücke verbinden.

2. Der Zirknitzer See in Krain gehört zu den merkwürdigen Seen, die in der warmen Jahreszeit regelmäßig verschwinden und den armen Uferbewohnern eine ergiebige Heu- und Binsenernte bieten. Der See, unweit der Adelsberger Grotte in einem von Kalksteingebirgen gebildeten Kessel ohne Ausgang liegend, hat einen größten Flächenraum von 56 qkm und eine mittlere Tiefe von 6 m. In ihm befinden sich vier Inseln, auf deren größter das Dorf Otok liegt. Der Verkehr wird mit Kähnen bewerkstelligt. Der Grund hat zahlreiche Höhlen und Spalten. 40 trichterähnliche Löcher bilden natürliche Abzugskanäle. Das ablaufende Wasser tritt in der Laibacher Ebene in zwei Flüssen wieder zu Tage. Dieses Jahr ist nun der See im Sommer nicht in die Unterwelt verschwunden, im Gegenteil, er trat sogar über seine Ufer und überflutete die Gegend um Seedorf. Auch die Poik, die in ihrem Oberlauf bei St. Peter alljährlich längere Zeit hindurch ein Staubbett ist, ließ dieses Jahr lustig und ohne Unterbrechung ihre Wässer rauschen und sprudeln.

Ist das nun ein Privatsee? Steht er — nach römischem, preußischem oder heutigem bürgerlichen Rechte — im Eigentum jemandes? Wie verhält es sich rechtlich mit der Nutzung des Bodens, — des Ufers, — des Wassers? Wie mit Fischerei und Schifffahrt? Was wäre die Folge, wenn eine neue Insel sich im See bildete?

3. Der Eigentümer einer an der Klunkau, einem öffentlichen Flusse, gelegenen Wassermühle, zu deren Betrieb das Wasser des Flusses seit länger als Menschengedenken als ein Recht benutzt worden ist, erhebt folgende Klage:

Vor einiger Zeit sei oberhalb seiner Mühle eine Zuckerfabrik angelegt worden, welche aus der Klunkau Wasser entnehme, dasselbe, nachdem es gebraucht worden, zum Zwecke der Desinfektion über Rieselfelder leite und es hiernach, noch oberhalb der Mühle, in den Fluß zurückführe. Dabei gehen mindestens 20% Wasser verloren, und könne er seine Mühle nicht wie bisher betreiben, da die Zuckerfabrik auch bei niedrigem Wasserstande, da das ganze Wasser zum Mühlenbetrieb erforderlich war, abgeleitet habe.

Die Beklagte macht geltend, daß ein öffentlicher Fluß von allen Anliegern frei benutzt werden dürfe; die Mühlen hätten in dieser Hinsicht vor den übrigen gewerblichen Anlagen nichts voraus.

Wie ist zu entscheiden?

4. Das Flüßchen Liederbach, das noch heute munter durch alle Straßen der Stadt Alsfeld plätschert, ist in dieser eigenartigen Weise schon im Jahre 1350 durch dieselbe geleitet worden. Landgraf Heinrich II beurkundete in jenem Jahre, daß, *weil seine lieben getreuen Bürger zu Alsfeld Kosten und Arbeit davon hätten, die Liederbach in die Stadt zu karen und zu geleiten, er ihnen das, was sie desselben Wassers genießen, wohl gönne, weil es mit seinem guten Willen sei.*

Vor kurzem entstand Streit zwischen der Stadt Alsfeld und dem Wiesenbesitzer Kalbfleisch von Altenburg, von welchem man entdeckte, daß er mittels Zuleitungsgräbchen, die am Ufer der Liederbach angebracht waren, Wasser auf seine angrenzenden Wiesen leitete.

In dem daraus erwachsenen Prozeß kam es auf folgende Rechtsbehauptungen der Streitteile an:

Kalbfleisch erkannte an, daß die Liederbach ein öffentlicher Fluß sei, stützte sich aber darauf, daß an ihren Ufern schon seit undenklichen Zeiten dergleichen Wasserleitungsgräbchen sich befänden, und die auf seine Wiese führenden schon über dreißig Jahre beständen. In der Urkunde von 1350 liege auch gar kein Privilegium.

Die Stadt Alsfeld dagegen berief sich darauf, daß man die letztere allerdings so auslegen müsse und niemals anders aufgefaßt habe. Im besonderen wurde angeführt: Unter dem 11. Juli 1558 verliehen *Bürgermeister, Rath und vier Mannen von Zünfften und Gemeinde* dem fürstlichen Rentmeister Georg Gerigk, — der das bestehende Rechtsverhältnis doch kennen mußte — einen *Wasserfall auf der Liederbach* zur Anlegung einer Mühle: *doch soll er auch nicht daraus zu wässern haben, sondern soll ihm dasselbige wie anderen Bürgern ganz und gar verboten sein und bleiben;* auch in der Folge hat die Stadt das alleinige Verfügungsrecht über den Lauf und die Verwendung der Liederbach, wo es ihr von Privaten mißachtet wurde, mit Erfolg gehandhabt, — es werden aus dem 17. Jahrhundert aus den städtischen Akten und dem Salbuche der Pfarrei Alsfeld eine Reihe von Fällen dargetan — zuletzt 1742 der Pfarrei gegenüber. Gegen das hiernach feststehende Privilegium könne dem Gegner seine angebliche Verjährung nichts helfen; um so weniger, als an dem in Rede stehenden *flumen publicum* Privatrechte in gewöhnlicher Weise nicht beginnen und bestehen könnten.

Welche der Parteien hat das bessere Recht für sich?

5. Der Kommerzienrat Nölthy hat von der Walpurgiskirche für sich, seine Familie und seine Nachkommen einen abgeschlossenen Kirchenstuhl gekauft.

Wie ist das juristisch aufzufassen? Ist der Vertrag rechtlich gültig und bindend?

6. Der Freiherr von Finck erhebt gegen die Gräfin Bundan Klage, weil auf dem an sie verkauften Rittergute Gelmershausen das dort angelegte Erbbegräbnis derer von Finck durch die Käuferin zerstört worden sei.

Letztere erwidert, daß das Gut ohne Vorbehalt an sie verkauft worden sei. Worauf Kläger repliziert, daß durch die vormalige Konsistorialgenehmigung zur Anlegung des Erbbegräbnisses dieses *extra commercium* geworden sei und zur persönlichen Verfügung der betreffenden Familie stehe; er beruft sich im besonderen auf l. 3 pr. § 8, l. 7, l. 9 D. de sepulcro violato (47, 12). Entscheidung?

7. Die Witwe Körber hatte auf dem der Gemeinde Bindheim gehörigen Kirchhofe auf dem Grabe ihres Mannes ein hölzernes Kreuz errichten lassen. Die Eltern des Körber ließen es wegnehmen und durch ein eisernes, auf einem Steinpostamente aufgeführtes Denkmal ersetzen.

Darauf stellte die Witwe gegen ihre Schwiegereltern wegen dieses Eingriffes Klage an, gerichtet auf Wiederherstellung des von ihr herrührenden Gedenkzeichens. Die Beklagten bestritten die Zulässigkeit der Klage, indem sie das Eigentum der Klägerin in Abrede stellten.

Wer war im Rechte?

Cf. l. 1 §§ 5—7 D. de mortuo inferendo et sepulcro aedificando (11, 8).

8. Ein vormaliger Kirchhof ist seit langen Zeiten nicht mehr als Begräbnisplatz benutzt worden; die Einfriedigung besteht gleichfalls seit Menschengedenken nicht mehr, und es ist der ganze Platz stets als öffentliche Anlage, als Zugang zu der anliegenden Kirche, deren Friedhof er früher gewesen war, und als allgemeiner Verkehrsplatz vom Publikum benutzt worden.

Jetzt erhebt sich Streit über Eigentumsrecht und Verkehrsfähigkeit des Platzes. Was ist hierüber zu bemerken?

9. Die alte katholische St. Elisabethkirche zu Tangermünde ist seit der Reformation zu Gottesdiensten nicht mehr benutzt worden. Sie wurde zuletzt von dem Kohlenhändler Kersten erworben und als Lagerraum für Kohlen benutzt. Vor etwa zehn

Jahren wurden in katholischen Kreisen Mittel aufgebracht, um die Kirche wieder als Gotteshaus in stand zu setzen. Was auch geschah; während eine katholische Kirchengemeinde allerdings sich nicht bildete.

Jetzt ist Kersten in Konkurs geraten. Die Kirche ist im Grundbuche ihm noch zugeschrieben; und der Konkursverwalter will sie deshalb unter den Hammer bringen.

Wie ist die Rechtslage?

10. Die Stadt Bockenheim hat sich früher Grundstückteile zu Straßenzwecken abtreten lassen und versäumt die darauf lastenden Hypotheken zu löschen. Jetzt haben die Hypothekengläubiger die Erbin der Stadt Bockenheim, die Stadt Frankfurt, auf Versteigerung oder Zahlung verklagt. Die Stadt wendete ein, daß die Grundstücke von Rechts wegen nicht zwangsweise versteigert werden könnten, weil sie schon zu Straßen umgewandelt, mithin öffentliche Sachen geworden wären. Von der Gegenpartei wurde erwidert, daß dies bei Erhebung der Klage bloß auf einen Teil der Grundstücke zutraf, auf zwei davon indessen nicht; denn diese seien zur Zeit der Klagerhebung noch nicht zu Straßen umgewandelt gewesen, die Stadt habe sie sogar verpachtet. Nachdem der Prozeß angestellt war, habe die Stadt allerdings schleunigst dem Grundstückpächter gekündigt und den Geländezipfel zur Straße gezogen. Das sei nur geschehen, um das Grundstück der Zwangsvollstreckung zu entziehen. Daher wurde die einstweilige Verfügung verlangt, der Stadt die Arbeiten zur Erweiterung der Straße zu untersagen. Die Stadt arbeitete jedoch mit solcher Beschleunigung, daß, als die einstweilige Verfügung erging, die Straße fertiggestellt und gepflastert war.

Was ist nun rechtlich zu tun?

11. Der Kaufmann Achilles verklagt die Hallesche Straßenbahngesellschaft und verlangt Ersatz des Schadens, der ihm als Eigentümer des Hausgrundstückes Leipziger Straße 63 durch die nachträgliche Legung eines zweiten Geleises in der Leipziger Straße entstanden ist, und welchen er auf 41 250 ℳ beziffert.

Er führt an, daß durch den Betrieb der Straßenbahn auf zwei Geleisen die Ausfahrt aus seinem Thorwege in einer sein Geschäft (wie näher berechnet) schädigenden Weise verzögert und erschwert werde, und daß Wagen, die früher auf dem Straßendamme vor seinem Hause hielten, während ihre Insassen bei ihm Geschäfte erledigten, dies jetzt nicht mehr können, weil sie nun auf das zweite Gleis zu stehen kommen, dort aber den in Zwischenräumen von wenigen Minuten sich folgenden Straßenbahnwagen Platz machen müssen.

Da die beklagte Gesellschaft die juristische Begründetheit des erhobenen Anspruches bestreitet, so fragt es sich: wie in dieser Streitsache rechtlich zu erkennen ist?

---

12. Ein Mädchen verkauft ihr noch unabgeschnittenes Haar einem Friseur für 30 *M*. Später weigert sie sich, es abschneiden zu lassen.

Ist eine Klage auf Überlieferung des verkauften Gegenstandes zulässig?

Welches würde die privatrechtliche Folge sein, wenn der Haarkünstler, der das Geld schon bezahlt hat, den Zopf der Verkäuferin mit Gewalt oder unversehens abschneidet?

Ist privatrechtlich ganz dasselbe, wie über jenes Haar, zu sagen für: das Gold in plombierten Zähnen; — einen angeschnallten Stelzfuß; — die eiserne Hand des Götz von Berlichingen?

13. Der Professor Dr. med. Meckel in Halle a. S. hatte letztwillig bestimmt, daß er nach seinem Tode auf der Anatomie seziert und sein Skelett dortselbst in sachgemäßer Behandlung zusammengefügt und dauernd aufgestellt werden sollte.

Es ist auch genau nach seinem Wunsche verfahren worden; fragt sich aber:

a) Hätten die Erben gegen ihren Willen zu der Ausführung jener Disposition gezwungen werden können?

b) Es wird des öfteren von Verkäufen an die Anatomie berichtet, wobei heruntergekommene Subjekte gegen Zahlung einer kleinen Geldsumme sich bereit erklären, nach ihrem Tode auf der Anatomie seziert zu werden. Sind sie daran gebunden? Oder können sie wenigstens unter Zurückzahlung des erhaltenen Geldes zurücktreten?

c) Da in England die Hergabe von Leichen zu medizinischen Sektionszwecken durch Gesetz verboten ist, die dortigen Mediziner aber der Leichensektion zu ihren Studienzwecken nicht entbehren können, so hat sich im Laufe der Zeit eine förmliche Leichenausfuhr aus Belgien nach England herausgebildet. Eine Sektionsleiche erzielt am Londoner Platze einen Minimalpreis von 5 Pfund; die Leichen werden in Belgien antiseptisch imprägniert und verpackt und gelangen so in vorzüglich erhaltenem Zustande am Orte ihrer Bestimmung an.

Ist dies nach unserem Rechte gültig? Wie verhält sich dieser Fall rechtlich zu demjenigen der vorigen Frage?

d) Wem steht im obigen Falle das Eigentumsrecht an dem Skelett zu?

e) Wer war Eigentümer des Verstorbenen, ehe die genannte Verfügung zur Ausführung kam?

14. In Brooklyn hatte vor kurzem Dr. Hawthorn dem Millionär Bridges das rechte Bein amputiert. Um für sich Reklame zu machen, hat der Doktor das Bein in Spiritus in seinem Wartezimmer aufgestellt und es mit der Aufschrift versehen: *Dieses Bein gehörte einst Mr. Dasy Bridges, ich habe es ihm glücklich amputiert.* Mr. Bridges will aber *sein* Bein nicht zu Schau- und Reklamezwecken hergeben.

Kann er es im Wege Rechtens verhindern?

XXVI

1. Sind die nachstehend verzeichneten Rechtserwerbungen *originär* oder *derivativ?* Und liegt in den einzelnen Fällen eine Rechtsnachfolge vor oder nicht; bejahenden Falles, welche Art?

a) A. kauft gutgläubig von dem Diebe B. eine Sache des C. und veräußert sie später weiter an D. Der ersitzt sie und verschenkt sie an E., welcher nach seinem Tode von F. beerbt wird.

b) M. legt auf sein Grundstück ein Wegerecht zu Gunsten des Nachbars N. und eine Hypothek für seinen Gläubiger O.; M. stirbt und wird von P. beerbt; während dem Q. der Nießbrauch an jenem Grundstück vermacht ist. N. verkauft sein Haus an R.; O. tritt sein ganzes Vermögen durch Vertrag unter Lebenden an S. ab. Dieser übt sein hypothekarisches Recht aus, T. ersteht bei der Zwangsversteigerung das Grundstück.

c) G. hat dem H. eine Wohnung auf drei Jahre vermietet. H. verzieht bald darauf nach einer anderen Stadt und vermietet deshalb mit Genehmigung des G. jene Wohnung an den J. — Oder: er kommt mit G. überein, daß G. ihn des Mietvertrages ganz entlasse, wenn er ihm einen anderen passenden Mieter in der Person des L. stelle. — Nachdem dieses zuletzt Genannte geschehen, verstirbt G. mit Hinterlassung zweier Kinder, U. und V., während er dem W. jenes Haus als Vermächtnis ausgesetzt hat.

d) Eine Ehefrau übergab nach römischem Rechte ihrem Manne ihr ganzes Vermögen als *dos*; — oder: sie kam (— nach welchem Rechtssysteme? wann, wie?) in die *manus* ihres Ehemannes; — oder: es tritt der gesetzliche Güterstand des BGB. ein; — oder: die Ehegatten verabreden allgemeine Gütergemeinschaft.

e) Zwei Gutsnachbarn, A. und B., einigen sich nach längerem Streite dahin, daß eine zwischen ihnen gelegene Brücke in ihrem Miteigentume stehen und A. zwei, B. ein Drittel zu ihren Unterhaltungskosten beitragen solle. A. stirbt und hinterläßt C. als Erben, B. verkauft sein Gut an D.

2. Zwei Ehegatten hatten ihr gesamtes Vermögen, in einem Hause, zwei Gärten, Mobilien und vorzugsweise in bedeutenden Kapitalien bestehend, an ihren einzigen Sohn, als ihren künftigen Erben abgetreten und sich in dem schriftlich abgeschlossenen Vertrage nur vorbehalten, daß ihr Sohn sie bis zu ihrem Lebensende unterhalte und stets mit kindlicher Liebe und Anhänglichkeit behandele, was der Sohn gern zusicherte.

Fragen:

a) Wie ist dieses Rechtsgeschäft juristisch zu charakterisieren?

b) In welcher Art wird dabei der Sohn Eigentümer? Wie steht es mit den Forderungen und Schulden?

c) Ist dieser Fall ganz gleich dem nachstehenden zu erachten?

Ein Bauer, der aus Altersschwäche zu der ferneren Bewirtschaftung seines Gutes nicht mehr fähig ist, tritt dieses mit allem seinem Vermögen an seinen ältesten Sohn ab, indem er diesen zu seinem vollständigen Rechtsnachfolger ernennt, dabei das übergebene Gesamtvermögen anschlägt und berechnet, und hiernach den jüngeren Geschwistern, als gleichfalls gesetzlichen Erben, bestimmte Abfindungssummen ausbedingt, die der ältere Sohn auszuzahlen hat.

d) Oder einem Vertrage folgenden Wortlautes, den zwei Brautleute vor Eingehung ihrer Ehe gemeinsam errichtet haben?

Im Falle unbeerbter Ehe setzen wir uns gegenseitig Eines das Andere zu seinem Universalerben ein. Im entgegengesetzten Falle soll aber unter allen Umständen der überlebende Teil Zeit seines Lebens die freie Verwaltung und Nutznießung des gesamten hinterlassenen Vermögens haben.

3. Der Kaufmann Süß nahm die Handlungsfirma Teller & Sohn aus Wechsel klagend in Anspruch. Im Verhandlungstermine meldete sich für den verklagten Teil ein Kaufmann Pincus mit der Angabe, daß er der jetzige Inhaber der Handlungsfirma Teller & Sohn sei, da er diese Papierfabrik durch notariellen Vertrag von den Vorbesitzern erworben habe und sie unter der alten Firma mit deren Erlaubnis weiter betreibe; er bestritt jedoch seine Verpflichtung zur Zahlung des Wechsels, weil er nur einzelne Geschäftsschulden in jenem Vertrage übernommen habe.

Der Kläger aber erwiderte, daß Pincus die Firma als Ganzes übernommen und mit dieser *universitas* auch die Schulden derselben erhalten habe; umsomehr, als ja *die Firma* als solche verklagt sei und hafte.

Entscheidung?

4. In der Pulverfabrik Rottweil-Hamburg A.-G. war ein Direktor der chemischen Abteilung auf die Dauer von zehn Jahren angestellt worden. Im folgenden Jahre erfolgte durch Beschluß der Generalversammlung die Auflösung der Aktiengesellschaft und ihre Vereinigung mit Vereinigte Cöln-Rottweiler Pulverfabriken A.-G.

Es wurde streitig, ob jener Dienstvertrag durch Rechtsnachfolge auf die zuletzt genannte Gesellschaft in Recht und Pflicht übergegangen sei?

5. Peter Eisenmenger setzte in seinem Testamente dem Kipping ein Vermächtnis von 1200 ℳ aus. Dieses Legat wurde dem Testamentserben Wilhelm Eisenmenger auferlegt, von diesem aber nicht entrichtet.

Später verkaufte der genannte Erbe die Erbschaft an Gerhard Eisenmenger. Da auch dieser jenes Vermächtnis nicht auszahlte, verklagte ihn Kipping hierauf, weil mit der Erbschaft auch alle Forderungen und Schulden übergegangen seien.

Ist die angestellte Klage begründet?

6. Dem Külp war vom 1. Juli ab das Schulzenamt in der Gemeinde X. übertragen worden. Sein Vorgänger, Berg, setzte aber den Besitz und die Ausübung seines seitherigen Nießbrauchsrechtes an dem der Gemeinde gehörigen Schulzenland auch noch über den 1. Juli hinaus bis nach gezogener Ernte fort.

Külp verklagt nun Berg wegen der Ernte auf Entschädigung, da er der Rechtsnachfolger des Berg sei und dessen Rechte nun ihm, dem Külp, zuständen. Berg bestreitet, daß Külp ein dingliches oder obligatorisches Recht als Klagegrund gegen ihn anführen könne und leugnet insbesondere das Vorhandensein einer Succession.

Wie ist zu erkennen?

XXVII

1. Ist in den hier angeführten Stellen des BGB. die Möglichkeit von *Privilegien* angenommen? Gab es entsprechende Bestimmungen in dem römischen, dem deutschen und dem neuzeitlichen Privatrechte vor dem BGB.?

BGB.: 3; — 13; — 22; — 80; — 107; — 395; — 795; — 928; — 1315; — 1322; — 1723; — 1741.

2. Als die Franzosen im Jahre 1813 Wittenberg besetzt hielten, hatten sie auch ein starkes beobachtendes Kommando in eine auf der Elbe befindliche Schiffsmühle gelegt. Der damalige Müller war aber durchaus kein Franzosenfreund, und er braute seinen ungebetenen Gästen deshalb eines schönen Abends einen steifen Grog, dem er auch wohl ein Tröpflein Mohnsaft zugesetzt haben mag. Als nun die Besatzung nebst dem Lauerposten schlief, schnitt der Müller die Ankertaue seiner Mühle durch und trieb fein still im Sternenschein mit seiner ganzen Gesellschaft die Elbe hinab bis nach Apollensdorf, wo die vorher benachrichtigten Preußen die Mühle auffingen, und sich die erwachenden Franzosen entwaffnet und gefangen fanden. Die gefährliche und patriotische Tat des Müllers aber wurde vom König Friedrich Wilhelm III. durch eine Kabinettsordre gelohnt, nach welcher der Müller sich für seine Schiffsmühle bei Wittenberg die beste Stelle in der Elbe aussuchen konnte, von welcher ihn und seine Nachkommen niemand verdrängen dürfe.

a) Wie ist jene Verfügung rechtlich zu bestimmen?

b) Hat dadurch der Müller wirklich ein dingliches oder sonstiges Privatrecht an der Elbe erlangt? Oder ist es vielleicht gar kein rechtliches Verhältnis, so daß eine Klage vor den Gerichten überall nicht möglich wäre?

c) Könnte nach heutigem Rechte eine derartige Verfügung mit Rechtswirkung erlassen werden?

d) Hätte der Müller sein Vorrecht an einen Dritten rechtswirksam veräußern können?

e) Wenn sich die Schiffahrt durch *die beste Stelle* belästigt fühlt: welcher Weg ist zur Beseitigung der genannten Mühlenanlage einzuschlagen?

3. Die Fürstin Äbtissin Marie Kunigunde zu Essen erteilte durch die Urkunde vom 31. Januar 1791 der Gesellschaft W. & Comp. das Privilegium: *daß gedachte Gesellschaft mit Ausschließung aller Aus- und Einheimischen erblich berechtigt sein solle, die in unserem Hochstifte und seinen Zubehörungen bereits entdeckten oder zu entdeckenden Eisenerze zu suchen, zu gewinnen und nach Wohlgefallen mit Schmelz und Hammer zu benutzen. . . .*

Darauf errichtete die Gesellschaft ein Hüttenwerk. Dieses kaufte nach einiger Zeit die Fürstin und betrieb es für eigene Rechnung. Im Jahre 1799 veräußerte sie ein Viertel der Hütte an den Inspektor J., und 1805 die übrigen drei Viertel an H. und F. Von diesen Dreien erwarb das Werk die Gewerkschaft der Eisenhütte Neu-Essen.

Diese kam später in Streit mit einigen Personen, die auf regelmäßige Art gemutet hatten. Sie berief sich auf ihr Privileg, das mit der Hütte dinglich verbunden und deshalb auf sie übergegangen sei.

Die Gegner führten an, daß jenes Recht *erblich* verliehen worden, die Gewerkschaft aber nicht *Erbin* der früher Privilegierten sei. Die Hütte habe aber damals überhaupt noch nicht bestanden also auch nichts mit ihr verbunden werden können.

Entscheidung?

4. Im Jahre 1492 hatten die Gemeinden Lichtenau und Helmlingen für den ihnen gehörigen Scherzheimer Wald ein Heimburger Geding errichtet, wonach sie eine feste Ordnung für die grundsätzlich gleiche Nutzung jenes Waldes bestimmten; es sollten danach die Gemeinden aus dem Walde Bau- und Brennholz in gewissem Maße und nach bestimmter Anordnung erhalten, ebenso Schweine zur Mast in den Wald treiben, ihn auch *mit Weidegang gebrauchen* dürfen.

Wie lange dieses gehalten worden ist, kann nicht mehr festgestellt werden, da in den späteren Kriegszeiten die Gegend sehr entvölkert wurde. Die Dokumente in Helmlingen sind verbrannt, die Lichtenauer besitzen nach eins. Diese letzteren haben nach und nach fast alle Nutzungen an sich gezogen, indem in einem großen Teile des alten Waldes Äcker und Wiesen angelegt worden waren und von Lichtenau allein benutzt wurden, teils in Natur und eigener Bewirtschaftung, teils durch Verpachtung und Einstreichen des Zinses.

Erst in neuerer Zeit ist der Gemeindeverwaltung von Helmlingen ein Licht hierüber aufgegangen, als sie zufällig Kenntnis von dem alten Dokumente erhielt. Sie verlangt nunmehr klagend, daß jener Vertrag von 1492 vollständig ausgeführt und sie wieder in den Mitgenuß des damaligen Scherzheimer Waldgebietes eingesetzt werde.

Lichtenau beruft sich auf unvordenkliche Verjährung. Klägerin erwidert, daß man auf beklagtischer Seite nicht in gutem Glauben gewesen sei, und die Voraussetzungen jener Verjährung nicht vorlägen.

Wie ist zu urteilen?

5. Die politische Gemeinde Stiepelse im Gebiete des vormaligen gemeinen Rechtes behauptet, daß bis zum Inkrafttreten des Fischereigesetzes vom 30. Mai 1874 alle männlichen Einwohner der Gemeinde befugt gewesen seien, den Fischfang in der blanken Elbe, soweit diese die Grenzen der Feldmark Stiepelse bilde, mittels der sogenannten kleinen Fanggeräte, jedoch nicht in Ansehung der Lachse, Störe und Neunaugen, auszuüben. Dieser Fischfang sei seit unvordenklicher Zeit so ausgeübt worden, und wird nun gegen den Fiskus, der ein ausschließliches Fischereirecht in Anspruch nimmt, klagend geltend gemacht.

Der Beklagte entgegnet: Seit 1874 sei dieser Fischfang nicht mehr so wie früher ausgeübt worden; auch sei früher schon, in den Jahren 1862 und 1863, gegen ihn von fiskalischen Beamten Einspruch erhoben worden, ohne daß die Stiepelser darauf gehört hätten.

Das Beweisverfahren ergibt: Jener Fischfang ist seit 1783 ausgeübt worden, vorher nicht; die klägerischen Zeugen sagen aus, daß sie geglaubt hätten, im Rechte zu sein, weil sie in dem alten Herkommen durch Strafen nicht gestört worden wären.

Welche Entscheidung ist hiernach abzugeben?

Fischereigesetz für den preußischen Staat vom 30. Mai 1874, § 6: *Fischereiberechtigungen, welche, ohne mit einem bestimmten Grundbesitze verbunden zu sein, bisher von allen Einwohnern oder Mitgliedern einer Gemeinde ausgeübt werden konnten, sollen künftig in dem bisherigen Umfange der politischen Gemeinde zustehen.* — EG. 69.

XXVIII

1. Was ist über die rechtliche Bedeutung nachstehender Äußerungen zu bemerken?

a) Ein Testator hatte vor seinem Tode seiner Braut erklärt: *Hier habe ich zwei Dutzend silberner Bestecke; die sollst du später einmal haben;* — worauf sie erklärte: *Ich danke dir vielmals; du bist zu gut gegen mich.*

b) Bei der Zwangsversteigerung eines Grundstückes bot A. 4500 ℳ. Der Auktionator wiederholte: 4500 ℳ; worauf A. rief: *Ich habe mich versprochen, ich wollte 4400 ℳ sagen.*

c) Die Witwe X. war von ihrem Sohne Y. und ihrer Tochter Z. beerbt worden. Y. zog die Auseinandersetzung der Erbschaft mit seiner Schwester, mit der er in gespannten Verhältnissen lebte, lange und unentschlossen hinaus. Die Z. verwaltete unterdessen die Erbschaft. Dabei schickte sie dem Y. Zinsen von Erbschaftsforderungen, die sie eingenommen hatte, zu; Y. nahm sie an, erklärte auch auf Verlangen der Z. notariell, daß er der Überschreibung des mütterlichen Hauses im Grundbuche auf den Namen der Z. zustimme, — fügte aber jedesmal hinzu: *Doch behalte ich mir vor, die Erbschaft noch auszuschlagen.*

d) Carré, der Direktor der Pariser Opéra Comique, richtete vor kurzem an den Advokaten Nivert, der seit längeren Jahren mit seiner Frau zu den Donnerstagsabonnenten des Theaters gehört, in einem gedruckten Rundschreiben die Anfrage, ob er das Abonnement für die bevorstehende Saison erneuern wolle; wenn bis zum 30. Juni in der Theaterkanzlei keine Antwort eingetroffen sei, müsse über die Plätze anderweit verfügt werden. Nivert antwortete ungefähr folgendes: *Obwohl ich mit der ungleichmäßigen Saison des letzten Winters nicht sehr zufrieden war, ersuche ich Sie doch, die beiden Orchestersitze für mich zu reservieren.* Darauf teilte ihm Carré mit wendender Post mit, daß er die verlangten Sitze nicht reservieren werde, da er sich eine Kritik seiner Geschäftsführung nicht gefallen lassen könne.

2. In einem Civilprozeß wurde folgende Urkunde zu den Akten gegeben:

Ich, die endesunterschriebene Witwe des weiland

Schlossers Sievers, hierselbst, bescheinige hiermit, daß mir diejenigen 450 *M* (in Worten: vierhundertundfünfzig Mark), welche ich dem Herrn Karl Bocke, um für mich zinslich zu belegen, eingehändigt, heute in Einer Summe, nebst 9 *M* Zinsen zurückgezahlt sind, auch bescheinige ich, daß ich Forderungen keinerlei Art an den Herrn Schuhmachermeister Bocke oder dessen Sohn Karl zu machen habe.

So geschehen Hameln, den . . . . . .

Witwe Sievers.

Es war nun die Frage von Belang, ob auf diese Beurkundung BGB. I. Buch 3. Abschnitt 2. Titel zur Anwendung gebracht werden könne oder nicht?

3. Ein Dachdeckermeister hatte Teer von einer Fabrik nach Probe bestellt. Der dann ankommende Teer war jedoch schlecht und nicht probemäßig. Darauf schrieb der Käufer zurück, daß er diesen Teer nicht brauchen könne; er habe sich nun schon von anderer Seite her welchen verschafft. Umgehend kam ein Brief der Teerfabrik: Sie bat wegen des Versehens um Entschuldigung. Es sei irrtümlich aus einem falschen Fasse für den jetzigen Besteller gefüllt worden. Sie habe angenommen, daß die Sache nicht eile; werde aber nicht ermangeln, jetzt den richtigen Teer zu senden.

Der Dachdecker, dem dies unangenehm ist, befragt einen Juristen. Dieser meint, die Fabrik könne die irrtümlich geschehene Leistung nach BGB. 121 nicht mehr anfechten, weil sie es nicht *unverzüglich* getan. Der Meister teilt dies der Verkäuferin mit.

Diese erwidert: Die Erfüllung eines Vertrages gehöre nach der allgemeinen Lehre der heutigen Jurisprudenz nicht zu den *Rechtsgeschäften.* Ein Irrtum bei ihr brauche also nicht *angefochten* zu werden; sondern bewirke nur, daß noch gar nichts von *Erfüllung* vorliege. Diese sei also nun erst ordnungsgemäß vorzunehmen, da ein Verzug, nach eigener Nachgabe des Gegners, auf ihrer Seite nicht vorliege.

Dagegen meint der Rechtsberater des Bestellers, daß die Erfüllung eines Kaufes doch zu den *Willenserklärungen* gehöre; und deshalb nach BGB. I. Buch 3. Abschnitt 2. Titel zu behandeln wäre.

Wie ist hierüber zu erkennen?

4. Die *Deutsche Landbank* in Westpreußen teilt mit: Am 17. Juli ging uns ein, von einem unserer Verkaufsvermittler mit dem Landwirt Herrn Stephan Stern zu Posen unter dem 14. Juli geschlossener, notarieller Kaufvertrag hinsichtlich des Rittergutes Groß-Jauth im Kreise Rosenberg zu. Bereits am folgenden Tage lief die vereinbarte Anzahlung ein. In den Vertrag hatten wir die Bestimmung aufgenommen, daß bei Meidung einer Vertragsstrafe das Gut an einen Käufer nicht deutscher Nationalität nicht veräußert werden dürfe. Die Auflassung fand am 9. August durch einen Bevollmächtigten statt. Unmittelbar nach dieser Auflassung hat Herr Stern das Gut an den Rittergutsbesitzer Herrn von Slaski anderweit aufgelassen. Wir müssen nach Lage der Sache annehmen, daß Herr Stern nicht beabsichtigt hat, das Gut für seine Person zu erwerben, sondern daß er sich in seiner Eigenschaft als unverdächtiger vermögender Deutscher evangelischer Konfession als Mittelsperson dazu hergegeben hat, das Gut aus unserer Hand in polnischen Besitz zu bringen. Die Klage auf Zahlung der Vertragsstrafe wider Herrn Stern werden wir sofort anstrengen.

Auf welche Bestimmung des allgemeinen Teiles unseres BGB. kann die Klage auf Vertragsstrafe (BGB. 339) gestützt werden? War die Weiterveräußerung des Gutes überhaupt rechtsgültig?

XXIX

1. Sind nachstehende Rechtsgeschäfte zulässig?

a) Darlehen oder Bürgschaften, um dem Schuldner verbotenes Hazardspiel zu ermöglichen; — Verkauf von Waffen an jemanden, der möglicherweise damit einen Mord begehen wird; — Vermieten oder Verkaufen eines Hauses, in dem der Erwerber ein Bordell betreiben will; — Abschluß eines Kaufes, durch den bezweckt wurde, dem verkaufenden Ehemanne die Mittel zum Verlassen seiner Ehefrau zu verschaffen.

b) Ein Bewerber um eine Stelle als Bürgermeister beauftragte vor der Wahl einen Wirt, an alle Dorfeinwohner Getränke und auch Speisen auf des Bestellers Kosten abzugeben, um auf die Wählenden zu seinen Gunsten einzuwirken.

c) Der Verkäufer einer Kuh wird von einem Dritten beredet, lieber ihm, als dem Käufer, das Tier gegen bessere Zahlung abzulassen, unter vertragsmäßiger Gewähr, daß er ihn bei etwaiger Ersatzklage des ersten Käufers schadlos halten werde.

d) Ein Kaufmann ist insolvent. Er schlägt seinen Gläubigern, um ein förmliches Konkursverfahren zu vermeiden, einen Akkord zu 20 % vor, hätte aber sehr gut 35 % zahlen können. Er schließt nun mit dem einen Gläubiger einen Vertrag, daß derselbe voll bezahlt werden solle, wenn er die anderen Gläubiger zu dem Akkorde berede und denselben zuerst unterschreibe.

e) Einem Fuhrmanne werden Waren mitgegeben, um sie in das Ausland einzuschmuggeln.

2. Wie steht es mit der Gültigkeit der kommenden Willenserklärungen?

a) Kausti verspricht der Ehefrau des Neff eine bestimmte Summe Geldes, weil sie mit ihm Ehebruch getrieben habe; — oder: damit sie ihm ehebrecherischen Umgang gestatte.

b) Jemand übernahm von dem konzessionierten Schankwirte die Fortführung der Wirtschaft für eigene Rechnung und auf eigene Verantwortung, verabredete aber, daß er, der Unternehmer, die polizeiliche Konzession für seine Person nicht nachsuchen solle, vielmehr nach außen als Stellvertreter des Inhabers der Schankkonzession aufzutreten habe.

c) Zwei junge Leute wollten am Sonntag Morgen rudern. Der Fährmann ging gerade zur Kirche. Es ist verboten, sagte er, ich darf Ihnen während der Kirche kein Boot vermieten. Da sie aber in ihn drangen, so fuhr er fort: Hier ist der Schlüssel zu den Kähnen; aber eilen Sie sich, dort kommt ein Schutzmann. — Die beiden sprangen in den Nachen und stießen ab, während der Schiffer mit lautem Schimpfen am Ufer hin- und herlief und dem Polizeibeamten den angeblichen Gewaltstreich jener vorklagte.

d) Otto Miller war wegen körperlicher Mißhandlung des X. zu einer Gefängnisstrafe verurteilt worden. Unmittelbar nach der Verhandlung tat der Zeuge Lettner in einem Wirtshause unvorsichtige Äußerungen, aus denen hervorging, daß er, und nicht der Otto Miller, der Täter gewesen sei. Lorenz Miller, der Bruder des Verurteilten, stellt den Lettner zur Rede, gibt sich aber zufrieden, als dieser ihm einen Schein ausstellt, wonach er ihm 1000 *M* verspricht, *damit er ihn nicht mehr wegen der Tat, deren Otto Miller schuldig erkannt wurde, aufbringe, und letzterer auch keinen Schaden leide, d. h. für die unschuldigerweise zu verbüßende Strafe entschädigt werde.*

e) Honorierung des Vertreters einer Berufsgenossenschaft, damit er im Interesse des Zahlenden eine bestimmte Person zur Anstellung in der Genossenschaft empfehle.

f) Geller hatte dem Wien 5000 ℳ für dessen publizistische und agitatorische Tätigkeit zu Gunsten des Zustandekommens eines bestimmten Branntweinsteuergesetzes mit der ausdrücklichen Bedingung versprochen, daß nur im Falle des Erlasses desselben jenes Honorar zu zahlen sei.

3. Zwei Ehegatten kommen überein, ihre Ehe lösen zu lassen; die Frau solle die Rolle des schuldigen Teiles übernehmen, kein Teil dürfe der Ehescheidung etwas in den Weg legen; nach der Scheidung solle dem Manne für seine Zustimmung zu diesem Vertrage die Frau 5000 ℳ zahlen.

Nach dem Gerichtsurteil weigert die Frau die Zahlung.

Mit Recht?

4. Der Holzhauer Kiesel klagt gegen Veit eine Forderung auf 500 ℳ ein, darauf gestützt: Veit habe mit des Kiesel Ehefrau in verbrecherischem Umgange gelebt, dieses ihm, dem Kiesel, auch eingestanden und ihm dafür, daß ihn dieser *nicht verklage, sondern die Sache verschweige*, jene Summe versprochen.

Ist die Klage statthaft?

5. Haben folgende Versprechen rechtliche Wirksamkeit?

a) Es verspricht jemand einem anderen 10 ℳ, wenn er sich eine Ohrfeige von ihm geben lasse. — Contractus locationis cum meretrice initus. — Schein des Shylock: *Wenn ihr mir nicht an dem bestimmten Tag, an dem bestimmten Ort die und die Summe, Wie der Vertrag nun lautet, wieder zahlt: Laßt uns ein volles Pfund von eurem Fleisch, Zur Buße setzen, das ich schneiden dürfe Aus welchem Teil von eurem Leib ich will.* — Versprechen einer Schenkung für einen Kuß.

b) Vertragsstrafe auf Beobachtung von Trinksitten angesetzt; — Verkauf von Alkohol an einen Angetrunkenen.

c) Überlassung eines Kindes an eine Akrobatentruppe, mit Übertragung des elterlichen Züchtigungsrechtes; — Verdingung von Jungen und Mädchen als Tagelöhner durch die Eltern; — Vermieten von Babys an Kinderfreunde, die sich nicht zur Adoption entschließen (jetzt in U. S. A. im Brauche): Dabei darf kein Kind länger als einen Monat vermietet werden und muß dann auf gleich lange Zeit seinen Eltern wieder zugestellt werden.

d) Theaterverträge: Dem Schauspieler wird während des Spielabschnittes eine Benefizvorstellung bewilligt; er verzichtet aber im voraus auf deren Ertrag zu Gunsten des Direktors. — Bei ausbrechendem Streite soll der Direktor die geschuldete Gage ohne Verzugs- und Prozeßzinsen bis zur Rechtskraft des Urteiles zurückhalten dürfen.

6. Was ist über die Klagbarkeit der nachbenannten Abkommen zu bemerken?

a) Zwischen den Steyers Eheleuten war ein schriftlicher Vertrag geschlossen worden, wonach der Ehemann bezüglich der Verwaltung und Verwendung des ehelichen Erwerbes sich unter die Kontrolle der Ehefrau stellte und insbesondere eine stete genaue Ablegung einer Rechnung versprach.

b) Ein Arzt hatte sich einem anderen Arzte gegenüber gegen Zahlung einer Geldsumme verpflichtet, in einem angegebenen Distrikte seine ärztliche Praxis nicht mehr auszuüben.

c) Die Ziegeleibesitzer eines Landes schließen einen Vertrag zur Regelung des Preises ihrer gewerblichen Erzeugnisse und zur Innehaltung bestimmter Maßnahmen, behufs Vermeidung von Überproduktion.

d) In dem Berliner Bierkriege von 1894 wurde von den Saalbesitzern folgender Beschluß gefaßt: Die am 5. Juni bei Boltz versammelten Saalbesitzer Berlins und Umgegend, welche durch schriftliche Einladung legitimiert sind, erklären sich solidarisch mit den Maßnahmen des Vereins der Brauereien Berlins um Umgegend und verpflichten sich, bei einer Konventionalstrafe von 3000 ℳ in jedem einzelnen Falle und Ausscheiden aus dem Ring, ihre Säle zu keiner sozialistischen und anarchistischen Versammlung herzugeben, falls der Boykott gegen die Brauereien und Gastwirte nicht bis zum 15. Juni aufgehoben ist oder sich wiederholt. Ferner verpflichtet sich der Vorstand des Vereins der Brauereien von Berlin und Umgegend namens seiner Brauereien bei einer Konventionalstrafe von 10000 ℳ für jeden einzelnen Fall, an keinen Wirt Bier zu liefern, welcher derartige Versammlungen abhalten läßt.

e) Die Verwaltung der Böllberger Mühle hatte mehrere Müllerburschen gemaßregelt und war von der sozialdemokratischen Partei in Verruf getan worden. Die letztere sammelte Unterschriften von etwa 90 Bäckermeistern der Stadt H., wodurch sich diese unter Beifügung einer Vertragsstrafe verpflichteten, von jener Mühle kein Mehl mehr zu beziehen.

7. *In via duo licitatores forte conveniunt, eodem animo expositum hastae fundi emendi, et heus tu! unus alteri: quantum licitatus es! mille, respondit thaleros. Tunc ille: apage, ego tria millia dabo. Sed quoniam amici sumus, desiste quaeso! dabo, ni gravis sis, ne superando et licitando me urgeas, tibi aureos quinque. Acceptato promisso is ergo desistit.*

Sunt, qui dicunt, initum inter utrosque pactum turpe esse, et subhastationem quidem subsistere, sed curatori bonorum actionem ad id, quod interest, dari contra seductorem. Aliis tamen visum, hoc initum inter utrumque licitatorem pactum esse licitum et fraudem honestam, de qua curator bonorum conqueri non possit.

Quid iuris?

(Aus Hommel, Rhapsodia quaestionum in foro quotidie obvenientium nec tamen legibus decisarum.)

8. X., um den Neckereien des Y. und Z. zu entgehen, verspricht diesen notariell ein Abendessen und Wein, falls er mit einer bestimmten jungen Dame sich verloben werde. Nachmals geschieht dies, aber X. weigert sich, dem Y. und Z. zu leisten.

Kann er gerichtlich darauf verklagt werden?

9. Zwei Ehegatten lebten in Unfrieden. Sie schlossen einen Vertrag: a) Die Ehe solle zwar formell fortbestehen, die eheliche Gemeinschaft aber aufgehoben sein und die Frau die Wohnung des Mannes verlassen dürfen. b) Keinem Teile solle das Recht zustehen, auf Fortsetzung der Ehe zu klagen. c) Die Ehefrau dürfe die Kinder bei sich verpflegen und erziehen.

Nach einiger Zeit reut es den Mann, und er möchte die Kinder gern zurückhaben.

Ist das rechtlich möglich?

10. Tatbestand:

Beklagter hat sich dem Kläger durch Vertrag vom 1. Juli v. J. verpflichtet, kein in Asphalt- oder Teerproduktenfabrikation einschlagendes Geschäft in den nächsten fünf Jahren in Deutschland zu betreiben — bei Vermeidung einer Vertragsstrafe.

Am 10. September d. Js. hat Beklagter doch ein derartiges Geschäft errichtet und der auf Zahlung der bedungenen Vertragsstrafe erhobenen Klage gegenüber sich auf Gewerbefreiheit und Unzulässigkeit der persönlichen Freiheitsbeschränkung berufen.

Wie ist zu erkennen?

11. Ein Wirt hatte sich einer Brauerei gegenüber verpflichtet, so lange das für seine Wirtschaft nötige Quantum Bier von ihr zu beziehen, bis das ihm von der Brauerei gegen hypothekarische Verpfändung seines Anwesens gegebene Darlehen in der Weise getilgt sein würde, daß er außer dem ortsüblichen Preise des Bieres für den Hektoliter eine Mark mehr bezahle. Der Wirt verzichtete dabei ausdrücklich auf das Recht der Kündigung des Kapitales; während für den Fall, daß der Wirt Bier aus einer anderen Brauerei beziehen oder das Anwesen veräußern würde, der jeweilige Rest der Schuld sofort zur Zahlung verfallen sein sollte. Zugleich verpflichtete sich der Wirt, sein Anwesen nur an einen solchen Käufer zu veräußern, der in diesen Bierabnahmevertrag einzutreten bereit sei.

Dann entnahm der Wirt doch Bier von einer anderen Brauerei und wurde von jener ersten aus dem angegebenen Vertrage verklagt.

Er wandte ein: Der Vertrag sei ungültig, weil er seine persönliche Freiheit in einer gegen *die guten Sitten* verstoßenden Weise beeinträchtige; derselbe suche ein *Krugsverlagsrecht* zu begründen, was nicht mehr zulässig sei.

Wie ist zu urteilen?

Reichs-Gewerbeordnung vom 21. Juni 1869, vgl. Bekanntmachung vom 26. Juli 1900, § 8: *Vom 1. Januar 1873 ab unterliegen der Ablösung: 2. das Recht, den Inhaber einer Schankstätte zu zwingen, daß er für seinen Wirtschaftsbedarf das Getränk aus einer bestimmten Fabrikationsstätte entnehme.* — § 10 Abs. 2: *Realgewerbeberechtigungen dürfen fortan nicht mehr begründet werden.*

12. Hebel erzählt einmal von einem Pferdehandel zwischen einem Rittmeister und einem jüdischen Händler, der in folgender notariellen Urkunde zum Abschlusse kam: *Wenn der Inhaber dieses fünf Stockprügel von unterzeichnetem Offizier wird erhalten haben, so wird ihm dieser ohne weitere Lasten und Nachforderung seinen Reitgaul, den Schweißfuchs, als sein Eigentum zustellen. Geschehen den und den, an dem und dem Orte.*

Im Beisein des Notars und der Gäste des Wirtshauses, in dem der Vertrag abgeschlossen, begann man auch alsbald mit der Ausführung. Der Offizier hieb dem Juden in längeren Pausen vier Streiche über, so daß dieser endlich um schnelle Erledigung bat.

Da sprach der Offizier: *Sohn Jakobs, auf den fünften Prügel könnt ihr lange warten!* und er stellte den Stock wieder an den Ort, wo er ihn genommen, und alles Bitten und Beten um den fünften Hieb war vergebens. Da fingen die Gäste an zu lachen. Der Jude aber wandte sich an den Notarius, mit der Behauptung, er müsse ihm zu dem fünften Prügel verhelfen. Doch der Notarius sagte: *In der Erklärung, welche ich ausgefertigt, steht nicht, daß der Herr Baron dazu verpflichtet sei. Tut er es nicht freiwillig, so kann ihn niemand dazu zwingen.*

War diese Auskunft richtig erteilt?

XXX

1. Wie sind folgende Willenserklärungen zutreffend zu verstehen?

a) Auf eine geschäftliche Anfrage antwortete der Angeredete: *Ich bin nicht abgeneigt, . . . und würde vorschlagen . . .*

b) *Die Weiber sollten Abzug han, Mit ihren besten Schätzen, Was übrig bliebe, wollte man Zerhauen und zerfetzen.* (Aus Bürger, Die Weiber von Weinsberg.)

c) Jemand hatte seine fünf Kinder zu Erben eingesetzt. Wenn der eine Sohn, der gemütskrank war, unverheiratet sterben würde, so sollte dessen Erbteil unter *die übrigen Kinder des Erblassers* gleichmäßig verteilt werden. — Der Testator starb und wurde von sämtlichen Kindern beerbt. Nach längeren Jahren starb der gemütskranke Sohn unverheiratet, nachdem ihm schon drei seiner Geschwister mit Hinterlassung von Abkömmlingen im Tode vorausgegangen waren. Der einzige überlebende Bruder beanspruchte nun den ganzen Erbteil für sich, während seine Geschwisterkinder in die Stelle ihrer Eltern einrücken wollten.

2. In einer vertragsmäßigen Auseinandersetzung, die nach einer gerichtlichen Ehescheidung stattfand, wurde der Tochter der geschiedenen Eheleute ein Kapital von 30 000 ℳ mit der Bestimmung ausgesetzt, daß die Zinsen zur Bestreitung ihrer Erziehungskosten dienen sollten, bei erlangter Volljährigkeit aber die Tochter das Kapital frei zu erhalten habe; zugesetzt war: *unbeschadet ihres sonstigen Erbrechts am väterlichen Vermögen.*

Nach dem Tode des Vaters entstand über die Ausgleichungspflicht der Tochter (BGB. 2050) Streit mit ihrem Bruder. Dieser machte sich anheischig, zu beweisen, daß der Erblasser mit dem obigen Ausdrucke für die Zuwendung die Ausgleichungspflicht habe anordnen wollen.

Der Anwalt der Tochter macht geltend, daß die gebrauchten Worte in sich ganz deutlich seien; sie besagten nur, daß die Tochter mit jener Summe noch nicht völlig abgefunden sein solle, und wenn der Wortlaut einer Willenserklärung deutlich sei, so sei damit die Sache erledigt. BGB. 133 finde auf den vorliegenden Fall keine Anwendung.

Wie hat das Gericht zu befinden?

Cf. l. 25 § 1 D. leg. III° (32); l. 69 pr. eod.; l. 16 D. de condicionibus (35,1).

3. Welches ist die richtige Auslegung nachstehender Verträge?

a) Ein Hypothekengläubiger hatte bei der Hingabe des Darlehens dem Schuldner urkundlich bewilligt: *Er werde sein Kapital nicht fordern, solange der Schuldner Eigentümer des verpfändeten Baulandes sein werde.* Der Schuldner zahlte aber keine Zinsen und berief sich bei einer erfolgenden Kündigung auf seinen Vertrag.

b) Der Landwirt Klincke war bei einer Gesellschaft auf Gegenseitigkeit gegen Hagelschaden versichert. Er wollte austreten und kündigte. Die Kündigung erfolgte durch eine telegraphische Depesche, deren Urschrift von ihm unterschrieben war und deren Ausfertigung rechtzeitig und unverstümmelt bei dem Vorstande der Gesellschaft ankam. Trotzdem wollte die letztere die Kündigung nicht als ordnungsgemäß annehmen; denn in den Versicherungsbedingungen stände, daß die Kündigung *mittels eingeschriebenen, unmittelbar an den Vorstand gerichteten Briefes* erfolgen muß.

c) Jemand hatte zur Erweiterung seiner Badeanstalt einen Landstreifen längs des Strandes gekauft, an welchem dermalen eine der verkaufenden Marineverwaltung gehörige Landungsbrücke befestigt war. Die Verkäuferin weigerte sich nach der Übergabe des Landes an den Käufer, die Brücke fortzunehmen; fing vielmehr an, sie zu anderen Zwecken zu benutzen. In dem Kaufvertrage, sagte sie, stehe nichts von einer Entfernung der Brücke; wogegen der Käufer geltend machte, daß dies beiderseits als selbstverständlich angesehen und gewollt sei.

d) Mit vielem Humor schildert Simrock den Rechtsstreit zwischen dem Kloster zu Dünwald und dem Junker

Schlebusch. Mit rechtlichen und kirchlichen Behelfen drängten die Mönche auf Anerkennung ihres Eigentumes an Äckern von des Junkers Land, die er doch von jeher besessen und bebaut. Schultheiß und Schöffen wußten sich nicht zu raten, und lange zog sich der Handel hin. Dann kam ein Vergleich nach des Junkers Vorschlag zu stande. *Wohlan, ich biete die Hand zum Frieden dar, ihr sollt besitzen was niemals euer war; doch weil ich ungezwungen euch Abstand tat, so sei mir bewilligt noch eine letzte Saat.* — Das geschah. Aber im Frühjahr wartete der Mönche eine Überraschung: *Zartgrüne Blättchen, buchtig ausgeschweift — was ist's, das der Ernte entgegenreift? Es ist nicht Korn noch Weizen — Schmach, in der Tat! Wie sind wir betrogen! — Es ist Eichelsaat!*

4. Aus England wurde kürzlich folgender Rechtsfall berichtet. Vor 30 Jahren wollte eine Dampfergesellschaft in Liverpool ihre Baulichkeiten erweitern und zu diesem Zwecke auch ein kleines Stück Land erwerben, das einer unverheirateten Dame von ungewissem Alter gehörte. Diese verkaufte das Grundstück zu sehr niedrigem Preise, stellte aber als Gegenforderung auf, daß in den Vertrag eine Klausel aufgenommen werden sollte, wonach ihr und ihrer Begleiterin *auf Lebenszeit das Recht freier Fahrt auf den Dampfern der Gesellschaft* eingeräumt würde. Am Tage nach der Unterzeichnung des Vertrages verkaufte sie ihre Möbel, vermietete ihr Haus und ging an Bord des ersten abgehenden Dampfers, der der Gesellschaft gehörte, ohne sich um das Ziel seiner Fahrt zu bekümmern. Bis zu ihrem Tode lebte sie dauernd auf einem Schiffe der Gesellschaft, stets in Begleitung einer Dame, die sie durch Anzeigen gefunden hatte und deren Reisegeld sie einsteckte. Man hat ausgerechnet, daß sie durch den Verkauf ihres Grundstückes auf diese Weise mehr als 40000 *M* gewonnen hat. Die Gesellschaft hat ihr mehrmals hohes Abstandsgeld geboten, wurde von der geschäftskundigen Dame aber stets abgewiesen. Jetzt ist das alte Fräulein gestorben, nachdem sie für die Steam-Packet-Company 30 Jahre lang der Gegenstand tiefen Kummers gewesen war.

Was ist über die richtige Behandlung dieses Tatbestandes zu bemerken?

5. Als Rom nach dem Kriege um Sizilien mit Karthago Frieden schloß, wurde in den Vertrag die übliche Bestimmung über die Mitkämpfer aufgenommen: Die Vertragschließenden verpflichteten sich, mit den beiderseitigen Verbündeten und untertänigen Gemeinden nicht in Sonderbündnisse zu treten oder Krieg zu beginnen oder in deren Gebiete Hoheitsrechte auszuüben oder Werbungen vorzunehmen. — Das geschah im Jahre 513 der Stadt. Etwa fünfzehn Jahre später schlossen die Römer, in Besorgnis der inzwischen in Spanien angewachsenen karthagischen Macht, unter anderen mit Sagunt ein Bündnis. Es war die Stadt, auf welche dann, wie jedermann weiß, Hannibal seinen erobernden und zerstörenden Angriff machte.

Lag darin eine Verletzung des Friedensvertrages? Mußte dieser so ausgelegt werden, daß er bloß die Bundesgenossen zur Zeit seines Abschlusses oder auch alle späteren umfaßte?

6. In einer Streitsache handelte es sich um die Bestimmung eines Mietsvertrages, welche besagte: *Bauliche Änderungen dürfen ohne Einwilligung des Vermieters nicht vorgenommen werden; sollte dies aber mit Erlaubnis des Wirtes geschehen, so muß alles, was niet- und nagelfest ist, beim Ausziehen dem Hause verbleiben.* — Als dann der Mieter auszog, verlangte er von dem Vermieter eine Entschädigung für verschiedene kostspielige Einrichtungen. Der Vermieter verweigerte dies. In dem Vertrage stehe nichts davon, sagte er; wollte man ihm das zumuten, so hätte der Mieter so teuere Verbesserungen anbringen können, wie er, der Vermieter, sie nie getroffen haben würde, und die für die Sache und für ihn viel zu wertvoll, also eigentlich wertlos seien. Cf. l. 25 D. de pigner. act. (13, 7).

Wie ist zu erkennen?

XXXI

1. In welchen Formen wurden nach römischem Recht nachstehende Rechtsgeschäfte abgeschlossen? Wie steht es damit nach dem BGB.?

a) A. erhält von V. ein Gemälde gegen Zahlung von 1000 *M.*
b) Er erhält es gegen ein anderes Bild.
c) Um es bezahlen zu können, nimmt A. von G. das Geld auf.
d) Sein Freund B. verbürgt sich für ihn bei G.
e) B. verpfändet dem G. für die Schuld des A. eine ihm, dem B., gehörige Sache.
f) Ein Kunstkritiker K. hat den A. zum Ankaufe bewogen, indem er Gewähr leistete, daß es ein Originalwerk eines alten Meisters sei.

g) Um das Bild bestimmen zu können, holt sich A. ein Buch aus einer Leihbibliothek.
h) C. läßt sich von A. versprechen, daß dieser ihm das Bild schenke.
i) Ein Freund des A., der D., übernimmt es, den Transport durch seine Leute ohne Gebühr zu besorgen.
k) Diese treffen den C. nicht an und geben es dessen Nachbarn in Verwahrung.
l) C. vereinigt sich mit E. und F., um ihre Gemälde gegen Eintrittsgeld auszustellen.
m) C. legt für beide die Kosten vor; nach der gemeinsamen unbeanstandeten Abrechnung ist E. dem C. 5, F. dem C. 7 schuldig.
n) C. überläßt nachmals das Gemälde dem H., damit dieser für sich eine Kopie anfertige.
o) Der J. macht dem C. das Bild streitig. Sie beschließen, ihre Sache dem Urteile des L. zur unparteiischen endgültigen Entscheidung zu unterbreiten.
p) C. will das Bild verkaufen. Er läßt es taxieren und gibt es einer Kunsthandlung mit der Beredung, daß diese nach einem halben Jahre entweder das Bild zurückgebe oder die angesetzte Taxe bezahle.

2. Der Postbote bringt dem Oberlehrer Franzen einen eingeschriebenen Brief. Es ist nur dessen Ehefrau Anna geb. Kunter zu Hause. Der Beamte händigt ihr den Brief aus und bittet um Empfangsbescheinigung. Wie hat sie rechtlich wirksam zu unterzeichnen?

Gilt das Gleiche, wenn ein Prokurist für sein Geschäftshaus eine bindende schriftliche Erklärung abzugeben hat?

3. Wie steht es mit der Gültigkeit folgender Willenserklärungen?

a) A. schreibt an B.: *Es hat mich C. um ein Darlehen von 1000 ℳ gebeten. Sind Sie bereit, die Bürgschaft für die Rückzahlung dieses Kapitales zu übernehmen?* B. setzt unter diese Anfrage: *Vorstehend gewünschte Bürgschaft übernehme ich hiermit;* — oder er schreibt auf einer Postkarte an A: *Ich übernehme die gewünschte Bürgschaft.*
b) Ein Geschäftsführer einer *Gesellschaft mit beschränkter Haftung* hatte eine wechselmäßige Zeichnung für die Gesellschaft abgegeben, während diese nur von zwei Gesellschaftern gemeinschaftlich verpflichtet werden konnte. Nach-

träglich erkannte die Gesellschaft durch besonderes Schreiben die verbindliche Kraft der Unterschrift an.

c) Durch notariellen Vertrag hatte V. dem K. sein Haus verkauft (BGB. 313). Dann kommen sie in mündlicher Abrede überein, jenen Vertrag wieder aufzuheben.

4. Der Handarbeiter Friedrich W. verkaufte unter Beitritt seiner Frau mittels privatschriftlichen Vertrages seine Grundstücke B. II Bl. 75 des dortigen Grundbuches an seinen Schwiegersohn Theodor K. und dessen Frau Emma geb. W. für 2400 *M* und einen näher bestimmten Auszug. In § 2 des Vertrages war bestimmt, daß auf dem verkauften Grundbesitze für den Verkäufer und seine Frau 1200 *M* als eine zu 4 % verzinsliche Kaufgeldhypothek eingetragen werden sollten, daß der beim Tode des einen vorhandene Rückstand auf den Überlebenden allein überzugehen habe, und daß das beim Tode des zuletzt Versterbenden noch Übrige der Mitkäuferin Emma K. als elterliches Erbteil zufallen solle. Die Auflassung des Grundbesitzes fand noch am Tage des Vertragsschlusses statt.

Wie steht es mit der Gültigkeit der genannten Vertragsbestimmungen?

BGB. 313; 873; 2276; 2301.

5. Tatbestand:

Die Klägerin behauptet, mit dem Beklagten am 15. November in Gegenwart mehrerer Zeugen ein Verlöbnis geschlossen zu haben, über welches eine von beiden Teilen unterschriebene Urkunde aufgenommen worden sei, und hat auf Schadensersatz nach BGB. 1298 geklagt.

Beklagter räumt ein, eine vom Mandatar Dalcke entworfene Urkunde über einen mit der Klägerin abzuschließenden Ehe- und Erbvertrag unterschrieben zu haben, bestreitet jedoch, daß am 15. November ein Verlöbnis zwischen ihm und der Klägerin bindend abgeschlossen worden sei, denn es sei verabredet gewesen, daß Dalcke von der Ehestiftung eine Reinschrift anfertigen, und diese vor dem Amtsgerichte Osten am 18. November verlautbart werden sollte. Das sei nicht geschehen, und daher der Vertrag nicht zu stande gekommen; BGB. 125.

Entscheidung mit Gründen?

Cf. l. 17 C. de fide instrumentorum (4, 21).

6. Es bietet jemand schriftlich einem anderen eine Ware für einen bestimmten Preis zum Kaufe an und fügt hinzu, er werde das Anerbieten für angenommen ansehen, wenn der andere es nicht binnen acht Tagen ablehne. Dieser schweigt. Nach Ablauf von acht Tagen sendet jener ihm die Ware zu. Der andere nimmt sie jedoch nicht an.

Ist der Kauf für geschlossen zu erachten? Und wie steht es im besonderen mit der Tragung der entstandenen Versendungskosten?

7. *D ... Unterzeichnete bestellt hierdurch in der Buchhandlung von Schröder in H. .... Exempl. Marlitts Gesammelte Romane und Novellen. Neue illustrierte Ausgabe. Vollständig in ca. 70 Lieferungen à 40 Pf (alle 14 Tage eine Lieferung). Ort und Datum: ... Name und genaue Adresse: ...*

Mit vorstehendem Zettel fand N. N. eines Tages die erste Lieferung des Werkes, schön ausgestattet und illustriert, in seinem Briefkasten an der Korridortüre vor. Mit Bleistift stand besonders vermerkt: Preis 40 Pf.

Fragen:

a) Was bedeutet rechtlich die *Subskription* auf ein Lieferungswerk?
b) Muß N. N. zahlen? und wie viel?
c) Er will der Buchhandlung Nachricht geben, daß sie das Heft abholen soll, vergißt es aber. Rechtsfolge?
d) Der Auslaufer kommt nach acht Tagen, aber das Heft findet sich nirgends mehr.
e) N. N. hat es aufgeschnitten und gelesen.
f) Er hat es seinen Kindern gegeben, welche die Bilder herausgeschnitten haben.
g) Er hat es an seinen Freund X. verschenkt.
h) Kommt etwas darauf an, ob N. N. mit dem zusendenden Buchhändler persönlich bekannt ist oder nicht?
i) Wie sind die Fragen zu beantworten, wenn seitens der Buchhandlung vermerkt war: *Nicht Gewünschtes erbitte baldigst zurück;* oder: *Falls nicht binnen 14 Tagen Rücksendung erfolgt, werden wir Ihnen auch die folgenden Lieferungen senden;* oder: *Durch Annahme von Lieferung 1 tritt Verpflichtung zum Bezuge des ganzen Werkes ein?*

8. X. hat einen Arzt, welcher ihn im vergangenen Jahre in einem schweren Erkrankungsfalle behandelt hat, mehrfach um Zusendung einer Rechnung vergeblich ersucht; schließlich rät ihm jemand, dem Arzte nochmals zu schreiben und einen bestimmten Termin zu setzen, bei dessen Verstreichen er annehmen würde, daß der Arzt auf das Honorar verzichte.

Ein eingeschriebener Brief dieses Inhaltes geht an den Arzt ab, dieser regt sich nicht; — Folge?

9. In Schweizer Gasthöfen findet sich zuweilen in den Fremdenzimmern angeschlagen: *Wenn der Reisende die Mahlzeiten nicht im Hotel einnimmt, so erhöht sich der Preis dieses Zimmers, auch wenn er vertragsmäßig vereinbart ist.*

Rechtliche Bedeutung und Wirkung?

10. Tatbestand:

Der Kläger hatte dem Beklagten, dem er ein Warenlager verkauft, darüber eine Rechnung zugestellt und darin die Preise festgesetzt, die er für die vertragsmäßig bestimmten *(die laufenden billigsten)* erachtete. Beklagter hatte diese zu hoch gefunden, sie ermäßigt und sodann nach Voraussendung des Verzeichnisses der vorgenommenen Ermäßigungen das hiernach berechnete Kaufgeld dem Kläger übermacht, der es annahm.

Jetzt klagt der Verkäufer den Rest des von ihm seiner Zeit angesetzten Kaufpreises ein. Beklagter macht geltend, daß Kläger auf den zuerst gefordertsn Preis stillschweigend verzichtet habe.

Wie ist zu erkennen?

XXXII

1. Wie sind die folgenden Fälle juristisch zu beurteilen?

a) Die Prinzessin von Schaumburg-Lippe hatte, auf einer Eisenbahnfahrt begriffen, beim Bahnhofsrestaurateur in Bingerbrück telegraphisch ein Abendessen zu zwei Gedecken bestellt. Als nun der Zug auf der Station Halt gemacht hatte, kam zum großen Erstaunen der Reisenden die ganze Kellnerschar mit 22 Gedecken anmarschiert. Die alsbaldige Untersuchung ergab, daß der Telegraphenbeamte statt der Zahl 2 die Ziffer 22 aufgenommen hatte.

b) In Schöneberg wollte eine Schneidersfrau einem auf dem Hofe spielenden Leiermann ein Zweipfennigstück spenden. Sie entnahm ihrem Portemonnaie eine Münze, wickelte sie in Papier und warf sie hinab. Nachträglich sah sie dann ihr Portemonnaie nochmals nach und hierbei entdeckte sie zu ihrem Schrecken, daß sie dem Orgelspieler statt des Zweipfennigstückes ein — Zehnmarkstück hinabgeworfen hatte.

c) Der Besitzer eines Hotels in Neustädtel, welcher die Angewohnheit hatte, statt Mark Meter zu sagen, beauftragte seinen Haushälter, in der Kunstgärtnerei für einen gewissen Zweck ein Tafelbouquet zu einem *Meter* zu bestellen. Dienstbeflissen führt der Beauftragte den Befehl peinlichst aus und erscheint am Abend zu aller Erstaunen mit einem einen Meter hohen und dementsprechend umfangreichen Bouquet, das indessen verschiedene *Meter* kosten sollte.

d) Ein italienischer Kaufmann schrieb an seinen Korrespondenten in Ostindien, er möge ihm einen oder zwei Affen (*una o due simie*) besorgen. Dieser aber las das 1 o 2 für hundert und zwei und sandte diese letztere Anzahl Affen.

e) Ein Ökonom aus Sarstedt, der, um einem Ackerstück mehr Stickstoff zuzuführen, dieses mit Seradella besäen will, beauftragte einen nach Hildesheim fahrenden Fuhrmann, ihm von dort 20 Pfd. *Seradella* mitzubringen. Der Fuhrmann kehrt zurück, meldet dem Ökonom, daß er den Auftrag vollführt und das Mitgebrachte auf dem Hausflur unter die Treppe gestellt habe. Das Düngemittel wurde von dem Oberknechte auch auf dem Acker ausgestreut; als der Ökonom aber zur Besichtigung hinaus kam, fand er dort lauter — *Sardellen*, die der Fuhrmann statt der gewünschten Ware mitgebracht hatte.

f) Als 1892 die Einweihung der Wittenberger Schloßkirche erfolgte, hatte eine Miss Cleveland vor dem Feste mit der Eigentümerin des Gasthofes zum *Adler* in Wittenberg, Frau Huster, schriftlich wegen Überlassung eines zweifenstrigen Zimmers für den 30. und 31. Oktober verhandelt. Frau Huster hatte der Dame und deren Gesellschafterin ihr bestes nach dem Markte gelegenes Zimmer für 250 ℳ auf zwei Tage zur Verfügung gestellt, und diese hatte beides angenommen und gut geheißen. Als die Miss nun aber ankam, da stellte es sich heraus, daß sie die 250 ℳ für 2 ℳ 50 ₰ gelesen hatte.

2. A. giebt dem B. Geld in der Absicht, es ihm zu schenken. B. nimmt das Geld in der Meinung, es sei ihm bloß dargeliehen. Später erfahren beide, was jeder im Sinne hatte, und erklären sich nun zu gleicher Zeit mit dem vom andern Gewollten einverstanden.

Ist nun eine Schenkung oder ein Darlehen anzunehmen?

3. M. tritt mit N. über dessen Reitpferd in Kaufunterhandlung; N. fordert 800 ℳ, M. will nur 600 ℳ geben. Beide trennen sich, werden aber bald darauf anderen Sinnes: M. will

800 *M* geben, N. nur 600 *M* haben, und jeder von ihnen benachrichtigt den andern schriftlich hiervon. Auf der Mitte des Weges treffen die Boten zusammen und wechseln gegenseitig die Briefe aus. M. will nun das Pferd für 600 *M* haben, N. dagegen es nur für 800 *M* geben.

Wie ist zu entscheiden?

4. Ein Schweinehändler veräußerte an einen Bauern einige zwanzig Stück Schweine unter scheinbar sehr günstigen Bedingungen für den Käufer. Der Verkauf wurde dahin abgeschlossen, daß das erste Schwein nur 1 *Pf* kosten, dagegen für jedes nächstfolgende der doppelte Preis des vorherigen gezahlt werden sollte. Natürlich weigerte sich nach angestellter Berechnung der Käufer, den Betrag, welcher für das 21. Schwein schon die Höhe von 10 485 *M* 76 *Pf* erreicht, zu zahlen, und mußte der seltsame Kauf, da eine Einigung nicht zu stande kam, die zuständige Gerichtsbehörde beschäftigen.

Mit welchem Ergebnisse wohl?

5. H. L., durch Veröffentlichung guter Feuilleton-Artikel bekannt geworden, wird vom Verleger C. aufgefordert, in die Redaktion einer Zeitschrift einzutreten. Die brieflichen Verhandlungen führen zur Einigung. Bei der Vorstellung zeigt sich, daß C. mit *Helene* L. paktiert hat. Er will nun vom Vertrage abgehen. (Cf. l. 11 § 1 D. de C.E. (18, 1).

Ist er dazu befugt?

6. O. hatte mit seinen Eltern einen Vermögensübergabevertrag unter der Verpflichtung lebenslänglicher Verpflegung derselben abgeschlossen. Später verlangt er Aufhebung des Vertrages, weil in demselben das Alter der Mutter auf 58 Jahre angegeben gewesen wäre, während sie in der Tat erst 48 Jahre alt war; er, der O., habe das nicht gewußt und nicht wissen können.

Ist sein Verlangen gerechtfertigt?

7. Seume und Abel handelten um den Verkauf von 10 Malter Getreide. Seume, aus Böhmen, forderte 26 öst. fl. per Malter und Abel erbot sich, dem Seume eine Forderung an X. von 607 fl. gegen Herausgabe des Überschusses nach Abzug des Kaufpreises für das Getreide zu cedieren; Abel berechnete auf seinem Papiere diesen von Seume zu zahlenden Überschuß (Kurs 100 fl. = 175 *M*) auf 507 *M* 25 *Pf*; und Seume erklärte; es solle so gehandelt sein. Nachmals sagt Abel, daß er sich um 100 *M* geirrt habe, und weigert wegen dieses Rechnungsfehlers Vertragserfüllung.

Mit Recht?

8. In Hameln wurde vor kurzem ein Rechtsstreit wegen Lieferung eines Kubikmeters Schweinefleisch zum Kaufpreis von 100 *M* anhängig. Die Parteien hatten diesen ungewöhnlichen Vertrag unter Handschlag geschlossen, wobei der versprechende Schlachter keine Ahnung hatte, daß ein Kubikmeter Schweinefleisch einen Wert von etwa 800 *M* darstelle; während dem anderen Kontrahenten dieses sehr wohl bekannt war.

Da letzterer, wie erwähnt, jetzt auf Lieferung jenes Quantums gegen Zahlung der 100 *M* geklagt hat, so fragt es sich: welches Urteil das Gericht fällen muß?

9. Der Arzt verordnet einem Kranken *Portwein*; dieser bestellt irrtümlich *Sherry*. Er will seine Erklärung anfechten, während der Weinhändler sich bereit erklärt, Portwein statt des bestellten Sherry zu liefern.

Wer ist im Rechte?

10. Ein Reisender hatte wiederholt den Kaufmann Moritz Meir besucht, um Bestellungen von ihm zu erhalten. Im April kam er wieder in den Laden, in welchem Meir früher sein Geschäft betrieben hatte. Meir war aber im vergangenen August in Konkurs geraten; das Geschäft betrieb als seine Rechtsnachfolgerin seine Ehefrau Lina Meir unter der Firma *Frau Moritz Meir*. Das über dem Laden befindliche Schild trug noch den Namen des Ehemannes.

Der Reisende wußte nichts von der vorgegangenen Veränderung und nahm im Laden von Moritz Meir eine Bestellung auf Waren für 1000 *M*, zahlbar nach mehreren Monaten, entgegen. Nachdem er aber noch am gleichen Tage Kenntnis von der wirklichen Sachlage erhalten hatte, weigerte er sich, die Ware ohne Vorauszahlung zu liefern.

Frau Lina Meir klagte nun auf Vertragserfüllung.

Wie ist hierüber zu erkennen?

---

11. Zwischen dem Rentner Bull und dem Eisenbahnweichensteller Lüdemann entsteht ein Civilprozeß. Letzterer behauptet, Bull habe ihm für den Fall, daß die Frau des Eisenbahnbeamten das zwölfte Kind bekomme, eine Villa versprochen; nachdem der vorgesehene Fall eingetreten, klagte er auf deren Herausgabe.

Wird sich der Beklagte erfolgreich verteidigen können?

12. Nach der *Verfassung der Feuerversicherungsbank für Deutschland zu Gotha* § 41 Abs. 3 verliert der Versicherte seine Ansprüche auf Schadensersatz gegen die Bank, wenn er auf die versicherten Gegenstände bei einer andern Anstalt Versicherung nimmt, ohne der Bank davon Anzeige zu machen.

In einem kürzlichen Streitfalle, in welchem dieser Tatbestand verwirklicht war, berief sich der Versicherte darauf, daß er diese Sonderbestimmung nicht gekannt habe; sie sei ihm von dem Agenten nicht mitgeteilt worden, und er habe überhaupt kein Exemplar der Statuten erhalten. Dagegen legte die Bank den von dem Versicherten unterschriebenen Antrag vor, in dem jener erklärte, von den satzungsmäßigen Bedingungen der Versicherung genaue Kenntnis genommen zu haben.

Wie ist zu urteilen?

13. F. hat sich laut schriftlichen Vertrages gegen M. und N. verbindlich gemacht, das Hofgut des A. zu kaufen; es sollten aber M. und N. das Geld hergeben, und F. nur als Scheinkäufer auftreten und das Gut an jene abliefern.

F. schließt mit A. den Kauf, ohne von M. und N. etwas zu sagen. Von A. auf das Kaufgeld belangt, beruft er sich auf Simulation.

Was ist die Folge?

14. G. leiht dem S. 1000 *M*. S. will seinen Viehbestand dafür verpfänden. Nach BGB. 1205 ist bei beweglichen Sachen nur Faustpfand zulässig. Vertrag: G. kauft das Vieh, bezahlt aber nichts und läßt es bei S.; die Urkunde soll bei Rückzahlung jener 1000 *M* vernichtet werden.

S. fällt in Konkurs. Rechtliche Stellung des G.?

15. B. hatte dem A. einen Schuldschein auf 20000 *M* ausgestellt, in dem bestimmt war, daß, wenn der Schuldner eine Zinsenrate nicht pünktlich zahle, der Vertrag aufgelöst und der Gläubiger berechtigt sein solle, das ganze Kapital sogleich zurückzufordern. Da B. die erste Rate nicht zahlte, klagte A. auf Zahlung des Kapitals samt Zinsen.

Aus dem darüber geführten Rechtsstreite ergab sich, daß B. von obiger Summe nur 11630 *M* bar, das übrige mittels einer Cession erhalten hatte, die sich aber nicht nur auf eine uneinbringliche Forderung bezog, sondern sich als Scheingeschäft darstellte, das der Schuldner nur aus dem Grunde eingegangen war, um in seinen Bedrängnissen bares Geld zu erhalten.

Wie wird das Gericht in rechtlich genauer Weise zu entscheiden haben?

XXXIII

1. Sind nachstehende Willenserklärungen rechtlich ganz in Ordnung?

a) Beteiligung an einer Kollekte aus Furcht vor gesellschaftlichen Unannehmlichkeiten.

b) Zur Benachteiligung seines einen Kindes hatte jemand vor seinem Tode dem andern Kinde angeblich sein Haus verkauft, in der Tat aber es ihm unentgeltlich überwiesen.

c) Absicht, in einen bestimmten Verein zu treten, während zwei desselben Namens am Orte sind; die Meldung kommt zu dem nicht gemeinten.

d) Einsteigen in die Straßenbahn in der falschen Meinung, daß sie in die Nähe einer bestimmten Straße führe.

e) Ein Dritter leiht dem Verkäufer, ohne dessen Wissen, falsche Gewichte, um den Käufer zu schädigen; — oder: er bedient sich selbst falscher Gewichte und gibt sie auf Bitten der andern stillschweigend hin, um nicht zu verraten, daß seine Gewichte unrichtig sind.

f) Ein alter Mann wird durch Schmeicheleien zur Enterbung seines nächsten Verwandten, eines Vetters, gebracht; — oder: der Erbschleicher bringt den schwachen Mann durch Drohungen dazu: — oder: durch die Behauptung, daß jener Vetter ihm feindlich gesinnt sei und es betätigte, — sei es, daß diese Behauptung tatsächlich begründet, — oder aber erlogen war.

g) Ein Vermieter verlangte ausdrücklich für die zu vermietende Wohnung einen kinderlosen Mieter, der betreffende Mieter eine trockene Wohnung. Sie schlossen auf Grund dahingehender wechselseitiger Versicherungen, die aber falsch waren, den Mietvertrag ab.

2. Zur Wiederherstellung der Liebfrauenkirche in Arnstadt wurde eine Lotterie veranstaltet. Bei der am 12.—14. November geschehenen Ziehung wurde seitens des Notars H., welcher die Ziehungen der Lotterie zu leiten hatte, insofern ein Versehen gemacht, als statt der festgesetzten 180000 Lose nur 179500, also 500 zu wenig, in das Glücksrad eingezählt wurden. Dieser Mangel hat sich erst nach der Ziehung ergeben. Es wurde daraufhin keine amtliche Gewinnliste ausgegeben; und die Ziehung ist demnächst von der Behörde für ungültig erklärt worden.

Hierdurch entstanden aber für viele, deren Lose gewonnen

hatten, Verwickelungen, indem sie bereits mit Rücksicht auf jenes Ergebnis Rechtsgeschäfte abgeschlossen haben. Können sie diese rückgängig machen?

Humoristischer ist die Sache mit einem biederen Landmann dortiger Gegend, dessen Los mit einem größeren Gewinn (500 *M*) herausgekommen war. In der Freude seines Herzens, und wer kann ihm dies auch verdenken, verjubelte er bei einem Restaurateur 15 *M*, blieb dieselben aber schuldig und versprach, sie bei Abholung des Gewinnes zu bezahlen.

Die letztere Voraussetzung ist hinfällig geworden, wer zahlt nun?

3. Der Privatmann A. hat in einem notariellen Testament seiner Nichte B. seinen ganzen Nachlaß mit der Verpflichtung vermacht, seinen zwei Neffen eine jährliche Leibrente zu hinterlassen. Sein Neffe C., Student der Medizin, sandte ihm ein Telegramm, daß er das Physikum glücklich bestanden habe. Am folgenden Tage errichtete A. ein eigenhändiges Testament, in welchem er *infolge des von meinem Neffen C. bestandenen ersten medizinischen Examens* sein früheres Testament dahin abänderte, daß er nun seinen Neffen C. und seine Nichte B. zu Haupterben seines Vermögens zu gleichen Teilen einsetzte, die anderen Bestimmungen seines Testamentes aber aufrecht hielt.

Die B. focht das Testament an, weil C. das tentamen physicum nicht bestanden hätte. Er habe das Examen in zwei Fächern nachmachen müssen; was dem A. bis zu dessen Tode unbekannt geblieben sei.

Von C. wird entgegnet, daß er durchaus nicht die Absicht gehabt habe, auf die letztwilligen Verfügungen seines Oheims einzuwirken, von denen er damals keine Kenntnis erhalten. Er habe vielmehr nur seinem Verwandten ein Zeichen seines Zusammenraffens und der Besserung gegenüber früherem leichtsinnigen Wandel geben wollen.

Wie ist zu entscheiden?

4. B. kauft von A. ein diesem zustehendes Erbbaurecht am Hause des Z. Jenen beiden war aber unbekannt gewesen, daß nach dem alten Bestellungsbriefe des Erbbaurechtes der Eigentümer von 1906 ab ein Ablösungsgeld gegen Zahlung von 4000 *M* an den Superficiar habe.

Kann B. zurücktreten?

5. Valentin heiratet die Tochter des Jöckel unter Errichtung von Ehepakten, worin *Hut bei Schleier und Schleier bei Hut*[1] gesetzt wird. Die jungen Leute ziehen auf das Gut des Jöckel und helfen bei der Bewirtschaftung, um es dereinst nach dem Tode des Vaters zu übernehmen.

Nach einem Jahre stirbt die junge Frau. Valentin und Jöckel schließen nun folgenden Vertrag: *Da Valentin wegziehen will, erhält er von Jöckel als Entschädigung für die während der gemeinsamen Gutsbewirtschaftung geleisteten Arbeiten und Vermögenseinwendungen 1425 ℳ. Dagegen entsagt Valentin allen etwaigen sonstigen Ansprüchen aus obigen Ehepakten.*

Als Valentin später auf Zahlung klagt, entgegnet Jöckel: Er habe, bestärkt durch die Auskunft eines Rechtsgelehrten, irrig angenommen, daß Valentin durch die Ehepakten ein Recht auf die Hälfte des Gutes gehabt habe; nur unter dieser Annahme habe er den Vertrag geschlossen, der also wegen wesentlichen Irrtums ungültig sei.

Wogegen Valentin vorbringt, daß er in obigem Vertrage ja ausdrücklich auf seine Ansprüche aus den Ehepakten verzichtet habe.

Entscheidung mit Gründen?

---

6. Berlich hatte eine Urkunde unterschrieben und in dieser sich für Rommel verbürgt. Als er später deshalb von dem Gläubiger belangt wird, setzt er der Klage entgegen, daß letzterer ihn zum Unterschreiben der Bürgschaftsurkunde nur durch die arglistige Vorspiegelung verleitet habe, daß Berlich dadurch nicht haftbar werde, sondern Rommel der Schuldner bleibe.

Ist die Einwendung von Belang?

7. Kegel hatte den Rawatsch zum gegenseitigen Umtausche zweier ihrer Sachen durch betrügliche Manipulationen, nach denen Rawatsch der eingetauschten Sache einen entsprechenden Wert beimessen mußte, vermocht; und alsbald nach vollzogenem Tausche den erhaltenen Gegenstand an Tiergen weiter verkauft.

Welche Ansprüche hat Rawatsch gegen Kegel; — und gegen Tiergen?

8. Der Landwirt Klinnchen war der *Deutschen Agrarbank e. G.* als Mitglied beigetreten. Er war dazu durch arglistige Täuschung des Vorstandes der Genossenschaft über deren wirkliche Vermögenslage veranlaßt worden. Bald danach fällt die

---

[1] Vgl. Hildebrand, Deutsche Rechtssprichwörter S. 131.

Genossenschaft in Konkurs. Die Gläubiger wollen sich an die Mitglieder halten, die gesetzlich als Gesamtschuldner haften.

Wie ist die Rechtslage des Klinnchen gegenüber: Genossenschaft; — Vorstand; — Gläubigern?

9. Der Handelsmann Topp und der Seiler Widen standen in Unterhandlungen wegen des dem Topp gehörigen Hauses; dieselben führten jedoch wegen Differenzen über die Höhe des Preises nicht zum Abschlusse. Als sie eben abgebrochen werden sollten, erklärte Topp dem Widen wahrheitswidrig: Er beziehe von dem Hause 1900 ℳ jährliche Miete und sitze selbst frei. Hierauf bewilligte Widen die von Topp geforderte Kaufsumme von 42000 ℳ. Auf Zahlung des rückständigen Kaufgeldes verklagt, wandte Widen ein, daß der ganze Vertrag ungültig wäre, weil er durch jene wahrheitswidrige Erklärung zum Abschlusse des Kaufes veranlaßt worden sei.

Die erste Instanz verwarf jedoch diese Einwendung und verurteilte den Käufer zur Zahlung des rückständigen Kaufgeldes. Gründe: Es liege nur ein *dolus incidens* vor, und zwar ein solcher, welcher den Vertrag nicht anfechtbar mache, weil kein Irrtum im Wesentlichen des Geschäftes oder im Hauptgegenstande der Willenserklärung vorhanden sei, auch die Angabe hinsichtlich der Höhe des Mietsertrages keine ausdrücklich vorausgesetzte Eigenschaft des Hauses betreffe.

Widen legt dieses Urteil einem Juristen vor und bittet um Gutachten: ob er dagegen Berufung ergreifen solle?

10. Ganz merkwürdig ist es in Berlin in der letzten Zeit Mietern ergangen, die in der Miete gesteigert worden sind und deshalb gekündigt haben. Auffallend viele Leute, meist Damen, kommen, um die Wohnung zu besehen. Gelegentlich findet sich auch wohl ein alter Herr ein, und alle finden die Wohnung reizend und gar nicht teuer. Mit Kennerblick erspähen sie die Fenster, die eine freundliche Sonnenseite haben, den Balkon, von dem aus man einen hübschen Fernblick über die Straße hat, während die größten Mängel der Wohnung ihnen entgehen. Klagt der Inhaber dann über Mängel, so erwidert man ihm, daß die bei allen Wohnungen gefunden würden, und bemerkt er nun gar, daß die Mietssteigerung doch gar zu hoch sei, so heißt es, daß die Wohnung nicht zu teuer sei. Da und dort hätten sie schon gefragt und hätten für die annähernd gleichen Räumlichkeiten beinahe das Doppelte zahlen sollen. Ist der Mieter etwas ängstlicher Natur, scheut er den Umzug, und wird ihm die fortwährende Besichtigung seiner Wohnung zu viel, so schließt er den Vertrag mit der gesteigerten Miete, und der Zweck der häufigen Besuche ist erreicht.

Kann er hinterher rechtlich gar nichts machen?

11. In dem Lokalblatt einer kleineren Universitätsstadt fand sich eines Tages folgende Anzeige:

Weidigs Brauerei. Heute Abend nach 9 Uhr hochfeines Bockbier (Ale), per Liter 20 Pf.

Das Lokal war infolgedessen ganz außerordentlich besucht. Als die ersten Gäste sich entfernen wollten und es an das Bezahlen ging, stellte sich heraus, daß jenes Inserat von irgend einem Unbekannten, der sich einen schlechten Spaß erlaubt, ohne Wissen des Wirtes eingerückt worden war. Der Wirt fordert den üblichen und angemessenen Preis von 40 Pf für den Liter.

Ist diese Forderung im vorliegenden Falle außer Zweifel?

12. Der Primaballerina des Wiener Hofopernhauses Fräulein Vergé hatte ein Wiener Theateragent für das *Budapester Ballet* ein glänzendes Engagement vermittelt; und von frohen Hoffnungen bewegt, reiste sie nach Budapest, um sich pflichtgemäß dem Intendanten der Oper zur Verfügung zu stellen. Dort zeigte sich jedoch, daß zwar ein ganz regelrechter Engagementsvertrag bestand, und für das *Budapester Ballet* abgeschlossen, nur daß leider unter *Budapester Ballet* nicht das Ballet der königlichen Oper, sondern dasjenige von — Somossy's Orpheum verstanden war.

Wie ist die Rechtslage?

---

13. A. hat dem B. widerruflich ein Gangrecht erlaubt. Dann sucht er den B. zum Abschlusse ein Kaufvertrages über ein Pferd zu bewegen, wobei er dem widerstrebenden B. gegenüber die Drohung anwendet, daß er sonst jenes Gangrecht widerrufen werde. So versteht sich B. zu dem Kaufe.

Ist dieses Kaufgeschäft gültig?

14. Zwei Kaufleute kommen wegen einer von dem ersten dem zweiten in Kommission gegebenen Quantität Sirup in Differenzen. Da der Empfänger die Ware nicht behalten und nicht bezahlen will, wie er nach der Behauptung jenes zufolge ihres Vertrages verpflichtet sei, so teilt ihm sein Gegner mit, daß er die behauptete Forderung in den gelesensten Lokalblättern der Stadt und des Kreises des Empfängers zum Verkaufe ausbieten werde; *sollte ich binnen acht Tagen ohne Antwort sein, so darf* *ich mich wohl Ihrer freundlichen Zustimmung zu der oben erwähnten Veräußerung Ihrer Schuld versichert halten.*

Ein anderer Brief in der mittlerweile immer gereizter werdenden Korrespondenz lautete: *Wenn Sie bis 1. Oktober d. J. Ihre zu Unrecht von Ihnen bestrittene Schuld bei mir nicht getilgt haben, so lasse ich dieselbe durch die Schutzgemeinschaft für Handel und Gewerbe in Ihren dortigen Blättern als zu verschenken annoncieren. Dies zur Notiz.*

Wenn der Empfänger, um sich Unannehmlichkeiten zu entziehen, auf den ersten — oder auf den zweiten — Brief hin seinen Widerspruch aufgegeben und bezahlt hätte: könnte er es später nicht doch wieder rückgängig machen?

15. A. und B. haben einen Lieferungsvertrag geschlossen. Dann weigert B. die Erfüllung, mit folgender Begründung: Der Vertrag sei von ihnen mündlich während der Leipziger Messe eingegangen worden. B. habe damals von A. 26 000 *M* zu fordern gehabt und das Geld auf das allerdringendste nötig gehabt, um Wechselschulden zu tilgen, deren Protestierung seinen Kredit und seine kaufmännische Existenz bedroht, vielleicht gänzlich vernichtet haben würde. A. habe aber erklärt, daß er nicht bezahle, wenn B. nicht den jetzt fraglichen Vertrag mit ihm schließe.

Ist die Einwendung für wirksam zu erachten?

16. Grahn hatte gegen Uhlig eine bedeutende Forderung, konnte aber zu seinem Gelde nicht kommen, da Uhlig notorisch *frustra excussus* war, obschon seine Ehefrau Privatvermögen hatte. Grahn vollführte nun folgenden Plan: Er erschien eines Morgens mit einem Gerichtsvollzieher zum Zwecke der Pfändung des Uhlig in dessen Wohnung und machte Anstalt, die dort befindlichen Möbel durch den Vollstreckungsbeamten mittels eines zugleich mitgebrachten Wagens sofort nach dem Pfandlokale abführen zu lassen. Die Frau Uhlig, erklärte er, könne zusehen, ob sie später die Möbel auf dem Wege der Klage wieder erhalte; er sei aber bereit, von allen weiteren Maßnahmen abzustehen, wenn Frau Uhlig einen Bürgschaftsschein für die Schuld ihres Mannes gleich ausstelle.

Da er der Überraschten nicht die geringste Zeit ließ, in der sie die Hilfe des Gerichtes zur Abwendung der Vollstreckungsmaßregel hätte anrufen können, so ließ sie sich bewegen, die angesonnene Urkunde zu unterschreiben, worauf Grahn sich entfernte.

Nachher scheint es ihr, daß sie zu rasch gehandelt habe. Sie geht zu einem Anwalte und fragt, ob sie die Bürgschaft nicht rückgängig machen könne.

Was wird ihr der Anwalt antworten?

17. Auf den Markt in Metz kam eines Tages eine Bäuerin, deren Butterwecken zwar sehr vollgewichtig aussahen, es aber, wie die Bäuerin wohl wußte, nicht waren. Unglücklicherweise war an dem Tage Marktrevision. Schnell steckte die Bäuerin ein Fünfmarkstück in die duldsame Masse, die nun für vollgewichtig befunden wurde. Aber ehe die Bäuerin das Fünfmarkstück wieder aus dem Butterwecken herausfingern konnte, erschien eine Käuferin, die die vorhergehende List beobachtet hatte, und fragte nach dem Preise der Butter. Sie zahlte den geforderten Preis ohne Zögern, nahm das Pfund Butter und hatte für das innige Flehen der Bäuerin, ein anderes Pfund Butter zu nehmen, nur ein höhnisches Lächeln.

Ein Volksanwalt, den die also geschädigte Verkäuferin befragt, gibt ihr diesen Rat: Sie solle drei Monate warten, dann sei die Polizeiübertretung verjährt, und hierauf könne sie die Käuferin auf Rückgabe von 5 *M* nach BGB. 123 verklagen.

Wie wäre danach die juristische Begründung der Civilklage zu denken? Und gibt es nach dem obigen Tatbestand keine ausreichende Verteidigung dagegen?

---

18. Die Stadt H. verkaufte ihr gehörige Bauplätze unter Zugrundelegung eines Bauplanes, der auf den Wert der Plätze von starkem Einflusse war. Unmittelbar darauf wurde seitens des Fiskus mitten über jenes Gelände eine Eisenbahn angelegt; und die Stadt sah sich deshalb notgedrungen veranlaßt, jenen Bauplan zu ändern, wodurch nun natürlich die Bauplätze ihren Hauptwert verloren.

Können die Käufer irgendwie rechtlich gegen die Stadt vorgehen?

19. Der Kaufmann Reil kaufte am 24. Februar von dem Gärtner Hoppe ein dem letzteren gehörendes in der Luisenstraße in Bockenheim belegenes Grundstück für 6000 *M*. Er übernahm im Vertrage die auf das Grundstück entfallenden Straßenanlagekosten, nachdem er im Beisein des Hoppe den Bürgermeister von Bockenheim über die Höhe des im Falle eines Neubaues an die Stadt zu zahlenden Straßenanlagebeitrages befragt, und dieser ihn auf 530 *M* angegeben hatte.

Am 20. März ließ Hoppe dem Reil auf dessen Ersuchen das fragliche Grundstück auf, und es erfolgte die Umschreibung auf den Namen des Reil. Als dieser aber Anfang April um Erlaubnis zur Erbauung eines Wohnhauses auf dem fraglichen Grundstücke nachsuchte, erhielt er am 8. April vom Magistrate den Bescheid, daß dieselbe erteilt werden sollte, sobald er die nach dem Ortsstatut an die Stadtkasse zu erstattenden Straßengrunderwerbs-, Freilegungs- und Pflasterungskosten mit 3680 ℳ werde gezahlt oder sicher gestellt haben.

Nun klagt Reil gegen Hoppe mit dem Antrage, den Vertrag vom 24. Februar für aufgehoben zu erklären. Er habe das Grundstück nur unter der Voraussetzung der oben angegebenen geringen Straßenherstellungskosten gekauft, die jetzt ermangele; und sei also in einem wesentlichen Irrtum über die Bauqualität des Kaufobjektes gewesen, welcher Irrtum zur Auflösung des Vertrages berechtige.

Beklagter erwidert, daß Kläger die Lehren von Voraussetzung und Irrtum rechtsirrtümlich vermenge. Es stehe vielmehr so, daß sie beide in der gleichen entschuldbar falschen Annahme sich befunden haben, ein schädlicher Dissens unter ihnen, den Vertragschließenden, also gar nicht vorhanden gewesen sei.

Unter Berücksichtigung des beiderseitigen Vorbringens ist begründet zu begutachten.

XXXIV

1. Unter welchen juristischen Begriffen sind folgende Rechtsgeschäfte zu fassen:

a) Die Erklärung des Eigentümers, daß er einem anderen eine bestimmte Sache um einen von diesem angebotenen Preis käuflich überlassen wolle, wenn im gegenwärtigen Augenblicke sein dazu befugter Bevollmächtigter sie nicht schon an einen Dritten verkauft haben sollte.

b) Eine Feuerversicherungs-Polize enthält die Bestimmung: daß alle nicht innerhalb sechs Monaten nach einem etwaigen Brande entweder festgestellten oder eingeklagten Entschädigungsansprüche erloschen seien.

c) Ein Käufer von Steinen soll nach dem Kaufvertrage den Preis erst dann bezahlen, wenn er von dem Bauherrn, zu dessen Neubau die Steine angeschafft waren, seine Forderung für diese und die zugleich geleistete Maurerarbeit ausgezahlt erhalten haben würde.

d) Einer der größten rheinischen Industriellen, der vor einiger Zeit gestorben, hat seinen drei Söhnen sein Weltgeschäft und dreißig Millionen hinterlassen. In dem Testament befindet sich aber eine merkwürdige Klausel. Dort heißt es nämlich, daß, wenn einer der Söhne Reserveoffizier wird, er der Teilhaberschaft am Geschäft verlustig geht.

e) Die Eltern einer Braut geben dieser eine Aussteuer von 2500 ℳ, und zwar 1000 ℳ sofort, je 500 ℳ zu Lichtmeß der folgenden zwei Jahre und den Rest *zu der Zeit, wenn die Eltern ihr Hofgut an eins ihrer Kinder abgeben.*

f) Ein Gläubiger hat einen Vorschuß auf eine noch zu liquidierende Forderung erhalten, vorbehaltlich der Zurückzahlung des etwa zu viel Erhaltenen.

g) *Ich setze den X. zu meinem alleinigen Erben ein, wenn er bis zu meinem Tode sein religiöses Bekenntnis geändert haben und zum katholischen Glauben übergetreten sein sollte.*

h) A., der sich in bedrängten Vermögensverhältnissen befindet, hat von seinem Bruder B. ein verzinsliches Darlehen von 500 ℳ erhalten und in dem darüber ausgestellten Schuldscheine die Rückzahlung dieser Summe, *sofern seine Vermögensverhältnisse es ihm möglich machen sollten,* versprochen.

i) In einem Anschlagsvertrage zwischen Eltern und Kindern hieß es: *Die Käufer sind gehalten, den Verkäufern auf Verlangen Zahlung aus dem vorbehaltenen Überrest des Kaufschillings zu leisten.*

k) Unter den Bedingungen eines Versteigerungs-Protokolles fand sich: *Es wird eine dreimal vierundzwanzigstündige Zeit zur Erteilung der Genehmigung vorbehalten, jedoch ist der Käufer an sein Gebot gebunden.*

l) *Garantie: Kostenfreie Zurücknahme jeder Sendung (verkaufter Butter), falls dieselbe nicht gefällt.*

2. Ein Testator verordnet: sein ältester Bruder A. solle als Haupterbe sein gesamtes Vermögen bekommen und jedem seiner beiden Geschwister B. und C. als Vermächtnis 5000 ℳ, beiden jedoch erst dann herauszahlen, *wenn der jüngste Bruder C. ein Gewerbe für eigene Rechnung zu betreiben anfängt.*

Nun fragt es sich:

a) Wenn C. vor Eintritt dieses Zeitpunktes stirbt, wann ist dem B. seine Abfindung auszuzahlen?

b) Können die Erben des C. etwas fordern?

c) Was gilt, wenn C. kein Gewerbe betreiben will oder es nicht kann?

3. Der Bauer Heinrich Erb verkaufte vor längeren Jahren seinem ältesten Sohne Andreas das Bauerngut Nr. 81 für den Preis von 11 000 *M* und bestimmte über das Kaufgeld, daß Käufer je die Hälfte an den jüngeren Bruder und an seine Schwester zahlen sollte. Betreffs der letzteren lautete § 4 des notariellen Vertrages: *Der Kaufanteil der Tochter Marie mit 5500 M soll nicht durch Eintragung sichergestellt und erst ein halbes Jahr nach der Verheiratung des Käufers an die Tochter Marie, verehelichte Pilz abgezahlt werden. Auf Sicherstellung und Verzinsung wird verzichtet.*

Mit dem Vortrage dieser Tatsachen und Urkunden erscheint nach neun Jahren Heinrich Erb bei einem Rechtsanwalt, erklärt, daß sein Sohn Andreas noch immer keine Miene zum Heiraten mache, und fragt an: ob jener nicht auf Zahlung an die Tochter verklagt werden könne?

4. A. und B. standen in Unterhandlung über den Kauf eines dem A. gehörigen Grundstückes. Da dieses merkwürdigerweise im Grundbuche gar nicht eingetragen war, so kamen sie notariell überein, daß A. den vollständigen und befriedigenden Nachweis seines Eigentumsrechtes zu führen habe, und daß sodann der endgültige Vertrag bis längstens 21. Juli abgeschlossen werden müsse — ein Termin, der später bis zum 5. August verlängert wurde. B. erklärte jedoch, durch die ihm innerhalb dieser Frist gelieferten Nachweisungen nicht befriedigt zu sein, und glaubte sich durch den Ablauf derselben jeder weiteren Verbindlichkeit enthoben.

Wie ist die durch die angeführten Tatsachen geschaffene Rechtslage zu charakterisieren? Ist die Meinung des B. richtig; oder könnte A. in irgend welcher rechtlich begründeten Weise gegen B. vorgehen?

5. M. und N. schließen einen Kaufvertrag, — der M. hatte gemeint unter einer Bedingung, N. ohne eine solche. Daß beide in diesem jeweiligen verschiedenen Glauben gewesen waren und demnach ein Mißverständnis obgewaltet hatte, läßt sich hinterher beweisen.

Ist der Kaufvertrag gültig zu stande gekommen?

6. Einer aus einem Tausche über Ochsen angestellten Klage setzte der Beklagte die vom Kläger bestrittene Behauptung entgegen, daß der Handel nur *auf Probe* geschlossen und, weil demnächst die Ochsen von ihm nicht annehmbar befunden worden wären, gar nicht zu stande gekommen sei.

Wem fällt die Beweislast zu?

7. Der Ökonom Hussel kommt mit seinem Nachbarn Marx in Streit, indem letzterer das Recht geltend macht, sein Vieh bei kalter Witterung in den Stall des Hussel neben dessen Vieh zu stellen; während dieser behauptet, es stehe dem Marx nach der mit ihm desfalls geschlossenen Übereinkunft dieses Recht bloß insoweit zu, als er selbst nicht den Stall mit eigenem Vieh gänzlich bestellt hätte. Beide Teile haben nur den Eid als Beweismittel benannt.

Wem ist er aufzuerlegen? Und worauf hat er zu gehen?

8. Bei dem Kaufe einer Maschine war die Bedingung hinzugefügt, daß der Verkäufer sie zurücknehmen müsse, falls die zum Binden von Garben bestimmte Maschine auf dem bergigen Terrain des Pachtgutes des Käufers nicht gehe.

Was liegt hier rechtlich vor? Wer hat zu beweisen, falls der Verkäufer die Hinzufügung jener Bedingung leugnet? Oder: wenn sich Streit darüber erhebt, ob die Maschine wirklich nicht geht?

9. *Ich setze meine Frau (F.) zu meiner Erbin ein. Bei ihrem Tode soll meinem Bruder (B.) ein Vermächtnis von 1000 ℳ zukommen.*

Was ist die Folge, wenn B. vor F. stirbt?

10. Zwischen Dr. Jerusalem und der Stadt Halle war ein Vertrag zu stande gekommen, wonach ersterer das Verlagsrecht des *Halle'schen Tageblattes* gegen eine an die Stadtkasse zu zahlende Summe von 5000 ℳ erwarb. Obgleich zur Gültigkeit des Vertrages die Genehmigung des Regierungspräsidenten zu Merseburg erforderlich war, in dem Vertrage auch ausdrücklich eine bezügliche Bestimmung Aufnahme fand, übernahm Dr. Jerusalem doch alsbald nach dem Vertragsabschluß das Verlagsrecht einstweilig in einem Privatverhältnis zu dem bisherigen Pächter, Buchdruckereibesitzer Nietschmann; und die festgestellte Entschädigung von 5000 ℳ wurde an die Stadtkasse gezahlt mit der vertragsmäßigen Bedingung, daß die Rückzahlung samt Zinsen erfolgen solle, sobald der Regierungspräsident die Genehmigung des Vertrages versagen würde.

Während seiner Tätigkeit als Verleger und Redakteur hat Dr. Jerusalem dann die Erfahrung gemacht, daß seine früheren Annahmen in Bezug auf die Aussichten des Unternehmens irrige gewesen sind. Er wünscht deshalb, von jenem Vertrage abstehen zu dürfen; während die städtischen Behörden dazu nicht recht geneigt sind.

Wie ist die Sachlage rechtlich aufzufassen? Muß erst die Entscheidung des Regierungspräsidenten abgewartet werden? Oder können nicht jetzt schon Schritte gegen die Stadt mit Fug geschehen?

11. A. vermacht dem B. 400 *M* und einen Hund mit der Bedingung, daß B., solange der Hund lebt, nur die Zinsen von den 400 *M*, nach dem Tode des Tieres aber das Kapital selbst ausgezahlt erhalten soll. Bald nach dem Ableben des A. verläuft sich der Hund, kann auch nicht wiedergefunden werden. B. verlangt nun die 400 *M*; die Erben des A. aber wünschen zuvor den Nachweis, daß der Hund tot sei.

Können sie dieses mit Fug tun? Und wie ist dem B. etwa zu helfen, wenn er keinen Totenschein beschaffen kann?

12. Nach einem notariellen Übergabevertrage hat sich der 24jährige Übernehmer verpflichtet, außer dem Übergabeschilling von 15000 *M* noch 1750 *M* an die Übergeberin zu bezahlen, wenn er vor seinem dreißigsten Jahre eine andere Frauensperson, als eine Tochter der Schwester der Übergeberin ehelichen sollte. Er wird nun verklagt, weil er fünf Jahre darauf ein anderes Mädchen geheiratet hat.

Beklagter entgegnet, daß er um die drei Nichten der Klägerin angehalten habe, aber abgewiesen worden sei, und man ihm nicht zumuten könne, zweimal bei derselben Person anzuhalten; während Klägerin dagegen aufstellt, daß dieses Vorbringen bei Rechtsgeschäften unter Lebenden gleichgültig sei.

Wie ist zu entscheiden?

13. Vor kurzem starb in Cremona Dr. Taddei, ein Sonderling, dessen Schrullen wiederholt Stoff zum Lachen gegeben hatten. Das Testament des sehr vermögenden alten Mannes setzte den einzigen Neffen des Verstorbenen zum alleinigen Erben ein, knüpft diese Verfügung jedoch an die Bedingungen, daß der Leichenwagen in rot und weiß drapiert werde, daß eine Musikbande abwechselnd lustige und patriotische Weisen beim Begräbnisse aufspielen solle, schließlich, daß die Leiche verbrannt werde, worauf der Erbe lachend die Asche in alle Winde zu streuen habe. Sollten die Bedingungen nicht erfüllt werden, so habe das ganze Vermögen den Wohltätigkeitsanstalten Cremonas zuzufallen.

Der Erbe bot selbstverständlich alles auf, um das sonderbare Begräbnis zu ermöglichen, — allein die Geistlichkeit wollte davon nichts wissen, und Taddei erhielt unter dem lauten Protest des Erben ein christliches Begräbnis. Wohltätigkeitsanstalten der Stadt haben nun bereits Schritte zur Erlangung der Erbschaft eingeleitet, während der Erbe das Gut für sich beansprucht, indem er anführt, daß er sich bereit erklärt habe, die Bedingungen des Testamentes zu erfüllen.

Wie ist dieser Rechtsstreit nach römischem und nach unserem bürgerlichen Rechte zu schlichten?

14. Protagoras aus Abdera hatte sich mittels Vertrages verbindlich gemacht, den Euathlus, einen reichen Jüngling, in der Redekunst überhaupt, sowie in der Kunst der Advokaten besonders zu unterrichten. An Honorar waren 20 Talente bestimmt, von denen die Hälfte beim Beginne des Unterrichtes, die zweite Hälfte nach dessen Abschlusse, sobald der junge Mann den ersten Prozeß gewonnen haben würde, bezahlt werden sollte.

Der Unterricht fand statt, nachdem die erste Hälfte des Lohnes bezahlt war; er wurde beendet, Euathlus bezahlte aber nichts weiter und übernahm überhaupt keinen Prozeß, weder für sich, noch für andere; obgleich er die erlangte Kunst durch gelegentliche Erteilung von Rechtsrat ausübte.

Endlich klagte Protagoras, dem die Zeit zu lange wurde, auf Zahlung jener 10 Talente.

Er sagte: Beklagter muß mich unter allen Umständen bezahlen. Denn entweder wird er verurteilt, so muß er auf Grund des rechtskräftigen Urteiles leisten, oder er gewinnt den Prozeß, so muß er in Gemäßheit unseres Vertrages zahlen.

Dagegen meinte Euathlus: Ich brauche in keinem Falle zu leisten. Entweder ich verliere den Prozeß, so habe ich wegen unserer Vertragsberedung nicht zu zahlen, oder Kläger wird mit seiner Klage abgewiesen, so brauche ich wegen des absolvierenden Erkenntnisses nichts zu geben.

Wer war im Rechte?

15. Ein Fabrikant hatte ein Patentrecht gekauft, aber nur unter der Bedingung, daß ein bestimmter Techniker mindestens ein Jahr lang noch in seinem Dienste bleibe. Nach einiger Zeit merkt er, daß dieser Techniker unzuverlässig und untreu sei; und er kündigt ihm (BGB. 626).

Nun klagt der Verkäufer den Kaufpreis ein. Der Fabrikant beruft sich auf den Ausfall der Bedingung. Sein Gegner erwidert aber, daß dieser Ausfall ja von dem Beklagten in voller Absicht selbst herbeigeführt worden sei.

Entscheidung?

16. Ein Landwehroffizier wünscht sich für den Fall, daß innerhalb der nächsten zwei Jahre, während deren er voraussichtlich noch der Landwehr angehören wird, ein Krieg ausbricht, eines Pferdes zu versichern. Zu diesem Zwecke kauft er unter der Bedingung einer Mobilmachung während der Zeit, da er in der Landwehr sich befinden würde, ein Pferd, das ihm vorgeführt und in jenem Sinne tradiert wird, nach dem aber natürlich beim Verkäufer verbleibt.

Nach einiger Zeit verpfändet der letztere das Pferd.

Wenn nun ein Krieg ausbricht:

a) Welche rechtliche Wirkung hat jetzt dieser letzte Umstand?

b) Bleibt das Pfandrecht bestehen oder nicht?

c) Wem kommt das von der betreffenden Stute inzwischen geworfene Füllen zu? Ist der Zeitpunkt von dessen Geburt dabei von Belang?

17. Herr von Berlo überläßt am 10. März seinem Vetter Hülsen ein Landgut schenkungsweise, mit der Bestimmung, daß, wenn dem Schenkgeber ein Sohn geboren werden würde, das Gut wieder an den Berlo zurückfallen solle.

Hülsen legt am 9. Juni eine Hypothek zu gunsten seines Gläubigers Berck auf das Gut. Am 2. Dezember wird dem Herrn von Berlo ein Sohn geboren.

a) Welche Rechtsfolgen treten ein?

b) Wie stände es, wenn von Berlo am 30. November plötzlich verstorben wäre?

c) Wer hätte im Streitfalle die angegebene Klausel des etwaigen Rückfalles zu beweisen?

XXXV

1. Sind in diesen Tatbeständen bindende Abschlüsse von Verträgen gegeben?

a) V. hatte dem K. ein Paar Pferde zuerst um 450 ℳ und hiernächst, nach einem Gebote des K. von 400 ℳ um

425 ℳ angeboten. Ein zweites durch einen Postillon als Zwischenträger von K. gemachtes Gebot von 412 ℳ wurde abgelehnt. Nun ließ K. dem V. sagen, er wolle die Pferde um die geforderten 425 ℳ nehmen.

b) Bei Übersendung bestellter Waren packte der Verkäufer unbestellte bei. Der Empfänger, der die Abrechnung über beides mit der Sendung am 11. März erhalten hatte, stellte sie dem Überschickenden am 22. Juli zur Verfügung.

c) Nachdem A. und B. bereits einige Zeit ohne Ergebnis über den Verkauf von aufstehendem Holz in einem dem B. gehörigen Walde unterhandelt hatten, telegraphierte B. an einem Sonntage: *Erlasse Ihnen Wald für 137000 ℳ, wenn umgehend Annahme erfolgt.* Diese Depesche erhielt A. um 7 Uhr abends. Er antwortet, und zwar annehmend, mit Telegramm um 11 Uhr des anderen vormittags.

d) W. versprach am 28. Juni dem J. 200 Centner Rüböl käuflich zu liefern, wenn J. diese Offerte binnen acht Tagen annehmen werde. J. gab am 5. Juli einen Einschreibebrief mit Annahmeerklärung zur Post, der aber erst am 7. Juli in die Hände des W. gelangte.

2. Die preußische Staatsregierung hatte sich bereit erklärt, von Cölbe nach Laasphe eine Sekundärbahn auszuführen, wenn ihr freiwillige Beiträge in Höhe von 100000 ℳ zufließen würden. Unter vielen anderen zeichnete auch Cahn hierfür 3000 ℳ. Die Organe der Staatsregierung erhielten von diesen Zeichnungen Kenntnis, und es wurde, nachdem die genannte Summe also aufgebracht war, zufolge Gesetzes vom 7. März 1880 der projektierte Bahnbau ausgeführt.

Später verweigerte aber Cahn die Zahlung, weil ein rechtsgültiger Vertrag nicht zu stande gekommen sei.

Konnte er gerichtlich zur Zahlung angehalten werden? Ist nach dem Rechte des BGB. ebenso zu entscheiden?

3. Im Jahre 1864 hat der Magistrat der Stadt München im Einverständnis mit den Gemeindebevollmächtigten beschlossen, die Kirche in Haidhausen aus Gemeindemitteln auszubauen.

Konnte die Kirchengemeinde auf Grund dieses Beschlusses etwas beanspruchen, — nach damaligem oder nach neuem bürgerlichen Recht?

Ist es von Einfluß: ob dieselbe den Beschluß amtlich mitgeteilt erhalten, — und ob sie darauf geantwortet hat?

4. Welches ist der Ort des Vertragsschlusses, wenn zwei Privatleute, in Halle a. S. und in Dresden wohnhaft, durch Briefwechsel einen Vertrag abschließen?

5. Der Kaufmann Ostling bestellt von Hamburg aus eine Sommerwohnung für zwei Monate in Eisenach, und zwar bei denselben Vermietern und unter denselben Bedingungen, wie in dem letztvergangenen Jahre. Sein Brief kommt am 16. Juni an. Die Vermieter antworten zustimmend am 18. Juni. Zwei Stunden, nachdem sie diesen Brief zur Post gegeben haben, kommt ein Schreiben des Ostling, daß er die Wohnung nicht haben wolle. Der Brief war vom 17. Juni datiert und nach dem Poststempel an demselben Tage von Hamburg abgegangen.

Ist Ostling verpflichtet, den Mietvertrag zu erfüllen oder nicht?

6. F. hatte mit B. mündliche Verhandlung wegen Abschlusses eines Mietvertrages über ein dem F. gehöriges Fabrikgebäude gehabt. Der auf Grund dessen von einem Notar aufgenommene Vertragsentwurf wurde dem B. durch die Post gesandt. Derselbe schrieb darauf am 11. Januar an F.: *Den Kontrakt habe ich erhalten und bin in allem soweit einverstanden, es fehlt nur noch ein Paragraph, den wir auch mündlich verabredet haben, nämlich etc.* F. antwortete am 12. Januar: . . *komme Ihnen in der gewünschten Frage näher, daß, im Fall Sie für später größere Räume gebrauchen, für die projektierten Seitengebäude gern den Vorrang gegen entsprechenden Mietzins einräume, jedoch können Sie, bevor mit Herrn A. in Ordnung bin, keinen Anspruch darauf erheben etc.* Am 13. schrieb B. an F.: *Ich habe das Schreiben vom 12. erhalten, übersende die beiden Kontraktausfertigungen, ersuche dieselben abstempeln zu lassen, dann umgehend mit Unterschrift zurückzuschicken, worauf ich unterschreiben werde etc.* Am 14. Januar sandte B. an F. ein Telegramm: *Ihren Brief erhalten, verzichte auf Mieten des Fabrikgebäudes und weitere Bemühungen.* Dieses Telegramm gelangte früher in den Besitz von F., als der Brief des B. vom 13. Januar.

F. klagt auf Feststellung, daß der fragliche Vertrag gültig bestehe und B. verpflichtet sei, den geschlossenen Mietvertrag zu erfüllen.

Es ist ein Rechtsgutachten zu entwerfen.

7. Am 21. Dezember erhielt Colditz folgendes Telegramm von Frenzel: *Senden sie 30 Centner bessere Sorte Nüsse per Eilgut an A. Priebs, Ritterstraße 4 Dresden, sowie ein Faß Preißelbeeren. Rückantwort ob Ja oder Nein sofort nach Frei-*

berg bezahlt. Colditz depeschierte zurück: *Werde morgen früh 20 bis 30 Centner Nüsse an A. Priebs nach Dresden absenden,* und schickte wirklich am 22. Dezember an die bezeichnete Adresse 23 Sack Wallnüsse, welche aber nicht angenommen, sondern dem Colditz zur Verfügung gestellt wurden, weil er nicht den ursprünglichen Antrag des Frenzel, sondern eine ganz neue, von Frenzel ignorierte Offerte ausgeführt habe.

Colditz verlangt Rechtsbelehrung, ob er nicht auf Grund geschlossenen Vertrages gegen Frenzel rechtlich vorgehen könne?

8. Am Tage vor Beginn der Ziehung der Schloßfreiheitslotterie hatte ein Herr aus Bremerhafen den Betrag für ein Viertellos an die Berliner Firma Bräuer & Co. eingesandt, welche auch am anderen Tage vormittags vor Beginn der Ziehung das Los expedierte, dann aber, als sie nämlich aus der ihr schon um die Mittagsstunde zugehenden Schnellliste ersehen hatte, daß auf die betreffende Nummer 3000 ℳ gefallen waren, an die Postbehörde zu Bremerhafen telegraphierte, daß der Brief nicht ausgehändigt, sondern zurückgeschickt werden solle, was auch geschah.

Die Firma schickte hierauf dem Besteller das eingesandte Geld nach Abzug von 20 ₰ für Porto zurück und strich den Gewinn aus jenem Lose für sich ein. Der Besteller erfuhr aber später durch einen von der Firma entlassenen Buchhalter den Sachverhalt und klagte auf Herausgabe des Gewinnes.

Ist die Klage begründet?

9. Ein Pariser Diamantenhändler gab einem Händler in London folgenden Auftrag: *Ich möchte, daß Sie mir zwei schöne Steine besorgen.* Nachdem er ihm dann die nötigen Anweisungen gegeben hatte, fügte er hinzu: *Wenn Sie sie finden, schicken Sie die Steine nach Paris und sagen mir sogleich Ihren letzten Preis, damit das Geschäft gemacht wird, ohne daß ich zu handeln brauche.* Die Steine kommen an. Sie sind ganz nach Wunsch, und der Londoner Händler verlangt 35,000 Franken. Einige Tage später kommt ein Brief und eine Schachtel. Der Brief des Pariser Kaufmannes lautete: *Die Steine passen mir vollkommen, aber ich finde den Preis zu hoch. Darum schicke ich sie zurück. Benachrichtigen Sie mich, ob Sie sie mir für 30,000 Franken lassen können, und schicken Sie mir in diesem Falle die richtig versicherte Schachtel zurück, ohne sie zu öffnen.* Nach einigem Überlegen kommt der Londoner Händler zu dem Entschluß, daß er die Steine für diesen Preis nicht lassen kann.

Er öffnet also die Schachtel. Aber in dieser waren keine Steine zu finden, statt derer jedoch — ein Billet mit den Worten: *Ich nehme sie auch so. Schicken Sie die Faktur!*

Würde nach unserem BGB. der Engländer verpflichtet sein, dem andern die Steine zu belassen?

10. Ein Händler stellte einen festen Antrag auf Ankauf eines Pferdes. Der Eigentümer antwortete mit Schreiben vom 17. April: *Betreffs Brunsviga zur gefälligen Nachricht, daß der feste Preis der Stute 3500 ℳ ist, mit der Bedingung, daß sie in Hamburg zur Hälfte für Sie, zur Hälfte für mich läuft . . .* Auf diesen Brief telegraphierte der Antragsteller am 23. April: *Mit ihren Bedingungen einverstanden kaufe Brunsviga. Brief folgt.* Nachdem das Pferd am 27. April in Hamburg gelaufen und einen Preis gewonnen hatte, telegraphierte der Antragsteller am 29. April: *Sende so möglich Brunsviga Donnerstag liebst mit Jungen, der bleiben kann.* Der Eigentümer antwortete noch an demselben Tage durch Depesche: *Komme eben von Hamburg und fand Telegramm vor. Sie sagten Brief folgt, habe bis heute noch keinen endgültigen brieflichen Bescheid und selbstredend habe ich nicht verkauft.*

Wie ist hierüber zu erkennen?

---

11. Wie sind folgende Bekanntmachungen, Aufforderungen, Mitteilungen u. s. w. juristisch aufzufassen und zu behandeln?

a) Kaufmann A. schreibt an B.: *Können Sie 10 Oxhoft Spiritus* (genau angegebener Qualität zu fest bezeichnetem Preise) *brauchen?*

b) *Den uns durch unsern Herrn Willer mündlich erteilten Auftrag auf Fleischhackmaschinen haben wir dankend in Nota genommen und werden denselben baldigst zur Ausführung bringen.*

c) *Ich besitze Ihr Geehrtes v. 21. d. M. und erlaube mir, Ihnen am Fuße Dieses die gewünschte Offerte vorzulegen, deren Notierung Sie hoffentlich zur Erteilung Ihres Auftrages veranlaßt.*

d) *Wir empfingen heute wieder einen frischen Transport belgischer Spannpferde bester Qualität und offerieren dieselben zu äußerst soliden Preisen.*

e) Ein *Schlawitzer* bringt auf einem Jahrmarkte seine Ware in der Art an den Mann, daß er z. B. ein buntes Tuch für 100 ℳ ausbietet und dann schnell bis auf 50 ₰ herabgleitet. Die Umstehenden greifen bloß danach, sobald der Preis ihnen zusagt.

f) Bitte um Zusendung von Mustern und Proben aus einer Seidenfabrik. — Eine Dame ersucht ein ihr bekanntes Konfektionsgeschäft um Zusendung von Kindermänteln zur Ansicht.

g) Zusicherung einer Summe, wenn eine verkaufte Haarsalbe gegen Beseitigung einer Glatze nicht helfen sollte.

h) Aufforderung zu einem Festessen vermittelst eines Cirkulars in einem bestimmt abgegrenzten Kreise von Personen.

i) Veröffentlichung eines Theaterzettels oder eines Konzertprogrammes oder einer Cirkusanzeige unter Angabe der Preise der Plätze. Oder Veranstaltung eines Maskenballes gegen Eintrittsgeld: dann wird eine Maske des Abends nicht zugelassen — ihres Äußern wegen — oder weil der Saal überfüllt ist — oder ohne Angabe von Gründen.

k) Ein Verein gegen Bettelei, für Volkswohl u. s. w. fordert durch gedruckten Brief zum Beitritt auf und legt eine Postkarte bei, die gleichfalls die Beitrittserklärung vorgedruckt enthält und nur unterschrieben zurückzugehen braucht. — Oder in dem Briefe hieß es: Bei Ausbleiben einer Antwort in 14 Tagen wird angenommen, daß Sie Mitglied sein wollen.

l) Ein fliegender Buchhändler verteilt in einem Restaurant Bücher auf den einzelnen Tischen, daß die Gäste selbige ansehen und sie sich beliebig aneignen können. — Ähnlich scheint es zu sein, wenn eine Sortimentsbuchhandlung einem ihrer ständigen Kunden Neuheiten des Büchermarktes zur Ansicht in das Haus schickt.

m) Ein Gast bestellt in einem Restaurant Speisen und Getränke. Der Kellner verweigert im Auftrage des Wirtes — aus persönlichen Gründen — die Verabfolgung; fordert vielleicht sogar zum Verlassen des Lokales auf.

n) Öffentlicher Aufruf mit Bitte um Geldbeiträge für ein zu errichtendes Denkmal oder für Notleidende; — jemand sendet einen Betrag an die Sammelstelle ein.

o) K. erhält von G. einen eigenhändig geschriebenen Preiskurant und bestellt nach diesem, allerdings erst nach sechs Monaten, gewisse Holzquantitäten einer in jener Liste verzeichneten Art.

p) Wertheim hatte dem Kaufmann Heinemann eine Urkunde übergeben, derzufolge er bis zur Höhe einer bestimmten Summe die Bürgschaft für ihn als Selbstschuldner zu übernehmen erklärte. Ein bestimmter Gläubiger, dem gegenüber die Bürgschaft übernommen wäre, war in der Urkunde nicht bezeichnet, vielmehr lautete diese auf Inhaber. Heinemann kontrahierte darauf eine Schuld bei den Kaufleuten J. H. und J. M. Katzenstein, Inhaber der Firma Michael Katzenstein, und übergab diesen zu ihrer Sicherung den von Wertheim ausgestellte Bürgschaftsschein.

12. *Nutzholz-Verkauf. Auf dem Forstreviere Möllendorf, Schlag Holzteichberg, sollen am Mittwoch, den 10. Februar 19 . ., von vormittags 10 Uhr ab im Gasthofe zu Möllendorf meistbietend verkauft werden: 34 Eichen = 23,61 fm, 90 Rotbuchen = 49,00 fm.*

Neu-Asseburg, den 1. Febr. 19 . . Der Revierförster.

a) Wie ist diese Ankündigung juristisch zu charakterisieren?
b) Welche Rechtswirkung kommt den einzelnen Geboten der Kauflustigen zu?
c) Welche insbesondere demjenigen des Meistbietenden?
d) Darf der Revierförster zwischen den einzelnen Bietern wählen?
e) Besteht ein juristischer Unterschied zu folgender Ankündigung: *Die letzten 8 Fässer anerkannt vorzüglichen Weißweins (Rheinwein) kommen Sonnabend, den 28. November, nachmittags 3 Uhr à tout prix zur Versteigerung im Speditionsgeschäft, Bahnhofstraße 19.*

13. Bei einem wissenschaftlichen Lesezirkel bestand die Einrichtung, daß die durchgelaufenen Bücher und Zeitschriften unter den Mitgliedern zu dem höchstgebotenen Preise versteigert wurden. Erfolgte auf ein Buch gar kein Gebot, so wurde es dem Ersteher des vorigen einfach überwiesen.

Rechtliche Beurteilung?

14. Bei der Versteigerung eines Grundstückes war M. mit 13500 *M* Höchstbietender geblieben. In dem Versteigerungstermine geschah aber kein Zuschlag; sondern es wurde die Tatsache jenes Gebotes im Protokoll vermerkt, und sodann vom Verkäufer alsbald ein weiterer Termin anberaumt, in welchem die Versteigerung fortgesetzt werden solle.

M. fragt nun an, ob er verpflichtet sei, an diesem neuen

Termine sich zu beteiligen? Und ob, ohne dieses, der Versteigerer Befugnis habe, bei ungünstigem Ausfalle des neuen Termins auf ihn, den M., zurückzugreifen?

15. In einem neuerdings gerichtlich entschiedenen Falle war in den Versteigerungsbedingungen bestimmt: *Der Zuschlag erfolgt heute, sobald ein nach dem Ermessen des Versteigerers als annehmbar erscheinendes Angebot gemacht wird: der Käufer (Bieter) bleibt an sein Wort gebunden.*

Der Höchstbietende war nun deshalb mit der Klage auf Herausgabe der versteigerten Sache aufgetreten, weil während der Versteigerung verkündigt worden war, daß demjenigen, welcher das letzte Gebot mache, die ausgebotenen Gegenstände zum voraus zugeschlagen sein sollen; wogegen Beklagter bemerkt, daß dann aber später es zu einem Zuschlage und überhaupt einer abschließenden Annahmeerklärung des Versteigerers nicht gekommen sei.

Es fragt sich, wie die einzelnen hier vorkommenden Bestimmungen und Parteihandlungen rechtlich zu charakterisieren sind? Und wie hiernach der fragliche Streit entschieden werden muß?

---

16. Welches ist die zutreffende rechtliche Behandlung nachfolgender Rechtsgeschäfte? Mit welchen Rechtswirkungen sind die einzelnen ausgestattet? Wie würde sich jeweils die Zwangsvollstreckung gestalten?

a) X. verspricht dem Y. einen Wechsel über 1000 ℳ zu akzeptieren.

b) Ein Gutsbesitzer verkauft einem andern ein Pferd mit der Bestimmung, daß die Höhe des Preises von einem gemeinsamen Freunde, einem gewiegten Pferdekenner, erst noch angesetzt werden soll.

c) A. ersuchte den B. im vergangenen Sommer, er möge die Lokalitäten ebener Erde in seinem Hause zu Michaelis nicht vermieten, sondern für ihn, den A., bereit halten. B. tut dies auch, A. erscheint aber nicht; B. hat Schaden.

d) Jemand tritt mit einem Gutsbesitzer in Verhandlungen über den Ankauf des Gutes und läßt sich schließlich von demselben versprechen, daß der Besitzer drei Tage lang warte und ihm die Möglichkeit des Kaufes vorbehalte, daß auch jener in dieser Zeit mit dritten Kauflustigen in gar keine Vertragsverhandlungen sich einlasse.

e) Ein Rentner kauft am 15. Mai Aktien der Cröllwitzer Papierfabrik, lieferbar ultimo, zu dem alsdann an der Börse geltenden Kurse.

f) Eisabonnement: Regelmäßiger Bezug von Eis für Eisschränke während des Sommers — entweder mit Vorausbezahlung für den ganzen Sommer, oder für einen Monat, oder mit Bezahlung jeder Lieferung, oder mit hinterheriger monatlicher Abrechnung.

g) Bei Eröffnung eines Kontokorrentes verpflichtet sich der eine, für den jedesmaligen Saldo zu seinen Gunsten von dem andern Cigarren zu entnehmen.

h) A. verpflichtet sich, eine dem B. gehörige Sache zu erwerben und sie dann dem C. zu verkaufen.

i) Seeversicherung mit folgender Klausel: *Wenn das Schiff eine andere Bestimmung bekommen sollte, nehmen wir an, durchlaufend im Risiko zu bleiben, doch soll alsdann die Prämie durch gegenseitiges Übereinkommen oder nötigenfalls durch Arbeiter reguliert werden.*

k) *Vertrag. § 1: Herr S. überträgt hierdurch dem Herrn L. den Neubau seiner beabsichtigten Anlage . . nach Maßgabe der im Auftrage des Herrn S. anzufertigenden und von demselben zu genehmigenden Zeichnung . .*

17. Ein Gutsbesitzer hatte, um die auf seinem Gute haftenden Schulden abzustoßen, bei einer Rentenanstalt ein Kapital von 60000 *M* zu 4 % verzinslich, unter dem Versprechen erster Hypothek, gesucht und von der Direktion zugesagt erhalten. Als aber das Geschäft zum Vollzuge kommen sollte, wurde dieser von seiten des Kapitalsuchers verweigert.

Die Direktion hat nun auf Erfüllung, d. h. auf Annahme des Darlehens gegen Einräumung der ersten Hypothek und auf Verzinsung von dem nachgesuchten Tage an geklagt.

Entscheidung?

18. Der Fabrikant Gelderbom schloß mit Ohmstede einen gerichtlichen Vertrag ab, inhaltlich dessen er von der Bauernstätte des Ohmstede das dort befindliche Fabrikgebäude nebst einem Areal von $2^1/_4$ Morgen für den Preis von 12000 *M* kaufte. Ohmstede übernahm dabei die Verpflichtung, von seinem an das verkaufte Fabrikgrundstück anstoßenden anderweitigen Grundbesitz dem Käufer auf dessen Verlangen zwecks etwaiger Ausdehnung des Fabriketablissements in bestimmt angegebener

Richtung während der nächsten 15 Jahre noch ein Areal bis zur Größe von 10 Morgen gegen Zahlung eines Kaufpreises von 1500 *M* für den Morgen käuflich abzutreten. Die erworbene Fabrikanlage samt dem bedingt zugesicherten Erwerbsrecht wurde von Gelderbom auf die Firma Bonne übertragen.

Bonne klagt jetzt gegen Ohmstede auf Abtretung eines Morgens der bezeichneten Länderei gegen Zahlung von 1500 *M*; während Ohmstede sowohl die Rechtsgültigkeit der Nebenberedung, als die Übertragbarkeit des sich daraus ergebenden Forderungsrechtes bestreitet.

Wie ist zu erkennen?

19. Nach dem Reichsgesetz, betr. die Erwerbs- und Wirtschaftsgenossenschaften, vom 1. Mai 1889/20. Mai 1898, § 15 bedarf es zum Erwerbe der Mitgliedschaft einer von dem Beitretenden zu unterzeichnenden Erklärung des Beitritts, welche von dem Vorstande dem Amtsgerichte des Bezirkes zur Eintragung in die Liste der Genossen eingereicht wird; durch die Eintragung entsteht die Mitgliedschaft des Beitretenden.

X. hatte dem Vorstande des Kredit- und Sparvereins e. G. zu W. mündlich erklärt, daß er beitreten wolle, und wird nun von letzterem auf Vollziehung der nötigen Unterschrift und Zahlung eines näher berechneten Beitrages von 3200 *M* verklagt.

Die erste Instanz hat X. verurteilt, das Berufungsgericht die Klage abgewiesen.

Kann es empfohlen werden, noch ein weiteres Rechtsmittel (welches?) zu ergreifen?

XXXVI

1. In den folgenden Fällen erscheint im Verhandlungstermine vor dem Gerichte nur der Kläger. Beim Aufruf der Sache tritt er auf, trägt die jeweils angegebene Klage vor und beantragt, den Beklagten in Gemäßheit des betreffenden Antrages zu verurteilen.

CPO. 331: *Beantragt der Kläger gegen den im Termine zur mündlichen Verhandlung nicht erschienenen Beklagten das Versäumnisurteil, so ist das tatsächliche mündliche Vorbringen des Klägers als zugestanden anzunehmen.*

Soweit dasselbe den Klagantrag rechtfertigt, ist nach dem Antrage zu erkennen; soweit dies nicht der Fall, ist die Klage abzuweisen.

Wie wird in den einzelnen Fällen das Gericht zu entscheiden haben?

a) Der Beklagte kaufte und empfing von mir zwei Pfandbriefe der Meininger Hypothekenbank . . . und versprach Zahlung des damaligen Kurswertes am folgenden Tage. Ich hatte dem Beklagten, um ihn zu dem Kaufe zu bewegen, angegeben, daß die Pfandbriefe zu jener Reihe gehörten, die vor 1905 nicht kündbar seien; dies war freilich nicht der Fall, aber die Auslosung ist jetzt eine so langsame, daß ich nicht glaube, daß Beklagter geschädigt ist. Da er trotzdem in Güte nicht zahlt, beantrage ich . . .

b) Mein Vetter, der 13jährige E. M., hat mir vor kurzem in Rechtsabsicht fest versprochen, zum Andenken an seinen verstorbenen Vater dessen Schreibtisch zu schenken [*oder:* billig zu verkaufen]; ich habe das dankend angenommen, dann aber von dem Vormunde die Nachricht erhalten, daß daraus nichts werden könne und ich verzichten möge. Dazu habe ich aber keinen Grund; sondern erhebe Klage . . .

c) Vor vier Wochen bin ich mit der A. Z. die Ehe eingegangen. Sie ist die Tochter eines Jugendfreundes meines Vaters, der diese Verbindung sehnlichst wünschte. A. Z. setzte dem Plane unserer Verheiratung langen Widerstand entgegen; da ich aber gleichfalls derselben geneigt war, und ihr Vater mir, als Erben des meinigen, gänzlich verschuldet war, so stellte ich ihr in Aussicht, daß ich ihren Vater bei fortgesetzter Weigerung ihrerseits gänzlich ruinieren und sie mit in das Elend stoßen würde. So entschloß sie sich, mit mir die Ehe abzuschließen; weigert mir jedoch die eheliche Folge. Ich bin daher zur Klage genötigt . . . (Prozessualisches Verfahren nach CPO. 618).

d) Über meinen Vater ist vor vierzehn Tagen Konkurs eröffnet worden. Allein noch acht Tage vorher, also zu der Zeit seiner vollen Dispositionsfähigkeit über sein Vermögen, hat er mir, laut beiliegender notarieller Urkunde, die Summe von 10 000 *M* zwecks bessern Betriebes meiner Studien schenkungsweise überwiesen; und diese Summe am Tage nach der Konkurseröffnung um 2000 *M* erhöht. Der heute hier nicht erschienene Konkursverwalter hat sich aber geweigert, diese Forderung bei Verteilung der Masse zu berücksichtigen, und klage ich . . .

2. Ein Schiffskapitän hatte beim Herumschlendern in der

Hafenstadt seinen Mantel einem Burschen zum Tragen gegeben; als dieser ihn schließlich zurückgab und mit seinem Trinkgeld davonging, redete ein dabei stehender junger Mensch dem Kapitän ein, daß jener Bursche soeben erst aus dem Choleraspital entlassen worden sei. Sofort warf der Kapitän den Mantel weit von sich und eilte davon; worauf der andere lachend das Kleidungsstück an sich nahm.

Konnte der Kapitän eine Anfechtung vornehmen, oder steht im Wege, daß zwei ganz getrennte Akte (Dereliktion und Okkupation) in Frage sind?

3. Bei Beginn der Theatersaison engagierte der Direktor Hennenfeld den Sänger Saalberg als serieusen Baß. Nach vierwöchiger Probezeit wollte der Direktor jedoch von dem Kündigungsparagraphen des Vertrages Gebrauch machen, was dem Sänger von befreundeter Seite in dem Augenblick mitgeteilt wurde, als er sich eben zum Auftreten als *Sarastro* in der *Zauberflöte* rüstete. Saalberg geriet über die drohende Kündigung dermaßen in Aufregung, daß er behauptete, er könne den Sarastro nicht singen, wenn der Direktor sich nicht verpflichte, von der Kündigung Abstand zu nehmen. Um die gefährdete Vorstellung zu ermöglichen, gab der Direktor die schriftliche Zusage, von der Kündigung abzusehen.

Hinterher reut den Direktor diese Zusage.

Kann er im Wege Rechtens etwas machen?

4. Brems hat seinem frühern Prinzipale Exter bei seinem Austritte aus des letztern Geschäft unter hoher Vertragsstrafe versprechen müssen, daß Brems auswandern und dem Geschäfte des Exter in Deutschland niemals Konkurrenz machen solle.

Brems empfindet später über diesen Vertrag Reue. Er hält ihn auch für ungültig; möchte aber gern juristisch darüber belehrt sein: wie er sich rechtlich zu verhalten habe? und ob, und auf welche Weise, er den ihm lästigen Vertrag beseitigen könne?

Umgekehrt: Könnte nicht der Prinzipal etwas von der Bindung des Brems retten; etwa eine *Konversion* durch das Gericht herbeiführen?

5. Es ist jemand durch arglistige Täuschung veranlaßt worden, eine Sache zu kaufen. Er macht von dem gesetzlichen Rechte Gebrauch, den Vertrag anzufechten; später aber wird er, da diese Sachen inzwischen im Preise bedeutend gestiegen sind, anderen Sinnes und will nunmehr bei dem Kaufe stehen bleiben.

Hat der Verkäufer ein Recht, die Rückgabe der Sache gegen Erstattung des Kaufpreises zu verlangen?

Cf. l. 41 D. minor. (4, 4).

6. Die ledige A. hatte zusammen mit ihrem einzigen Bruder B. ihre Eltern beerbt. Zu einer Teilung des elterlichen Erbes war es dann aber gar nicht gekommen; sondern die A. schloß mit B. einen Schenkungs- und Verpflegungsvertrag ab, laut dessen sie ihm ihren ganzen Anteil an der Erbschaft mit etwa 40 000 ℳ überwies und dafür in seinem Hause volle Beköstigung und Pflege erhalten solle. Gerichtliche Errichtung war nicht vorgenommen. Bald darauf starb die A.

Seitens der fiskalischen Steuerbehörde wird nun bei ihrem Anwalt angefragt: ob nicht der Fiskus gegen den B. wegen Zahlung der Erbschaftssteuer, die nach dortigen Gesetzen von allen an Seitenverwandte fallenden Erbschaften zu entrichten ist, vorgehen könne?

Würde der Anwalt die gleiche Antwort erteilen müssen, wenn die A. nur einen Teil ihres Vermögens an eine dritte Person C. ohne Wahrung der gesetzlichen Formalitäten verschenkt hätte?

Oder nur einen Teil desselben an ihren Bruder B.?

---

7. A. ist durch widerrechtliche Drohung dazu gebracht worden, zwei Ringe und eine goldene Taschenuhr dem B. zu überlassen; auch hat er ihm ebenso ein Sparkassenbuch, sowie einen Schuldschein des B. quittiert ausliefern und ein schriftliches Versprechen auf Zahlung von 500 ℳ abgeben müssen. B. schenkt den einen Ring der C., welcher er die Geschichte erzählt. Die übrigen Wertsachen verkauft er dem nichts ahnenden D. und überträgt die Schuldurkunde über 500 ℳ dem E. Mit dem Sparkassenbuche holt er die Hälfte des eingezahlten Geldes von der Kasse ab; sodann verpfändet er das Buch dem Gastwirt F. für eine Zechschuld.

Jetzt werden von A. seine damaligen Erklärungen angefochten. Was für rechtliche Wirkungen treten ein?

8. Ein Bauspekulant hatte einen kleinen Kapitalisten zum Ankaufe eines Anwesens bestimmt, indem er ihm arglistig die falsche Tatsache vorspiegelte, daß von der städtischen Verwaltung die Anlegung einer Straße beschlossen sei, durch welche jenes Grundstück eine nahe und bequeme Verbindung mit der inneren Stadt erhalten haben würde. Der Kaufvertrag war am 1. April notariell abgeschlossen worden.

Der Käufer, welcher nach besonderer Erklärung nur durch diese Aussicht zu jenem Handel bewogen worden war, fand aber nachher trotz der mangelnden direkten Verbindung mit der Stadt Gefallen .an dem erkauften Hause; er sprach sich dahin aus, daß er mit dem Kaufe ganz zufrieden sei und es bei ihm belassen wolle, teilte dieses auch unter dem 9. September dem Verkäufer mit.

Im Mai des folgenden Jahres entdeckt jedoch der Käufer, daß das Haus an verschiedenen Teilen ganz mangelhaft gebaut war; er will nun die Wandelungsklage anstellen.

Der Verkäufer schützt die Einrede der Verjährung vor. (BGB. 477.)

Ist diese begründet?

9. A. hat von B. eine Landstelle gekauft, bewogen durch erschwindelte betrügliche Angaben des letztern. Der Handel war im April abgeschlossen und am 9. November desselben Jahres notariell beurkundet worden, obgleich inzwischen A. von den vorgespiegelten falschen Tatsachen genaue Kenntnis erhalten hatte.

Jetzt möchte er gern von dem Geschäfte zurück. Sein Anwalt ist im Zweifel, ob dies möglich sein werde: das BGB. gebe keine besondere Anweisung; eine bedenkliche Vorentscheidung erblickt er in l. 24 und l. 26 §§ 7, 8 D. de condictione indebiti (12, 6), auch in l. 25 D. de V. O. (45, 1), glaubt aber doch, die Anfechtung vornehmen zu können, weil A. erst nach dem notariellen Akte erfahren habe, daß er die ihm vorher schon bekannten Betrugstatsachen durch Zeugen auch wirklich sicher zu erweisen in der Lage sei.

Wie ist die Sache rechtlich zu beurteilen?

10. Der Rentner Berthold Lücking hatte mit seinem Neffen Friedrich eine Scheinschenkung unter Lebenden eingegangen, um den Fiskus um die Erbschaftssteuer zu schädigen. Er wies ihm hiernach ein dem Schenkgeber gehöriges Haus schon jetzt zu. Ernstlich gemeint war eine Schenkung von Todes wegen gewesen.

Vor kurzem aber hat Friedrich Lücking, der inzwischen mit seinem Oheim in ein etwas gespanntes Verhältnis gekommen war, Klage auf Ausführung der ordnungsmäßig abgeschlossenen und notariell festgestellten *donatio inter vivos* erhoben; auf den Einwand der Simulation, den Beklagter erhob, replizierte der Kläger mit Beibringung eines Briefes, in welchem Berthold Lücking dem jetzigen Kläger gegenüber — unter dessen nachheriger Annahme — auf die Einrede der Simulation verzichtet hatte.

Der Anwalt des Beklagten stellte gegen diesen, schon oft von dem Schreiber bereuten Brief die Behauptung auf, daß selbiger rechtlich wirkungslos sei.

Wie ist zu erkennen?

XXXVII

1. Welches ist die Rechtsstellung nachstehender dritter Personen hinsichtlich der Geschäfte der jeweils endgültig Beteiligten?

a) Vormund.
b) Bedienter.
c) Spediteur. — Briefträger.
d) Handlungsgehilfe. — Börsenmakler.
e) Köchin, auf dem Markte einkaufend.
f) Frachtfuhrmann. — Prokurist. — Dolmetscher.
g) Testamentsvollstrecker.
h) Kommissionär. — Stellenvermittlungs-Bureau.
i) K. schickt den Dienstmann D. zu V., um eine von K. bei V. gekaufte Sache abzuholen.
k) Kellner; — insbesondere Zahlkellner.
l) Vereinsvorstand. — Rechtsanwalt. — Notar.
m) Kassierer. — Kassenbote. — Auktionator.
n) Solennitätszeugen.
o) Gesellen und Lehrlinge.
p) Sortimentsbuchhandlung.

2. In derselben Richtung, wie in der eben angegebenen Frage sind folgende Inserate aus Zeitungen juristisch zu charakterisieren:

a) Eine leistungsfähige Rippen-Tabak-Fabrik sucht für Provinz Sachsen gegen hohe Provision oder Fixum tüchtigen Vertreter.

b) Die Vertretung unseres Rositzer Werkes haben wir für Distrikt Halle (Saale) Herrn Wilh. Reupsch übertragen. Derselbe verkauft unsere Briketts, jedes Stück mit nebenstehender Schutzmarke versehen, zu Werkpreisen und sind uns zugedachte Aufträge an ihn zu richten.

Braunkohlenabbau-Gesellschaft *Germania* Altenburg.

c) Eine der ältesten und angesehensten Versicherungsgesellschaften sucht in Halle a. S. für den Saalkreis einen tüchtigen Vertreter unter günstigen Bedingungen.

d) Mit Kapitalbeteiligung wünscht ein, auch technisch sehr erfahrener Kaufmann mit ausgedehnten Verbindungen im Auslande sofort die Filiale oder Vertretung einer angesehenen gut eingeführten Firma zu übernehmen.

e) Eines der bedeutendsten Butter-Import- und -Export-Geschäfte Hamburgs sucht einen mit den hiesigen Platzverhältnissen vollkommen vertrauten, tüchtigen Agenten.

f) Haasenstein & Vogler, A.-G., Helmstraße 31, Fernsprech-Anschluß 347, befördern Annoncen an alle hiesigen und auswärtigen Blätter zu Originalpreisen. Katalog gratis.

g) *Vorsicht* Auskunfts- und Inkasso-Bureau. Erteilung von geschäftlichen und Privat-Auskünften. Einziehung von Forderungen aller Art. Kein Mitgliedsbeitrag.

3. Worin liegt die juristische Besonderheit der kommenden Vertretungen? Sind sie gesetzlich zulässig?

a) Es bevollmächtigt jemand die Firma Lied & Comp., eine offene Handelsgesellschaft mit drei Mitgliedern.

b) Ein Prokurist führt den gleichen Namen, wie der von ihm vertretene Prinzipal.

c) Als der Kaufmann Lindemann in Konkurs fiel, wurde der Rechtsanwalt und Notar Walter zum Konkursverwalter bestellt. Er bot das Haus des Lindemann öffentlich aus. Darauf erschien der Fabrikant Noorgang und erklärte vor Walter zu notariellem Protokoll, daß er auf das Grundstück 35000 ℳ biete und sich sechs Wochen lang an dieses Gebot gebunden erachte. Nach 14 Tagen erklärte Walter zu Protokoll eines andern Notars, daß er das Angebot des Noorgang für die Konkursmasse annehme. Der zweite Notar teilte dies dem Noorgang mit.

d) G. hat dem S. 12000 ℳ geliehen und eine Hypothek auf dem Hause des S. erhalten. G. stirbt und hat den S. zum Testamentsvollstrecker ernannt (BGB. 2197). S. stellte als Testamentsvollstrecker sich eine Quittung (BGB. 368) und eine Löschungsbewilligung aus (BGB. 875; GBO. 19) und beantragte als Eigentümer die Löschung (GBO. 13; 27).

4. Nach dem Tode des Gerichtsassessors Stumm wendet sich dessen Vater an Dr. Küfer, einen in Leipzig wohnhaften Freund des Verstorbenen, mit der Bitte, ein dem letzteren gehöriges Exemplar von Seuffert, *Archiv für Entscheidungen der obersten Ge-*

richte in den deutschen Staaten an einen dortigen Antiquar nicht unter 60 ℳ zu verkaufen. Küfer erklärt sich dazu bereit. Als er aber das Werk erhält, faßt er den Entschluß, es für sich selbst zu behalten, und sendet einfach an den Vater seines Freundes 60 ℳ *als Erlös aus dem Verkaufe.*

Später erfährt der Vater den Sachverhalt und ist unschlüssig, ob er sich rechtlich dabei beruhigen müsse?

5. Frau Zachmann war Inhaberin eines Dachdeckereigeschäftes. Ihr Ehemann war als Geschäftsführer bei ihr tätig. Vor kurzem schloß er mit dem Bauunternehmer Streblow einen schriftlichen Vertrag ab. Als letzterer nicht zahlte, verklagte Frau Zachmann den Streblow. Der Beklagte leugnete, daß er beim Vertragsschlusse das Vertretungsverhältnis gekannt habe.

Wer hat die Beweislast? Wie ist, je nach dem Ergebnisse des Beweises, in der Sache zu erkennen?

6. Ein Kaufmann aus Magdeburg hat seinen in der Altmark lebenden Bruder, einen Landwirt, bevollmächtigt, für ihn und auf seinen Namen ein bestimmtes Quantum Obst zum Zwecke der Weiterveräußerung von einem Gutsbesitzer käuflich anzuschaffen.

Es fragt sich, ob dieses Kaufgeschäft nach Handelsrecht oder nach dem BGB. zu beurteilen ist (HGB. 345)?

7. Häberlin hat den Claudius beauftragt, in seiner, des ersteren, Vertretung einen alten Kleiderschrank von einem Händler zu erstehen; der Kaufpreis solle bis 28 ℳ betragen dürfen.

Claudius kauft einen Schrank für 21 ℳ, übersieht aber in schwer begreiflicher Unachtsamkeit, daß derselbe morsch und wurmstichig ist.

Kann Häberlin dem Antiquar gegenüber einen Anspruch erheben?

Cf. l. 14 § 10 D. de aedil. ed. (21, 1).

8. S. trifft bei dem Förster D. einen Dachshund, wie ihn sich einer seiner Freunde, M., seit längerem gewünscht hat. S. kauft den Hund von D. für den M. mit dem Bemerken, daß diesem es schon genehm sein werde.

Ist hierdurch bereits eine rechtliche Beziehung entstanden? Was hat M. zu tun, wenn D. nachmals — sei es mit oder ohne Bewilligung des S. — von dem Handel zurücktreten will, M. ihn aber aufrecht erhalten möchte?

9. A. hatte die Bauarbeiten an einem Pfarrhofe übernommen und im Auftrage des amtlich bestellten Bauaufsehers B. auch solche Arbeiten ausgeführt, welche in dem ursprünglichen Bauplane nicht angegeben waren; indem beide darauf rechneten, daß diese Bauten von der Behörde als notwendig erkannt, daher nachträglich genehmigt und dem A. aus dem Baufond vergütet werden würden. Die Verwaltungsbehörde verweigerte aber die Zahlung.

Wie steht es mit den Aufwendungen und Kosten des A.?

10. Die Geschwister Johann und Franziska Feick verkauften am 7. Januar an Vitus May für sich und namens ihrer Geschwister Georg und Anna Feick *unter Haftung für deren Zustimmung* ihr im ungeteilten Miteigentum der sämtlichen genannten Geschwister stehendes elterliches Haus, wobei bis Georgi desselben Jahres alle Miteigentümer ihre Zustimmung zu dem Kaufe erteilt haben sollten. Georg Feick stimmte auch zu, Anna aber nicht; vielmehr hat, nachdem sie im Juni wegen Geisteskrankheit entmündigt worden, ihr Vormund ausdrücklich die Zustimmung verweigert.

May klagt jetzt gegen Johann und Franziska Feick: daß sie die von ihnen versprochene Zustimmung beibringen, das verkaufte Haus überliefern und ihm allen Schaden ersetzen sollten, der dadurch entstanden sei, daß er jenes Haus an einen Dritten weiter veräußert habe und diesem für nicht richtige Erfüllung nun hafte.

Die Beklagten machen darauf aufmerksam, daß sie gar nicht in der Möglichkeit seien, die beiden ersten Klagebitten zu erfüllen; den zuletzt erwähnten Schaden aber habe sich Kläger selbst zuzuschreiben, da er ein festes Recht auf Lieferung noch nicht gehabt habe.

Wie ist zu erkennen?

11. In dem Nachlasse des U. befand sich eine hypothekarisch gesicherte Forderung gegen S. Hierfür galt vertragsmäßig eine halbjährige Kündigungsfrist. Die Erben des U. waren seine zwei Kinder X. und Z.

Vor sieben Monaten kündigte X. namens der Erbschaft dem S. die Hypothek. S. rührte sich nicht.

Jetzt hat ihm auch Z. geschrieben, daß er mit der damaligen Kündigung einverstanden sei. S. aber weigert sich, danach die Kündigung gelten zu lassen.

Wie steht es rechtlich damit?

12. Auf dem Hausgrundstück der Eheleute Post waren folgende Hypothekenkapitalien eingetragen: a) 1050 *M* für Viktor

Kaiser; b) 1200 ℳ für Willibald Beil; c) 1350 ℳ für Simon Hamel. Das Grundstück kam auf Antrag der beiden ersten Hypothekengläubiger zur Versteigerung.

Im Bietungstermine erschien Siegfried Hamel und gab *für seinen Vater Simon Hamel* das Bestgebot von 2200 ℳ ab. In der Tat aber hatte er eine Vollmacht seines Vaters nie besessen; und dieser weigerte sich später, das Gebot des Sohnes zu genehmigen.

Das Versteigerungsgericht setzte hierauf einen neuen Verkaufstermin an. Darin gab Vincenz Kaiser das Meistgebot von 1200 ℳ ab und erhielt dafür den Zuschlag.

Beil erachtet den Siegfried Hamel für verpflichtet, ihm denjenigen Schaden zu ersetzen, welcher dadurch entstanden ist, daß nur ein Kaufgeld von 1200 ℳ, anstatt 2200 ℳ zur Deckung der Hypothekenschulden vorhanden ist. Siegfried Hamel bestreitet dagegen, dem Beil zu irgend einer Leistung verbunden zu sein.

Wer ist im Rechte?

XXXVIII

1. Wer hat in folgenden Fällen den entstandenen Schaden zu tragen?

a) Ein bei einem Spediteur als Rollkutscher beschäftigter Arbeiter hat mit dem durch ihn geführten Fuhrwerke des ersteren einen Pferdebahnwagen unvorsichtigerweise beschädigt.

b) Beim Herunterlassen einer Markise vor dem Schaufenster eines Ladens verfährt der Angestellte des Kaufmannes so ungeschickt, daß einem Vorübergehenden der Hut vom Kopfe geschlagen und ruiniert wird.

c) Ein Maschinenfabrikant hatte sich beim Verkaufe einer Dampfmaschine dem kaufenden Gutsbesitzer gegenüber verpflichtet, einen von diesem zu bezahlenden Monteur zur Anlernung der Leute des Käufers zu stellen. Der technisch tüchtige Monteur kam aber von der Reise in trunkenem Zustande an und brachte bei dem vergeblichen Versuche, Gang und Bedienung der Maschine zu zeigen, diese sogar in Schaden.

d) Der Vizewirt eines Miethauses hatte von dem Eigentümer Auftrag erhalten, dem Mieter X. zu kündigen, da er die betreffende Wohnung dem Y. vermietet habe. Der Beauftragte versäumt jedoch die rechtzeitige Kündigung, und Y. kann nun nicht einziehen.

e) Ein Glasermeister hatte die Reinigung von Schaufenstern übernommen. Der eine der von ihm verwendeten Gesellen zerbricht schuldhaft eine der zu putzenden Scheiben; und geht mit der dabei gebrauchten Salzsäure leichtsinnig um, so daß die Kleider eines Vorübergehenden beschädigt werden.

f) Vor einem Gasthofe standen des Nachts zwei Wagen des Wirtes, die gegen die Polizeivorschrift nicht beleuchtet waren. Ein daherkommendes Gefährt stieß dawider und wurde beschädigt. Der Gastwirt entschuldigte sich damit, daß er die Beleuchtung allgemein angeordnet habe, und die Laternen auch zur Stelle gewesen seien; er habe sogar einen besonderen Aufseher für diese Angelegenheiten angestellt, der nur gerade an jenem Abend seine pflichtmäßige Überwachung der Knechte verabsäumte.

2. Ein von Z. geschickter Bote schlägt gemäß der ihm von jenem erteilten Weisung einen verbotenen Weg über ein fremdes Grundstück ein, trifft dabei aber zufällig mit dem Grundeigentümer zusammen, welcher gegen die Fortsetzung des Weges Einspruch erhebt. Der Bote aber erzwingt diese durch grobe Gewalttätigkeit.

Ist Z. haftbar?

3. Der Kaufmann W. aus der Muskauer Straße nahm in einer Badeanstalt ein russisches Bad und wurde schließlich von dem Badewärter mit einem Rohrwisch abgerieben, welcher kurz vorher bei einem anderen Badegast benutzt worden war, der an Flechten litt. W. hat den Badewärter darauf aufmerksam gemacht, wurde aber von ihm beruhigt. Jetzt hat sich auch bei W. eine Flechte gezeigt, so daß er in ärztliche Behandlung hat treten müssen. W. will die Badeanstalt ersatzpflichtig machen.

Mit welcher rechtlichen Begründung wird dies möglich sein?

4. Vor einigen Jahren brannte ein Teil des noch aus dem Mittelalter stammenden Schlosses Rammelburg bei Wippra ab und zwar der damals von dem Amtsrat von Zimmermann bewohnte Flügel. Die Besitzerin des Schlosses, Freifrau von Briesen, hat nun den Amtsrat von Zimmermann auf Wiederherstellung des Schlosses verklagt mit der Behauptung, daß das Feuer durch eine Nachlässigkeit der Dienerschaft des Mieters entstanden sei.

Ist die Klage nach unserem bürgerlichen Rechte begründet?

Würde in gleichem Sinne zu entscheiden sein, wenn der Mieter von der Feuerversicherungs-Gesellschaft, bei der er versichert war, den Brandschaden an seinem Mobiliar ersetzt verlangt, und jene sich auf Schuld der Dienstboten bei Erregung des Feuers beruft?

Wie dann, wenn der Privatsekretär des Amtsrates in schuldhaftem Leichtsinn den Brand verursacht hatte?

5. Wer haftet in unserem Gastwirtsgewerbe für nichtbezahlte Zechen: der Wirt oder der Kellner? Letzterer erhält am Büffett Speisen und Getränke gegen Marken, mit denen er mit dem Wirte abrechnet; und nun erweist sich der Gast als zahlungsunfähig, oder er hat sich heimlich entfernt.

Wie sind darauf die Vorschriften unseres BGB. im Sinne der eben vorangestellten Frage anzuwenden?

6. Die Firma Lüderitz hatte bei dem Feuerversicherungsverband deutscher Fabriken eine Dreschmaschine nebst Lokomobile versichert und sie sodann dem Adam Bur unter Vorbehalt des Eigentums verkauft. Adam Bur hatte sie seinem Sohne Philipp zur Benutzung übergeben. Durch grobe Fahrlässigkeit des Philipp Bur geriet die Maschine in Brand und wurde vollständig durch Feuer zerstört. Die Firma Lüderitz verlangte von dem Feuerversicherungsverband Ersatz des Brandschadens. Der Verband verweigerte indessen die Zahlung unter Berufung auf § 10 der allgemeinen Versicherungsbedingungen, welcher lautet: *Wenn ein Mitglied den Brand vorsätzlich oder durch eigenes grobes Verschulden verursacht, so verliert er jeden Anspruch auf Entschädigung.* Die Firma stellte sich dem gegenüben auf den Standpunkt, daß sie für die Schuld des Philipp Bur nicht aufzukommen hätte und erhob Klage.

Wie ist hier zu erkennen?

7. Ein Dienstbote (D.) war wegen Unredlichkeit entlassen worden. Bald darauf läuft bei der Herrschaft (H.) eine Rechnung des Krämers K. von 24 *M* für geliefertes Petroleum, und eine solche des Schuhmachers S. von 18 *M* für gefertigte Stiefel, Reparaturen und dgl. ein. D. war aber von H. stets mit dem betreffenden Kaufpreise zu K., sowie eines Tages mit 18 *M* zu S. geschickt worden, auch von letzterem mit der Erklärung zurückgekommen, daß S. die Schuld in seinem Buche gestrichen habe.

Wie gestaltet sich das Rechtsverhältnis von H., D., K. und S.?

XXXIX

1. Grah hat für Döring unbevollmächtigt eine Sache gekauft und sie sich am Verkaufstage, dem 1. Mai, für Döring übergeben lassen. Am 12. Juni genehmigt Döring den Kauf.

Es fragt sich, ob Döring schon vom 1. Mai oder erst vom 12. Juni den Kaufschilling verzinsen muß? (BGB. 452.)

2. Stöhr hatte namens des Dietrich mit Schönhals einen Verkauf abgeschlossen, welcher, weil Dietrich zur Zeit der Vollmachterteilung an Stöhr, wie des Vertragsschlusses geschäftsunfähig war, der Gültigkeit entbehrte. Nach dem Tode des Dietrich haben dessen Erben Genehmigung erteilt.

Rechtliche Wirkung?

3. Rechtsanwalt Hartmann war Vertreter des Duchardt und als solcher zur Entgegennahme von Geldern seitens des verklagten Schuldners Pfeffer bevollmächtigt. Am 26. August zahlt Pfeffer seine Schuld an Hartmann; er stirbt tags darauf an einem Schlagflusse. Sein Vetter und Universalerbe Schley, der ebenso wie der Gläubiger Duchardt von der geschehenen Zahlung nichts weiß, bittet den letzteren um Aufschub oder völligen Erlaß der Schuld und erhält den letztgenannten bewilligt.

Am 6. September klärt sich die Sache auf. Duchardt sieht nun keinen Anlaß zu dem Erlasse mehr und genehmigt daher die an Hartmann geschehene Zahlung; Schley will dagegen das gezahlte Geld zurückhaben.

Was ist Rechtens?

4. A. ist dem B. feindlich gesinnt und äußert in Gegenwart des C. den Wunsch, daß B. einmal eine tüchtige Tracht Schläge erhalten möge. C. bringt aus Gefälligkeit diesen Wunsch zur Erfüllung. Als A. dies erfährt, gibt er seine lebhafte Freude und völlige Zustimmung zu erkennen.

Ist A., gleich dem C., zum Ersatze des dem B. zugefügten Schadens verpflichtet?

5. Vor längeren Jahren erhob die Stadt Gießen gegen ihren Syndikus, den Advokaten Dr. Sundheim, Klage auf Aberkennung von Gehaltsansprüchen, da bei den städtischen Akten sich eine Urkunde fände, in welcher der Beklagte auf seinen Gehalt verzichtet hätte.

Beklagter gab dagegen an, daß, nachdem er dem Andrängen einer Volksversammlung, auf seinen Gehalt als Syndikus zu verzichten, widerstanden, am 13. Juni 1848 eine Anzahl von Bürgern der Stadt ihm in das Haus und auf die Stube gerückt wäre, von ihm die Ausstellung einer Urkunde über Verzicht auf den Gehalt verlangt und diese auch erhalten hätte. Erst von diesen unbevollmächtigten Bürgern wäre der Bürgermeister von dem Geschehenen benachrichtigt worden; gegen dessen Verfügung, daß der Gehalt nach einem nunmehrigen entsprechenden Beschlusse des Gemeinderates nicht weiter auszuzahlen wäre, hätte er, Beklagter, sofort protestiert.

Wie war (nach dem Rechte des BGB.) zu entscheiden?

6. Centgraf fordert von Döll Rückzahlung eines Darlehens. Der am 1. November zugestellten Klage ist ein Schuldschein des Döll vom 1. April v. J. über ein Darlehen von 5000 *M* beigelegt, nach welchem es nach vorausgegangener halbjähriger Kündigung zurückgezahlt werden soll; ferner ein Schreiben eines Rechtskonsulenten Jungblut vom 26. April des laufenden Jahres, nach welchem dieser das Darlehen im Auftrage des Klägers kündigte.

Döll wendet ein, daß Jungblut damals gar keinen Auftrag gehabt, vielmehr Centgraf erst am 1. Juni d. J. von dem Vorgehen des Jungblut Kenntnis erhalten habe, mithin die dermalige Klage noch nicht begründet sei.

Replik des Centgraf: Er habe am 1. Juni die Handlungsweise des Jungblut ausdrücklich genehmigt.

Entscheidung?

7. Die Vorschußkasse zu Grünberg erhebt Klage gegen die unverehelichte Ida Alt auf Zahlung eines Darlehens von 500 *M*, welches laut Schuldscheins ihr Vater Philipp Alt für sie aufgenommen hatte. Der Schein war unterschrieben: *Für meine Tochter Ida, Philipp Alt; — für vorstehende Schuld verbürge ich mich als Selbstschuldner, Konrad Diehl.*

In dem ersten Termine bestritt Ida Alt, das Darlehen jemals ausbezahlt erhalten zu haben. In dem daraufhin zur Beweiserhebung anberaumten Termine erscheint sie aber und erklärt: *Ich erkenne die klägerische Forderung an und verspreche Zahlung.* — Bald darauf stellt sie sich aber als insolvent heraus.

Nun verklagt die Vorschußkasse den Bürgen Konrad Diehl. Der entgegnet: Ida Alt habe niemals das Darlehen erhalten, sondern Philipp Alt habe den Schuldschein, den er, der Konrad Diehl, bereits zur Verfügung der Ida Alt unterschrieben hatte, seiner Tochter entwendet, ihn heimlich unterschrieben und das Geld ohne Wissen und ohne Auftrag der Ida Alt erhoben und für sich verbraucht. Deshalb habe auch die Tochter zuerst das Darlehen bestritten und später, nur um ihren Vater vor krimineller Anklage zu schützen, das Anerkenntnis vorgenommen.

Es sind die *rationes dubitandi et decidendi* auf Grund der hier maßgeblichen Lehre klarzustellen und ist danach der Rechtsfall zu beurteilen.

XL

1. Wie steht es mit der Frage der Verschuldung und der Beweislast in folgenden Fällen?

a) M. bringt dem N. ein von diesem entliehenes Buch beschmutzt und zerrissen zurück.

b) Ein Fenster des A. wird von B. eingestoßen.

c) Ein Gesellschafter hat ein in gemeinsamem Interesse auszuführendes Geschäft saumselig abgewickelt und dadurch die Gesellschaft geschädigt, behauptet aber jetzt, daß er dabei vollständig den in seinem Hause seit langem üblichen Geschäftsgang beobachtet habe.

d) X. hat bei Y. Säcke mit Mehl — in einem Falle gegen Bezahlung, in dem anderen unentgeltlich — in Verwahrung gegeben; bei der Rückgabe findet sich, daß jene durch Feuchtigkeit verdorben sind.

e) Eine Ladung Tabak wurde dem Schiffer in Mannheim unversehrt übergeben, in Mainz in sehr schadhaftem Zustande von ihm abgeliefert. — Cf. l. 3 § 1 D. nautae etc. (4, 9; RGes. vom 15. Juni 1895, §§ 7; 58).

2. Herrn Rechtsanwalt Üllrich in L.

Ein Berliner hat die hiesige Jagd gepachtet. Zur Vertilgung der Füchse ließ er durch andere Personen Gift, und zwar das schärfste, Strychnin, hinter den Wall meines Gartens legen. Meine und des Nachbars Hunde haben davon gefressen und waren infolgedessen sofort krepiert. Ich möchte daher um die gefällige Beantwortung folgender Fragen bitten:

a) Hat ein Jäger das Recht, ohne vorherige Bekanntmachung ein solch scharfes Gift in der Nähe des Dorfes zu legen?

b) Steht mir das Recht zu, auf Entschädigung zu klagen?

J. Malkus in A.

3. Vor kurzem wurde dem Reisenden einer Uhrenfabrik, der in einem Gasthofe abgestiegen war, eine große Anzahl von Uhren entwendet, welche er in dem ihm angewiesenen Zimmer des Gasthofes in verschlossenen Behältern verwahrt hatte. Der eingeleiteten

Untersuchung gelang es zwar, die Person des Diebes festzustellen, nicht aber auch den alsbald steckbrieflich verfolgten Dieb zu erreichen.

Es fragt sich nun:

a) Kann der Reisende den Eigentümer des Gasthofes in Anspruch nehmen? Welche *actio* kommt hier in Erwägung?

b) Würde es von Einfluß sein: ob der Diebstahl von einem Angestellten des Gasthofes, oder durch einen anderen Reisenden, oder durch eine dem Wirte ganz fremde Person ausgeführt worden ist?

c) Oder: ob es ein Diebstahl mit Einbruch war? oder zur Nachtzeit? oder aus dem unverschlossenen, von dem Bestohlenen selbst offen gelassenen Zimmer?

d) Wie stände es, wenn der Schaden durch Feuer entstanden wäre, — das entweder in dem Gasthofe selbst ausgebrochen, oder bei dem Brande eines Nachbarhauses auf jenen übertragen war?

4. Wer hat in den nachstehenden Fällen den jeweils eingetretenen Schaden zu tragen?

a) Eine Quantität Baumwolle war während des Eisenbahntransportes auf dem Bahnhofe einer Zwischenstation in Brand geraten und zerstört. Die fraglichen Wagen mit Baumwolle hatten zur Zeit der Entstehung des Brandes ohne Lokomotive auf einem Nebengeleise gestanden, und die Entzündung der Baumwolle war dadurch veranlaßt worden, daß Funken aus der vorbeifahrenden Lokomotive eines anderen passierenden Zuges auf die Baumwollenballen geschleudert wurden, und zwar infolge eines damals herrschenden, ungewöhnlich heftigen Südwestwindes, der so stark war, daß sich die ordnungsmäßig beschaffenen und befestigten Wagendecken an den Seiten in die Höhe gehoben hatten und auf diese Weise eine Entzündung der Ballen durch jene Funken ermöglicht wurde.

b) Ein Schiff war im richtigen Fahrwasser der Lippe plötzlich von einem bekannten, sonst ungefährlichen, aber durch den vorhandenen ungewöhnlich hohen Wasserstand heftiger gewordenen Strudel gefaßt und zum Sinken gebracht worden, wobei das Frachtgut verloren ging.

c) Bei dem großen Ausstand der Eisenbahnbediensteten der Schweizer Nordostbahn sind viele Waren zu spät, andere gar nicht, oder in ganz verdorbenem Zustande bei den Empfängern angekommen. Der ganze Betrieb stand still; bis die Gesellschaft teils freiwillig den Forderungen des ausständigen Personals nachgab, teils durch Schiedsspruch des dazu bestellten Bundesrates Dr. Zemp verurteilt wurde.

d) Ein dreijähriger Knabe hatte auf der Straße gespielt und war zwischen den Pferden und dem langsam fahrenden Wagen einer Straßen-Pferdeeisenbahn plötzlich vor den Wagen gelaufen und dabei überfahren worden.

e) Auf einem Bahnhofe drang der Beförderung harrendes Publikum auf einen einfahrenden Zug mit solchem Ungestüm und in so großer Zahl ein, daß ein Unfall erfolgte und Dritte zu Schaden kamen.

f) An einer Lokomotive war infolge von Frost ein Radreifen gesprungen und dadurch eine Entgleisung bewirkt worden, die beträchlichen Schaden an Personen und Gütern zur Folge hatte.

Gesetzesstellen:

HGB. 456: *Die Eisenbahn haftet für den Schaden, der durch Verlust oder Beschädigung des Gutes in der Zeit von der Annahme zur Beförderung bis zur Ablieferung entsteht, es sei denn, daß der Schaden durch ein Verschulden oder eine nicht von der Eisenbahn verschuldete Anweisung des Verfügungsberechtigten, durch höhere Gewalt, durch äußerlich nicht erkennbare Mängel der Verpackung, oder durch inneren Verderb, Schwinden, gewöhnliche Leckage verursacht ist.*

Reichs-Haftpflichtgesetz vom 7. Juni 1871 § 1: *Wenn bei dem Betriebe einer Eisenbahn ein Mensch getötet oder körperlich verletzt wird, so haftet der Betriebsunternehmer für den dadurch entstandenen Schaden, sofern er nicht beweist, daß der Unfall durch höhere Gewalt oder durch eigenes Verschulden des Getöteten oder Verletzten verursacht ist.*

XLI

1. Ist folgender Gebrauch von Rechten grundsätzlich ohne Bedenken?

a) Ein Kanadier, der *von Europas übertünchter Höflichkeit* noch nicht berührt war, suchte bei der Heimkehr aus der Stadt in heftigem Unwetter Unterstand und Schutz im

Hause eines weißen Pflanzers. Der aber jagte ihn weg, stieß ihn in Nässe und Kälte hinaus und gab ihn dem Mangel an Zehrung anheim.

b) Eine israelitische Gemeinde hatte die Synagoge dicht an eine Schlosserwerkstatt angebaut. Durch die Ausübung des Gewerbes durch den Nachbar wurde jene im Gottesdienste oft gestört.

c) Von einem Gutsbesitzer wird auf seinen Grundstücken eine Kolonie slavischer Arbeiter angelegt, die sich als Plage für die Nachbarschaft erweist.

d) Fourier erzählt, daß er als Handlungsgehilfe in Toulon zur Zeit einer Hungersnot im Auftrage seines Prinzipals Wagenladungen von Reis und Weizen nächtlicherweile im Hafen habe versenken müssen, damit die Preise weiterhin noch in die Höhe gingen.

2. Das Nebengebäude des Moos wird auf der einen langen Seite von dem offenen Hofraum desselben, von der anderen Seite vom Seitengebäude des Wurst und auf der Giebelseite durch einen Hausgarten des Wurst begrenzt, der bisher der Einsicht des Moos entzogen war. Moos baut nun auf dem Seitengebäude Zimmer, welche durch die Fenster nach dem Hofraum genügendes Licht empfangen; um sich aber eine hübsche Aussicht zu verschaffen, vielleicht auch die Neugierde zu befriedigen, legt er noch ein Fenster an der Giebelseite an, von welchem aus nun der Hausgarten des Wurst vollkommen überschaut werden kann.

Da dem letzteren dieses unangenehm ist, so errichtet er in einer Entfernung von 86 cm von der Hauswand des Moos eine 7 m hohe Wand aus Eichenholz und Lehmfachwerk, welche dem obigen Fenster fast alles Licht entzieht und die Aussicht gänzlich benimmt.

Muß Moos sich dieses gefallen lassen?

Ist es vielleicht von Einfluß: ob jenes Fenster mit ausdrücklicher Bewilligung oder doch ohne besonderen Widerspruch des Wurst schon längere Zeit angebracht war?

Oder: ob die eingebauten Zimmer des Moos nach einer anderen Seite hin durch Fenster Licht und Luft nicht erhalten können, als gerade nach dem erwähnten Garten des Wurst zu?

3. Dem Bose steht für das ihm gehörige Grundstück w ein Fahrtrecht über den Acker y zu, welcher sich, ebenso wie die angrenzenden Parzellen x und z, im Eigentume des Schrimpf befindet. Letzterer hat nun auf x einen Steinbruch angelegt und ihn allmählich auf y ausgedehnt, so daß die Ausübung der Servitut dem Bose unmöglich gemacht ist.

Dies bewegt den Bose, da eine gütliche Vereinbarung nicht gelingt, zur Klage auf Anerkennung und weitere Ermöglichung des Fahrtrechtes, eventuell auf Geldentschädigung.

Schrimpf entgegnet: er habe dem Kläger die Parzelle z als *praedium serviens* angeboten, über welche derselbe ebensogut auf sein Grundstück gelangen könne; dem Bose fehle es bei seiner Weigerung, dieses anzunehmen, an jedem vermögensrechtlichen Interesse und ein allenfallsiger Unterschied in der Annehmlichkeit, weil Kläger ein paar Schritte weiter fahren müsse und nicht gerade auf die Mitte seines Ackers gelange, verschwinde im Verhältnis zu dem Schaden, der ihm, dem Beklagten, durch das zugemutete Zuwerfen des Steinbruches entstehen und der über 2000 ℳ betragen würde.

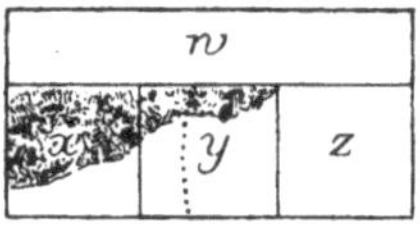

Wie ist zu erkennen?

4. Wie sind in den folgenden Fällen die widerstreitenden Interessen der verschiedenen Berechtigten auseinandersetzen?

a) Das verfügbare Vermögen eines Kaufmannes würde gerade noch hinreichen, die eine Hälfte seiner Gläubiger zu befriedigen, während alsdann die übrigen nichts erhalten würden.

b) In einem Gesellschaftsvereine sind u. a. mehrere pensionierte Beamte Mitglieder, welche sich jeden Nachmittag gegen fünf Uhr im Spielzimmer zu versammeln und die vorhandenen Tische zu besetzen pflegen, so daß später kommende Mitglieder dort keinen Platz finden.

c) Zwei Gerichtsvollzieher pfänden für ihre verschiedenen Auftraggeber nacheinander denselben Gegenstand des Doppelschuldners.

d) Z. verkauft eine Kuh zuerst dem X. und darauf dem Y. und übergibt sie sodann dem letzteren gegen Zahlung oder unter Stundung des Kaufpreises. — In einem anderen Falle hatte Z. die gleiche Manipulation mit einem Grundstücke vorgenommen.

e) Bei dem Verkaufe eines Hausgrundstückes wurde von dem Verkäufer, zur Sicherheit der rückständigen Kaufgelder, das Eigentum vorbehalten. Der Käufer baute ein Haus auf das Grundstück, verhypothezierte es einem Dritten und verkaufte es später an eine andere Person, die bald darauf in Konkurs verfiel.

f) Eine Forderung wird von dem Gläubiger in einzelnen Teilbeträgen nach und nach an verschiedene Personen abgetreten.

g) Mehrere Geschwister, die gemeinsam ihren Vater beerbt haben, können sich nicht einigen, wer die Familienpapiere und die erbschaftlichen Urkunden in Besitz erhalten soll.

h) Ein Mädchen hat nacheinander zwei Männern in rechtsgültiger Weise ein Ehegelöbnis gegeben. — Eine Köchin vermietet sich an dem gleichen Tage an zwei Herrschaften.

XLII

1. Unter welchem juristischen Gesichtspunkte sind folgende Vorfälle zu beurteilen? Welche Gesetzesbestimmungen aus unserem bürgerlichen Rechte kommen in Anwendung?

a) Ein Gutspächter hatte in seinem Teiche eine Fischzüchterei angelegt, die aber nur wenig einbrachte, da seine Nachbarn ihre Enten auf jenen Teich trieben. Der Pächter ließ eine Anzahl Enten totschießen.

b) Am 23. Juli v. J. suchte der Sohn des Landwirtes Franz den Knecht seines Vaters auf dem Acker auf, um sich vom Fortschreiten der Arbeit zu überzeugen. Er glaubte, dem Knechte über die Güte seiner Arbeit Vorwürfe machen zu müssen, und dieser trat ihm energisch entgegen. Erregt packte Franz nun den Arbeiter, erhielt aber unversehens von ihm einen Schlag mit der Sense, so daß eines seiner Augen verloren ging.

c) In einem Berliner Spezialitäten-Theater sollte kürzlich gerade die Vorstellung beginnen; das Lokal war bereits halb gefüllt, als sich ein in den vordersten Reihen sitzender Mann erhob und mit lauter Stimme rief: *Nu man los!* In demselben Augenblick erhoben sich etwa 30 Leute von ihren Sitzen, trugen die beiden vor der Bühne stehenden Konzertflügel davon und erreichten, da niemand ihnen Widerstand entgegenzusetzen wagte, auch glücklich die Straße. Jener Mann war ein Pianofortefabrikant, der wegen Nichtbezahlung seiner Instrumente die Rückbeförderung auf diese Weise hatte bewerkstelligen lassen.

d) In den Ländereien des Gutsbesitzers Witt liegt ein Wassertümpel, welcher von der Konitzer Jugend als bequeme Badegelegenheit benutzt wird. Durch das Zertreten des Getreides und des Wiesengrases wurde dem Besitzer einiger Schaden zugefügt, und er gab sich Mühe, die badelustigen Kinder abzufassen, um ihre Bestrafung herbeizuführen. Da ihm dies nicht gelingen wollte, beauftragte er eines Tages, als wieder einige Mädchen badeten, zwei seiner Knechte, sich an den Tümpel zu schleichen, die Kleider der Mädchen fortzunehmen und auf das Gehöft zu bringen. Mit seltenem Diensteifer führten die Knechte diesen Befehl aus, und die Mädchen waren genötigt, nackt, wie sie aus dem Wasser kamen, auf den Gutshof zu gehen, um ihre Kleider in Empfang zu nehmen.

e) Vor kurzem hat in Berlin der Geldbriefträger Schiller vom Postamt 40 mitten in der Ausübung seines Dienstes einen etwa siebenjährigen Knaben mit eigener Lebensgefahr aus dem Nordhafen an der Kieler Brücke gerettet. Dem Jungen war sein Hut ins Wasser gefallen, und beim Herausholen stürzte er selbst hinein. Als er schon zum dritten Male untertauchte, kam Schiller vorbei, erkannte sofort die Gefahr, warf kurz entschlossen die Tasche beiseite und stürzte sich, obwohl er stark erhitzt war, mit voller Uniform ins Wasser. Die Rettung gelang unter großen Schwierigkeiten. Inzwischen war die Tasche mit den Wertbriefen und dem Gelde von Unbekannten entführt und blieb verschwunden.

f) Ein katholischer Priester, namens Compagno, wurde von Räubern in der Provinz Girgenti gefangen genommen und in einer Scheune des Dorfes hinter einem eigens errichteten hölzernen Verschlag verborgen; daraus konnte er schließlich nicht ohne Hindernisse entrinnen. Seine Aussage vor dem Geschworenengericht in Palermo lautete wörtlich: Als ich mich dem Ausgang meines Käfigs näherte, der unverriegelt war, und die Augen in der herrschenden Dunkelheit anstrengte, gewahrte ich in einem Winkel zusammengekauert meinen Wachtposten mit der Flinte zwischen den Füßen ruhig schnarchend. Mein erster Gedanke war zu fliehen; nach wenigen Schritten aber entdeckte ich zwei Flinten an die Mauer gelehnt. Ich nahm eine Doppelflinte, bemerkte, daß sie geladen war und wollte vorerst den schlafenden Räuber in die Füße schießen, aber dann sagte ich sofort zu mir selber: Wenn er nur verwundet ist, kann er mit dem Revolver im Gürtel nach mir schießen und mich töten. Da machte ich das Zeichen des Kreuzes, bat Gott um Verzeihung, segnete den Räuber, der sich unmittelbar vor Gottes Thron befinden sollte, mit der Hand, und mit den Worten: *Ego te absolvo a peccatis tuis* ließ ich die beiden Schüsse auf sein Gehirn knallen.

2. Sind nachstehende Verfügungen über fremde Sachen rechtlich gestattet?

a) Ein Beamter ließ sich von Freunden überreden, von einem Sonntagsausfluge noch mit nach Berlin zu fahren und sich zu vergnügen. Er kehrte nachts in einem Gasthofe ein. Am andern Morgen fehlten die Stiefel, die er vor die Tür gestellt hatte. Als er klingelte, kam der Oberkellner und erklärte, daß er ihnen unbekannt sei, und sie deshalb, da er kein Gepäck bei sich führe, seine Stiefel bis zur Begleichung der Rechnung zurückbehalten müßten.

b) Vor kurzem entstand in Kalifornien ein furchtbarer Waldbrand, genährt von einem heftigen Sturm, der die Flammen mit ungeheurer Geschwindigkeit wie eine riesige Feuermauer durch den Wald jagte. Mitten im Walde befand sich eine Anzahl Gebäude, die den Zwecken des Weinbaues dienten; und es wurden nun lebhafte Anstrengungen gemacht, diesen wichtigen Punkt zu retten, aber vergebens. Plötzlich versagte sogar das Wasser, da die Leitung durch niederstürzende Baumstämme zerstört worden war. Da kam einer auf den Gedanken, den Weinvorrat eines Händlers zum Löschen zu benutzen. Der Erfolg war wunderbar, da der Wein das Feuer noch wirksamer bekämpfte als Wasser, weil er gerade in der stärksten Gärung begriffen war und somit beträchtliche Mengen von Kohlensäure enthielt. 18 000 Liter Wein wurden verbraucht, aber die Gebäude in der Tat dadurch gerettet. Der Schaden belief sich auf 40 000 *M*, da der Wein von einer besonders guten Ernte stammte, bei Verlust der Gebäude aber wäre er um vieles größer gewesen.

3. Vor einiger Zeit wurde die Frage streitig: ob jedermann berechtigt ist, Hunde, die gegen polizeiliche Vorschrift ohne Maulkorb herumlaufen, einzufangen und für Fanggeld zum Wasenmeister zu bringen.

Welches ist die richtige Ansicht?

4. Der Besitzer eines Torfstichs betraf eines Tages auf demselben eine fremde Person, die sich Torf aneignen wollte. Der Besitzer trat hinzu und hielt den Fremden, der sich entfernen wollte, fest, um ihn zu pfänden. Der Fremde suchte sich loszureißen und stürzte dabei zu Boden, worauf sein Gegner auf ihn kniete, ihn am Halse würgte und mit Schlägen behandelte.

Wegen dieser Behandlung klagte der Mißhandelte gegen den Torfstichbesitzer.

Dieser machte dagegen geltend, daß er sich in der Notwehr befunden habe, um die Pfändung an dem widerstrebenden Gegner zur Ausführung zu bringen.

Entscheidung?

5. Die Ehefrau Kranz wurde, als sie über den unbefriedeten, außerhalb des Gehöftes, jedoch dicht neben ihm gelegenen Grasgarten des Kraul ging, von dessen Hunde derartig in das Bein gebissen, daß sie einen nicht unbedeutenden Substanzverlust erlitt und etwa acht Wochen nicht arbeiten konnte.

Auf erhobene Schadensersatzklage ergab sich durch die Beweisaufnahme einerseits, daß jener Hund überhaupt ein bösartiges Tier war, welches ständig Vorübergehende anfiel und der Nachbarschaft als bissig und gefährlich bekannt war; andererseits, daß Kraul das Betreten des gedachten Grundstückes allen Dritten untersagt und dieses Verbot durch Aufstellen eines Strohwisches und einer daneben angebrachten Tafel mit entsprechender Inschrift deutlich gemacht hatte.

Wie steht es hiernach mit dem geltend gemachten Ersatzanspruch?

6. Einem Juristen wird folgende Rechtsfrage vorgelegt:

Ich habe einen großen, von Gebäuden eingeschlossenen Hühnerhof, und es macht mir Vergnügen, meine Hühner auf dem Hofe selbst zu füttern. Sobald ich aber das Futter ausstreue, kommen von der nahen und entfernten Nachbarschaft eine große Menge fremder Tauben, stürzen sich begierig auf das Futter und fressen es trotz öfteren Verscheuchens leider mindestens zur Hälfte meinen Hühnern weg.

Wie kann ich mich von diesen geflügelten Dieben befreien? Ist mir hier Selbsthilfe gestattet, indem ich die beharrlichen ungebetenen Gäste einfangen oder erschießen lasse?

7. Der Zuckerfabrikant Ernst Marstaller hatte seit Jahren darunter zu leiden, daß unzählige, verschiedenen Bienenzüchtern gehörige Bienen in seine Fabrikräume eindrangen, besonders im

Frühjahre und Herbst beim Mangel anderer Nahrung die Zuckerwaren teilweise anfraßen, teilweise verunreinigten und auch mehrmals in der Fabrik beschäftigte Arbeiter stachen. Daraufhin ließ Marstaller außerhalb der eigentlichen Fabrikräume, im Hofe, auf den Dächern, Fenstergesimsen u. s. w. seines Fabrikanwesens Kisten und Teller mit flüssigem Zucker aufstellen, der zwar keinerlei schädliche Stoffe enthielt, durch dessen Genuß aber trotzdem Tausende von Bienen zu Grunde gingen und zwar einfach infolge Überfütterung. Die Bienenzüchter, die ihren Schaden auf ungefähr 600 *M* berechneten, klagten gegen Marstaller auf Ersatz.

Sieht dieser Rechtsfall dem vorhergehenden vollständig gleich? Welche Entscheidung ist für ihn nach den hier maßgeblichen Bestimmungen unseres bürgerlichen Rechtes geboten?

XLIII

1. Wie sind in den kommenden Tatbeständen die Behauptungen der Parteien juristisch zu bestimmen?

a) Auf erhobene Darlehensklage hat Beklagter zwar den Empfang des Geldes eingeräumt, behauptet aber, daß ihm solches vom Kläger habe geschenkt werden sollen; was dieser bestreitet.

b) In einem anderen Darlehensprozesse beantragt der Beklagte Abweisung der Klage, weil er schon bezahlt habe; — oder: weil ihm die Schuld vor kurzem vom Kläger erlassen worden sei. Der letztere stellt beides in Abrede.

c) A. behauptet, daß er eine Rechnung irrtümlich zum zweiten Male bezahlt habe. Der Empfänger B. entgegnet, daß die zweite Zahlung in Schenkungsabsicht gemacht worden sei.

d) Gegen eine Klage aus Leihvertrag wird vorgebracht, daß man bloß im Scherze miteinander gesprochen habe, und daß auch der Kläger vor kurzem selbst vertragsmäßig verzichtet habe.

e) G. klagt auf Rückzahlung eines Darlehens; der Schuldner S. beruft sich auf einen kürzlich abgeschlossenen Stundungsvertrag. G. entgegnet, daß er zu dieser Stundung dadurch verleitet worden sei, daß S. ihm seine Vermögenslage ungünstiger dargestellt habe, als sie in Wirklichkeit gewesen sei; S. bestreitet dieses.

f) Ein Käufer wendet gegenüber der Kaufgeldforderung ein, daß ihm der Verkäufer beim Vertragsschlusse 10 % Skonto bewilligt habe; von welcher Beredung letzterer nichts wissen will.

g) *Actio legis Aquiliae:* Beklagter bestreitet, schuldhaft gehandelt zu haben. Kläger erwidert, daß jener dieses späterhin selbst vertragsmäßig und schriftlich anerkannt habe (BGB. 781); worauf Beklagter vorbringt, daß er damals sinnlos betrunken gewesen sei.

2. Wem liegt nachstehend der Beweis der jeweils bestrittenen Tatsachen ob?

a) X. verklagt den Y., weil er dem inzwischen verstorbenen Vater des Y. einen Krug geliehen hätte, den jener vor seinem Tode in beschädigtem Zustande, halb zerbrochen, zurückgegeben. Y. entgegnet: Er müsse wegen Nichtwissens in Abrede stellen, daß sein Vater den Krug erhalten habe; sollte dieses aber der Fall gewesen sein, so habe er ihn gewiß auch ganz richtig und unversehrt zurückgegeben; wenn das anders gewesen wäre, so hätte derselbe sicherlich keine Schuld an der Beschädigung gehabt.

b) O. hat dem P. ein Hofgut in Pacht gegeben, welches P. infolge hiervon seit sechs Jahren inne hat. Jetzt klagt O. gegen P. auf Räumung des Pachtgutes, weil der Pachtvertrag auf sechs Jahre abgeschlossen worden sei und daher nun sein Ende erreicht habe. P. leugnet, daß der Pachtvertrag nur auf sechs Jahre eingegangen gewesen sei, dies sei vielmehr auf zwölf Jahre geschehen.

c) Als K. den M. auf Zahlung eines zwischen ihnen stattgehabten Kaufgeschäftes verklagt, setzt M. dann unter Widerspruch des K. entgegen, daß er jenen Kauf nicht in eigenem Namen abgeschlossen habe, sondern als Stellvertreter des Q. dem K. gegenüber aufgetreten sei.

d) Der Referendar Lüder hatte von dem Pferdeverleiher Sporleder einen Rotschimmel zu einem Spazierritte gemietet, das Pferd aber erst spät am Abend, auf dem Rücken stark gedrückt, zurückgebracht. Sporleder stellte Klage an, weil das Pferd, das am Nachmittage wieder abzuliefern gewesen wäre, durch die erwähnte schuldhafte Beschädigung des Reiters mehrere Tage hätte still stehen und mit Medizin versehen werden müssen, sowie deshalb, weil der Sattel durch Lüder gleichfalls beschädigt worden wäre. — Der

Beklagte, der das Pferd auf den ganzen Tag ohne zeitliche Beschränkung gemietet zu haben behauptete, leugnete alle Beschädigung des Sattels, sowie alles Verschulden von seiner Seite und meinte vielmehr, daß der Grund des erlittenen Druckes in einem Fehler des Sattels gelegen habe.

3. Ein Hamburger Kaufmann hatte von einem Stralsunder Geschäftsfreunde Waren empfangen und zur Zahlung des Kaufpreises einen Geldbrief im deklarierten Betrage von 576 ℳ abgeschickt, worin sich aber nach Versicherung des Empfängers, welcher den Brief ohne Beanstandung annahm und Quittung darüber erteilte, nur 526 ℳ befunden haben sollten.

Welche der beiden Parteien würde bei ausbrechendem Streite beweispflichtig sein?

4. Auf Grund gepflogener Verhandlung stellte das Amtsgericht folgenden Tatbestand fest:

Der Beklagte hat in der Zeit vom 18. Januar bis 30. April im Hause des Klägers eine Wohnung inne gehabt, die ihm durch einen, an dem 18. Januar zwischen den Parteien geschlossenen Vertrag von dem Kläger für einen Zins von 18 ℳ vierteljährlich vermietet worden war. Der Kläger hat auf Zahlung von 10 ℳ nebst 4 % Zinsen seit dem 1. Mai geklagt, weil der Beklagte auf den Mietzins für das vor dem 1. Mai gelegene Vierteljahr mit 10 ℳ im Rückstande geblieben sei. Der Beklagte hat geltend gemacht, es sei ihm bei dem Abschlusse des Mietvertrages der Zins für das erste Vierteljahr der Miete erlassen worden. Der Kläger hat dies bestritten.

Wie ist das Parteivorbringen rechtlich zu ordnen?

5. Im vergangenen Herbst, als Möglich noch in Diensten des Will stand, ertrank ein der Führung des Möglich anvertrautes Pferd unter der Brücke bei Wetzlar in einer Untiefe der Dill.

Will klagte auf Schadensersatz. Der Tod des 400 ℳ werten Pferdes sei durch das Verschulden des Möglich insofern herbeigeführt worden, als Möglich, ohne dem angespannten Pferde das Leitseil anzulegen, durch die Dill gefahren, auch, indem das Pferd mit dem Wagen an dem jenseitigen Ufer angekommen, mit der Peitsche dergestalt auf den Kopf des Pferdes losgeschlagen, daß dieses sich ganz kurz umgedreht, mit dem Wagen wieder in die Dill zurück nach der Brücke zu gegangen, in die unter der Brücke befindliche Untiefe gefallen und dort ertrunken sei.

Der Beklagte bestritt die Ausführungen des Klägers. Unter

abweichender Darstellung des Sachverhaltes machte er geltend, das Pferd sei ohne sein Verschulden in der Dill ertrunken.

Es fragt sich:

Was hat der Kläger, und was hat der Beklagte zu beweisen? Und welches wird der Ausgang des Rechtsstreites sein, wenn die Beweisaufnahme das Verhalten des Beklagten bei dem fraglichen Verfalle ganz im Dunkeln läßt?

6. Jakob Nold klagte gegen Nutz auf Bezahlung von ihm gekaufter Steinkohlen. Beklagter bestritt die Aktivlegitimation des Klägers und behauptete, daß er nicht mit dem Kläger Jakob Nold, sondern mit einem gewissen Johannes Nold kontrahiert hatte.

Darauf erklärte Kläger, daß Johannes Nold sein Sohn wäre, der für ihn wohl ab und zu als Bevollmächtigter Geschäfte schlösse und jedenfalls auch dem Beklagten gegenüber nur als Stellvertreter aufgetreten wäre. Worauf Nutz jedoch entgegnete, daß er von einer Vollmacht des Jakob an Johannes Nold nichts wüßte und eine solche deshalb bestreiten müßte; Johannes Nold hätte ihm kein Wort von seiner angeblichen Vertretereigenschaft gesagt.

Wie sind die beiderseitigen Behauptungen juristisch zu charakterisieren? Und wie steht es danach mit der Beweislast?

7. Der Lehrer Serlach wird von dem Bauunternehmer Bloch auf Zahlung von 50 ℳ Mietgeld verklagt. Serlach entgegnet, daß er diese 50 ℳ von der letzthin gezahlten Mietzinsrate zurückbehalten habe, weil ihm Bloch nicht an dem verabredeten Tage die Mietwohnung zur Verfügung gestellt und ihn dadurch zu einem Aufenthalte im Gasthofe genötigt habe.

Der Kläger kann die Verzögerung in der Lieferung nicht in Abrede stellen, behauptet aber, daß er dem Beklagten rechtzeitig mitgeteilt: es werde sich der Auszug des seitherigen Mieters und die erforderliche Instandsetzung der Wohnung etwas hinausziehen. Serlach habe damals sein Einverständnis damit erklärt.

Im Verhandlungstermine wird von dem letzteren die erwähnte klägerische Aufstellung bestritten. Zeugen und Urkunden sind nicht da. Beide Teile weigern sich zu schwören.

Wer hat in dem Rechtsstreite mit Fug zu siegen?

XLIV

1. In welchem Zeitpunkte tritt die Volljährigkeit jemandes ein, der am 1. Januar 1900 mittags 12 Uhr geboren ist?

2. Vor einem Amtsgerichte wird ein junger Mensch als Zeuge vernommen. Als er nach seinem Alter gefragt wird, antwortet er: Heute ist mein sechzehnter Geburtstag.

Kann der Zeuge vereidigt werden? Kommt etwas darauf an, ob er um 4 Uhr morgens oder vielleicht um 11 Uhr abends zur Welt gekommen ist?

CPO. 393. *Unbeeidigt sind zu vernehmen: 1. Personen, welche zur Zeit der Vernehmung das sechzehnte Lebensjahr noch nicht vollendet . . haben.*

3. Durch letztwillige Verfügung war vor längeren Jahren dem Erben die Verpflichtung auferlegt worden, an die Geburtsstadt des Verstorbenen *um die Wende des Jahrhunderts* ein Kapital zu wohltätigen Zwecken nach näherer Angabe des Testamentes zu zahlen.

Wann wurde dieses Vermächtnis fällig?

4. Ehrenpfort kaufte am Mittwoch, 3. Februar morgens zwischen 11 und 12 Uhr durch notariellen Akt von Böhm dessen Wohnhaus; die Perfektion des Kaufes wurde aber davon abhängig gemacht, daß der Käufer innerhalb acht Tagen *von heute an gerechnet* auf das Kaufgeld 1600 ℳ an den Vertreter des Böhm einzahle.

Als Ehrenpfort am Donnerstag, 11. Februar, das Geld abliefern wollte, wurde er von dem Geschäftsführer des Verkäufers bedeutet, daß dieses bereits verspätet sei und nicht mehr angenommen zu werden brauche.

Er wünscht zu wissen, ob dieses sich wirklich so verhält?

5. Ein Ingenieur ist in einer Maschinenfabrik angestellt, mit der Verpflichtung: *während vier Monaten im Jahr* für die Fabrik zu reisen.

Darf sich die Fabrikleitung vier der längsten Monate nach Belieben aussuchen?

6. In einem Mietvertrage hieß es: *Nach erfolgter Kündigung hat der Mieter dem Vermieter und in dessen Begleitung auch Fremden den Eintritt in sämtliche Räume zur Besichtigung jederzeit zu gestatten.*

Kann danach Öffnung der Wohnung morgens 7 Uhr verlangt werden? Oder: abends 11 Uhr? Oder: mittags zwischen

12 und 1 Uhr, während die Frau dem Manne das Essen auf den Arbeitsplatz trägt und niemand in der kleinen Wohnung der Arbeiterfamilie verbleibt? Oder: am Sonntage? Oder: am ersten bis dritten Pfingstfeiertage?

XLV

1. Nach dem Inhalte eines Schuldscheines war der Gläubiger befugt, jederzeit, vom Tage der Ausstellung an über die geliehene Summe zu verfügen.

Von welchem Zeitpunkte an würde jene Forderung einer Verjährung unterliegen?

2. Vor kurzem wurden in Mittenwalde in der Mark verschiedene alte Urkunden gefunden, von denen einige sich als Schuldurkunden über noch nicht bezahlte Rückstände herausstellen. Die eine ist von Kurfürst Joachim II. ausgestellt und betrifft ein Darlehen, das er von der Stadt Mittenwalde erhalten. Die Urkunde, datiert *am Mittwoch In Ostern nach Christy im Jahre 1549,* lautet über 700 Gulden *vertzinst mit sechs Gulden muntz auf 100 gulden, den gulden zu 18 silbergroschen oder muntz der Neuen Dreyer.*

Daß jemals etwas bezahlt worden ist, ist nicht nachweisbar.

In welcher Art würde diese Sache nach dem 1. Januar 1900 rechtlich zu erledigen sein, namentlich in der Frage nach der Verjährung?

3. Im Jahre 1634 erhielt die schwedische Regierung, welche sich in dringender Verlegenheit befand, von dem Lübecker Kaufmann Jacob Krieves ein Darlehen von 68 500 Talern, das mit 6 v. H. bis zur erfolgten Rückzahlung zu verzinsen war. Diese sollte zwei Jahre nach geschehener Kündigung erfolgen. Der Originalschuldbrief, welcher übrigens erst am Weihnachtsabend 1636 ausgefertigt ist, befindet sich im Besitze des Gutsbesitzers Freiherrn Kuno von der Kettenburg, der nunmehr die Zahlung des erwähnten Betrages nebst Zinsen, zusammen über vier Millionen Kronen, fordert.

Wie ist hierauf die Verjährungslehre des BGB. anzuwenden?

4. Die Sparkasse Herbstein hatte an Vaupel ein Kapital verzinslich ausgeliehen. Bei Fälligwerden eines Zinspostens am 15. Mai und Säumnis des Vaupel in der Erledigung desselben bezahlt ihn ein Verwandter des Schuldners am 6. Jnni, wobei er sich zugleich die Forderung an den Vaupel von der Kasse überweisen läßt.

Am 12. Juni fordert jener Verwandte den Vaupel unter Mitteilung des Geschehenen zur Rückzahlung auf; erhält aber keine Antwort.

Von wann ab läuft eine Verjährung der Zinsen?

5. Ein in Vermögensverfall geratener Kaufmann hatte von einem Bankier ein ansehnliches Darlehen aufgenommen, unter Hingabe einer wertvollen Sache zu Faustpfand. Erst nach langen Jahren gelingt es ihm, die Schuld in Abschlagszahlungen zu tilgen. Der Gläubiger aber weigert Rückgabe der Pfandsache, weil seit der Verpfändung mehr als 30 Jahre verflossen seien.

Welche *actio* steht hier in Frage? Was gilt über deren Verjährung?

6. Vor einer überseeischen Reise hatte ein Seemann seinem Freunde mehrere Waffen zur Aufbewahrung gegeben. Erst nach mehr als 30 Jahren kehrt er zurück und verlangt von den Erben des inzwischen verstorbenen Freundes jene Sachen heraus. Diese weigern sich, weil der Anspruch verjährt sei; er hält entgegen, daß er ja jetzt erst fordere, auch wegen Abwesenheit sein Recht gar nicht habe geltend machen können.

Quid iuris?

7. Der Rentner Ahlen hat bei einem Bankier Wertpapiere hinterlegt. Dieser spielt für Ahlen an der Börse in dessen Auftrage und verliert erhebliche Summen. Die Zahlung wird mit der Einrede des Spiels verweigert nach BGB. 764 und Börsengesetz vom 22. Juni 1896, § 66: *Durch ein Börsentermingeschäft in einem Geschäftszweige, für welchen nicht beide Parteien zur Zeit des Geschäftsabschlusses in einem Börsenregister eingetragen sind, wird ein Schuldverhältnis nicht begründet. Das Gleiche gilt von der Erteilung und Übernahme von Aufträgen sowie von Vereinigungen zum Abschlusse von Börsentermingeschäften* . .

Der Bankier veräußert gegen den Widerspruch des Ahlen die Wertpapiere und deckt sich aus deren Erlös.

Welche *actio* ist für Ahlen begründet; und wann verjährt sie?

8. In einem Notfalle hatte A. einen alten Familienschmuck verkauft, sich dabei aber ein Rückkaufsrecht vorbehalten. Er selbst kommt nicht dazu, es auszuüben.

Können dies jetzt noch seine Nachkommen? Oder verjährt dasselbe von bestimmtem Zeitpunkte an?

9. A. und B. hatten vor 31 Jahren Grundstücke gegeneinander vertauscht. Vor zwei Jahren stellt sich heraus, daß A. gar nicht Eigentümer des von ihm hingegebenen Grundstückes gewesen war, sondern C., der jetzt die Berichtigung des Grundbuches zu seinen Gunsten erwirkt. Das Grundbuch war im dortigen Bezirke erst vor zehn Jahren angelegt worden.

Der Erbe des B. will nunmehr gegen denjenigen des A. wegen Entwehrung vorgehen; erhält aber von letzterem die Entgegnung, daß die Sache verjährt sei.

Welche rechtlichen Erwägungen kommen hier in Betracht? Und welche der beteiligten Personen ist danach in der besseren Rechtslage?

10. Ein uneheliches Kind hat seither von seinem mutmaßlichen Erzeuger Alimente erhalten, und zwar in halbjährlichen Raten. Seit dem 2. Februar, woselbst wieder eine fällig gewesen wäre, ist keine mehr erfolgt.

Wie steht es da mit der Verjährung?

11. Es hat jemand von der Darmstädter Renten- und Lebensversicherungs-Anstalt seither eine jährliche Rente bezogen. Die Anstalt aber weigert sich jetzt, weiter zu zahlen, weil bei dem Einkaufe wissentlich falsche Angaben von dem Eintretenden gemacht worden seien.

Die Renten waren stets am 1. Dezember bezahlt worden; jene Weigerung erfolgte am 15. Juli.

Was ist hier über eine mögliche Verjährung zu bemerken? Was verjährt, und von wann ab?

12. Bei der Verlegung eines Bachbettes, welche eine Gemeinde in ihrem Interesse vornahm, ließ dieselbe, um zu verhüten, daß eine Mühle das ihr aus jenem Bache bis dahin zufließende Wasser entzogen wurde, 1851 ein neues Wehr anlegen und 1896 unterhalten. Im letztgenannten Jahre wurde dieses Wehr durch eine große Flut zerstört, und es lief jetzt jener Mühle aus dem Bache kein Wasser mehr zu.

Der Müller klagte gegen die Gemeinde auf Wiederherstellung des Wehres; diese berief sich auf Verjährung, weil bei Erhebung der Klage seit der Verlegung des Bachbettes mehr als dreißig Jahre gewesen seien.

Entscheidung?

---

13. Ein Gutsbesitzer hat mit einem Oberschweizer ausgemacht, daß der Dienstlohn des letzteren im Geschäfte des Arbeitgebers gegen Verzinsung stehen bleiben soll.

Ist diese Vereinbarung auf den Lauf der Verjährung von Einfluß?

Vgl. BGB. 196, 8; 208; 225.

14. G. fordert von S. einen angeblich ungetilgten Rückstand einer älteren Schuld; S. bestreitet diese Forderung. Da G. jedoch in seinem Drängen nicht nachläßt und verschiedene Beweisstücke beibringt, so läßt sich S. mit ihm in Vergleichsverhandlungen ein. Diese scheitern aber, und die Sache bleibt wieder liegen.

Nach Jahren bringt der Erbe des inzwischen verstorbenen G. die Angelegenheit wieder zur Sprache. Jetzt beruft sich S. kurzerhand auf die inzwischen eingetretene Verjährung. Der fordernde Erbe entgegnet, daß seit dem fruchtlosen Verlaufe der erwähnten Vergleichsverhandlungen keineswegs eine neue Verjährung sich vollendet habe.

Wie ist zu erkennen?

15. Der Kaufmann Spier fordert von dem Rentner Franquet die Summe von 302 ℳ für gelieferte Waren, während letzterer die bereits geschehene Zahlung dieser Schuld behauptet. Spier erhebt endlich Klage bei dem Amtsgericht; die Zustellung erfolgt am 4. Dezember. In dem Termine beantragt Franquet Klagabweisung wegen Unzuständigkeit des Gerichts, welchem Antrage das letztere Folge gibt.

Nun klagt Spier vor dem Landgericht mittels einer am 6. Januar des folgenden Jahres dem Beklagten zugestellten Klage.

Der Anwalt des Franquet macht jetzt Verjährung zu gunsten seines Klienten geltend, die inzwischen am 31. Dezember eineingetreten sei. Der klägerische Vertreter widerspricht dem, unter Hinweis auf die im Dezember schon vorhandene Rechtshängigkeit.

Entscheidung?

Würde es von Einfluß sein, wenn Spier zunächst im November des ersten Jahres dem Franquet einen Zahlungsbefehl durch das Amtsgericht hätte zustellen lassen?

16. A. fordert ein dem B. gegebenes Darlehen von C. zurück, indem er diesen als Erben des B. bezeichnet. Da dieses nicht der Fall ist, wird die Klage abgewiesen.

Nunmehr klagt A. mit der Behauptung, daß C. zu Lebzeiten des B. unter Zustimmung des Gläubigers die fragliche Darlehensschuld vertragsmäßig übernommen habe.

Kurz vor Zustellung dieser zweiten Klage würde die Verjährung des Darlehensanspruches sich vollendet haben.

Welches wird das rechtliche Schicksal der letzten Klage sein?

17. Barth hatte von Purgold im Herbste v. J. auf Bestellung Röhren geliefert erhalten; mittels Briefs vom 18. November sie aber dem Verkäufer wegen Mangels zugesicherter Eigenschaften zur Verfügung gestellt, unter dem Anfügen, daß er die Röhren für seinen Anspruch auf Schadensersatz zurückbehalten werde. Am 1. August d. J. erhebt Barth eine Schadensersatzklage wegen der geschehenen schlechten Lieferung; worauf sich der Beklagte auf BGB. 477 beruft.

Der Kläger erwidert, daß die Verjährung, da er ein Zurückbehaltungsrecht seither ausgeübt, gehemmt und unterbrochen worden sei.

Wie ist zu erkennen?

Cf. l. 7 § 5 C. de praescript. XXX vel XL ann. (7, 39).

18. Der Gutsbesitzer Frydag klagt gegen seinen Pächter Quetsch auf rückständigen Pachtzins, der schon vor fünf Jahren hätte bezahlt werden sollen.

Auf die Einwendung des Quetsch, daß die Forderung verjährt sei (BGB. 197), bringt der Kläger vor, daß er nicht früher habe klagen können, da er einer Zurückweisung gewärtig sein mußte; auf dem Pachthofe wären verschiedene notwendige Reparaturen, die ihm, dem Frydag, obgelegen hätten, vorzunehmen gewesen; er wäre aber wegen schlechter Vermögensverhältnisse bis zum verflossenen Jahre, wo er sie ausgeführt, nicht dazu im stande gewesen. So lange eine Einrede gegen eine Forderung bestehe, laufe keine Verjährung.

Wie hat hiernach die gerichtliche Entscheidung zu lauten?

19. Eine in einer Erbschaft befindliche Sache war verkauft worden, während sie — was die Erben nicht wußten — gar nicht dem Erblasser gehört hatte. Nach mehreren Jahrzehnten entdeckt in späterer Generation ein Nachkomme den Sachverhalt aus hinterlassenen Papieren; zugleich aber auch, daß vor kurzem, etwa 50 Jahre nach jenem Vorfalle, der wahre Eigentümer von ihm, dem jetzigen Vermögensinhaber, beerbt worden sei. Er tritt gegen die Erben des Käufers der Sache auf, welche ihrerseits sich auf den früheren Kauf berufen.

Ist dieses letztere dermalen noch möglich?

20. Die bayerische Regierung der Pfalz, als Rechtsnachfolgerin der geistlichen Administrationskellerei Mechtersheim, geriet

1819 mit den Erben eines Schullehrers Andreas Nuß in einen Rechtsstreit, in welchem die Regierung behauptete, der Erblasser des Beklagten habe 1788 ein Kapital von 200 fl. von fraglicher Administration entliehen.

Beklagter schützt Verjährung vor.

Klägerin aber berief sich auf Unterbrechung und Stillstand derselben vermöge der vormaligen Kriege, in denen eine Abwickelung solcher Geldangelegenheiten nicht wohl möglich gewesen; im besonderen aber gereiche es ihr, der Klägerin, nicht zu der vom Verjährungsrechte geforderten Schuld, wenn sie infolge der langwierigen Ordnung und Abrechnung, die bei der Übernahme der Regierung notwendig waren, erst jetzt zu der Geltendmachung des obigen Postens schreiten könne.

Wie würde über diesen Rechtsstreit nach dem Rechte des BGB. zu befinden sein?

Zweites Buch.

Recht der Schuldverhältnisse.

XLVI

1. X. leiht von der Universitätsbibliothek ein Buch und gibt es dann zur Benutzung an Y., der zur Entnahme von Büchern dort nicht berechtigt ist.

Rechtsfolge?

Macht es einen Unterschied, ob X. gleich in der Absicht das Buch holte, um es dem Y. zu geben oder nicht?

Wenn X. einen Bürgen (B.) für sich hat stellen müssen: haftet B. auch für Y.? Oder für die Erben des X.? Und ist es gleichgültig, ob eine Beschädigung des Buches zu Lebzeiten des X. durch diesen oder nach seinem Tode von seinen Erben schuldhaft geschieht?

2. An wen hält sich der Eigentümer eines Grundstückes, wenn der Nießbraucher des letzteren es einem anderen zur Nutzung überläßt? Konnte diese Überlassung der Ausübung des Nießbrauches nach römischem Rechte nicht in rechtlich verschiedener Weise geschehen? Wie ist es damit nach dem BGB.?

Steht folgender Fall in Parallele: Der Gutsbesitzer S. hat auf seinem Gute eine Hypothek der Landschaft seiner Provinz von 110 000 ℳ zu 4 % verzinslich stehen; er verkauft das Gut an K. und dieser nach einiger Zeit an L.

An wen hält sich die Gläubigerin wegen fälliger Zinsen, wenn sie vor dem ersten oder dem zweiten Verkaufe oder nach dem letzteren fällig werden?

3. Dem Mieter einer dem E. gehörigen Wohnung werden von X. schuldhaft Fenster eingeworfen.

Wie steht es mit der Berechtigung auf Schadensersatz?

4. K. hat von V. eine Kuh gekauft, welche auf dem Transporte zu dem K. durch ledigliche Schuld des X. so beschädigt wird, daß sie zu Grunde geht. Nach BGB. 447 muß K. trotzdem den vollen Kaufpreis zahlen.

Kann er sich wegen dieses Schadens nun nicht an den X. halten?

5. Der Student Socken will bei Gisecke ein Fahrrad kaufen. Eines von der Art, wie er sie gerade wünscht, ist nicht auf Lager. Gisecke übernimmt es, dem Käufer ein solches von der Fabrik zu besorgen; in acht Tagen könne Socken es abholen. — Das Rad kommt an und wird von Gisecke für den Käufer bereit gestellt. Während einer vorübergehenden Abwesenheit von ihm verkauft sein Geschäftsführer, der zu solchen Verkäufen allgemeine Vollmacht besitzt, jenes Fahrrad an den Kaufmann Richnoff. Dieser bezahlt und nimmt das Rad mit sich.

Welches ist die Rechtslage unter den angeführten Personen?

6. Titius verkaufte sein Haus an Gaius. Der es mietweise bewohnende Maevius blieb noch sieben Monate in selbigem, ohne das Mindeste mit dem Käufer zu verabreden, und ließ sich demnächst bewegen, auszuziehen. Er wollte aber dem Gaius keine Miete entrichten, weil ihm wegen des nicht erfüllten Pachtkontraktes ein Anspruch auf das Interesse zustehe. Gaius belangt ihn darauf *actione locati*. Es wurde sein Klagerecht in Zweifel gezogen.

(Aus Strube, Rechtliche Bedenken, 1761 fg.)

Quid iuris?

7. Mennicke hat an Lauffs ein Haus zum Wirtschaftsbetriebe vermietet. Lauffs vermietet es weiter an Zander, dem er zugleich sein Wirtschaftsinventar verkauft; und zwar sollen für die Untermiete dieselben Bedingungen gelten, wie für die Hauptmiete. Unter diesen steht, daß Mennicke in keinem der benachbarten, ihm gehörigen Häuser ein Konkurrenzgeschäft errichten dürfe. Nun tut Mennicke dies doch.

Zander will gegen ihn klagen, sein Anwalt belehrt ihn aber, daß er in keinem Rechtsverhältnisse zu Mennicke stehe; es wird deshalb eine Vollmacht an Lauffs geschickt, der sie unterschreibt. Der Prozeß beginnt, — aber eines Tages schließt Zander mit Mennicke einen Vergleich ab, und der Prozeß bleibt liegen.

Jetzt möchte Lauffs gern die Kosten, welche er vorgelegt, ersetzt haben.

Kann er sie von Zander fordern? Am liebsten wäre es ihm,

wenn er die Ehefrau des Zander, welche sich für alle Verbindlichkeiten des letzteren aus dem Mietvertrage selbstschuldnerisch verbürgt hat, belangen könnte. Geht dieses an?

XLVII

1. Auf welchem Wege Rechtens können folgende Verpflichtungen durchgesetzt werden?

a) *Itzt bist du nur ein schlechter Prahler. Da hast du bare funfzig Taler, Nur unterlasse den Gesang. Das Geld hat einen bessern Klang.* (Aus Hagedorn, Johann der Seifensieder.)

b) Der Mieter einer Wohnung richtet sie zu einer Wirtschaft mit öffentlichen Dirnen ein (BGB. 553); — bleibt auch zweimal mit der Zahlung des fälligen Mietgeldes im Rückstande (BGB. 554).

c) X. macht sich verbindlich, auf seinem tiefer gelegenen Grundstücke einen von dem oberen kommenden Graben rein zu halten.

d) In dem Familienstatut eines standesherrlichen Hauses war ein Familienrat eingesetzt worden, welchem die beiden Stammeshäupter und ein von ihnen zu wählendes rechtsgelehrtes Mitglied angehören sollten. Nach dem Wegfalle eines Mitgliedes der letzteren Klasse entstand Streit über dessen Wiederwahl, worauf der eine Majoratsherr gegen den anderen gerichtliche Klage erhob, um ihn zur Vornahme einer gemeinsamen Wahl zu zwingen.

e) Ein Schriftsteller verpflichtet sich, das Manuskript für einen Artikel in einem Sammelwerke an einem bestimmten Tage abzuliefern (RG. vom 19. Juni 1901, §§ 1; 10; 11).

f) Wolzogens Buntes Theater, G. m. b. H., klagte gegen Kapellmeister Strauß und Sängerin Bradsky, weil diese sich durch Vertrag verpflichtet hätten, für jenes Theater zu spielen und während der Dauer der Verträge auf keiner anderen Bühne aufzutreten. Gegen beides hätten die Beklagten gehandelt.

2. Der Schlosser Uthke und der Arbeiter Bergens hatten sich am 6. April mit einem Handwagen nach einem Kohlenplatz begeben, um Kohlen zu holen. Da viel zu tun war, so gestattete ihnen der Anweiser Briesemeister, das Beladen ihres

Wagens selbst zu besorgen. Sie fuhren dann mit dem beladenen Wagen davon, ohne den verabredeten Preis von 2 ℳ 40 ₰ zu zahlen.

Das Gericht nahm an, daß weder *Diebstahl,* noch *Unterschlagung*, noch *Betrug* vorläge. Können die beiden aber nicht wegen *Vertragsbruches* herangezogen werden?

3. Wie hat der Schuldner nachstehend die Leistung zu bewirken?

a) Die Miete endete am 30. Juni. Am 1. Juli vormittags traten bei der Frau des Mieters, die guter Hoffnung war, die Wehen ein. Der Gerichtsvollzieher erschien und verlangte die Räumung. Es stand der neue Mieter mit seinem Mobiliar schon vor der Tür (BGB. 556).

b) Ein ländlicher Arbeiter meldete sich zur Hilfe beim Ausdreschen mittels Maschine. Da er mit der letzteren nicht genau Bescheid wußte, wurde er verletzt. Der Gutsherr meinte, daß es Sache des Tagelöhners gewesen sei, sich die nötigen Kenntnisse zu verschaffen, der Arbeiter hielt den Arbeitgeber zur Belehrung für verpflichtet (BGB. 618).

c) Der Kaufmann B. in Halle hatte sich für eine Schuld des in Dortmund wohnenden A. bei dem zu Kassel ansässigen G. verbürgt. A. verzieht nach Amsterdam (BGB. 767).

d) Ein Unternehmer hatte den Bau einer Eisenbahn zwischen zwei Städten versprochen und dabei wieder Teile der Bauten an einen anderen Unternehmer durch drei verschiedene Verträge mit unterschiedlichem Inhalte übertragen. Die beiden kamen in Streit. Der erstere, auf Zahlung belangt, wollte diese hinausschieben, bis der zweite ihm alle Zeichnungen, Pläne und Anschläge zurückgegeben, die dem ersten Hauptunternehmer gehören (BGB. 273).

e) Sachen eines in die Ferien reisenden Freundes hatte ein Student in Verwahrung genommen. Es bricht in seiner Wohnung ein Brand aus; und er kann seine eigenen und die ihm anvertrauten Gegenstände nicht alle, sondern sie nur teilweise retten (BGB. 690).

f) Der Gutsbesitzer X. wird von seinem Nachbarn Z. belangt, weil er das Wasser des beide berührenden Flusses widerrechtlich gestaut und dadurch den Z. geschädigt habe. X. entgegnet, daß dieser Schaden des Z. ganz geringfügig gewesen sei (BGB. 226; 320, 2; 616),

4. Vor dem Gewerbegerichte klagt der Arbeiter Wanten

36 *M* rückständigen Lohn von dem Fabrikanten Schad ein. Dieser entgegnet, daß Wanten mit ihm in Streit gekommen sei und aus Rache eine Maschine boshaft beschädigt habe. Der Kläger beruft sich dem gegenüber auf die Unzulässigkeit der Aufrechnung gegen eine Forderung aus Arbeitslohn (BGB. 394; CPO. 850, 1). Der Beklagte leugnet die Anwendbarkeit dieser Gesetzesbestimmungen auf den vorliegenden Tatbestand.

Wer ist im Rechte?

5. Die Firma Liebermann klagt gegen den Kaufmann Tetor auf Zahlung des Kaufpreises für verkaufte und gelieferte 30 Liter Curaçao. Der Beklagte erwidert, daß er nur 10 Liter bestellt habe. Als daher die große Kiste mit 30 Litern bei ihm angekommen sei, habe er deren Annahme verweigert und der Firma Liebermann davon unverzüglich Nachricht gegeben.

Die Klägerin ermäßigt nun ihre Forderung auf den Preis für 10 Liter des von ihr übersandten Likörs, zuzüglich der Kosten, die ihr durch die unberechtigte Annahmeverweigerung der ganzen Sendung entstanden. Tetor meint, daß er nicht verpflichtet gewesen, sich die 10 bestellten Liter aus der Kiste selbst zu nehmen und den Rest an die Klägerin zurückzusenden.

Wie ist zu erkennen?

XLVIII

1. Sind nachstehende Leistungen einem Rückforderungsrechte ausgesetzt?

a) H. findet in dem Nachlasse seines Erblassers T. Schriftstücke, aus denen hervorgeht, daß T. ein Darlehen von 3000 *M* von G. erhalten und noch nicht zurückbezahlt habe. Er tilgt die Schuld. Nachmals erfährt er, daß G. den T. schon vor drei Jahren verklagt hatte, damals aber durch Versäumnisurteil rechtskräftig abgewiesen worden war.

b) Der Graf v. P. hatte der Witwe seines Sohnes einen Witwengehalt von jährlich 4500 *M* ausgesetzt und war dieser — wie es die Gräfin nannte — *Anstandspflicht* zweimal nachgekommen.

c) Die unverehelichte K. klagt gegen ihren Vetter B.: Der Vater des letzteren habe aus Pietät gegen seinen verstorbenen Bruder, den Vater der Klägerin, ihr eine jährliche Rente ausgesetzt, da er sich für *moralisch verpflichtet* erachtet habe, das gänzlich mittellose Kind seines einzigen

Bruders nicht dem Mangel zu überlassen, während er selbst in guten Verhältnissen lebte. Rechtliche Formalitäten waren bei diesem ernstlich abgegebenen und angenommenen Versprechen nicht gewahrt worden.

d) Ein Vater hat, so wie es in seiner Gegend und seinem Berufskreise ganz allgemein Brauch und Sitte ist, seinem volljährig gewordenen Sohne ein Kapital zur Einrichtung und zum ersten Betriebe einer Papierhandlung überlassen (BGB. 1624).

e) Über den Kaufmann C. war der Konkurs eröffnet und durch einen Zwangsvergleich nach KO. §§ 179 ff. abgeschlossen worden. KO. § 193 bestimmt: *Der rechtskräftig bestätigte Zwangsvergleich ist wirksam für und gegen alle nicht bevorrechteten Konkursgläubiger* . . . Trotzdem bezahlt C., nachdem er später wieder in bessere Verhältnisse gelangt ist, die nachgelassenen Forderungen so viel wie möglich nach, da er sich hierzu, wie er einem Geschäftsfreund bemerkt, für *sittlich verbunden* erachtet.

f) Ein in Paris ausgestellter und zahlbarer Wechsel war am Verfalltage nicht eingelöst worden. Der Inhaber ließ am zweiten Tage nachher Protest erheben, obgleich der Code de commerce Art. 162 spätestens den der Zahlungsweigerung nächstfolgenden Tag hierfür vorschreibt, und schickte den Wechsel mit Protesturkunde an seinen Vormann, den Indossatar G. zurück, der ihn auch einlöste, da nach der deutschen Wechselordnung Art. 41 der Protest erst am zweiten Werktage nach dem Zahlungstage nötig ist. Später erfährt G., daß er gar nicht hätte zu bezahlen brauchen, und verlangt nun das Gezahlte mit der *condictio indebiti* zurück.

2. Bei der Abnahme einer Rechnungslegung über die Vermögensverwaltung eines Vormundes (BGB. 1840) entdeckt der Amtsrichter, daß der Vormund verschiedene verjährte Schulden des Mündels bezahlt hat. Der Vormund macht geltend, daß es Rechnungen gewesen seien, deren Betrag nicht zu beanstanden war; die fraglichen Kleider und Waren seien dem Mündel doch geliefert worden. So habe er sich nach BGB. 1804 für berechtigt gehalten, die sachlich richtig stehenden Anforderungen jener Handwerker zu befriedigen. Der Amtsrichter ist aber im Zweifel, ob dieser Paragraph zutreffe.

Ist das Bedenken begründet?

3. Eine Kirchengemeinde hatte Steuern ausgeschrieben; die Mitglieder hatten bezahlt. Dann wurde festgestellt, daß jenes nach dem öffentlichen Rechte des dortigen Bundesstaates nicht rechtsgültig gewesen; die Zahlenden stellten *condictio indebiti* an.

Was ist hierzu juristisch zu bemerken?

4. Der Hausdiener eines größeren Hotels hatte von einem Reisenden ein ihm ungenügend erscheinendes Trinkgeld erhalten und deshalb Klage auf Zahlung von 10 *M* für Reinigen der Schuhe und Kleider, Tragen eines Musterkoffers u. s. w. erhoben. Er hielt sich dafür berechtigt, weil er von dem Hotelier kein Gehalt beziehe, sondern auf die Trinkgelder der Hotelgäste angewiesen sei. Er müsse sogar von diesen Trinkgeldern einen zweiten und dritten Hausdiener halten. Das habe der Reisende auch gewußt, denn es sei dieser Brauch allgemein.

Dagegen meinte der Reisende, daß er zu dem Hausdiener in keinem Rechtsverhältnisse stehe; und daß er schenken könne, so viel und so wenig, als er wolle.

Wie ist darüber zu befinden?

5. Ein Dienstherr hatte in einem von ihm unterschriebenen Schriftstücke erklärt, *daß er seiner Wirtschafterin aus Dankbarkeit und als Entschädigung für die ihm geleisteten langjährigen treuen und uneigennützigen Dienste, sowie für die aufopfernde Pflege während seiner wiederholten Krankheiten 2000 M schenke.*

Welche juristischen Begriffe haben hierbei Anwendung gefunden? Und was für Rechtsfolgen können sich an diesen Tatbestand anknüpfen?

II.

1. Wie steht es mit der Gültigkeit nachfolgender Rechtsgeschäfte; und den daraus entspringenden Rechten und Pflichten?

a) *Mein Erbe soll meinem Freunde X. die vor dem Thore gelegene Villa . . lebenslänglich zur unentgeltlichen Benutzung überlassen.* Das betreffende Haus hat aber dem Erblasser gar nicht gehört.

b) Die Erben eines Zimmermeisters verkaufen den ihrem Erblasser gehörigen Zimmerplatz. Bei näherer Besichtigung findet sich, daß der größere Teil desselben zu einem öffentlichen Platze gehörte, der nur des dortigen geringen Verkehrs wegen von dem Zimmermeister unbeanstandet einige Jahre hindurch benutzt worden war.

c) O. schließt mit N. einen Kaufvertrag über ein dem O. gehöriges, in der nahen Stadt belegenes Haus, und zwar in aller Form Rechtens. Am nächsten Tage erfahren sie, daß das Haus zur Zeit des Vertragsschlusses gerade abgebrannt war.

d) In einem gleichen Falle war jedoch durch das Feuer nur der Dachstuhl zerstört worden.

e) Roding, welcher im Begriffe ist, sich ein Haus zu bauen, wird mit Harpprecht einig, ihm nach Verlauf zweier Jahre, wo solches fertig sein soll, es zu vermieten. Der Bau wird aber nicht fertig.

f) A. hat fälschlich die Nachricht von dem Tode seines ausgewanderten Bruders B. erhalten. Er nimmt dessen in seiner Verwaltung verbliebenes Vermögen nun für sich und verkauft die gesamte Erbschaft um runden Preis an C. Da kehrt der totgeglaubte Bruder zurück.

g) J. verkauft dem K. eine Forderung an L., welche ihm von dem angeblichen Cessionar H. des Gläubigers G. abgetreten war, während der Cessionsschein von G. an H. von letzterem gefälscht war; — oder während die Schuld von L. an G. schon bezahlt war.

h) V. überträgt an W. einen Wechsel, der mangelnder gesetzlicher Formalitäten halber nichtig ist.

2. In einem Kaufvertrage hatte sich der Verkäufer verpflichtet, das veräußerte Grundstück *hypothekenfrei* aufzulassen. Der eine seiner Hypothekengläubiger ließ sich auch zur Ablösung der Hypothek bewegen; ein zweiter, dessen hypothekarisches Recht noch fünf Jahre unkündbar stand, aber nicht.

Welche Gesetzesbestimmungen finden hier Anwendung?

3. Der Händler Peters vermietete an Ihde im Februar einen Lagerplatz, und zwar vom 1. Mai ab. Diesen Platz hatte damals ein gewisser Gerd in Miete, die vertragsmäßig nur halbjährig gekündigt werden konnte. Peters eröffnete dies dem Ihde; und beide begaben sich nun zu Gerd, um ihn zu bestimmen, freiwillig eine Kündigung zum 1. Mai anzunehmen. Beide glaubten, daß ihnen dies gelungen sei. Sie hatten aber den Gerd falsch verstanden; der hatte in Wirklichkeit es verweigert und beschwor dieses in einem gegen ihn angestrengten Räumungsprozesse.

Nun glaubte Peters nach BGB. 306 oder doch nach BGB. 275 von der Verpflichtung zur Leistung frei zu sein; während Ihde BGB. 280, sowie 307 und 308 angewandt wissen wollte.

Wer von ihnen hat die richtige Ansicht?

4. Im April d. J. brach in H. ein allgemeiner Ausstand

der Maurergesellen aus, welche einen Stundenlohn von 50 *Pf*, Verkürzung der Arbeitszeit und einige sonstige ihnen günstigere Arbeitsbedingungen forderten, indes die Meister davon fast nichts zu bewilligen bereit waren. Die Folge war, daß die Maurermeister und Bauunternehmer die von ihnen übernommenen Bauten nicht zur rechten, vertragsmäßig beredeten Zeit den Bestellern zur Verfügung stellen konnten.

Konnten die Besteller der Bauten die Maurermeister auf Schadensersatz belangen? Und die regelmäßig für Verspätung ausbedungene Vertragsstrafe einfordern?

5. Ein Maler (M.) hatte eine von ihm gefertigte Rembrandtkopie bei einem Bekannten (B.) in Verwahrung gegeben. Ein Kunstliebhaber (L.), der das Bild auf einer Ausstellung gesehen hatte, besucht ihn und bietet einen sehr hohen Kaufpreis; sie werden handelseinig. Als aber der Maler zu B. kommt, war durch dessen Kinder, auf welche nicht sorgsam genug achtgegeben worden war, das Bild verkratzt und erheblich beschädigt worden.

Haftet B. dem M.?

Haftet dieser dem L.?

Wenn eine dieser Fragen bejaht würde: wie hoch ist die Ersatzsumme: ist es der von L. gebotene Preis oder nur ein durch Sachverständige objektiv zu schätzender Wert?

6. Als Rippe aus einer Bibliothek eine Handschrift entlieh, hat sich Sellheim für ordentliche Rückgabe derselben verbürgt. Das Manuskript wird aber durch die Schuld des Rippe vernichtet, der nunmehr den Verlust durch Geldzahlung ersetzen soll.

Haftet Sellheim auch für diese Forderung an Rippe?

7. Der ordentliche Professor der Physik Spinner war nach H. berufen. Er läßt ein wertvolles physikalisches Instrument durch einen Spediteur verpacken und zur Bahn geben und fügt bei, daß er den Transport von dem Bahnhofe H. in das dortige physikalische Institut selbst besorgen wolle, damit es mit der nötigen besonderen Sorgfalt geschehe. Der Spediteur vergißt, dieses auf den Frachtbrief zu setzen; das Instrument wird auf dem Rollwagen in gewohnter Weise abgefahren und geht — wie Spinner behauptet — dadurch entzwei.

Streitfrage: Muß Spinner beweisen, daß die Beschädigung auf dem Wege zwischen Bahnhof und Institut geschehen ist? — oder der Spediteur, daß sie vorher eingetreten ist? — oder hat letzterer ganz bedingungslos den Schaden zu ersetzen?

8. Eine Schiffahrtsgesellschaft hatte einer Handlung am

2. August einen bestimmten Schleppdampfer vertragsmäßig zu stellen. Am 1. August erhielt sie von dem Schiffsführer die Nachricht, daß jener Dampfer Havarie erlitten und für die erste Zeit dienstuntauglich sei. Der Vorstand der Gesellschaft beruhigte sich dabei. Als später die Handlung, die am 2. August vergebens auf den Dampfer gewartet hatte, auf Schadensersatz klagte, so berief sich die Beklagte auf BGB. 275, während die Klägerin BGB. 280 anzog.

Wie ist hier richtigerweise zu erkennen?

L

1. Ein Gutsbesitzer ist stark in Vermögensverfall gekommen und erheblich überschuldet. Einer seiner Gläubiger kauft die sämtlichen ausstehenden Forderungen auf, so daß dem Aktivvermögen des Schuldners von 220000 *M* eine Schuldenlast von 265000 *M* gegenübersteht.

Welches ist der juristische Weg zur Regelung dieser Angelegenheit? Und auf welche rechtliche Art und Weise kann jener Gläubiger zu seiner vollen oder teilweisen Befriedigung gelangen?

2. Es verspricht jemand notariell seinem studierenden Neffen, am Beginne des nächsten Semesters ihm 300 *M* zur Unterstützung zu geben. Zu dieser Zeit ist der Versprechende in seinem Vermögen etwas zurückgekommen: er hat eine Bürgschaft für einen zahlungsunfähig gewordenen Freund übernommen und braucht in dem betreffenden Monate jene Summe dringend zum Unterhalt.

Kann er die 300 *M* zurückhalten? Und wem gegenüber?

Würde es einen Unterschied machen, wenn es sich um einen Kaufschilling von 300 *M* handelte?

3. Als sich A. vor zwei Jahren verlobte, versprach ihm sein Vater B. bei seiner Verheiratung eine Ausstattung von 10000 *M* zu geben. Am 15. Mai v. J. erfolgte die Verehelichung des A. und die Zahlung der letztgedachten Summe an ihn. Am 16. März d. J. fällt B. in Konkurs. Der Konkursverwalter glaubt, von A. die 10000 *M* zurückfordern zu können. Der Vater B. wäre bei der Zahlung der Ausstattung schon in unzureichender Vermögenslage gewesen. Er hätte jenes bei der Verlobung abgegebene Versprechen nicht zu erfüllen brauchen und könne wegen der jetzigen Verarmung so wie so alles Geschenkte anfechten und rückgängig machen; umsomehr, als keine Formalitäten bei jenem Versprechen gewahrt worden wären.

Es ist dem Konkursverwalter ein Gutachten darüber abzugeben: Ob er wohl mit Erfolg gegen A. vorgehen könne; worauf gestützt und für welche Summe?

BGB. 518; 519; 528; 529; 1624. KO. 32: *Anfechtbar sind: 1. die in dem letzten Jahre vor der Eröffnung des Verfahrens von dem Gemeinschuldner vorgenommenen unentgeltlichen Verfügungen, sofern nicht dieselben gebräuchliche Gelegenheitsgeschenke zum Gegenstande hatten.*

4. Der Fabrikant Otto hatte vor zwei Jahren dem Auswärtigen Amte in Berlin 50 000 ℳ als Beitrag zur Ausrüstung einer Expedition zur Bekämpfung der Syphilis unter den Eingeborenen der deutschen Südseeinseln zur Verfügung gestellt. Nachdem Otto in Konkurs geraten ist, hat das Auswärtige Amt die Summe mit Zinsen an die Konkursmasse zurückgezahlt. Jetzt verlangen es die Verwandten des Otto für den Gemeinschuldner heraus. Sie berufen sich auf KO. 1: *Das Konkursverfahren umfaßt das gesamte, einer Zwangsvollstreckung unterliegende Vermögen des Gemeinschuldners, welches ihm zur Zeit der Eröffnung des Verfahrens gehört (Konkursmasse).* Die genannten 50 000 ℳ seien aber zu der kritischen Zeit nicht Eigentum des Otto gewesen. Gegen die Berufung des Konkursverwalters auf BGB. 528 sei auf BGB. 529 zu verweisen.

Welche Entscheidung ist zu treffen?

LI

1. Ein Bierhändler hat einem Privatmanne zu einer Festlichkeit 50 Flaschen importierten Bieres zu liefern versprochen. Am Morgen des betreffenden Tages kommt ein Bote mit 40 Flaschen und dem Ausdrucke des Bedauerns, daß der Verkäufer wegen Ausbleibens eines bestellten großen Fasses heute nicht mehr Bier liefern könne.

Es fragt sich:

a) Ist der Besteller verpflichtet, die 40 Flaschen zu übernehmen?

b) Oder umgekehrt, wäre er berechtigt, jedenfalls die 40 Flaschen zu fordern, wenn der Verkäufer 50 nicht liefern kann?

c) Muß der Besteller späterhin noch 10 Flaschen nachnehmen?

d) Oder umgekehrt, kann er es späterhin verlangen, während etwa der Preis des nun eingetroffenen Bieres aufgeschlagen ist?

2. Einem Kaufmanne werden gleichzeitig eine *en comptant* zahlbare Rechnung über 2300 *M* für gelieferte Waren von X. und ein fälliger Wechsel über 1500 *M* von Y. zur Zahlung vorgelegt. In der Kasse befinden sich aber gerade nur 3000 *M*.

Kann er diese unter X. und Y. verhältnismäßig teilen?

Die Wechselforderung erscheint ihm drückender und auch einheitlicher: er möchte also diese gern voll bezahlen und bietet dem X. 1500 *M* abschlägig an, was X. anzunehmen sich weigert.

Mit Recht?

Von welcher Summe können X. oder Y. Verzugszinsen berechnen, falls ihnen je eine Teilzahlung angeboten wurde?

3. Ein Fleischermeister hatte von einem seiner Kunden gegen 700 *M* rückständiges Kaufgeld zu fordern. Da er gütlich keine Zahlung erhält, muß er den Prozeßweg beschreiten. In dem Städtchen ist nur ein Amtsgericht. Er klagt deshalb, um Kosten zu sparen und kürzer den Prozeß zu führen, vorerst nur 300 *M* ein. Der Schuldner schützt Unzuständigkeit des Gerichtes vor und beruft sich auf BGB. 266. Der Kläger entgegnet, daß er nach BGB. 241 in der Verfügung über die geschuldete Leistung souverän sei.

Wie ist zu entscheiden?

4. Zwei Miteigentümer eines Pferdes haben es dem Gastwirte X. in Verwahrung gegeben.

Wie ist es mit der Zurückgabe? Müssen sie beide kommen und es abholen? Oder wenigstens der eine mit genügend ermächtigender Vollmacht des anderen?

5. Tatbestand:

Kläger verlangt als Rechtsnachfolger des früheren Verpächters eines in der Klageschrift näher bezeichneten Grundstückes dessen Herausgabe von der verklagten Stiftung, als Nachfolgerin des Pächters und als jetziger Besitzerin. Beklagte hat eingewendet, daß Kläger nur Herausgabe eines Anteiles begehren könne, da er seine Nachfolge in die Rechte des Verpächters nur zu einem Bruchteile nachgewiesen habe. Kläger aber macht geltend, daß er die Herausgabe des ganzen Grundstückes zu fordern berechtigt sei, weil die *obligatio tradendi fundum* unteilbar sei (cf. l. 72 D. de V. O. 45, 1).

Entscheidung mit Gründen?

LII

1. Sind nachstehend wirksame Schuldverhältnisse gegeben? Welches ist die zutreffende rechtliche Behandlung der angegebenen Beredungen?

a) Ein Verkäufer behält sich vor, bei steigender Konjunktur den jetzt festgesetzten Preis nachträglich zu erhöhen.

b) Die Gründer einer Aktiengesellschaft haben sich vorbehalten, die Satzung erst noch zu entwerfen und selbständig zu bestimmen.

c) In einem Gesellschaftsvertrage war gesagt, daß der jährliche Geschäftsgewinn nach der Bestimmung des einen Teilhabers verteilt werden sollte.

d) Es verhandelten A. und B. über Verpachtung eines dem A. gehörigen Gutes an B. Da sie über den Pachtzins nicht ganz einig zu werden vermochten, so erklärten sie endlich: daß dessen Höhe nach dem Ermessen eines ihrer Gutsnachbarn festgesetzt werden sollte. Ein bestimmter Name wurde nicht genannt; wahrscheinlich dachten die Verhandelnden für sich dabei an verschiedene Personen.

e) *Hundert nützliche Gegenstände für nur 50 Pfennige,* so lautete ein in einer Berliner Zeitschrift erschienenes Inserat. Ein Neugieriger wollte der eigenartigen Sache auf den Grund gehen und sandte den geforderten Preis ein. Postwendend erhielt er die hundert nützlichen Gegenstände, nämlich hundert — Stecknadeln.

f) Ein Kaufmann hatte einem Geschäftsfreunde gegenüber Bürgschaft für eine Schuld seines Sohnes übernommen, dabei aber ausdrücklich hinzugefügt, daß er sich hinsichtlich der Zahlung der Bürgschaftsschuld an gar keine Zeit binde.

2. Wie sind folgende Tatbestände richtig aufzufassen und durchzuführen?

a) Ein Kaufmann schrieb dem Bewerber um eine Stelle: *Ich habe mich entschlossen, Ihnen den fraglichen Posten in meinem Kontor zu übertragen und zwar mit einem Gehalte von 3600 ℳ. Gleichzeitig sage ich Ihnen noch Gehaltserhöhungen bis zu 4500 ℳ zu, sobald Sie sich, wie ich es wohl erwarten darf, nach meinem Wunsche eingerichtet haben werden.*

b) Der Geschichtsschreiber Valerius Maximus berichtet in

seinen *Factorum dictorumque memorabilium libri IX* von einer alten Sitte der Gallier: daß sie, an die Unsterblichkeit der Seele glaubend, ihre Schuldscheine über Darlehen auf Rückzahlung *in der Unterwelt* ausgestellt hätten.

c) Die Waldauer Braunkohlen-Industrie-Aktiengesellschaft lädt zu einer Zeichnung auf Schuldverschreibungen ein. In den Bedingungen heißt es: *Die Zuteilung, deren Höhe dem Ermessen der Zeichnungsstellen überlassen ist, wird nach Schluß der Zeichnung so bald als möglich erfolgen.*

3. Ein Handmerksmeister, der regelmäßig nur wenige Arbeiter beschäftigt, mietet zwei Gesellen. Die Beteiligten hatten dabei einen Vertrag unterschrieben, den der Dienstherr nach dem Muster einer älteren Fabrikordnung übernommen hatte. Darin hieß es: § 4. *Der Meister hat das Recht, Vergehen der Gehilfen durch Abzüge von deren Lohn zu bestrafen und haben sich die betreffenden Gesellen den gegen sie nach Maßgabe nachstehender Bestimmungen erkannten Strafen unweigerlich zu unterwerfen.* § 11. *Vergehen, die in diesem Reglement nicht vorgesehen sind, werden nach Ermessen des Meisters oder des ihn vertretenden Obergesellen mit einem Lohnabzuge bestraft.*

Wie sind diese Bestimmungen rechtlich aufzufassen? Was bedeutet insbesondere hier *Reglement, — Vergehen, — Strafen*? Steht die Gültigkeit des Reglements außer Zweifel?

Vgl. GO. (Ges. v. 1. Juni 1891, 30. Juni 1900) 134a—h; 148, Nr. 1, Ziff. 11.

LIII

1. Zufolge eines formlosen Wunsches seines verstorbenen Vaters hat Dahms dem Crone ausdrücklich versprochen, daß er ihm, als dem nächsten Freunde seines Erblassers, eines von dessen Reitpferden, m oder n, zur Erinnerung an den Heimgegangenen und in dessen Sinn überlassen werde. Crone nimmt dieses Versprechen dankbar an.

Es fragt sich nun:

a) Wer hat die Wahl zwischen beiden Gegenständen?

b) Welchen Klagantrag würde Crone stellen müssen? Und wie würde das gerichtliche Urteil bei Verurteilung des Dahms lauten?

c) Dahms schreibt an Crone, er werde ihm m zusenden. Statt dessen kommt am anderen Tage n an, weil Dahms sich anders besonnen habe. Ist das zulässig?

d) Wenn Crone brieflich den Wunsch geäußert hätte, daß er m vorzöge, kann er das noch widerrufen, falls ihm die Lieferung von n dann genehmer werden sollte?

e) Was ist die Rechtsfolge, wenn m bald nach dem Tode des Erblassers zu Grunde geht: α) durch Schuld des Dahms; β) oder durch Schuld des Crone, der das Pferd einmal probeweise geritten; γ) oder durch Zufall?

f) Wie ist es, wenn alsdann n auch noch zu Grunde geht, und zwar auch wieder: α) entweder durch Schuld des Dahms; β) oder durch die des Crone; γ) oder durch Zufall?

g) Crone stirbt bald nach seinem Freunde unter Hinterlassung des Alefeld als Erben. Hat dieser einen Anspruch gegen Dahms?

h) Würde das Gleiche, wie sub g), gelten, wenn von vornherein ein rechtsgültiges Vermächtnis zu Gunsten des Crone vorgelegen hätte?

2. Einem von zwei Miterben waren verschiedene Gegenstände von dem Erblasser zugewiesen, mit der Bestimmung, daß er die Hälfte des Wertes derselben in Geld an den Miterben herauszuzahlen habe; dieser Wert soll nach Wahl des Bedachten entweder durch Verkauf der vermachten Gegenstände oder durch eine Abschätzung Dritter festgesetzt werden. Der Bedachte schreibt nun einen Brief an seinen Miterben, in welchem er auf dieses Wahlrecht verzichtet und jenem die Wahl überläßt.

Welche Rechtsfolge tritt ein?

3. A. hat sich verpflichtet, dem B. zu einer bestimmten Zeit 100 Scheffel Getreide zu liefern oder, nach eigener Wahl, 1000 *M* zu zahlen. Er stellt einen Bürgen. An dem bestimmten Tage liefert A. 50 Scheffel, welche B. auch annimmt. Wegen der rückständigen 50 Scheffel, die von A. nicht zu erlangen sind, nimmt B. den Bürgen in Anspruch.

Ist dieser berechtigt, statt der Getreidelieferung 500 *M* an B. zu zahlen?

Cf. l. 34 pr. D. de aedil. ed. (21, 1).

4. *Mein Erbe E. soll unserem Verwandten V. meine Sammlung Meißner Porzellanfiguren als Vermächtnis überlassen; falls aber E. dieselbe für sich zu behalten wünscht, so soll er an V. 2000 M zahlen.*

Infolge ungenauer Mitteilung — es läßt sich nicht mehr feststellen, durch wessen Schuld — erfuhr E. seitens des Testamentsvollstreckers nur den ersten Teil des Vermächtnisses und gab alsbald Anordnung, diesen auszuführen. Erst hinterher wurde ihm der Zusatz bekannt.

Kann er jetzt noch die Sammlung zurückfordern und dafür das Geld zahlen?

5. Haberkorn war verpflichtet, an Schlösser nach dessen Wahl jährlich entweder eine bestimmte Anzahl Kubikmeter Brennholz oder eine entsprechende Summe Geldes zu leisten.

Schlösser hat lange Zeit hindurch immer das Geld gewählt.

Steht ihm jetzt, nach 31 Jahren, noch frei, gelegentlich einmal die Naturallieferung des Holzes zu fordern?

Hätte er nicht wenigstens im zweiten Jahre letzteres verlangen können?

6. Die Rheinisch-Cölnische Dampfschiffahrts-Gesellschaft war rechtskräftig verurteilt, einen mit Biegel & Cie. abgeschlossenen Lieferungsvertrag durch Annahme einer Quantität Saarkohlen zu erfüllen oder dieser Firma vollen Schadensersatz zu leisten.

In Verhandlungen zwischen den Streitteilen gab die Gesellschaft am 19. November die Erklärung ab, daß sie auf die Annahme der Kohlen nicht eingehen werde: womit sie zugleich bestimmte Anerbietungen hinsichtlich der zu leistenden Entschädigung verband, welche der Vertreter der Firma in Ermangelung näherer Vollmacht lediglich zur Kenntnis nahm.

Am 25. desselben Monats widerrief aber die Gesellschaft und forderte nun die Firma zur nachträglichen Erfüllung des Vertrages auf. Worauf diese jetzt sich nicht mehr einlassen will.

Entscheidung?

7. Die Firma Fangmann war durch rechtskräftiges Urteil schuldig erkannt, dem klagenden Handlungshaus Schmitz den Kaufpreis für eine Quantität Soda gegen Lieferung derselben durch Wechselaccept zu bezahlen, und zwar im Betrage von 4,10 *M* oder 4,70 *M* à 100 Pfund, je nachdem sie, die Beklagte, die Lieferung in Newcastle oder in Hamburg verlange.

Schmitz forderte den Gegner wiederholt auf, anzugeben, wohin er die Ware verfrachten solle; erhielt aber keine Antwort.

Auf welchem Wege kann die nötige Wahlhandlung des Fangmann erzwungen werden? Und wie ist weiter die richtige Behandlung dieses Falles?

BGB. 263; 264; 300 ff.; 383 ff.; HGB. 373; 374.

8. Der Handelsmann Löb Schiff hatte mit Salomon Bodenheimer einen Akkord abgeschlossen, wonach letzterer die Fourage für eine Anzahl Pferde zu bestimmten Preisen der einzelnen zu liefernden Fouragegegenstände zu leisten verpflichtet war; und es war hiernächst Bodenheimer allgemein *zur Vertragserfüllung oder zur Entschädigung des Klägers* rechtskräftig verurteilt worden.

Der Kläger verlangt nun, daß der Beklagte binnen bestimmter Frist zur Erklärung angehalten werde, ob er den Vertrag erfüllen oder aber von der ihm alternativ zustehenden Befugnis der Entschädigung Gebrauch machen wolle.

Beklagter stellt dagegen in Abrede, daß schon jetzt eine Pflicht zur Ausübung des Wahlrechtes bestehe. Denn es müsse erst die Quantität beider Forderungen jeweils vom Kläger liquidiert sein; und man könne ihm, dem Beklagten, nicht zumuten, sich jetzt bereits bindend zu erklären, da er über jenes noch ganz im unklaren sei. (Cf. l. 106 D. de verb. obl. (45, 1) und l. 138 § 1 eod.)

Wie ist zu urteilen?

LIV

1. Welches ist der richtige Erfüllungsort bei folgenden Schuldverhältnissen?

a) Eckhold aus Alsfeld entnimmt von Borchholten zu Fritzlar ein Darlehen von 409 *M*, rückzahlbar mit Zinsen in drei Monaten. Nach Verlauf dieser Frist treffen beide auf einem Jahrmarkte zu Fulda zusammen, und Eckhold will hier das Darlehen zurückzahlen. Borchholten verweigert aber die Annahme des Geldes bei dieser Gelegenheit.

b) Es hat sich B. dafür verbürgt, daß V. eine verkaufte Sache dem Käufer K. pünktlich liefern werde.

c) Der Anwalt A. in Halberstadt hat für X. in Harzburg die Verwaltung und schließliche Versilberung einer dem X. angefallenen Erbschaft durchgeführt. Er soll jetzt Rechnung legen (BGB. 259), den baren Überschuß auszahlen und dem X. alle Erbschaftspapiere und sonstige Belege aushändigen.

d) Bei dem Verkaufe seines Hofes hat der Verkäufer die persönliche Verbindlichkeit übernommen, daß dem verkauften Hause weder durch ihn selbst, der das Nachbarhaus behielt, noch durch einen Erwerber dieses letzteren, die Fenster verbaut würden.

e) Ein Haus in Naumburg a. S., das dem Kaufmann Höfen in Torgau und dem Fabrikanten Rimmel in Halle a. S. zu gleichen Teilen gehörte, wurde von dem letzteren an den Rentner Hubarth in Nordhausen verkauft. Dabei hatte sich

Rimmel verpflichtet, die Genehmigung des Höfen zu dem in Nordhausen notariell geschlossenen Kaufvertrage nachzubringen. Dies war aber nicht zu erreichen.

2. An welchem Orte hat nachstehend die Leistung des Schuldners zu erfolgen?

a) Kauf an einem Stand in der Markthalle, den ein Bewohner eines benachbarten Dorfes gemietet hat.

b) Mit der Ware wird eine Rechnung übersandt und ohne Verwahrung angenommen, auf der ein Zahlungsort vermerkt ist.

c) Der Käufer verlangt die Wandelung, der Verkäufer erklärt sich damit einverstanden (BGB. 465; 467).

3. Die königliche Staatsanwaltschaft in Berlin bestellte kürzlich drei Pakete Zündhölzer (echte Schweden) bei einem Moabiter Kaufmann. Letzterer lieferte durch seinen Hausdiener die Ware unter Beifügung von zwei Rechnungsformularen zum üblichen Preise von 72 ₰. Jetzt erhielt der Lieferant eine vom Amtsgerichtspräsidenten unterzeichnete Verfügung, worin er angewiesen wird, sich die 72 ₰ für die Zündhölzer von der königlichen Gerichtskasse I in der Jüdenstraße abzuholen, widrigenfalls ihm der Betrag auf seine Kosten und Gefahr durch die Post eingesandt werden würde. Welchen Weg nun der Kaufmann wählt, um den Betrag zu erhalten, er wird immer Schaden haben. Läßt er sich die 72 ₰ senden, so kostet dieses Verfahren 10 ₰ Porto und 5 ₰ Bestellgeld, so daß er 57 ₰ bar erhält; schickt er einen Boten nach der Jüdenstraße, so ist es auch nicht billiger. Der Selbstkostenpreis der Zündhölzer beträgt aber 58 ₰, so daß er im günstigsten Falle 1 ₰ zusetzt.

Ist er rechtlich dazu genötigt?

4. Die Firma Windesheim in Halle a. S. offerierte an Fehrer in Eberstadt mittels Schreibens vom 12. November nach beigeschlossener Probe Nr. 0 500 Zentner Chevaliergerste zu näher bestimmtem Preise *ab Halle, gegen Kassa, Säcke franko retour.*

Fehrer acceptierte am 15. dess. M. dieses Angebot *ab dorten, gegen Kassa, an seine Adresse, Station Eberstadt abladbar,* und ersuchte zugleich die Firma Windesheim, den Versand in zwei Waggons mit Unterbrechung von drei bis vier Tagen bewerkstelligen zu lassen.

Darauf antwortete Windesheim am 16.: *Wir nehmen die uns beorderten 500 Zentner Gerste ab hier, per Kassa, bestens für Sie in Nota; mit Verladung werden wir laut Aufgabe vorgehen.*

a) Welches ist der rechte Erfüllungsort, und zwar einmal für die Ware, sodann für die Geldzahlung?
b) In welchem Augenblick gehen im Falle der Ausführung Besitz und Eigentum auf den Käufer über?
c) Wann wird das Kaufgeld fällig?

LV

1. Wie steht es mit Gültigkeit und Fälligkeit von Leistungen, welche der Schuldner, wie folgt, verspricht?
a) *sobald er dazu in der Lage sei; — nach Gelegenheit; — wie es ihm passe und in seinen Kräften stehe;*
b) *gegen Ende Oktober;*
c) *nach Möglichkeit in jährlichen Raten; — in beliebigen Jahreszielen; — nach und nach;*
d) *nach dem Verkaufe des ererbten väterlichen Hauses; — wenn er, der Käufer, die erstandene Ware wird weiter verkauft haben; — auf Abruf;*
e) *baldtunlichst; — sobald der Gläubiger das Geld brauche; — auf Verlangen des Gläubigers; — Zahlung Kassa.*

2. Laut geschlossenen Vertrages sollte die Lieferung von 100 Zentnern Rüböl spätestens am 30. Oktober geschehen. Die Wagen mit dem Öl kamen auch an diesem Tage, aber erst abends gegen 7 Uhr vor dem Hause des Bestellers an. Dieser verweigerte die Annahme, weil die Lieferung verspätet sei.

Mit Recht?

3. B. hat eine Urkunde ausgestellt, worin er anerkennt, dem X. 116 ℳ schuldig zu sein, *deren Bezahlung in monatlichen Raten zu der Zeit und in der Art, welche noch bestimmt werden wird, erfolgen soll.* X., welcher sich mit dieser Erklärung deshalb begnügte, weil B. an ihn eine Gegenforderung hatte, deren Höhe erst festgesetzt werden mußte, cediert die Forderung an A., welcher sie einklagt.

Wie ist im Falle der Bestreitung der Klage durch B. gerichtsseitig zu erkennen?

---

4. Eine verkaufte Sache war vertragsmäßig am 29. Juni zu liefern; der Tag verstrich aber, ohne daß der Verkäufer seiner Verpflichtung nachgekommen wäre. Er wurde deshalb am folgenden Tage gemahnt. Als auch dieses fruchtlos blieb, so wiederholte der Käufer am 2. Juli die Mahnung, mit der Aufforderung, binnen drei Tagen spätestens zu erfüllen, was wiederum nicht geschah.

Nun klagt der Käufer auf Schadensersatz und Verzugszinsen. Der Beklagte wendet ein, daß er sich noch nicht *in mora* befinde. Da nach der eigenen Angabe des Klägers die Lieferfrist bis zum 5. Juli erstreckt worden sei, so hätte, um Verzug herbeizuführen, nach diesem Tage noch einmal gemahnt werden müssen, was nicht geschehen sei.

Wie ist zu erkennen?

5. Ende August und Anfang September 1892 wurde an der hamburgischen Grenze wegen der in Hamburg herrschenden Cholera der Verkehr mit vielen Waren inhibiert. Namentlich wurden die Gemüsehändler in Altona und den Nachbarorten davon hart betroffen; sie verlangten deshalb von den hamburgischen Lieferanten Ersatz.

a) War dieser Anspruch rechtlich begründet? Welcher Rechtssatz kommt in Frage und zur Anwendung?

b) Steht der Fall demjenigen gleich, da jemand Geld zu einer Spekulation aufnimmt, inzwischen aber unverschuldeterweise bestohlen wird und deshalb an dem betreffenden Zahlungstage nicht leisten kann, sondern sich erst nach einiger Zeit die Mittel dazu zu verschaffen vermag?

6. Leitzmann verkauft sein an Motsch vermietetes Haus mit Zubehör und mehreren Gerätschaften dem Greifenclau mittels Vertrages vom 7. April, und zwar nach § 1 in dem Zustande, *worin sich alles jetzt befindet.* Im § 2 heißt es: *Die Übergabe des Hauses mit Zubehör geschieht am nächsten Michaelistermin, frei von jeglichem Besitz.*

Dem Mieter Motsch wird nunmehr von Leitzmann zur Räumung auf Michaelis gekündigt. Beide kommen aber in einen weitläufigen Prozeß, infolgedessen die Räumung erst einige Zeit nach dem genannten Termine durch gerichtlichen Zwang bewirkt wird.

Nun klagt Greifenclau gegen Leitzmann auf Schadensersatz: einmal wegen verschiedener Beschädigungen, welche Motsch in der letzten Zeit dem Hause zugefügt, sodann wegen verspäteter Vertragserfüllung. Leitzmann entgegnet, daß er an beidem schuldlos sei, und der Käufer von der inzwischen erfolgten Eintragung in das Grundbuch an ja die Gefahr trage. (BGB. 446, 2.)

Welche Entscheidung ist abzugeben?

7. In einem Pachtvertrage hatte der Verpächter A. dem

Pächter B. *in feierlichster Weise die Grundbedingung des Vertrages* auferlegt, daß wenn B. mit einer Rate ganz oder teilweise dreißig Tage nach der Verfallzeit im Rückstande bleibe, A. das Recht haben solle, den Vertrag vom nächstfolgenden 29. September an für aufgehoben zu erklären. Nun hatte B. am 31. Dezember v. J. eine Pachtzinsrate abzuführen; da indessen Ende Januar d. J. ein so heftiger Schneefall war, daß selbst auf der Poststraße der Verkehr unterbrochen wurde, auch B. zu jener Zeit kränklich war, fand er sich erst am 3. Februar bei dem in einem anderen Orte wohnhaften Bevollmächtigten des A. ein, bezahlte und erhielt von diesem eine einfache, keinen Vorbehalt aussprechende Quittung.

A. klagt jedoch später auf Aufhebung des Vertrages, deren Berechtigung unter den vorgelegten Umständen B. bestreitet.

Wer ist im Rechte?

8. In einem Darlehensvertrage war verabredet, daß die Zinsen binnen bestimmter Frist bezahlt werden müßten, widrigenfalls das Kapital sofort und ohne Kündigung fällig werde. Jene Bedingung trat ein; der Gläubiger aber nahm nachträglich die Zinsen ohne Vorbehalt an.

Wie steht es mit der Fälligkeit des Kapitales?

9. V. hat an K. eine Halde Kies verkauft, mit der Bedingung, daß K. selbige binnen Jahresfrist abfahren solle. K. hat bezahlt, macht aber keine Anstalt, die Abfuhr vorzunehmen.

Was hat V. für einen klagbaren Anspruch gegen K.?

10. Über ein Haus war nach BGB. 313 ein Kaufvertrag abgeschlossen worden. Der Verkäufer fragt bei dem Erwerber an, welcher Tag ihm zur Vornahme der Auflassung genehm sein werde (BGB. 925). Der andere gibt keine Antwort.

Wie steht es mit der Frage des Verzuges? Welche Rechtsbehelfe hat der Verkäufer?

11. Ein Privatmann hat von der städtischen Gasanstalt 30 Zentner Koks bestellt. Nachmals wird er anderen Sinnes und verweigert bei der Zusendung des Koks die Annahme. Hierauf hat der Führer des Wagens, welcher zur Ausführung anderer Bestellungen das Fuhrwerk notwendig brauchte, die Kohlen kurzerhand vor dem Hause jenes abladen lassen. Nun ist der größte Teil abhanden gekommen.

Rechtliche Folge?

12. Gegen einen Mieter wurde Anklage nach StGB. 289 (wegen verbotenen *Rückens*) erhoben: Der Vermieter hatte Sachen des Mieters wegen rückständigen Mietzinses zurückbehalten wollen, der letztere sie aber heimlich entfernt.

Der Mieter verteidigte sich damit, daß er dem Vermieter das Mietgeld angeboten, dieser es aber nicht angenommen habe, indem er unberechtigterweise mehr gefordert hätte. Die Beweisaufnahme ergibt die tatsächliche Richtigkeit dieses Vorbringens in allen Punkten.

Wie ist begründet zu urteilen?

LVI

1. Die Gemeinde N. war rechtskräftig verurteilt worden, gewisse von ihr in Rückstand gelassene Geld- und Naturalabgaben, letztere in alljährlich abzugebenden sog. Trift- und in sog. Kauf-Hämmeln bestehend, mit Verzugszinsen zu 4 % im Jahr an das Rechnungsamt E. zu bezahlen und abzuführen. Es entstand nun Streit über die gesetzlich richtige Ansetzung und Berechnung jener Verzugszinsen in Ansehung der Hämmel.

Wie ist selbiger zu schlichten?

2. Nachdem S. von G. im Jahre 1879 ein Darlehen von 10000 ℳ mit halbjähriger Kündigung zu 6 % verzinslich aufgenommen und die Zinsen immer regelmäßig bezahlt hat, weigert er sich nach Ablauf des Jahres 1896 weiterhin Zinsen zu bezahlen, da das hier maßgebliche Verbot des römischen Rechtes durch das Norddeutsche Bundesgesetz, und dieses durch die neue Wuchergesetzgebung nicht berührt worden sei.

Mit Recht? Wie, wenn die Sache erst 1901 zum Austrage gekommen wäre?

3. A. klagt gegen seinen Darlehensschuldner B. drei halbjährige Termine rückständiger Zinsen ein, mit dem Antrage, den Beklagten zur Zahlung dieser, sowie von Verzugszinsen vom Tage der Klagezustellung an zu verurteilen. Im Termine bleibt B. aus. A. trägt die Klage vor und bittet um Urteil.

Wie hat dieses zu lauten?

4. Der Vormund eines Minderjährigen hat von einer Mündelforderung die rückständigen Zinsen der letzten Jahre im Betrage mit 1200 ℳ und nächstdem auch das Kapital mit 15000 ℳ eingezogen, aber bei der Abrechnung nicht eingestellt. Sein ehemaliger jetzt volljähriger Mündel klagt nun auf Herausgabe nebst Verzugszinsen (BGB. 1806; 1834).

Wovon dürfen diese berechnet werden?

5. Heinrich Schlief versprach der von ihm geschwängerten und niedergekommenen Hulda Rösel, daß er am 1. Januar des kommenden Jahres ein Kapital von 600 *M* in die Sparkasse des Ortes einlegen wolle, unter der Bedingung, daß die von der Sparkasse zu zahlenden Zinsen von 3 % jährlich zum Kapital geschlagen werden sollten; die Rösel sollte bei Meidung des Verlustes ihres Gesamtanspruches die Einlage nicht vor vollendetem 30. Jahre erheben, dann aber frei darüber verfügen dürfen.

Als Hulda Rösel 35 Jahre alt geworden, will sie das Kapital erheben; aber — Schlief hatte gar nichts eingelegt. Sie verklagt nun die Erben des mittlerweile verstorbenen Schlief auf jenes Kapital mit allen dazu zu schlagenden Zinsen von dem Augenblicke an, da die Einlage hätte geschehen sollen, bis zur Auszahlung, außerdem auf Verzugszinsen, die je nach dem Stande des Kapitales mit 4 % zu verrechnen seien, von ihrem vollendeten dreißigsten Jahre an.

Die Erben bestreiten die Berechtigung dieser Forderung, weil darin verbotene Zinseszinsen gelegen seien, und in jedem Falle nach dem dreißigsten Geburtstage der Klägerin gar keine Zinsen mehr zu laufen hätten.

Wie ist der Fall zu entscheiden?

6. Schuldscheine:

a) *Ich Endesunterzeichneter N. N. habe heute von L. L. in Geisa ein bares Darlehen erhalten mit 99 Reichstalern oder 297 Reichsmark. Diese genannte Summe verspreche ich Unterzeichneter in sechs Monaten an L. L. zurück zu bezahlen und verspreche eine Provision von 24 M. Es macht sich N. N. verbindlich, diese genannte Summe ins Hypothekenbuch eintragen zu lassen; wo nicht, so kostet es jeden Tag eine Mark Provision, welches ich mit meiner Unterschrift anerkenne. N. N.*

b) *Ich Endesunterzeichneter N. N. bekenne, daß ich von M. Stern von Geisa nochmals bar geliehen habe 10 M 50 Pf. Dieses verspricht Unterzeichneter in vier Wochen zu bezahlen außer der monatlichen Provision eine Extraprovision per Woche mit 20 Pfennig und so lange, bis die Provision mit der Hauptforderung bezahlt. Ferner hat N. eine Hose von M. Stern gekauft für 1 M 20 Pf. N. N.*

Fragen:

a) Wie sind die hier angegebenen Leistungen und versprochenen Vergütungen rechtlich zu charakterisieren?

b) Sind sie rechtsgültig: nach römischem, — kanonischem, — früherem gemeinen, — seitherigem reichsgesetzlichen, — heutigem bürgerlichen Rechte?

c) Wieviel kann in jedem Falle der Gläubiger wirklich fordern?

d) Was ist die Folge, wenn der Schuldner bereits einzelnes — oder das Ganze — an den Gläubiger bezahlt hat.

7. Die Gemeinde Wellenstedt in der Provinz Hannover hat dem Gutsbesitzer Trübmann Land zum Zwecke des Wegebaues enteignet. Die Höhe der Entschädigungssumme mußte bei fehlender Einigung der Parteien im Prozeßwege festgestellt werden. Dabei fragte es sich: In welcher Höhe Zinsen zuzuerkennen seien?

Preuß. Ges. über die Enteignung von Grundeigentum vom 11. Juni 1874, § 36, 2: *Die Entschädigungssumme wird in Ermangelung abweichender Vertragsbestimmungen von dem Unternehmer mit 5 %₀ vom Tage der Enteignung verzinst.* — BGB. 246; vgl. 288. — EG. 109; vgl. 52; 53. — Preuß. AG. z. BGB. 10.

LVII

1. A. hat von B. eine an einem Flusse gelegene Wiese auf Grund eines Vermächtnisses, aber nur unter bestimmter Bedingung zu fordern. Ehe diese in Erfüllung geht, wird an der Wiese bei Hochwasser ein nicht unbedeutendes Gelände angeschwemmt.

Kann bei Eintritt der Bedingung A. auch die Anschwemmung fordern?

2. Ist nachstehender Fall dem sub 1 gleich zu behandeln: B. hat eine Statue, an welcher ein Arm fehlt, an den A. verkauft und vor der Übergabe den zur Statue gehörigen Arm aufgefunden und angeschweißt; — und warum oder warum nicht?

3. M. und N. sind übereingekommen, zwei Parzellen zu besserer Abrundung ihres jeweiligen Grundbesitzes auszutauschen. Vor dem Vollzuge des Vertrages findet N. auf seinem Grundstücke eine in alten Kriegszeiten versteckte Kiste mit Gold- und Silbersachen und alten Münzen. Als M. davon erfährt, möchte er jenen Fund gern, ganz oder zur Hälfte, für sich beanspruchen.

Hat er ein Recht darauf?

Wie steht es, wenn N. zu der angegebenen Zeit auf dem vertauschten Stücke Land noch Früchte eingeheimst oder jagdbares Wild erlegt hat?

4. Reitz hatte von Meisel eine Kuh und einen Ochsen gekauft und verabredet, daß Meisel die Tiere in einem Monate bei Gelegenheit eines größeren Viehtransportes überbringen solle. Meisel benutzt während dieses Monates eine an seinem Wohnorte veranstaltete landwirtschaftliche Ausstellung, um den Ochsen auszustellen, und erhält einen Preis. Nun schickt Meisel die Tiere durch die Bahn. Unterwegs wirft die Kuh ein Kalb. Reitz verlangt die Prämie und das Kalb mit heraus.

Sind diese Ansprüche begründet?

5. Bei dem Amtsgerichte L. läuft folgende Klage ein:

Am 6. November verkaufte ich dem Heinrich Vogel eine Kuh für 102 ℳ, um sie am 9. November spätestens zu liefern, und zwar sollte sie vom Beklagten bei mir abgeholt werden. Dieser ist aber am bezeichneten Tage nicht gekommen; und ist die Kuh am 20. November in meinem Stalle durch zufälliges Unglück krepiert. Da Vogel in Güte nicht zahlt, so muß ich auf den Kaufpreis nebst Verzugszinsen und meinen Unkosten Klage erheben. Ich lade u. s. w. Löb Stern.

Im Verhandlungstermine erklärt der Beklagte, daß er an Stern vor kurzem 90 ℳ geschickt habe, weil dieser die Haut der Kuh im Werte von 12 ℳ für sich behalten; Kläger habe aber die gesandte Summe nicht angenommen. Auf Befragen des Amtsrichters meint der Kläger, daß er zu der geforderten Annahme rechtlich doch nicht verpflichtet sei.

Wie hat das Gericht zu erkennen?

Würde es von Einfluß sein, wenn die Kuh schon am 8. November verendet wäre?

BGB. 300; 302; 323; 324; 446.

6. Ein Müller verkaufte sein Besitztum. Vor der festgesetzten Überlieferung muß er einen Teil der Grundstücke zur Erweiterung eines Gemeindeweges hergeben. Der Käufer fordert Abtretung der von der Gemeinde geschuldeten Entschädigung.

Mit Recht?

7. Was kann der Käufer einer Sache verlangen, wenn diese

a) zur Zeit des Kaufabschlusses dem Verkäufer ohne dessen Wissen und Schuld bereits gestohlen war?

b) oder auf diese Weise nach dem Vertragsschlusse abhanden kommt?

c) oder im Eigentume eines Dritten stand und von dem Diebe an den jetzigen gutgläubigen Verkäufer weitergegeben worden war, indes nun der wahre Eigentümer von dem jetzigen Käufer sie fordert?

d) oder dem verkaufenden Eigentümer nach dem Verkaufe im ordnungsgemäßen Verfahren enteignet wird?

e) oder von dem Verkäufer — arglistig oder gutgläubig — an eine zweite Person weiter verkauft wird?

LVIII

1. Wie sind folgende Beredungen juristisch aufzufassen?

a) Es soll ein armer Tischler einen kleinen Schrank anfertigen; der Besteller gibt ihm zur Ermöglichung der Materialbeschaffung ein Angeld.

b) Ein Matrose, der Dienst auf einem Handelsschiffe nimmt, erhält eine Heuer.

c) M. hatte von V. eine Wohnung auf drei Jahre für den jährlichen Preis von 1400 *M* gemietet. In dem § 3 des Mietvertrages hieß es, *daß, sollte der eine oder der andere der beiden Vertragschließenden vor Ablauf der drei Jahre von dem Mietvertrag zurücktreten wollen, der Aufkündigende eine Entschädigung von 500 M zu leisten habe.*

d) Bei der Hingabe des Miettalers an einen eben gemieteten Kutscher bedingt sich letzterer aus, innerhalb zweier Tage zurücktreten zu dürfen, gegen Rückgabe jener Anzahlung.

2. Der Gutsbesitzer Roth hatte der bei ihm in Stellung befindlichen Wirtschafterin Neumann erklärt, daß er sie auf ihren Wunsch ihrer vertragsmäßig übernommenen Dienstpflicht entlasse, wenn sie ihm eine Vertreterin stelle. Darauf veranlaßt die Neumann ihre Freundin Thoms, bei Roth zu erscheinen und sich für die Stelle anzubieteu.

Jetzt hat Roth die Neumann auf Vertragserfüllung und Schadensersatz verklagt, indem er behauptet, daß er mit der Thoms einen Vertrag nicht zu stande gebracht habe.

Die Beklagte weist darauf hin, dass Roth der Thoms 2 *M* Mietsgeld gegeben habe; wonach die Angabe des Klägers hinfällig sei. Wogegen Roth angibt, daß er die 2 *M* der Thoms mit der ausdrücklichen Erklärung gegeben habe, daß er sie ohne Dienstschein über ihre früheren Stellungen nicht miete, und sie ihm daher das Geld zurückgeben müsse, wenn sie den Schein nicht beschaffe.

Da die Neumann diese damalige Zufügung in Abrede stellt, und ihr Anwalt eventuell behauptet, daß der Schein rechtzeitig dem Roth geliefert worden sei, so fragt es sich:

a) Wie die verschiedenen Beredungen dieses Tatbestandes rechtlich zu charakterisieren sind?

b) Welchem der Streitteile die Beweislast für die verschiedenen streitig gebliebenen Behauptungen zuzuweisen sei?

3. Während eines Neubaues hatte der Unternehmer Limbach dem Kaufmann Löwenstein einen Laden in dem neuen Hause vermietet. Es war genau verabredet, wie der mit zwei Schaufenstern versehene Laden auszustatten, insbesondere mit elektrischer Beleuchtung zu versehen sei; als Zeit des Vertrages waren 10 Jahre, als Mietpreis jährlich 3700 ℳ festgesetzt. Nachmals weigert Limbach Erfüllung des Mietvertrages, weil notarielle Abfassung des Vertrages vorbehalten, aber nicht erfolgt sei, und die Parteien sich über gewisse, von ihnen als wesentlich bezeichnete Nebenbestimmungen nicht geeinigt haben; als solche werden angeführt: Tag der Fertigstellung und Überlieferung des Ladens, sowie Höhe der Vergütung über die Beleuchtung desselben.

Löwenstein führt dagegen an, daß er bei der mündlichen Beredung dem Limbach fünf Mark Mietgeld gegeben habe, wodurch die jetzigen Einwendungen des Vermieters sich bereits erledigen. Wer ist im Rechte?

BGB. 125; 154; 336; 566; 580.

LIX

1. Es verpflichtet sich jemand zur Zahlung einer Geldsumme für den Fall, daß er eine bestimmte Sache nicht geben sollte. Wann kann der Berechtigte die Geldsumme fordern? Und welche juristischen Begriffe gelangen bei zutreffender Charakterisierung jenes Versprechens zur Anwendung?

2. Wie verhält es sich mit der Rechtsgültigkeit nachstehender Versprechen:

a) Der Mühlenbesitzer Hotopp klagt gegen den Müller Wallbrod auf Entrichtung von 3000 ℳ auf Grund eines zwischen den Parteien, jedoch ohne Beobachtung der nach BGB. 313 erforderlichen Formvorschriften über eine Mühle geschlossenen Kaufvertrages, in welchem die gedachte Zahlung für den Fall, daß einer der Kontrahenten den Vertrag brechen sollte, festgesetzt war.

b) Die Fleischer der Stadt Z. haben eine Vereinbarung getroffen, bei 300 ℳ Geldbuße an die Armenkasse für jeden Fall, an Konsumvereine keinen Rabatt mehr zu gewähren.

c) In einem Verlöbnisvertrag unter hessischen Bauersleuten war verabredet: *daß, wenn vor der Hochzeit und vor dem gerichtlichen Abschlusse des Ehevertrages (BGB. 1434) einer von beiden Teilen diesen Kontrakt nicht erfüllen wolle, der Zurücktretende schuldig sein solle, dem anderen Teile für Entschädigung und Beschimpfung 400 ℳ zu entrichten.*

3. Zwischen einem Tabaksfabrikanten und dessen Werkmeister war ein Vertrag geschlossen, in dem der letztere sich verpflichtet hatte, während der Dauer des Vertrages und drei Jahre nach demselben in kein anderes Tabakgeschäft einzutreten, für den Fall der Zuwiderhandlung aber eine bestimmte Strafe zu entrichten.

Nach Ablauf eines Jahres erfolgte der Austritt des Werkmeisters aus dem Dienste und sofort der Eintritt in ein anderes an demselben Orte befindliches Tabaksgeschäft.

Worauf kann der frühere Dienstherr klagen?

4. In einem Verlagsvertrage war bestimmt, daß der Autor das Manuskript des zweiten Bandes des betreffenden Werkes ein Jahr nach Erscheinen des ersten Bandes druckfertig abzuliefern habe unter der Verpflichtung, bei späterer Ablieferung auf die Hälfte seines Honorars zu verzichten.

Da der zweite Band nicht geliefert wurde, so klagte die Verlagshandlung auf Ansetzung einer richterlich zu bestimmenden Frist zur Lieferung des Manuskriptes.

Der Beklagte entgegnete, daß gegen Übernahme des Verlustes des halben Honorares die Lieferung des Manuskriptes in sein Belieben gestellt sei.

Wie ist zu erkennen?

5. Immler sollte dem Zumpe vertragsmäßig das Balkengerüst seines Stallgebäudes liefern; die Anlieferung des fertig bearbeiteten Bauholzes hatte spätestens am 31. August zu geschehen, und waren bei verzögerter Lieferung für jeden Tag 10 ℳ Strafe zu zahlen.

Als Immler späterhin Zahlung seiner Forderung verlangte, entgegnete Zumpe, daß die Lieferung sich um 80 Tage verzögert habe und daher vom Kläger 800 ℳ verwirkt seien, so daß die klägerische Forderung durch Aufrechnung habe getilgt werden können. Immler entgegnet, daß Zumpe den Bau trotz der verspäteten Lieferung ja angenommen habe.

Entscheidung?

6. Der Landwirt Törfer hat dem Fleischer Lange bei einem Hausverkaufe an letzteren vertragsmäßig unter Strafzufügung von 300 ℳ versprochen, in den nächsten drei Jahren keinen gewerbsmäßigen Fleischhandel in jenem Dorfe zu betreiben. — Am 31. August klagt Lange auf Zahlung der Vertragsstrafe, mit der Behauptung, daß Törfer jenem Versprechen zuwider gehandelt habe. Der Beklagte bestreitet dieses. Die Beweisaufnahme ergibt, daß der Beklagte im August für seine Erntearbeiter ein Schwein geschlachtet und an diese teilweise statt baren Lohnes abgegeben habe; daß aber allerdings seit Beginn des September ein gewerbsmäßiges Fleischergeschäft von ihm eingerichtet worden sei.

Was hat nun rechtlich zu geschehen?

LX

1. Wie sind nachstehende Fragen des Schadensersatzes nach unserem bürgerlichen Rechte zu behandeln?

a) Peter Lotichius, der letzte neulateinische Dichter (*Poëmata*, 1561), gestorben 1580 als Professor der Medizin in Heidelberg, erhielt von dem König Heinrich III von Frankreich für eine glückliche Kur an einem Verwandten des Königs eine goldene Gnadenkette von kunstvoller Arbeit. Nach der letztwilligen Bestimmung des Eigentümers sollte die Kette in der Familie stets forterben, von dem Ältesten verwahrt sein und nur bei Hochzeiten oder Promotionen von Familienangehörigen der Braut oder dem jungen Doktor an diesem Tage umgehängt werden. — 1787 promovierte in Halle ein zu jener Familie gehöriger junger Mediziner, der als verzogenes Söhnlein geschildert wurde. Er wurde an seinem Ehrentage mit der Kette geschmückt; wollte sie dann aber nicht zurückgeben. In den Akten heißt es: Er verliebte sich so sehr in das goldene Altertum, daß er es nach der Feierlichkeit, dem Ältesten des Geschlechtes zurückzusenden, sich durchaus weigerte, und als ihm, ob er schon über den wahren Metallwert eine ansehnliche Summe bot, nicht willfahrt und er mit gerichtlicher Hilfe bedroht wurde, das Kleinod in die Münze trug und es einschmelzen ließ, mit der Äußerung: weil er es nicht behalten dürfe, so solle es auch keines andern werden. Und mit diesem Bescheid sandte er die geschmolzene Masse dem Ältesten der Familie zu. — Nun gab es Lärm! Die Mitglieder des Geschlechts kamen zusammen; alle versicherten, daß ihnen das kostbare Andenken nicht um 10000 Taler feil gewesen wäre. ...

b) Ein Niederländer, namens Andorf, wohnhaft in Danzig, hatte nur noch einen einzigen Jugendfreund. Beide waren in hohem Alter. Andorf unternahm aber die Reise nach Holland, um seinen Freund vor dessen Tode noch einmal zu sehen. Bei seinem Abschiede nahm er zum Geschenk eine Muskatnuß in ihrem Netze, oder mit der sogenannten Blüte, mit sich, welche Seltenheit eine Beziehung auf eine ihrer jugendlichen Erlebnisse auf Java hatte. — Bald darauf starb der holländische Freund und nun war Andorf die Nuß unschätzbar. Aber ein schadenfroher Wicht vernichtete jene Nuß, in der Absicht, Andorf zu kränken.

c) Zur Zeit des Harlemer Tulpenschwindels wurden um das Jahr 1600 für eine Zwiebel der seltenen Sorte *Semper Augustus* 13000 Gulden bezahlt. Dieses Exemplar wurde bei dem Besitzer durch einen Dritten aus Neid vorsätzlich vernichtet.

d) Anläßlich eines Ausmarsches der Feldartillerieschule Thun wurden im Dorfe Längerswyl mehrere Geschützsalven in unmittelbarer Nähe der Kirche abgegeben. Durch die Erschütterung und den Luftdruck wurde in einem Kirchenfenster eine bemalte altertümliche Scheibe zertrümmert, deren Wert von der Gemeinde auf mehr als 1000 Franken geschätzt wurde.

2. Heinrich machte auf dem Pferde des Walther gegen des letzteren Verbot einen zu raschen Ritt und beschädigte hierdurch das Pferd. Sobald Walther die Beschädigung wahrnahm, erklärte er dem Heinrich, daß er das Pferd nicht wieder übernehme, bis dessen Beschädigung gehörig festgestellt sei; er ließ es demgemäß bei einem Wirte in Kost und Pflege unterbringen und bat einen Juristen, ihm anzugeben: was er alles nach unserem Rechte als Ersatz verlangen kann?

3. Der Fleischer Weller hat eines Tages statt des von ihm in dem Viehhofe gekauften und dort eingestellten Ochsen den von dem Fleischer Vaas ebenfalls dort eingestellt gewesenen Ochsen abgeholt, geschlachtet und in seinem Geschäfte verwendet.

Was muß er nun dem Vaas ersetzen: seinen, des Weller, Ochsen? — oder den Kaufpreis, den Vaas für den geschlachteten Ochsen bezahlt hat? — oder den höheren Wert, welchen das

Tier zur Zeit des Schlachtens hatte? — oder sogar den Nutzen, den Vaas nach den damaligen Marktpreisen durch den Einzelverkauf des Fleisches hätte machen können? — oder vielleicht einen Vorteil, der gerade dem Vaas persönlich durch einen Gelegenheitskauf möglich gewesen wäre?

4. Der Restaurateur Maxen befragt einige bei ihm verkehrende jüngere Juristen: Die Brauerei König habe sich ihm verbindlich gemacht, ihm für das laufende Jahr seinen ganzen Bierbedarf zu liefern. Durch Druck einer dem Maxen verfeindeten politischen Partei liefere König seit kurzem nicht mehr, und anderswo habe Maxen nicht schnell und ausreichend genug Bier als Ersatz erhalten können. An jedem Hektoliter habe er vier Mark verdient; und da er gegen König klagen wolle, so möchte er zuvor wissen, ob er rechtlich alles berechnen könne, was er für gewöhnlich umgesetzt habe.

Die Befragten sind verschiedener Ansicht: Der eine bejaht die Frage, weil das zu ersetzende Interesse allen verursachten Schaden umfasse; während ein anderer zweifelhaft ist, da kein sicherer Nachweis vorliege, daß Maxen auch weiterhin soviel verkauft haben würde, wie bisher.

Welches ist die richtige Meinung?

Cf. l. 20 (19) D. de peric. et commod. rei venditae (18, 6), sowie l. 2 § 8 D. de eo quod certo loco (13, 4); auch l. 21 § 3 D. de A. E. V. (19, 1).

5. Ein reicher Kaufmann, der in einen Gasthof einritt, bestellte sich 12 gekochte Eier. Er konnte sie aber, als sie gebracht wurden, nicht verzehren, weil eben ein Eilbote eintraf, der ihn in einer dringenden Angelegenheit heim berief. Zehn Jahre nachher begab es sich aber, daß der Kaufmann wieder in demselben Gasthofe einkehrte. Da sagte er zu dem Wirte, er wäre heute nicht zum ersten Male in seinem Hause. Ja, sagte der Wirt, die Eier sind Euch angerechnet; ich habe Euch längst verklagt, und da Ihr jetzt hier seid, müßt Ihr mir morgen vor Gericht stehen. — Als sie nun andern Tages vor den Richter kamen, rechnete der Wirt ihm vor: Aus den 12 Eiern würden 12 Küchlein gekommen sein, die Küchlein würden wieder Eier gelegt haben, aus denen wieder Küchlein gekommen sein würden, und so fort, was zuletzt eine ungeheure Summe ausmachte, die der Wirt forderte und der Richter ihm zusprach.

(Nach Simrock, deutsche Märchen.)

Wie ist der Handel nach unserem Rechte begründet zu schlichten?

6. B. hatte von K. Gerste in 155 dem K. gehörigen Säcken erhalten. Nach vier Jahren trat K. auf und forderte als Entschädigung das nach Handelsgebrauch bei verspäteter Rücksendung von Säcken zu bezahlende *Leihegeld* von einem Pfennig für Tag und Sack, also für vier Jahre 2232 *M*. B. stellt jenen Handelsgebrauch nicht in Abrede, hält aber die Höhe der Forderung für übersetzt und rechtlich unbegründet.

Entscheidung?

7. Ein Reisender war bei einer Eisenbahnfahrt getötet worden. Seine Witwe forderte vom Eisenbahnfiskus nach dem Reichs-Haftpflichtgesetze eine jährliche Rente von 700 *M*, worin der durch den Tod des Ehemannes erlittene Vermögensschaden bestehe. Der Fiskus will aber von der geforderten Summe 200 *M* abziehen, die der Klägerin als Pension von der Witwenverpflegungsanstalt, in die ihr Ehemann sie eingekauft hatte, nun bezahlt werden.

Wer ist im Rechte?

8. Ein Baumeister wird von einer Gemeinde auf Schadensersatz belangt, weil er den ihm übertragenen Bau einer Kirche so mangelhaft ausgeführt, daß sie eingestürzt sei. Der Beklagte erwidert, daß der entstandene Schaden durch freiwillige Sammlungen längst gedeckt sei.

Quid iuris?

9. Manke hat an Troll ein Schwein verkauft und klagt nun das Kaufgeld ein. Troll wendet ein, daß das verkaufte Schwein Finnen gehabt habe. Manke repliziert: Troll habe ja seinen ganzen Bestand an Schweinen gegen solche Unfälle versichert und von der Viehversicherungsgesellschaft den ihm erwachsenen Schaden schon ersetzt bekommen.

Wie ist zu erkennen?

10. A. bestellte in der Fabrik B. eine größere Anzahl Eisenbahnwagen, die zu bestimmten Terminen zu liefern waren, widrigenfalls es dem A. freistehen sollte, die fehlenden Wagen *auf Gefahr und Kosten der B. um jeden Preis auf die ihm am geeignetsten scheinende Art anderweitig zu beschaffen.*

B. erfüllte den Vertrag nicht, und A. mußte deshalb von C. Wagen mieten und von D. solche käuflich beziehen. Er fordert daraufhin von B. Ersatz der an C. gezahlten Mietpreise, während

B. darauf hinweist, daß infolge gefallener Eisenpreise A. von D. die Wagen um 25 % billiger bekommen habe, als er sie nach dem mit B. geschlossenen Vertrage erhalten haben würde.

Ist dieser Einwand zulässig?

---

11. Um ein verdrehtes Schloß zu öffnen, wird nach einem Schlosser geschickt; dieser sendet einen Lehrjungen, welcher das Schloß zurecht macht. Als er zu Ende ist, ersucht ihn die Hausfrau, einen großen Nagel, der in der Mitte des Zimmers aus dem Boden ragt und schon längst lästig war, zu beseitigen. Der Lehrling macht sich daran, hämmert fest darauf los und schlägt den Nagel in den Boden hinein, — als plötzlich in dem unteren Stockwerke ein starker Fall gehört wird. Dort war nämlich ein Kronleuchter, der an dem durch die Decke gedrungenen Haken von dem einrichtenden Tapezierer befestigt worden war, infolge des Eintreibens des Hakens herabgestürzt.

Wer trägt den entstandenen Schaden; und weshalb?

12. Die schlecht beaufsichtigten Kühe des Viereck haben auf einem mit Rüben bepflanzten Grundstücke des Krelling durch Fressen und Zertreten Schaden angerichtet. Krelling ließ den in der benachbarten Stadt wohnenden Gerichtstaxator holen und den auf wenige Mark sich belaufenden Schaden abschätzen, wodurch Unkosten im Betrage von 11 ℳ entstanden.

Ist Viereck verpflichtet, auch diese letzteren Kosten zu ersetzen?

13. Findeisen hat den Erbes bestohlen und wird von letzterem civilrechtlich belangt. Muß Findeisen auch die Belohnung ersetzen, welche Erbes dem Entdecker des Täters zugesichert und ausbezahlt hat?

14. Tatbestand:

Die Tochter des Klägers hat bei dem Beklagten, einem Landmanne, in Dienst gestanden. Während einer Krankheit der Frau des Klägers wurde das Schlafzimmer der beiden Dienstmädchen auch von den übrigen Hausgenossen, namentlich als Speisezimmer, mit benutzt; in dieser Zeit hat der Beklagte eines Tages eine geladene und mit Zündhütchen versehene Doppelflinte dort über zwei Nägel im Balken unterhalb der Decke gelegt, ohne davon einem anderen Hausgenossen etwas zu sagen. Noch am selbigen Abend entdeckte ein 16jähriger Knecht die Flinte, nahm sie herab, und während er den Lauf auf die anwesende Tochter des Klägers richtete und an den Hähnen rührte, ging der Schuß los und verwundete das Mädchen am Arm. Der Beklagte wird auf Schadensersatz in Anspruch genommen, weil seine Handlungsweise schuldhaft die Verwundung veranlaßt habe.

Beklagter stellt ein Verschulden in Abrede. Sicherungsmaßregeln hätten sich an der Flinte nicht anbringen lassen, und die Schüsse habe er bei dem sich oft wiederholenden Gebrauche nicht jedesmal herausziehen können; er habe auch geglaubt, das Gewehr gut genug versteckt zu haben und nicht erwarten können, daß der Knecht es finden und unbefugterweise damit spielen werde.

Entscheidung mit Gründen?

15. An einem Kiesberge wurden abgrabende Arbeiter verschüttet und beschädigt. Sie hatten in einem Raume gestanden, welcher nur 2 Meter breit und bloß nach einer schmalen (Quer-) Seite offen gewesen ist, während zwei Seiten durch den Berg und die dritte (Längs-)Seite durch eine Reihe zusammenhängender Eisenbahnwagen geschlossen gewesen sind. Wenn diese Wagen mit Zwischenräumen aufgestellt gewesen wären, hätten sich die Arbeiter in diesem — freilich nicht in jedem anderen — Falle retten können.

Kann der Unternehmer wegen verschuldeter Beschädigung belangt werden?

16. In einem Prozesse war einer Partei der Haupteid zugeschoben, von ihrem Anwalte aber versäumt worden, darüber eine Erklärung abzugeben. Nach CPO. 452 wurde nun der Eid als verweigert angesehen, und jene Partei verlor den Prozeß.

Daraufhin verlangt sie Ersatz wegen des Prozeßverlustes; indes der Anwalt leugnet, daß dieser Schaden d u r c h seine Unterlassung verursacht worden sei.

Wie ist zu erkennen?

17. M. hat ein Tier des N. schuldhaft verletzt. Er wird deshalb belangt und leistet für die Wertsminderung Ersatz. Späterhin geht jedoch infolge jener Verletzung das Tier ganz zu Grunde.

Ist es möglich, ihn abermals in Anspruch zu nehmen?

18. A. kauft ein Pferd von B., welches an einem ganz bestimmten Tage zu liefern ist. B. versäumt dieses schuldhafterweise. Am folgenden Tage entsteht großes Feuer, wobei der Stall des B. und das verkaufte Pferd zu Grunde gehen; dabei brennt indes auch das Gehöft des A. ab.

Wie steht es mit der Forderung des A. gegen B.?

19. Ein Landmann (L.) hatte nach der in seinen Diensten stehenden Magd (M.) im Zorne mit einem Teller geworfen und ihr eine Verletzung an zwei Fingern der rechten Hand zugefügt. Infolge quacksalberischer Behandlung hatte M. eine Verkrüppelung und Unbrauchbarkeit beider Finger davongetragen.

Kann M. von L. Schadensersatz verlangen?

Kommt etwas darauf an, ob M. den Quacksalber aufgesucht, oder ob dieser von L. zugezogen worden ist? Oder darauf, ob ordentliche ärztliche Hilfe zur Stelle gewesen wäre? Und ob die letztere eine völlige Heilung hätte bewirken können, oder nicht?

20. Der Brothändler A. stand mit dem Bäcker B. seit längerem in Geschäftsverbindung, wobei er täglich in Kiepen Teig zu B. bringen und gegen ein Backgeld backen ließ. Späterhin merkt A., daß B. öfter von dem ihm gebrachten Teig verschiedene Quantitäten entnommen und sich angeeignet hat. B. entgegnet, daß A. gar keinen Schaden gehabt habe; denn A. habe die gelieferten Brote immer doch zu dem vollen Preise verkauft.

Was ist Rechtens?

---

21. Rasemann ritt an einem 1. April abends gegen 9 Uhr in gestrecktem Galopp eine Landstraße entlang, wobei er in der Dunkelheit an ein vor dem Hause des Leim stehen gebliebenes Fuhrwerk anprallte, was den Tod seines Pferdes zur Folge hatte. Beider Verhalten war polizeiwidrig.

Wie steht es mit dem Schadensersatz?

22. Anno 1546 erzählte D. Martin Luther zu Eisleben diese Fabel, daß ein Müller hätte einen Esel gehabt, der wäre ihm aus dem Hofe gelaufen, und ans Wasser gekommen. Nun steiget der Esel in einen Kahn, so im Wasser stand, und wollte daraus trinken. Dieweil aber der Kahn von dem Fischer nicht angebunden war, so schwimmt er mit dem Esel davon, und kommt der Müller um den Esel, und der Fischer um den Kahn, war also Schiff und Esel verloren. Der Müller klagte den Fischer an, daß er den Kahn nicht hab' angebunden. So entschuldigte sich der Fischer (*excipiendo*), und sagt (*reconveniendo*): Der Müller sollte seinen Esel auf dem Hofe behalten haben; und begehrete seinen Kahn bezahlt.

Nunc sequitur quid iuris? hat der Esel den Kahn oder der Kahn den Esel weggeführt?

(Nach Benjamin Lindner, Luthers Tischreden).

23. Der Forstwart Röthe möchte seinen Nebenbuhler Volker gern aus dem Wege räumen. Da ihm bekannt ist, daß Volker zuweilen wildert, legt er an einem abgelegenen Orte des Waldes, den außer Wilddieben so leicht niemand betrat, ein Selbstgeschoß, obschon das Aufrichten derartiger Legebüchsen nach dortigem Gesetze unbedingt verboten ist.

Wenn Volker gemäß jenem Plane verletzt wird, kann er den Röthe haftbar machen?

Würde es von Einfluß sein, wenn Röthe ohne Beziehung auf Volker das Selbstgeschoß in der Absicht, ein Raubtier zu töten, gelegt hatte?

LXI

1. Welches ist die richtige juristische Bestimmung folgender Tatbestände?

a) Übergabe- und Verpflegungsvertrag zwischen Philipp und Karl Bauer, aufgenommen vor der Bürgermeisterei in Assenheim am 8. Oktober 19 . . Philipp Bauer übergibt sein gesamtes Vermögen (Geld, Wertpapiere, Möbel, Kleider etc.) im Betrage von 6000 ℳ an seinen Neffen Karl Bauer. Das Vermögen wird erst nach dem Tode des Übergebers an Übernehmer ausgehändigt.

Der Übernehmer hat dagegen folgende Verbindlichkeiten zu erfüllen:

1) aus dem Nachlaß zu übergeben: die goldene Uhr und das Weißzeug an die verheiratete Schwester des Karl Bauer; 2) lebenslänglich dem Übergeber zu gewähren: Einsitz im oberen Stockwerk des Hauses von Karl Bauer; — sowie von heute an den Übergeber zu verpflegen, d. h. alle Bedürfnisse für Essen und Trinken unentgeltlich zu verabreichen und ihn in gesunden und kranken Tagen getreulich zu unterhalten. Wenn der Übernehmer sich gegen den Übergeber undankbar beweisen, ihn gar mißhandeln oder beleidigen sollte, so kann der letztere verlangen, daß dieser Übergabevertrag gegen eine Vergütung von 500 ℳ wieder aufgehoben werde . . .

b) Durch Vertrag vom 13. Januar hatte V. sein Herrengarderobegeschäft in der Stadt H., Haus mit Werkstatt, Warenlager und gesamtem Schneiderinventar, sowie allen Aktivis und Passivis für 30000 ℳ an den K. verkauft.

Im Oktober desselben Jahres erhebt er Klage auf Zahlung einer am 13. Oktober fällig gewordenen Kaufgeldrate von 2500 *M* nebst Zinsen.

Der Beklagte beantragt Abweisung der Klage. Im § 8 des Kaufvertrages habe sich nämlich der Kläger verpflichtet, in der unmittelbaren Nachbarschaft des verkauften Geschäftes ein Herrengarderobegeschäft weder selbständig zu unternehmen, noch unter irgend welcher anderen Firma zu betreiben. Dieser Vertragsbestimmung habe Kläger zuwider gehandelt, indem er noch jetzt an einem, nach dem Vertragsschlusse in H. gegründeten Konkurrenzgeschäfte, nur zwei Häuser von dem Käufer entfernt, beteiligt sei.

2. Tatbestand:

Kläger hatte sich vor drei Jahren mit der Pflegetochter des Beklagten verlobt; dabei hatte er dem letzteren erklärt, daß er nur dann heiraten könnte, wenn er bei einem möglichen Aufrücken im Dienste für einen jährlichen Rentenbezug von 772 *M* Sicherheit zu leisten vermöchte. Beklagter hatte daraufhin versprochen, ihm diese Rente zu gewähren; worauf Verlöbnis und später Verheiratung des Klägers mit des Beklagten Pflegetochter erfolgt war.

Jetzt ist die Zeit herangerückt, zu welcher Kläger aufrücken und deshalb jenen Nachweis des Rentenbezuges erbringen sollte; der Beklagte will aber nichts mehr von seinem Versprechen wissen. Er beruft sich darauf, daß die vom BGB. 518 geforderte Form damals nicht gewahrt gewesen; wogegen Kläger vorführt, daß es sich um einen gegenseitigen Vertrag handele, der formlos gültig sei.

Wie ist über diesen Rechtsfall zu urteilen?

3. Der Eigentümer eines ehemaligen Klosters, das von ihm als mittelalterliche Sammlung eingerichtet worden ist, verfügt, daß die Stadt dieses Kloster zu Eigentum erhalten solle, gegen die Verpflichtung, während 25 Jahren dem Verfügenden und seinen Erben von einer angenommenen, nicht zu erlegenden Erwerbssumme von 150000 *M* jährlich 4 % Zinsen zu bezahlen.

Was für ein Rechtsverhältnis ist damit der Stadt angetragen?

LXII

1. Kläger hat 200 *M* Kaufgeld eingeklagt; Beklagter entgegnet: er habe noch nicht alle dafür gekauften Gegenstände erhalten; Kläger bestreitet diese Behauptung.

Wer muß beweisen?

2. Jemand weist ein Paar bestellte Stiefel als zu eng oder unschön gearbeitet zurück; der Schuster behauptet, daß die gemachten Ausstände unbegründet seien.

Wer ist beweispflichtig?

3. X. hat mit Y. einen Mehlhandel abgeschlossen, nach welchem das dem X. verkaufte Mehl frei Kahn Magdeburg geliefert werden sollte. Sofort nach der Ankunft des Mehles bemängelt X. die Ware, als den früher ihm übersandten und dem Geschäft zu Grunde gelegten Proben nicht entsprechend; muß aber auf entsprechende Aufforderung des Y. zugeben, daß er jene Proben nicht mehr besitze.

Rechtsfolge?

Würde es von Bedeutung sein, wenn X. die Ware ohne Widerspruch angenommen und erst auf Klage des Verkäufers hin bemängelt hätte?

Oder: Wenn X. schon bei Übersendung der Schiffskonossamente in der Erwartung baldiger ordnungsmäßiger Lieferung das Kaufgeld an den Y. gesandt hätte?

4. Ochs nimmt bei dem Privatlehrer Öhler Unterricht in der alten Geschichte auf zwei Monate, Preis 60 *M*.

Wenn nun ausbedungen war, daß Ochs nach einem Monate die Hälfte zahlt, er es aber nicht tut: ist der Lehrer dann berechtigt, den weiteren Unterricht so lange zu verweigern, bis Ochs bezahlt hat?

5. Für die Weltausstellung in Philadelphia hatte ein Agent in Bremen gegen Provision verschiedenen deutschen Tabaksfabrikanten gegenüber es übernommen, deren Ausstellungsgegenstände hinzuschaffen, aufzustellen und zurückzubesorgen. Mit der Firma J. B. Noll in G. geriet er in Streit und verklagt sie auf Zahlung von Provision und Auslagen.

Beklagte erwidert, daß sie ihre Sachen noch nicht wiedererhalten habe.

Kläger repliziert, daß selbige in Bremen zu ihrer Verfügung lagerten und von ihm dortselbst tatsächlich angeboten seien.

Beklagte besteht darauf, sie an ihrem Wohnorte zu haben.

Wie ist die Beweislast über den richtigen Erfüllungsort zu verteilen?

6. Ein Käufer stellt Minderungsklage an. Es handelt sich um Lieferung einer Partie Fensterglas; und es beruft sich der Kläger darauf, daß beim Vertragsschlusse der Verkäufer die Lieferung besten, weißen, starken Glases von durchaus erster Qualität zugesagt, dieses Versprechen aber nicht gehalten, sondern statt des versprochenen blindes Glas und voll von Blasen geliefert habe. Der Verkäufer bestreitet sowohl jenes Versprechen, als auch die Fehlerhaftigkeit der Lieferung.

Wie steht es mit der Beweislast?

7. Eine Brauerei verpflichtet sich, dem Inhaber eines Biergeschäftes ein Darlehen in bestimmter Höhe zu gewähren, das unter halbjähriger Kündigung stehen sollte. Dagegen sollte der Inhaber des Biergeschäftes innerhalb dreier Jahre seinen Bierbedarf ausschließlich von der Brauerei beziehen.

Nach anderthalb Jahren kündigte die Brauerei das Darlehen, das von dem Händler dann zurückbezahlt wurde. Nun weigerte er sich aber, weiterhin von der Brauerei Bier zu beziehen und ging andere Geschäftsverbindungen ein.

Die Brauerei klagte mit dem Antrage, daß dem Beklagten bei Strafe der Bezug von Bier anderswoher als von der Klägerin verboten werde. Der Beklagte berief sich auf obigen Tatbestand und leitete daraus die Einrede des nicht erfüllten Vertrages her. Dagegen bestritt die Brauerei die Möglichkeit, diese *exceptio* hier anzuwenden, da die Verpflichtung des Beklagten selbständig und einseitig für sich bestände.

Welches ist die hier zutreffende Erwägung und Entscheidung?

8. Christoph Martin Wieland hatte 1784 der Weidmannschen Buchhandlung in Leipzig den Verlag seiner *Auserlesenen Gedichte* in 4 Bänden, wovon die beiden letzten den *Oberon* enthielten, überlassen; dagegen hatte diese Buchhandlung sich verpflichtet, bei jeder künftigen Auflage, die 1500 Exemplare nicht überstiege, dem Autor ein Honorar von 1 Dukaten für den gedruckten Bogen zu bezahlen.

Späterhin veranstaltete jene Buchhandlung mehrere Separatauflagen des *Oberon*, besonders 1819 und 1844. Für diese nahmen die Erben des 1813 verstorbenen Dichters das in jenem Vertrage bedungene Honorar klagend in Anspruch.

Beklagte schützte vor, daß Wieland nach 1784 das Verlagsrecht seiner *Sämtlichen Werke* an die Göschensche Buchhandlung überlassen habe. Mit dem Verlagsrechte sei aber die Ausschließlichkeit ganz wesentlich verbunden, und es habe darum der Autor in diesem gegenseitigen Vertrage die ihm zukommende Verbindlichkeit nicht oder doch nicht vollständig erfüllt; somit sei der Anspruch auf jenes Honorar nicht begründet, und müsse die angestellte Klage daher abgewiesen werden.

Kläger berufen sich dagegen darauf, daß Beklagte durch ihre Neuauflagen jenes Verfahren gutgeheißen hätte; daß und wie hoch ihr ein Schaden erwachsen, sei von der Beklagten nicht behauptet, noch erwiesen.

Wie ist nach unserem bürgerlichen Rechte zu entscheiden?

LXIII

1. Wie ist die richtige Behandlung folgender Tatbestände nach dem Rechte des BGB.?

a) Am Faschings-Sonntag behielt ein Herr im Parkett eines Vorstadttheaters seinen Zylinderhut auf dem Kopf, obwohl der Vorhang bereits in die Höhe gegangen war. Ein Theaterinspektor trat an ihn heran und bat ihn sehr höflich, seinen Hut abzunehmen; allein der Herr erwiderte trocken, zwei Damen, die in einer vorderen Reihe saßen, hätten viel höhere Hüte auf und verstellten ihm so die Aussicht auf die Bühne. Solange man die beiden Damen nicht veranlasse, ihre Hüte abzulegen, erklärte er, behalte er den seinigen zum Zeichen des Protestes auf. Da der Inspektor auf gütlichem Wege nichts ausrichten konnte, drohte er, den Polizeikommissar zu holen, und nun verließ der unbequeme Besucher den Saal, um an der Kontrolle die Rückzahlung seiner Theaterkarte zu verlangen. Darauf wollte der Kontrolleur sich aber nicht einlassen; und der um den vergnügten Abend gebrachte Herr ließ sich diese Weigerung schriftlich bestätigen. Jetzt hat er den Direktor des Theaters auf Rückzahlung der 4 ℳ für den Sperrsitz und auf 50 ℳ Schadensersatz für das entgangene Vergnügen verklagen lassen.

b) Zwei Tage nach dem Abschluß eines Kaufvertrages über ein Tuch- und Konfektionsgeschäft, vor dem vertragsmäßig bestimmten Übergabetermine, bricht in dem verkauften Magazin Feuer aus und zerstört einen Teil der dort befindlichen und zu den veräußerten Sachen gehörigen Kleider, Wäsche, Möbel.

c) Der Ruderklub *Germania* hat von einem Wiesenbesitzer ein am Strome gelegenes Gelände auf 10 Jahre gepachtet, darauf ein leichtes Bootshaus gebaut und Vorrichtungen zur Ausübung des Rudersports angebracht. Nach einem Jahre werden alle jene Wiesen von der Stadt enteignet, weil die Vergrößerung dortiger Hafenanlagen es erfordert.

d) Ein Agent erhielt von einem Besitzer durch Privaturkunde den Auftrag, einen Käufer für eine Liegenschaft zu vereinbarten Bedingungen gegen bestimmte Provision zu ermitteln. Der Auftrag war als *fest unwiderruflich bis zum 7. April d. J.* bezeichnet. Der Besitzer schloß aber nach Erteilung jenes Auftrages und vor dem 1. April selbst einen Kaufvertrag mit einem Dritten.

2. Die auf den 26. Juni 1902 angesetzte Krönung des Königs Eduard von England mußte zwei Tage vorher wegen Erkrankung des Königs plötzlich verschoben werden. Dies hatte viele Rechtsstreitigkeiten im Gefolge. Die mit Nahrungs- und Genußmitteln handelnden Firmen weigerten sich, ihren Lieferanten die bestellten Waren abzunehmen, da diese jetzt gar nicht verkäuflich waren. Besonders streitig wurden auch die Beziehungen zwischen den Erbauern von Tribünen und den Mietern von Sitzen.

Ein englischer Rechtsgelehrter äußerte sich darüber: ... Interessant ist die Rechtsfrage in den Fällen, wo der Tribünenerbauer ohne Datum Sitze vermietete *zur Besichtigung des Krönungszuges.* Es fragt sich hier, ob man ihn dafür verantwortlich machen kann, daß ohne sein Zutun der Krönungszug unterblieb. Sir William Anson erklärt, daß im Falle unvorhergesehener Ereignisse, die keiner Partei zur Last gelegt werden können, der Kontrakt als ungültig anzusehen sei. Im Falle die Billets so lauten, daß die Inhaber lediglich das Recht haben, am 26. Juni 1902 einen Sitz zu beanspruchen, werden die Käufer den Schaden zu tragen haben. Wenn aber dem Datum hinzugefügt ist: *zur Besichtigung des Krönungszuges*, dann ist die Sache rechtlich sehr schwierig zu entscheiden. Wahrscheinlich würden dann die Gerichtshöfe erklären, daß beide Parteien sich in den Schaden zu teilen haben.

Was ist zu diesen Auslassungen nach deutschem bürgerlichem Rechte zu bemerken?

3. Die Firma Langheinrich klagt gegen den Michael Schul auf Zahlung von 15 *M* Darlehen.

Schul wendet in dem Verhandlungstermine ein, die Summe von 15 *M*, die ihm am 15. Oktober Kläger gegeben habe, sei ihm nicht als Darlehen gewährt worden. Seine Frau sei im Oktober krank geworden, er habe viel Unkosten gehabt; und deshalb habe er, der seit Jahren für die klägerische Firma als Weber, und zwar als Jacquardweber, beschäftigt gewesen, im Oktober auf noch zu liefernde Arbeiten, die er *im Akkorde* fertig zu stellen hatte, einen größeren Vorschuß erhalten, den er bis auf die eingeklagten 15 *M* abverdient habe. Er sei auch bereit, diese 15 *M* Vorschuß durch Lieferung der ausbedungenen Arbeiten abzuverdienen und bitte nur, ihm die entsprechenden Materialien zu geben.

Die Klägerin gibt zu, daß die 15 *M* Vorschuß gewesen seien. Es habe sich aber der Beklagte nach dem am 20. Oktober v. J. erfolgten Tode seiner Frau noch mehr als vorher dem Trunke ergeben, seine Arbeiten seien mangelhaft, die Fäden sehr oft zerrissen, die Bilder fehlerhaft gewesen, so daß sie sich veranlaßt gesehen habe, ihn aus der Weberei zu entlassen, um nicht in goßen Schaden zu kommen; es werde Rückgabe der im voraus bezahlten 15 *M* verlangt.

Der Beklagte erklärt, nach wie vor bereit zu sein, durch sorgfältigste Arbeit die 15 *M* abverdienen zu wollen.

Die Beweisaufnahme ergibt, daß Schul mangelhafte Arbeit geliefert hat.

Welche Entscheidung wird das Gericht zu treffen haben?

4. Nach einem im Sommer 1870 abgeschlossenen Kohlenlieferungsvertrag waren werktäglich vier Waggons Kohlen ab Mannheim nach Basel zu liefern. Im Spätsommer trat aber bis zum 2. November 1870 eine den Verkehr hemmende Störung des Eisenbahntransportes durch den deutsch-französischen Krieg ein.

Was hatte dieses für Einfluss auf jenen Vertrag?

5. L. war von dem Altkatholikenverein zu N. als Leiter der für die Kinder der Vereinsmitglieder errichteten Privatschule angestellt worden, als durch Verfügung der Königlichen Regierung ihm die Erlaubnis hierzu entzogen wurde. Der Verein wurde von der Regierung hiervon in Kenntnis gesetzt und traf demgemäß andere Maßregeln hinsichtlich der schulpflichtigen Kinder. Auf Remonstration des L. wurde ihm jedoch noch ein Vierteljahr Frist zur Fortsetzung der Schule bewilligt; und verlangt er nun von jenem Vereine die Besoldung für dieses Quartal, in dem er zur Erteilung des Unterrichtes bereit und im stande gewesen sei. Der Verein lehnt die Zahlung ab.

Ist er dabei im Rechte?

LXIV

1. Wie steht es in folgenden Tatbeständen mit der Anwendbarkeit vom BGB. 326?

a) Der Käufer kündigt dem säumigen Verkäufer an, daß er Schadensersatz von ihm fordern werde. Nachher besinnt er sich anders und will nun jenen auf nachträgliche Erfüllung verklagen.

b) Es waren 50 Waggons Futter verkauft. Der Verkäufer hat aber nur 45 geliefert, Mehrleistung verweigert und dem Käufer erklärt, er sei bloß zur Lieferung von 40 Waggons verpflichtet. Der Käufer gab keine Antwort. Er nahm Deckungskauf vor und klagte den ihm entstandenen Schaden ein.

c) Nachdem die Lieferung von dem Schuldner verweigert war, schrieb der Gläubiger an ihn: *Wenn Sie mir die Ware nicht binnen acht Tagen senden, so verklage ich Sie auf Schadensersatz.*

d) Nach den Bestimmungen eines Tauschvertrages sollte A. am 1. Dezember, B. am nächsten 15. März liefern. A. bietet am 1. Dezember seine Leistung dem B. an. Dieser verweigert die Annahme.

e) Es war ein Teil der verkauften Waren geliefert worden, mit dem Reste kam der Verkäufer in Verzug. Der Käufer verschafft sich die fehlenden Waren selbst und lehnt nachträgliche Leistung des säumigen Verkäufers ab, da er an der Restlieferung kein Interesse mehr habe.

2. Riemer vermietet an Mosle eine Villa auf 5 Jahre. Unter den Bedingungen findet sich, daß Mosle für Riemer, in Anrechnung auf das Mietgeld, die Grundsteuer zahlen sollte.

Mosle versäumt es; Riemer wird von der Steuerbehörde gemahnt, muß selbst bezahlen und will nun von dem Mietvertrage zurücktreten.

Rechtliche Erwägung?

3. Anfrage bei einem Juristen:

Wenn jemand sich an meinen Lotterielosen beim Spielen

beteiligte oder doch beteiligen wollte, aber nichts zu den Ziehungen bezahlte, hat er rechtlichen Anspruch auf Gewinn oder nicht? Muß ich ihn mahnen? Kann er freiwillig nun noch nachträgliche Zahlung anbieten? Ist es wenigstens nicht möglich, ihn betreffs der noch nicht gezogenen Lose irgendwie abzuschütteln?

4. Der Kaufmann Nürken hatte an den Tischlermeister Hartleib ein Haus notariell verkauft und übergeben. Es sollte die Hälfte des Preises angezahlt werden, die andere Hälfte in vier Raten folgen. Die Auflassung war nach Zahlung des ganzen Preises vorzunehmen. — Hartleib zahlte drei jener Raten; mit der vierten blieb er trotz erfolgter Mahnung und erneuter Fristsetzung im Rückstande. Nürken klagte auf Rückgabe des Hauses: Er sei Eigentümer geblieben; und vom Kaufe trete er hiermit zurück. Dagegen meinte Hartleib, daß er durch Einräumung des Hauses eine schlüssige Einwendung gegen die *rei vindicatio* habe (BGB. 986); wegen der einen fehlenden Rate könne der Verkäufer nicht von dem ganzen Vertrage zurücktreten (vgl. BGB. 320, 2).

Entscheidung?

LXV

1. Ist nachstehend ein gesetzliches Rücktrittsrecht des einen Teiles begründet?

a) Auf eine im Herbst zu liefernde Ware wird in der Zwischenzeit ein sehr hoher Zoll gelegt.

b) Eine Schauspielerin will sich aus inzwischen gewonnener religiöser Überzeugung vom Theater zurückziehen, während ihr Vertrag mit dem Direktor noch läuft.

c) A. hatte es übernommen, in einem Streite zwischen B. und C. als Schiedsrichter zu entscheiden; B. stirbt und wird von D., einem Neider und Feinde des A., beerbt.

d) Der Referendar S. hatte vom Geldverleiher G. das vertragsmäßige Versprechen erhalten, Darlehen auf Wunsch bis zur Höhe von 2000 *M* zu bekommen. Nachdem wird S. wegen Unregelmäßigkeiten im Amte aus dem Vorbereitungsdienste entlassen.

e) Ein Werkmeister war in einer Maschinenfabrik auf Lebenszeit angestellt. Der Fabrikant wird rückenmarksleidend und muß das Geschäft aufgeben, nachdem er sich vergeblich bemüht hat, einen passenden Käufer dafür zu finden.

2. Wie verhalten sich die folgenden Gesetzesstellen zu der Regelung, die unser BGB. der dort berührten Frage angegeihen läßt?

a) Codex Maximilianeus Bavaricus civilis, IV. Teil 15. Kapitel § 12: . . *und da alle Verbindungen clausulam rebus sic stantibus stillschweigend in sich halten, so werden solche auch durch die Veränderung der in obligationem gebrachten Sache, jedoch andergestalt nicht, als unter folgenden drei requisitis aufgehoben, wenn nämlich erstens sothane Veränderung weder mora noch culpa aut facto debitoris veranlaßt worden, selbe auch zweitens nicht leicht vorauszusehen gewesen, und endlich drittens von solcher Beschaffenheit ist, daß, wenn debitor solche voraus gewußt hätte, er sich nach unparteiischem und redlichem Gutachten verständiger Leute nimmermehr hierauf eingelassen haben würde. . . .*

b) ALR. 1, 5 § 377: *Außer dem Fall einer wirklichen Unmöglichkeit kann, wegen veränderter Umstände, die Erfüllung eines Vertrages in der Regel nicht verweigert werden;* 378: *Wird jedoch durch eine solche unvorhergesehene Veränderung die Erreichung des ausdrücklich erklärten, oder aus der Natur des Geschäftes sich ergebenden Endzweckes beider Teile unmöglich gemacht, so kann jeder derselben von dem noch nicht erfüllten Vertrage wieder abgehen.*

c) CC. (schweigt); — Folge?

d) Österr. BGB. 936: *Die Verabredung, künftig erst einen Vertrag schließen zu wollen, ist nur dann verbindlich, wenn . . . die Umstände inzwischen nicht dergestalt verändert worden sind, daß dadurch der ausdrücklich bestimmte oder aus den Umständen hervorleuchtende Zweck vereitelt, oder das Zutrauen des einen oder des anderen Teiles verloren wird.*

e) Sächs. BGB. 864: *Man kann nicht einseitig von einem Vertrage zurückgehen und dessen Erfüllung verweigern, weil der Gegner noch nicht erfüllt hat, oder die Umstände, unter welchen der Vertrag geschlossen worden ist, sich geändert haben, oder Leistung und Gegenleistung in einem Mißverhältnisse zu einander stehen, ausgenommen, wenn eine besondere Verabredung oder gesetzliche Bestimmung dazu berechtigt.*

3. Der Kaufmann A. hatte mit dem Fabrikanten B. einen Vertrag abgeschlossen, inhaltlich dessen B. dem A. für den Gesamteinkaufspreis von 2000 ℳ netto Waren auf Bestellung pünktlich zu liefern, aber erst nach vollständiger Erledigung des Auftrages Zahlung zu erhalten hatte.

Wegen nicht vollständiger Lieferung erhob A. Klage auf Vertragserfüllung und Schadensersatz, kam aber mittlerweile in Konkurs. Dieser wurde von dem Konkursgerichte wegen Mangels einer zureichenden Masse wieder aufgehoben. B. meint nun, daß man ihm die weitere Lieferung unter solchen Umständen nicht zumuten könne.

Wie ist hierüber rechtlich zu befinden?

LXVI

1. Rechtliche Charakterisierung folgender Willenserklärungen und Angabe ihrer Rechtsfolgen?

a) H. stellt namens seiner Ehefrau K. Klage gegen M. an: Sein Schwiegervater habe vor 7 Jahren seinem Sohne M. bei dessen Verheiratung Haus, Hof und Äcker um die Summe von 17500 ℳ unter der Auflage angeschlagen, daß an die jüngere Schwester K. 4000 ℳ ausbezahlt würden. Die Übergabe sei erfolgt, M. zahle nicht. M. erwidert, daß der Vater verstorben sei, ohne die K. von dem Vertrage benachrichtigt zu haben.

b) Der Kaufmann Cotta hat von dem Chef des Handlungshauses Stiehl & Cie. Prokura erhalten und schließt in dieser seiner Eigenschaft während einer Reise des Herrn Stiehl einen Lieferungsvertrag mit Damiller ab.

c) A. redet dem B. zu, er möge doch für sein, des B., uneheliches Kind etwas tun; B. sagt es ihm zu.

d) In einem Vertrage, durch welchen ein Grundeigentümer seinem Sohne sein sämtliches unbewegliches Vermögen abtrat, war bedungen worden, daß letzterer des ersten Schulden tilgen sollte. Darauf gestützt, machte ein Anwalt seine Gebührenforderung an ersteren gegen letzteren geltend.

c) Eine Gemeinde schließt mit einem Unternehmer einen Vertrag auf Beschaffung von Wasser für die Gemeinde und deren Mitglieder ab.

f) M. bewegt den N., eine von N. geplante Bestellung von Waren bei A. zu machen, um diesem den Verdienst aus dem Geschäfte zuzuwenden.

g) Ein Verkaufskommissionär übernimmt für Rechnung eines Kaufmannes den Verkauf von Waren an Dritte gegen Vergütung in Prozenten des Kaufpreises.

k) Y. verspricht in einer Unterredung mit X., daß er einen Beitrag zur Erbauung eines Diakonissenhauses zeichnen werde.

i) Ein Gutsjäger hatte bei seiner Anstellung von dem Gutsherrn zugesichert erhalten, daß im Falle seines Todes seine Witwe eine Pension erhalten werde.

k) Ein Anwalt empfängt von dem Prozeßgegner seines Klienten Schuldbekenntnis und Zahlungsversprechen.

l) W. hatte mit der deutschen Lebensversicherungsgesellschaft in Lübeck sein Leben mit 7000 ℳ gegen halbjährige Prämie von je 116 ℳ versichert, so daß nach dem Tode oder bei Erreichung des 85. Lebensjahres des Versicherten die versicherte Summe an seinen Sohn Paul W. ausgezahlt werden soll.

m) Der Vormund eines Minderjährigen nimmt für diesen ein Schenkungsversprechen eines Dritten an.

n) Der Fuhrmann Kuhn nimmt Waren von Gebrüder Bücking in A. in Empfang, um sie dem Kaufmann Peppler in G. zu überbringen.

2. Als vor einiger Zeit der Theaterdirektor Waldemar als Impresario des königlich preußischen Hofschauspielers Adalbert Matkowsky mit diesem und einer aus 15 Personen bestehenden Theatertruppe zu einem Gastspiel in Konstantinopel weilte, wurde Matkowsky an zwei Abenden vom Sultan eingeladen, mit der Waldemarschen Truppe vor ihm in Yildiz zu spielen. Dies geschah; und der Sultan übergab nach Schluß der Vorstellung Matkowsky den Medschidje-Orden, sowie mit den Worten *Pour la troupe* ein Kuvert mit 400 türkischen Pfund. Matkowsky lieferte das Geldkuvert an den Direktor Waldemar ab, und dieser verfügte über die 400 Pfund (etwa 9000 Franken), ohne der Truppe nur einen Pfennig davon abzugeben. Darauf haben die nach Berlin zurückgekommenen Mitglieder der Truppe einen Rechtsanwalt beauftragt, gegen Waldemar wegen Herausgabe des vom Sultan der Truppe gemachten Geldgeschenkes gerichtlich vorzugehen.

Was für einen Erfolg verheißt dieses nach dem Rechte des BGB?

3. Die Witwe Stiehler übergab vor 12 Jahren an ihren Sohn Johann ihr Anwesen. In dem Vertrage wurde bestimmt, daß dem Übernehmer dereinst das Erbrecht an dem Nachlasse seiner Mutter zustehen solle, und daß er verpflichtet sei, an Katharina Grosch, eine Enkelin der Übergeberin, 700 ℳ großmütterliches Erbteil zu zahlen.

Nach sechs Jahren wurde zu jenem Vertrage ein Nachtrag errichtet, inhaltlich dessen die Witwe Stiehler die in dem ersteren mit ihrem Sohne getroffene Vereinbarung, soweit solche die Zahlung eines großmütterlichen Erbteiles an Katharina Grosch betraf, wieder aufhob.

Nach dem nach weiteren zwei Jahren erfolgten Tode der Witwe Stiehler trat Katharina Grosch wider Johann Stiehler auf Zahlung jener 700 ℳ auf, indem sie geltend machte, daß ihr vormals von dem ersten Vertrage Kenntnis gegeben worden und deshalb die zweite aufhebende Verfügung unwirksam sei.

Ist der Anspruch rechtlich begründet?

Würde es von Einfluß sein, wenn Katharina Grosch ihr Einverständnis mit dem ersten Vertrage der Witwe Stiehler oder deren Sohne oder beiden ausgesprochen hätte?

4. A. hatte während des Bestandes seiner mit vier Kindern gesegneten ersten Ehe sein Leben bei der Gesellschaft *Konkordia* versichert und in der zum Grunde gelegten Deklaration die Frage, ob die Versicherung zu gunsten einer dritten Person geschieht, mit: *nein, sondern zu gunsten meiner Erben (Frau und 4 Kinder)* beantwortet.

Nach dem Tode seiner ersten Ehefrau schritt A. zu einer zweiten Ehe und verstarb demnächst mit Hinterlassung dreier Kinder erster Ehe, seiner Witwe und eines nachgeborenen Kindes zweiter Ehe.

Wer kann einen Anspruch auf die Versicherungsgelder erheben?

5. In Seligenstadt besteht ein Gesellschaftsverein für ein israelitisches Frauenbad. Nach den Bestimmungen des Gesellschaftsvertrages sollen auch die Kinder eines Gesellschaftsmitgliedes berechtigt sein, gegen Einlage von 10 ℳ das fragliche Bad zu gebrauchen.

Der Schwiegersohn eines Gesellschaftsmitgliedes klagt nun gegen den Vorsteher des Vereins namens seiner Frau, weil dieser der Mitgebrauch des Bades gegen die vertragsmäßige Einlage verweigert werde.

Ist diese Klage rechtlich begründet?

6. Die Brüder Gustav und Hugo Wüstner hatten eine Ziegelei gekauft und betrieben. Das Geschäft wurde jedoch bald wieder aufgegeben, zumal Gustav Wüstner nach Amerika auszuwandern beabsichtigte; in Gemäßheit der beschlossenen Auflösung der Gesellschaft wurde dem Franz Korb, dem früheren Inhaber des fraglichen Geschäftes, von Gustav Wüstner der Auftrag erteilt, das Gesellschaftsvermögen auseinander zu setzen und die eingenommenen Gelder an Hugo Wüstner auszuliefern.

Nach einiger Zeit klagt Hugo Wüstner gegen Korb, weil dieser den Auftrag des Gustav Wüstner in verschiedenen Punkten mangelhaft ausgeführt habe; die (näher berechnete) Ersatzsumme nehme er in Anspruch, da Beklagter aus dem mit Gustav Wüstner zu des Klägers Gunsten geschlossenen Vertrage ihm selbständig hafte.

Beklagter bestreitet die Aktivlegitimation des Klägers.

Entscheidung mit Gründen?

7. Der praktische Arzt Dr. Prinz in Rauschwedel sendet an seinen Freund, den Staatsanwalt Bönig in Halle, mittels Postanweisung 50 *M*, wofür letzterer Weihnachtsgeschenke mit bestimmter Verwendung im Namen und Interesse des Absenders besorgen soll.

Bönig bekommt aber am folgenden Tage von der Post nur die Nachricht, daß die Anweisung da sei, daß jedoch noch einmal zur Klarstellung einiger Zweifel über Unregelmäßigkeiten bei der Expedition nach Rauschwedel an die dortige Postanstalt geschrieben werden solle; nach Behebung jener Zweifel würden ihm die 50 *M* ausgehändigt werden.

Es entstehen nun folgende Fragen:

a) Kann Bönig nicht auf sofortige Herausgabe dringen? Man denke sich, daß es sich um eine größere Summe gehandelt hätte und der Adressat nun gegen Zinsen und Provision bei einem Bankhause einstweilen Geld aufgenommen hätte.

b) In welchem Rechtsverhältnisse steht überhaupt Bönig zu der Post?

c) Kann, wenn hinterher sich Unregelmäßigkeit eines Postbeamten herausstellt, Bönig auf Schadloshaltung klagen: α) gegen den Beamten? β) gegen die Post?

LXVII

1. Welche Rechtsfolgen knüpfen sich an nachstehende Vorkommnisse?

a) Ein Erblasser hatte bestimmt, daß sein Erbe eine gewisse Pretiose von deren Eigentümer erwerben und sie nach seiner Wahl einem von zwei Freunden des Testators überlassen solle. Nachmals erwirbt der eine dieser Bedachten jene lange gewünschte Pretiose unmittelbar von dem Eigentümer derselben.

b) X. hat dem Y. versprochen, eine bestimmte Sache zu liefern; für den Fall, daß er die Sache zu einer festgesetzten Zeit nicht liefern würde, ist eine Vertragsstrafe bedungen. X. kauft die von ihm an Y. zu leistende Sache von Z. Dieser liefert sie ihm aber nicht rechtzeitig, ungeachtet aller an ihn ergangenen Mahnungen; und X. entdeckte endlich, daß Z. den fraglichen Gegenstand an W. weiterbegeben hat. Um nun den Nachteil der Vertragsstrafe von sich abzuwenden, ist X. genötigt, die Sache zu einem hohen Preise von W. zu kaufen.

2. In Paris wollte ein Abgeordneter der Rechten, der einem Kollegen 100 Franken schuldete, diesen Betrag zurückschicken, vergaß aber die Banknote in den Brief zu stecken. Er bemerkte dies und suchte deshalb tags darauf seinen Gläubiger auf, um ihm das Geld persönlich zu übergeben. Zu seiner Verblüffung erklärte dieser aber, er habe das Geld erhalten.

Beide begaben sich nun zur Post, um den sonderbaren Fall aufzuklären, was ihnen aber nicht gelang. In Wirklichkeit war der Brief in das berüchtigte *schwarze Kabinett* gekommen; und es hatte der Beamte, der den Brief eröffnete, geglaubt, daß die Banknote verloren worden wäre. Deshalb wurden die 100 Franken aus dem Geheimfonds ersetzt.

Welche Rechtsfolgen knüpfen sich nach unserem bürgerlichen Rechte an? Ist insbesondere die fragliche Schuld als getilgt anzunehmen oder nicht?

3. A. hat eine Kaufschuld seines Bruders B. in dessen Abwesenheit und ohne Auftrag dem Verkäufer C. gezahlt, nur um B. nicht in Verzug kommen zu lassen. Die hierauf von C. vorzunehmende Lieferung erfolgte aber nicht, weil die Kaufsache durch Schuld des C. unterging.

Nun will A. nach BGB. 325 zurücktreten und das gezahlte Geld wieder haben. C. widerspricht dem, weil er an B. nicht zu liefern gehabt hätte.

Wie ist zu urteilen?

4. Ein junger Mensch hat leichtsinnige Schulden gemacht und dafür ihm gehörige Sachen verpfändet. Hierauf ist er verschwunden. Sein Bruder bezahlt die Rückstände. Dann erfährt er die Verpfändung und verlangt nun von dem Gläubiger die Sachen heraus, da das Pfandrecht mit der Forderung untergegangen sei (BGB. 1252). Gestützt wird die Klage auf BGB. 1225. Der Gläubiger wendet ein, daß dies nicht zu seinem Nachteil geltend gemacht werden dürfe; vgl. BGB. 268, 2/2. Wogegen der Bruder darauf hinweist, daß hier BGB. 267 Anwendung finde, das von solchem Vorbehalte nichts wisse.

Was ist zu diesem Rechtsstreite zu bemerken?

LXVIII

1. Cod. Max. Bav. civ. IV, 15 § 7:

.... *16 to. Ist der Assignatus dem Assignatarius um der angewiesenen Schuld wegen auf Belangen zu bezahlen verbunden, jedoch niemals anders als auf vorläufige genugsame Legitimation und Aushändigung der Assignation oder Bescheinigung.*

a) Von welcher Rechtseinrichtung ist hier die Rede?

b) Was für Rechte und Pflichten entstehen daraus unter den beteiligten Personen?

c) Welchem besonderen Rechtssatze ist in der angeführten Gesetzesstelle Ausdruck gegeben? Stimmt er mit den Vorschriften des römischen und unseres bürgerlichen Rechtes überein?

d) Wie unterscheidet sich das hier gemeinte Rechtsgeschäft von: Cession; — Schuldübernahme; — Novation; — Delegation; — Expromission; — Leistung an Erfüllungsstatt?

e) Was ist die Folge, wenn ein Gläubiger in der hier in Rede stehenden Art und Weise von einem Dritten, von dem der Schuldner etwas zu fordern hatte, sich das Geld holen sollte und dann sein Schuldner in Konkurs verfällt, ehe der Dritte gezahlt hat?

2. Wie sind die folgenden Rechtsakte juristisch zu bestimmen? Was für Rechtsfolgen knüpfen sich an sie?

a) Es will jemand einem anderen ein Geschenk machen und kommt mit ihm überein, daß sich dieser von einem Schuldner des Schenkers von der diesem geschuldeten Summe einen Teil versprechen lassen solle. Der Schuldner tut dies auch.

b) Landrecht der Grafschaft Sarbrück (1311). Das zweite Kapitel. Der vierte Artikul:

Wie man Schuld zu andern Händen stellen, ufftragen und geben mag.

Hette jemandts einige Schuld außen stahn, die man ihm bekanntlich vnd schuldig were zu bezalen, vnd wollte die Schuld einem andern geben oder zustellen, daß soll er thun mit Willen deß Schuldigerß, also daß der Schuldiger den andern Mann, dem der Vfftrag geschehen, der Schuld ingange vnd bekanntlich werde, vnd der Vfftrager soll den Schuldner quitt schelten von der Schuld, zu Nutz vnd Gebrauchunge desjenen, dem er sie vffgetragen hat, alßdann ist der Schuldiger die Schuld niemandts anders schuldig, denn deme sie vffgetragen, vnd dem er der also bekanntlich worden were.

c) In einem Ehe- und Erbvertrage hatte jemand seiner Ehefrau 30000 ℳ auf seinen früheren Todesfall verschrieben. Die Ehefrau übertrug mit Genehmigung ihres Ehemannes diese Forderung einem Dritten in der Art, daß der Ehemann sich zum Schuldner des Erwerbers bekannte und Verzinsung der angegebenen Summe versprach, zugleich mit der Abrede, daß dieselbe am übernächsten Januar bezahlt und bei unterbleibender Zinszahlung sofort fällig werden sollte.

3. A. verkaufte ein Grundstück an den B., welcher vier Jahre vorher als Bürge für eine dem C. gegen A. zustehende Forderung eingetreten war und wies im folgenden Jahre den B. an, den Kaufpreis an den Gläubiger C. zu bezahlen. In der Kaufurkunde und der Anweisung wurde zugleich angegeben, daß der Verkauf und die Anweisung geschehen sei, um den Käufer B. wegen der erwähnten Bürgschaft zu decken. C. erklärte schriftlich dem hiervon Kenntnis nehmenden B., daß er unter Vorbehalt seiner ihm aus früheren Titeln zustehenden Rechte, jene Anweisung annehme.

Nun tritt D., ein anderer Gläubiger des A., auf und will, da er sonst von A. keine Befriedigung bekommt, dessen Recht auf den Kaufpreis, welchen B. zu zahlen hat, pfänden lassen.

Ist dieses noch möglich?

4. Da S. aus Darlehen dem G. noch 600 *M* schuldig war, stellte er diesem einen Schein aus, durch den er ihn ermächtigte, bei dem Bankhause Z. sich das Geld zu holen. Zwischen S. und Z. bestand regelmäßige Geschäftsverbindung. — Plötzlich erscheint nach 14 Tagen G. wieder bei S. und erklärt, daß er von dem Scheine keinen Gebrauch machen wolle, sondern (nach BGB. 788) sofort sein Geld von S. selbst ausbezahlt haben wolle.

Kann dies G. rechtlich verlangen? Kommt etwas darauf an, ob Z. den Schein *angenommen* hatte oder nicht?

LXIX

1. Drei Geschwister nehmen bei der Versilberung des elterlichen Nachlasses von zwei Vettern ein Darlehen von 1200 *M* auf. Dabei wird bestimmt, *daß jeder für sich haften und auch kein Gesamtrecht eintreten soll.*

Wie ist das des Näheren durchzuführen?

2. *Von Herrn F. Euler 1500 M bis Michaelis d. J. zu 4 % Zinsen unter näherer Verabredung vorgeliehen erhalten zu haben, bescheinigt.*

Braunschweig, 1. Mai 19.. *Ernst Schacht.*
Karl Schacht, Registrator.

Welches ist die Haftung der Unterzeichner?

3. Die Fabrikanten Chun & Söhne klagen gegen die Gebrüder N. und C. Schwarz auf Zahlung einer Schuld von 1374 *M* für empfangene landwirtschaftliche Geräte und Maschinen, unter ausdrücklichem Anführen, daß beide Beklagte *in solidum* in Anspruch genommen würden, da sie die Verwaltung ihres Landgutes gemeinschaftlich betrieben.

Auf diese Klage erklärte C. Schwarz: daß seine Eigenschaft als Teilhaber an dem fraglichen Geschäftsbetriebe niemals öffentlich bekannt gegeben und auch nicht der klägerischen Firma im besonderen erklärt worden sei.

Wie ist zu erkennen?

Ist es von Einfluß, ob N. Schwarz von seinem Bruder C. besondere Vollmacht zu solchen Geschäften, wie dem mit den Klägern eingegangenen, erhalten hatte? Und darauf vielleicht bei den Verhandlungen mit den letztgenannten Bezug genommen hatte?

4. A. und B. hatten sich verpflichtet, dem C. gewisse, ihnen angeblich gehörige Bergwerksanteile zu 3000 *M* zu verkaufen, und es war über den Empfang der Hälfte dieses Kaufpreises folgende gemeinschaftliche Urkunde ausgestellt: *1500 M haben wir Unterzeichnete auf den verabredeten Preis für die verkauften Kuxe ... erhalten, worüber quittiert wird mit dem Bemerken, daß der betreffende gerichtliche Vertrag morgen geschlossen werden soll.* Das beabsichtigte Geschäft kam jedoch nicht zu stande, da sich später ergab, daß A. und B. an dem bezeichneten Bergwerke gar nicht beteiligt waren.

Es fragte sich, in welcher Weise C. sein bezahltes Geld zurückfordern kann?

5. Zwei Erben, welche als solche Miteigentümer eines Grundstückes geworden sind, verkaufen dieses für 8000 *M*.

Wie steht es mit der Kaufgeldforderung?

Wie ist es, wenn sie das Haus dem X. vermieten und die Vertragsurkunde gemeinsam, aber ohne nähere Bestimmung ihrer Rechtsstellung unterschreiben; und zwar:

a) Welche Ansprüche hat X. gegen jeden der Vermieter?
b) Was ist im besonderen die Folge, wenn der eine Vermieter seinen Anteil am Grundstücke einem Dritten verkauft?
c) Wie haftet der Mieter den Vermietern gegenüber?
d) Wie geht es, wenn X. stirbt und von Y. und Z. beerbt wird?

6. Ein Handwerker, der seine verstorbene Frau nicht mitbeerbt hat, wird von deren Erben auf Herausgabe des Nachlasses verklagt. Er entgegnet, daß er zwei Darlehen von 1000 *M* und 500 *M*, welche er gemeinschaftlich mit seiner Ehefrau aufgenommen, in ihrem ganzen Betrage mit seinen Mitteln zurückbezahlt habe und deshalb die Hälfte derselben von den Klägern zurückverlange; worauf diese erwidern, daß ein Gesamtschuldner, der das Ganze bezahlt, nur seine eigene Pflicht erfüllt habe. Auch seien sie nach BGB. 420 nur nach Anteilen eingetreten.

Welcher der Streitteile ist im Rechte?

7. Die offene Handelsgesellschaft Ulrich und Weber hat sich am 1. Februar aufgelöst. Am 2. März reicht der Fabrikant Lenzmann gegen Ulrich eine Klage auf Zahlung von 1000 *M* ein, als Rest einer Kaufforderung für Waren, welche er der Gesellschaft noch am 15. Januar geliefert hatte. Gestützt wird dieselbe auf HGB. 128: *Die Gesellschafter haften für die Verbindlichkeiten der Gesellschaft als Gesamtschuldner persönlich.*

Termin wird auf den 20. April anberaumt und am 9. März die Klage dem Ulrich zugestellt.

Inzwischen überzeugt sich Lenzmann, daß Ulrich in sehr schlechten Verhältnissen lebt und ihn schwerlich wird befriedigen können. Er reicht deshalb am 28. März eine Klage gleichen Inhaltes gegen Weber ein, welche mit Terminsbestimmung vom 4. Juni am 12. April dem Beklagten zugestellt wird.

Infolgedessen erscheint am 20. April niemand vor Gericht. Im Termine vom 4. Juni dagegen schützt Weber die Einrede der Rechtshängigkeit vor.

Wie ist zu erkennen?

CPO. 263: *Durch die Erhebung der Klage wird die Rechtshängigkeit der Streitsache begründet. Die Rechtshängigkeit hat folgende Wirkungen: 1. wenn während der Dauer der Rechtshängigkeit von einer Partei die Streitsache anderweit anhängig gemacht wird, so kann der Gegner die Einrede der Rechtshängigkeit erheben.*

---

8. Zu einem Bankier kommen zwei Personen, welche gemeinsam ein Darlehen von 100 *M* aufnehmen und für einander zu haften versprechen. Hinterher stellt sich heraus, daß die eine Person geisteskrank war.

Welchen Einfluß hat dieser Umstand auf die fraglichen Rechtsverhältnisse?

9. Mehrere Gesellschafter kaufen eine Partie Waren und versprechen dem Verkäufer, für das Kaufgeld als Gesamtschuldner haften zu wollen; allein der eine macht seine Verbindlichkeit davon abhängig, daß er binnen 6 Monaten eine ihm in Aussicht stehende Erbschaft erhalten werde.

Ist das zulässig? Wie gestalten sich die Verpflichtungen? Wenn der Verkäufer den letztgenannten Gesellschafter verklagt hat und wegen Nichteintrittes der Bedingung zurückgewiesen worden ist: kann er immer noch den anderen belangen?

10. In eine Erwerbsgesellschaft tritt ein Gesellschafter neu ein und verspricht dabei einem Gesellschaftsgläubiger, unter dessen Annahme, daß er für eine schon länger ausstehende Kaufgelderforderung als Gemeinschuldner mithaften wolle. Diese Forderung schwebt bereits 10 Jahre, ohne eingeklagt worden zu sein.

Verjährt sie nun in 20 oder in 30 Jahren?

11. Zwei Gesellschafter haben sich solidarisch verpflichtet. Der eine von ihnen leistet dem Gläubiger mehrere Abschlagszahlungen, während der andere gar nicht von diesem in Anspruch genommen wird.

Ist die Verjährung gegen den zweiten Schuldner durch jene Ratenzahlungen unterbrochen worden?

12. Drei Gesellschafter sind 1200 *M* Mietgeld für gemeinsam gemietete Geschäftsräume schuldig. Dann nimmt der Vermieter von dem einen Teilhaber 400 *M* an und quittiert hierüber.

Rechtsfolge?

13. Eine von A. und B. gemeinschaftlich in Verwahrung genommene Sache des C. wird von A. schuldhafterweise beschädigt.

Ist C. befugt, den B. auf den vollen Schadensersatz in Anspruch zu nehmen?

14. Zwei Kaufleute haben in einem gemeinschaftlich geschlossenen Vertrage einem Gutsbesitzer eine Maschine verkauft, von welcher nur der eine der Verkäufer wußte und arglistig verschwieg, daß sie an einem, den Gebrauch schwer beeinträchtigenden Mangel litt (BGB. 462; 463).

Wie steht es mit der Haftung der Verkäufer?

Was wäre zu bemerken, wenn die Maschine fehlerfrei gewesen, der eine Verkäufer aber nach ihrer gemeinsamen Vertragspflicht die Aufstellung und Einübung der Maschine ausgeführt und dabei schuldhaft Schaden angerichtet hätte?

15. Zwei Gesellschafter, A. und B., haben eine gemeinsame Sache zusammen verkauft und sich solidarische Berechtigung bezüglich des Kaufpreises von 2000 *M* ausbedungen. Gegen den A. erwirbt der Käufer C. eine Darlehensforderung von 1000 *M*.

Wenn B. den Schuldner verklagt, kann letzterer aufrechnen?

Wie stände es, wenn C. gestorben und von A. beerbt worden wäre?

Oder: falls B. und C. nach längerem Prozesse über die Eigenschaften der verkauften Sache einen Vergleich geschlossen, kraft dessen C. nur 1700 *M* Kaufpreis zahlen soll?

16. Der Landwirt L. hat von den Händlern O. und P. 50 Schafe in gemeinschaftlich abgeschlossenem Handel gekauft; lieferbar in zwei Abteilungen. Als am ersten Liefertage O. mit 25 Stück ankommt, geraten die beiden in Streit und L. verweigert die Annahme. O. zieht mit den Tieren wieder ab. Dann besinnt sich L anders und schickt nach einigen Stunden einen Knecht zu dem Absteigequartier der Händler, um seine Bereitwilligkeit zu der Annahme zu erklären. Der Bote trifft aber nur den P. an, dem er seinen Auftrag ausrichtet.

Wie steht es nun mit dem Verzuge und dessen Folgen?

LXX

1. Wie sind nachstehende Tatbestände juristisch zu bestimmen? Welche Kategorien des römischen und des heutigen bürgerlichen Rechtes kommen dabei zur Anwendung? Welche Formalitäten waren und sind bei den einzelnen Willenserklärungen zu deren Gültigkeit jeweils notwendig? Welche *actiones* liegen vor?

a) Gesetz, betreffend die anteilige Übernahme einer Garantie des Norddeutschen Bundes für eine zur Herstellung der dauernden Fahrbarkeit des Sulina-Armes der Donaumündungen von der Europäischen Donauschiffahrts-Kommission aufzunehmenden Anleihe, vom 11. Juni 1868 (Reichs-Verf. 73).

b) *Herr N. N. wird hierdurch freundlichst ersucht, mit der Klage gegen M. M. einzuhalten, indem ich Ihnen die Versicherung gebe, daß Sie binnen drei Tagen wenigstens im Besitze der Hälfte ihrer Forderung sein werden.*

c) Es beredet jemand einen anderen zu einem Prozesse mit einem Dritten, ihm für Schaden und Kosten garantierend, falls er den Prozeß verlieren werde.

d) Gegen Zahlung einer bestimmten Vergütung übernimmt jemand die Gefahr von Forderungen Dritter gegen zweifelhafte Schuldner: Kommt der Betrag von letzteren ein, so hat jener die Prämie gewonnen; zahlt der Schuldner nicht, so muß der Übernehmende den Ausfall den Gläubigern gegenüber tragen.

e) Versprechen, für die Schuld eines anderen einen Wechsel auszustellen; — unmittelbar Ziehen eines Wechsels auf einen Geschäftsfreund und Begebung desselben an den Gläubiger eines anderen, dem geholfen werden soll; — Gefälligkeitsakzepte; — Übernahme der Verpflichtung *per aval*, d. i. schriftliches Versprechen auf der Wechselurkunde, für Zahlung des Wechsels einstehen zu wollen.

f) Jemand verspricht einem Kreditsuchenden, daß er sich für ihn verbürgen werde.

g) A. weist den B. an, sich als Bürge für den C. bei dessen Gläubiger D. haftbar zu machen.

h) Ein Student war in den dreißiger Jahren wegen Teilnahme an einer verbotenen burschenschaftlichen Verbindung in Untersuchung bei dem Universitätsgerichte gekommen. Er wurde auf freiem Fuße belassen, nachdem sein Vater einen

Kautionsschein über 500 Taler unterzeichnet hatte, für den Fall, daß sein Sohn sich der Vorladung und etwaigen Verhaftung entziehen würde.

i) Eine Stadtgemeinde stellt einen städtischen Arzt gegen festen Gehalt an und bewegt ihn zu der Übernahme der gering dotierten Stelle durch die Garantie, daß er durch Privatpraxis Nebenverdienst in Höhe einer gewissen Summe haben werde.

k) Ein Schauspieler wird zu einem Gastspiele engagiert, und zwar gegen so und so viel Prozent des Reinertrages der Vorstellung; er bekommt aber eine bestimmte Summe als Minimum garantiert.

l) Es ist bekannt, daß Friedrich der Große das Tabaksmonopol sehr begünstigte. Die Aktiengesellschaft, auf welche von dem ersten Generalpächter Ribaudt die Pacht des Monopols übergegangen war, machte aber so schlechte Geschäfte, daß der König durch Edikt vom 17. Juli 1766 auf dahin gehendes Bitten jener Kompanie statt ihrer die Verwaltung übernahm; die *Aktionisten* erhielten ihr eingeschossenes Geld mit 10 % verzinst und sollten, wenn sich nach Abzug aller Kosten und besonders der an den Staat zu zahlenden Pachtsumme noch ein Gewinn ergebe, eine Dividende nach Verhältnis ihres Aktienbesitzes genießen; die pünktliche Zahlung jener Zinsenforderung von 10 % wurde 1 Jahr darauf den Aktionären durch die kurmärkischen Landstände besonders garantiert.

m) Entwurf eines Gesetzes, betreffend die Unterstützung der deutschen (Samoa-) Seehandelsgesellschaft, dem Bundesrat am 24. April 1880 vorgelegt: *Der Reichskanzler wird ermächtigt, der auf Grund des Gesellschaftsvertrages vom 21. Januar l. J. unter der Firma Deutsche Seehandelsgesellschaft zu Berlin errichteten Aktiengesellschaft behufs Erfüllung eines jährlichen Reinertrages von $4^1/_2$ % des in dem Unternehmen angelegten Grundkapitales bis zum Höchstbetrage von 10 Millionen Mark die Garantie des Reiches mit der Maßgabe zuzusichern, daß der aus Reichsmitteln zu gewährende Zuschuß der Dividende 3 % des Grundkapitales nicht übersteigen darf. Die Garantie wird mit dem Jahre 1880 beginnen und bis zum Jahre 1899 einschließlich sich erstrecken. Sie erlischt auch während dieser Zeit, sobald sie 5 Jahre hintereinander nicht in Anspruch genommen worden ist.*

2. A., welcher sich für eine Forderung des B. an C. verbürgt hatte und zwangsweise zur Zahlung angehalten worden war, klagt gegen D.: weil dieser ihm gegenüber die Verbindlichkeit übernommen habe, die Schuld des B. rechtzeitig an dessen Gläubiger abzutragen, oder ihn, den A., von seiner Bürgschaft zu befreien, im Falle der Schuldner selbst keine Zahlung leisten sollte.

Was liegt hier rechtlich vor? Und ist die erhobene Klage begründet?

3. In Dresden hatte sich ein *Hausse-Konsortium* gebildet, wonach mehrere Kontrahenten sich gegenseitig verpflichteten, bestimmte Wertpapiere vor Eintritt eines bestimmten Zeitpunktes in keiner Weise zu veräußern. Dabei wurde von dem einen Spekulanten dem anderen garantiert, daß der Kurs der fraglichen Papiere an dem gedachten Termine eine näher bestimmte Höhe sicher haben werde.

Als sich letzteres nicht erfüllte, klagte der Versprechensempfänger auf die Differenz; indessen der Beklagte sich weigerte, unter Berufung auf BGB. 764.

Entscheidung?

4. K. hat dem V. und seiner minderjährigen Tochter W. verschiedene Waren käuflich überliefert und auf Grund einer, nach erlangter Volljährigkeit der W. von ihr und ihrem Vater unterschriebenen, Bescheinigung unter der spezifizierten Rechnung — *daß sie vorstehende Waren erhalten haben, die Rechnung im Betrage von 771 ℳ für richtig anerkennen und jene Summe zu zahlen versprechen* Klage gegen die W. erhoben.

Die Beklagte entgegnet: Nicht sie, sondern ihr Vater habe die Waren erhalten. Durch ihre Unterschrift habe sie weder eine Bürgschaft übernommen, noch ein Schuldbekenntnis abgegeben, sondern nur bescheinigt, daß die Waren in den Haushalt geliefert worden wären. Zur Zahlung einer solchen Haushaltungsschuld sei aber trotz der Unterschrift des Hauskindes nur der Hausvater verpflichtet. Jedenfalls sei ein *constitutum debiti proprii* seiner akzessorischen Natur nach unverbindlich, wenn, wie hier, eine Hauptschuld des Versprechenden nicht bestanden habe.

Dagegen behauptet der Kläger, daß es sich um *constitutum debiti alieni* handle, indem die W. die angeführte Schuld ihres Vaters übernommen habe und dadurch neben dem letzteren als Bürgin und Gesamtschuldnerin zur Zahlung verpflichtet worden sei.

Was ist von diesen Ausführungen der Streitteile zu halten, und wie ist hiernach zu urteilen?

---

5. Was ist in folgenden Fällen über die juristische Konstruktion und rechtliche Gültigkeit der jeweiligen Willenserklärungen zu bemerken?

a) Es hat jemand urkundlich anerkannt, daß sein geisteskranker Schwager aus einem Handlungshause bestimmte Waren erhalten und dafür 400 ℳ schuldig geworden sei. Er bittet den Kaufmann, diese Summe einstweilen stunden zu wollen, indem er für demnächstige pünktliche Zahlung sich verbürgt.

b) Ein Maler hat die Fertigstellung eines Bildes zu einer Festaufführung übernommen. Ein anderer verspricht, im Falle der nicht pünktlichen Lieferung des Bildes eines von den seinigen zu verabfolgen.

c) Ein Bürge wird unter Vorlegung des von ihm ausgestellten Bürgscheines verklagt. Er wendet ein, daß er bei seiner Verbürgung mündlich den Vorbehalt eines beabsichtigten guten Geschäftes mit einem Dritten gemacht habe, das dann nicht zu stande gekommen sei.

d) Als ein Bevollmächtigter in Ausführung des erhaltenen Auftrages eine Sache käuflich erwerben wollte, zeigte sich, daß sie zu dem von dem Geschäftsherrn angegebenen Höchstbetrage nicht zu haben war. Der Vertreter bewilligt daher dem Verkäufer den höheren Preis, indem er garantiert, daß der Auftraggeber dieses genehmigen werde.

e) Ein Darlehensgläubiger wird von dem Bruder des Schuldners ersucht, noch weiteren Ausstand zu geben, indem er, der Bruder, ihn *wegen jedes Ausfalles und Nachteiles schadlos halten werde.*

6. Für richtige Haltung eines Bauakkordes durch die Unternehmer hatte jemand Bürgschaft übernommen. Da jene den Vertrag nicht erfüllten, so mußte der Besteller den Bau auf Kosten der Akkordanten anderweit vergeben und dem späteren Unternehmer 2400 ℳ mehr bezahlen, als den ersteren. Er belangt nun den angeführten Bürgen auf Ersatz dieser Summe; worauf der Beklagte entgegnet, daß er nur die Einhaltung des Bauakkordes versprochen und subsidiarisch die Verbindlichkeit zur Vornahme dieser Arbeiten übernommen habe, nicht aber auf Geldzahlung hafte.

Was ist Rechtens?

7. N. ist von O. durch Drohungen zu einem Geldversprechen gezwungen worden. N. ersucht später den M., sich zu verbürgen, und M. erklärt sich dazu bereit, ohne von dem früheren Hergang etwas zu wissen. Später erfährt dies M.

Kann er, wenn er von O. belangt wird, diesem eine rechtswirksame Einwendung machen?

8. Ein Bürge wird von dem Gläubiger in Anspruch genommen, weil von dem Hauptschuldner, der rechtskräftig zur Zahlung verurteilt worden ist, kein Geld zu bekommen sei. Der Beklagte wendet ein, daß, wie er jetzt erfahren, der damalige Vertrag zwischen Gläubiger und Hauptschuldner nur ein Scheingeschäft gewesen sei.

Das Amtsgericht verurteilt ihn aber, unter Verwerfung dieses Einwandes.

Er fragt an: ob er mit Aussicht auf Erfolg gegen dies erstinstanzielle Urteil Berufung einlegen könne?

9. Der Tischlermeister Stiller will von dem Holzhändler Hanusch Holz auf Kredit beziehen. Hanusch fordert einen Bürgen. Stiller bringt seinen Freund, den Krämer Stöckel; und es kommt das Geschäft urkundlich zu stande. Dabei hatte Stöckel in das von allen Teilen unterschriebene Schriftstück aufgenommen: daß Hanusch zusichere, seinen Bedarf an solchen Waren, die Stöckel in seinem Laden führe, in Zukunft regelmäßig bei dem Bürgen zu decken.

Jetzt hat Hanusch den Stöckel aus der Bürgschaft verklagt, weil Stiller zahlungsunfähig ist. Der Beklagte verweist auf obige Klausel und bemerkt, daß Hanusch niemals Waren von ihm bezogen habe. Der Kläger entgegnet, daß die Bürgschaft immer nur eine einseitige Verbindlichkeit schaffe und es bei ihr eine Einrede aus BGB. 320 nicht gebe.

Wie ist zu entscheiden?

---

10. Karl Wallenfells verklagt den Emil Sack auf Zahlung einer Schuld von 2000 *M.* Er stützt seinen Klagantrag auf eine von ihm zu Lasten des Martin Sack, des Bruders des Beklagten, ausgestellte Rechnung, welche mit den Worten schließt:

. . *Der wahre und unmittelbare Schuldner ist also Martin Sack, sowie Karl Wallenfells der wahre und unmittelbare Gläubiger ist.*

Martin Sack.

Emil Sack, ich verpflichte mich für obige Summe per 2000 M.

Kann der Beklagte der obigen Klage eine begründete Einwendung machen, oder muß er zahlen und seinen Bruder irgendwie hineinziehen?

11. Nachdem ein Hauptschuldner in Konkurs gefallen, nimmt der Gläubiger den für jenen eingetretenen Bürgen auf Hauptgeld, vertragsmäßige und Verzugszinsen, sowie die durch das Verfahren gegen den Hauptschuldner ihm erwachsenen Gerichts- und Anwaltskosten in Anspruch.

Der Bürge bestreitet die Berechtigung der an letzter Stelle erwähnten Forderung. Er sei *als Selbstschuldner* eingetreten; also hätte ihn der Gläubiger ja gleich belangen können, und habe sich jener die entstandenen Prozeßkosten selbst zuzuschreiben. Das Hauptgeld sei er zu bezahlen bereit; für Zinsen hafte er als Bürge aber nicht.

Quid iuris?

12. Welche Rechtsfolgen knüpfen sich an folgende Tatbestände?

a) Für den Rest einer Kaufschuld des K. an V. hat sich B. verbürgt. K. stirbt und wird von X., einem nahen Freunde des V., beerbt. Letzterer erläßt dem X. die Schuld, fügt aber hinzu, daß dieses rein persönlich sein solle.

b) Jemand will einem Bürgen schenkungsweise eine Vermögenszuwendung machen und bezahlt zu diesem Zwecke de Hauptgläubiger.

c) Für einen Hauptschuldner waren zwei Mitbürgen eingetreten. Dem einen dieser beiden erläßt der Gläubiger die Verpflichtung.

d) Ein Bürge war für den einen von drei Gesamtschuldnern eingetreten und hatte demnächst die ganze Schuld dem Gläubiger bezahlt.

13. Tatbestand.

Klägerin hat eine ihr von ihrem Ehemanne abgetretene Forderung gegen den Beklagten eingeklagt. Letzterer war zur Zeit der Übertragung Nachbürge für seinen Bruder wegen einer von diesem für den Ehemann der Klägerin übernommenen Bürgschaft und hat bei Zahlungsunfähigkeit des Hauptschuldners und des Bürgen die verbürgte Forderung ein Jahr nach der Übertragung bezahlt. Den Betrag dieser Zahlung will er in Aufrechnung bringen, während die Klägerin die rechtliche Zulässigkeit dieser Kompensation bestreitet.

Entscheidung mit Gründen?

LXXI

1. Welche juristischen Besonderheiten liegen bei den folgenden Rechtsabtretungen vor? Wie unterscheiden sich die einzelnen nach ihrer rechtlichen Natur und Folge?

a) *Verhältnisse halber verkaufe mein solid gebautes Grundstück. . . . Eine gute Hypothek wird in Zahlung genommen.*

b) Der Verleger einer Zeitung hatte der Postverwaltung den Vertrieb des Blattes übergeben. Er überträgt den Anspruch auf die für spätere Quartale bei der Post eingehenden Abonnementsgelder.

c) Einer Handlung, welche schwer eintreibbare Außenstände zur Einziehung übernimmt, wurde eine Forderung übertragen. Sie hatte in ihren Bedingungen zuvor erklärt: *Wir zahlen Ihnen von den Eingängen 50 % nach Empfang, die weiteren 50 % sind unser Eigentum,* — und sodann eine Urkunde ausgestellt, daß Cedent solange Eigentümer der Forderung bleibe, bis er die ihm zukommenden 50 % erhalten habe; falls die Forderung binnen 2 Jahren durch Zahlung oder Vergleich nicht erledigt sei, wolle sie dieselbe zurück übertragen.

d) A. hat eine verzinsliche Hypothek von 20000 ℳ gegen Empfang von 14000 ℳ mit der Abrede abgetreten, daß es ihm frei stehen sollte, innerhalb 4 Monaten die Hypothek mit 15500 ℳ zurückzukaufen.

e) Aus der Prozeßvollmacht eines Rechtsanwaltes: *Ich cediere meinem Anwalte unter Vorbehalt der Abrechnung und unter Haftung für Einbringlichkeit die von dem Gegner zu erstattenden Prozeßkosten bis zur Höhe seiner Forderung gegen mich.*

f) Als S. von G. ein Darlehen aufnahm, übertrug er ihm zur Sicherheit dieser Darlehensschuld ein Guthaben, welches S. an Z. hatte. Die Urkunde hieß: *Cedent darf den Betrag von Z. einziehen, sobald er dem G. dafür andere geeignete Forderungen abtritt. Eine Benachrichtigung des Schuldners Z. soll nicht erfolgen.*

g) Fendt klagte als Cessionar eine Geldforderung ein und bezog sich zur Legitimation auf das der Schuldverschreibung von dem ursprünglichen Gläubiger beigesetzte Giro: *Für mich an die Ordre des Herrn Fendt. Wert empfangen. Benjamin Hanau.*

h) Ein Beamter, welcher eine Kaution zur Staatskasse hinterlegt hat, verkauft, während er noch im Dienste ist, seinen gegen den Fiskus ihm zukommenden Anspruch.

i) Der Mieter einer größeren Wohnung tritt einem Verwandten zwei Zimmer gegen eine bestimmte, an ihn zu zahlende Vergütung ab.

k) Der Käufer und jetzige Eigentümer einer Ware, der über den Erwerb derselben von seinem Rechtsvorgänger eine Faktura angestellt erhalten hat, überträgt diese letztere auf einen neuen Käufer.

l) Volks-Kaffee-Hallen, geöffnet von früh $^1/_2$6 Uhr an. Es wird verabreicht: Kaffee zu 5 Pf etc.

Marken zu 5 Pf, welche sich besonders zu Geschenken an Bedürftige eignen und in den drei Hallen verwendet werden können, sind in allen drei Hallen zu haben.

m) A. hatte dem B. gegenüber Lieferung von Getreide näher bestimmter Art und Menge unter der Bedingung der Preiszahlung Zug um Zug gegen Lieferung der verkauften Ware versprochen, dann aber alle seine Rechte aus diesem Handelsgeschäfte an den C. abgetreten.

n) Zwei Bauunternehmer hatten einen Bau auszuführen sich verpflichtet und von vornherein dem Bankhause, welches ihnen die Mittel vorschoß, ihren Anspruch auf den ihnen nach Ausführung des Baues für denselben zu zahlenden Preis abgetreten.

o) $^1/_8$ *Theater-Abonnement, Seitenbalkon rechts, Serie braun, ist 1. Januar zu vergeben.*

p) *Beabsichtige meine Hotelpachtung, erstes Reisehotel einer Kreis- und Garnisonstadt mit hohen Schulen und Gerichten, nur krankheitshalber zu cedieren. Zur Übernahme sind 25000 M erforderlich.*

q) X. verkauft seinen Pfandschein zum städtischen Leihhause, wonach er ein Einlösungsrecht der versetzten Uhr hat.

r) Der Gutsbesitzer Fell verkaufte sein bei Bromberg gelegenes Gut an den Landwirt Bäcker und behielt sich bis zur völligen Abtragung des Kaufpreises das Eigentum vor. Nachdem Bäcker die Hälfte des Kaufpreises ratenweise bezahlt hatte, cedierte Fell sein Forderungsrecht an Reinecke und übertrug demselben zugleich die aus dem Eigentumsvorbehalte ihm zustehenden Rechte.

s) Zwischen M. und N. kommt der Verkauf eines Gutes zu stande, wobei M., der mit dem Gutsnachbar O. über das Eigentum eines Ackers seit einiger Zeit in Streit lebt, seine, allerdings bestrittenen, Ansprüche auf besagten Acker dem N. mit zuweist.

Vgl. Revid. Land-Recht des Herzogtums Preußen von 1685 (verbessertes Land-Recht des Königreichs Preußen von 1721) Buch IV Tit. VI Art. V § 3: *Da auch jemands zu einem Zusprüche, Action oder Klage hätte, sie seyn zu eines Person, oder auff Güter: So mag er dieselben wo einem anderen übergeben, cedieren und verkauffen . . .*

t) A. hatte sein gesamtes Haus- und Wirtschaftsinventar dem B. verkauft und überliefert, von demselben es aber mietweise bis auf weiteres überlassen erhalten. B. schließt mit C. einen Vertrag, der durch folgende, unter jenen Verkaufsvertrag gesetzte Erklärung zum Ausdrucke kommt: *Vorstehenden Vertrag cediere ich mit allen Rechten und Klagen . . .*

2. S. hatte dem G., einem seiner Gläubiger, eine ihm, dem S., zugehörige Schuldverschreibung, in welcher ihm Erbrechte verpfändet waren, übergeben: *Aus derselben sollen Ihnen nunmehr dieselben Rechte zustehen, welche mir aus diesem Dokumente zustehen, für etwaige Forderungen, welche Sie an mich haben sollten . . . Sie sind berechtigt, dieses Dokument anderweit zu hinterlegen . . . nach Begleichung meiner Schuld geben Sie mir meine Sicherheit zurück.*

S. fiel später in Konkurs.

Welche Rechtsstellung kommt dem Gläubiger G. zu? Und was gehört zur Konkursmasse?

3. Es ist neuerdings mehrfach festgestellt worden, daß Forderungen, die in ihrem Rechtsgrunde zweifelhaft und von dem Schuldner bestritten waren, von dem Fordernden an eine ganz arme Person übertragen wurden, die nunmehr die streitige Schuld einklagt, nachdem sie sich das Armenrecht erwirkt hat. Wird der Prozeß gewonnen, so bekommt der Kläger eine kleine Entschädigung und liefert das Übrige ab; verliert er, so hat er an Kosten nichts zu zahlen, und der Gegner ist geprellt.

In einem derartigen Prozesse, der kürzlich vor dem Landgerichte Hamburg anhängig wurde, bestritt der Anwalt des Beklagten die Rechtsgültigkeit der Übertragung an den bettelarmen Kläger, weil dieser *ein mächtigerer Gläubiger* wäre.

L. 2 C. ne liceat potentioribus etc. (2, 13 [14]); cf. c. 2 X. de alienatione iudicii mutandi causa facta (1, 42).

Manche Juristen fanden dies nach römischem und gemeinem Rechte nicht unbedenklich (— mit Fug?). Wie steht es damit nach dem Rechte des BGB.?

LXXII

1. Die vermögenslose Witwe eines Staatsdieners, die eine in monatlichen Raten zahlbare Pension von 800 *M* jährlich bezieht, hatte zur Deckung einer Schuld von 3600 *M* monatliche Beträge von je 25 *M* an den Gläubiger abgetreten. Dann will sie diese Übertragung nicht als rechtsgültig anerkennen, weil Alimentenforderungen nicht abgetreten werden dürfen.

Mit Recht?

2. Ein Rentner S. aus Charlottenburg geriet in einer größeren Gesellschaft mit einem Herrn in Streit und gab ihm schließlich eine Ohrfeige. Das gab zunächst eine große Aufregung, dann aber beruhigte man sich einigermaßen wieder, und einige Anwesende machten Sühneversuche. Mit Einverständnis der beiden Hauptbeteiligten wurde endlich aus der Gesellschaft heraus ein Schieds- und Sühnegericht gebildet, dessen Spruch bindend sein sollte. Dieser Gerichtshof verurteilte S. zu 1000 *M* Geldstrafe, und der Verurteilte unterschrieb denn auch eine Bescheinigung, daß er dem Geschlagenen als Sühne für die Ohrfeige 1000 *M* schulde.

Der Gläubiger forderte nun aber die Schuld nicht selbst ein, sondern übertrug seine Forderung an den Hauseigentümer F., und dieser verklagte S., weil er sich weigerte, ihm die Summe zu zahlen, da es sich nur um eine Biertischgeschichte handelte und im übrigen klageberechtigter Gläubiger nur der Geschlagene persönlich wäre.

Ist der Einwand begründet?

3. Bei einer Gutsübernahme hatte sich der übernehmende Sohn unter anderem verpflichtet, seinen Eltern *auf deren Verlangen* wöchentlich 8 *M* Taschengeld zu geben. Diese Forderung wurde von einem Gläubiger des Vaters mit Beschlag belegt; der Sohn aber widersprach der Berechtigung dieses und verlangte Aufhebung der Pfändung.

Entscheidung?

4. Einem Gutsbesitzer hat sich eine Bank verpflichtet, einen Kredit bis zur Höhe von 30000 ℳ zu gewähren und ihm je nach Wunsch in den nächsten 3 Jahren diese Summe leihweise zur Verfügung zu stellen.

Ein Gläubiger des mittlerweile ganz verschuldeten Gutsbesitzers erfährt dieses und fragt an, ob er die hier fragliche Forderung nicht zwecks seiner Befriedigung pfänden lassen könne?

5. Ein Bauunternehmer hatte einer Hypothekenbank für ein Darlehen, welches je nach dem Fortschritte des Baues auszuzahlen war, eine Hypothek bestellt. Dabei war besonders ausgemacht worden, daß der Darlehensempfänger seinen Anspruch auf noch abzuhebende Raten nicht übertragen dürfe.

Später gerät der Unternehmer in Not und tritt noch ausstehende Summen einem Dritten trotz jenes Versprechens käuflich ab.

Welche Rechtsfolgen knüpfen sich hieran?

---

6. Der Handlungsgehilfe Kraus hatte in einem Kaffeehaus eine Zechschuld von 17 ℳ stehen; um Ausstand zu erhalten gibt er seine Taschenuhr dem Wirt zur Sicherheit. Da er aber nicht zahlt, überweist der Wirt jene Schuld an Hirschel, einen Kollegen des Kraus, für bar gezahlte 12 ℳ, ohne von der Uhr etwas zu erwähnen.

a) Kann jetzt nicht Kraus seine Uhr zurückfordern? Oder kann Hirschel sie verlangen? Wie gestaltet sich überhaupt, in genauer juristischer Erwägung und Fassung, das Rechtsverhältnis bezüglich der versetzten Uhr?

b) Ist es von Einfluß, ob Hirschel von der gewährten Sicherheit Kenntnis hatte? Hätte er sich dann nicht ausdrücklich ausbedingen müssen, daß ihm die Sache herausgegeben würde?

c) Wird, im Falle der Wirt die Uhr freiwillig bei der Zahlung an Hirschel gibt, dadurch ein Rechtsverhältnis zwischen letzterem und Kraus begründet?

d) Wenn Hirschel ein notorisch lüderlicher Mensch ist, der dann die wertvolle Uhr durchbringt: kann sich Kraus wegen des Schadens an den Wirt halten? Genügt es für Kraus, wenn er auf den Hinweis des Wirtes, daß Hirschel ja zahlungsfähig sei, entgegnet, daß derselbe jetzt in einem anderen Amtsgerichtsbezirke, als sie beide, wohne?

LXXIII

1. Ein Cedent war am Tage nach der Cession verstorben. Sein Erbe gewährt dem Schuldner auf dessen Bitten einen Zahlungsaufschub von 6 Monaten. Nun erst wird durch Auftreten des Cessionars die Übertragung bekannt.

Kann der Schuldner sich auf die Fristgestattung berufen oder nicht?

2. G. überträgt am 10. Juli eine Forderung auf Kaufgeld gegen den S. an den C. Am 12. Juli kauft S. eine Forderung, welche X. gegen G. hatte.

Kann er damit dem C. gegenüber aufrechnen oder nicht?

3. Der Verkäufer hat seine Forderung auf Kaufgeld übertragen:

a) Kann der Käufer dem Cessionar gegenüber sich darauf berufen, daß die verkaufte Sache nicht ordentlich im stande gewesen sei?

b) Oder darauf, daß der Cessionar den Preis für die ihm abgetretene Forderung noch nicht entrichtet habe?

c) Oder kann er vorschützen, daß soeben jemand von ihm die cedierte Schuld eingefordert — oder: schon einkassiert — habe, dem der Verkäufer noch vor einer Stunde dieselbe, wie sich jetzt zeige, zum zweitenmal cediert hatte?

d) Wenn in dem erwähnten Falle der Drittschuldner noch nicht bezahlt hat: kann der jetzt auftretende Cessionar die Zahlung an den Cedenten oder einen anderen Cessionar dadurch verhindern, daß er dem *debitor cessus* die notarielle Cessionsurkunde vorzeigt, oder müßte er ihm den cedierten Schuldschein vorweisen können?

4. Richart hatte gegen Zenker eine Forderung von 1200 *M*, welche Richart an Magnus am 17. Januar übertrug. Am 9. Februar machte Magnus dem Zenker hiervon Anzeige. Inzwischen hatte aber Hasting, ein Gläubiger des Richart, auf Grund eines gegen den letzteren erstrittenen obsiegenden Urteiles bei dem Amtsgerichte den Antrag gestellt, jene Forderung des Richart an Zenker zu pfänden. Das Gericht gab dem statt und verfügte am 27. Januar die Pfändung jener Forderung, wobei es dem Zenker aufgab, bei Meidung doppelter Zahlung weder an Richart noch an sonst jemanden zu bezahlen. Die Zustellung dieser Verfügung an Richart und an Zenker erfolgte am 29. Januar.

Hiernach erhob Magnus Klage gegen Hasting mit dem Antrage, den Kläger als Eigentümer der fraglichen Forderung anzuerkennen und die geschehene Pfändung aufzuheben.

Ist das Klagebegehren begründet?

5. Moor trat gegen Perpente als Cessionar des Reinach, welcher eine Geldforderung gegen Perpente hatte, gerichtlich auf. Beklagter entgegnete, daß die Cession nur zum Scheine abgeschlossen sei. Moor aber erwiderte, daß dies nur ihn und den Gläubiger etwas angehe; der Schuldner habe kein verletztes Interesse, indem ihm gegen den Cessionar alle Einreden offen blieben, die er dem Cedenten selbst hätte entgegensetzen können.

Wie ist über diesen, sich nicht selten ereignenden Streitfall richtig zu erkennen? Wie verhält sich dazu BGB. 405?

6. Es kauft jemand einen Hund und bezahlt den Kaufpreis an den Cessionar des Verkäufers. Darauf meldet sich ein Dritter, weist nach, daß er der wirkliche Eigentümer des ihm gestohlenen Tieres ist und entwehrt es dem Käufer.

An wen kann sich der letztere wegen des von ihm erlittenen Schadens halten? (BGB. 440).

7. Der Cessionar Laackmann verklagt den Drittschuldner Heindrichs wegen einer ihm von Mussaeus cedierten Darlehensforderung auf 200 *M*. Heindrichs wendet ein, daß er von Schiebe eine Forderung auf rückständiges Kaufgeld gegen Mussaeus auf 300 *M* geerbt habe, wovon er nunmehr mit 200 *M* aufrechne, während er 100 *M* widerklagend von Laackmann herausverlange. Laackmann bestreitet die Zulässigkeit des Vorbringens.

Wer ist im Rechte?

8. Ein Belgier hat aus Lieferungsverträgen eine Forderung gegen einen in Halle a. S. wohnenden Kaufmann. Er überträgt sie einem Geschäftsfreunde in Magdeburg. Als letzterer gerichtlich gegen den Schuldner vorgehen will, verlangt dieser zuvor Kautionsbestellung nach CPO. 110: *Ausländer, welche als Kläger auftreten, haben dem Beklagten auf dessen Verlangen wegen der Prozeßkosten Sicherheit zu leisten.*

Ist die Einwendung des Beklagten gerechtfertigt?

9. Kurth schuldete dem Maibier aus einem Hauskauf 15000 *M*, welche zu 4 % verzinslich in 10 Jahren zahlbar waren. Nach 7 Jahren wurde am 1. Juni über das Vermögen des vorher flüchtig gewordenen Maibier Konkurs eröffnet, und es erhielt am 3. Juni Kurth Anzeige von Ivers, daß ihm schon vor 5 Jahren die Forderung an Kurth von Maibier abgetreten worden sei; nur um dessen Kredit zu schonen, habe er darüber geschwiegen und es geschehen lassen, daß sein Cedent die Zinsen weiter erhoben, die fortan ihm selbst zu entrichten seien. Ivers klagt hiernach auf den vorenthaltenen Teil der Zinsen gegen Kurth.

Dieser setzt der Klage Aufrechnung mit einer Forderung entgegen, zu deren Begründung er sich auf folgende, von dem Kläger nicht bestrittene Tatsachen beruft: Für eine Schuld des Maibier bei dem dortigen Bankverein habe sich Goldbach verbürgt; diese sei am 4. Juni d. J. fällig. Am 28. Mai d. J. habe Goldbach mit ihm, dem Kurth, einen Cessionsvertrag geschlossen, über welchen er folgende Urkunde zu den Akten gibt: *Ich cediere hiermit an Kurth, nachdem ich wegen meiner Valuten befriedigt worden bin, von meiner Forderung aus geleisteter Bürgschaft an den Kaufmann Maibier den Betrag von 13 000 ℳ, ohne Vorbehalt und Neuerung, aber auch ohne Gewähr.*

Wie ist der Rechtsfall zu entscheiden?

LXXIV

1. Der Verkäufer eines Hauses hat einen Rest von Kaufgeld, den er noch zu fordern hat, einem armen Verwandten schenkungsweise überwiesen. Am nächsten Tage reut es ihn; und als der Schuldner wieder eine Abschlagszahlung bringt, verschweigt er ihm die Übertragung und nimmt die Zahlung quittierend an.

a) Da der Schuldner bezüglich dieser Rate nach bekannten Rechtsgrundsätzen (welchen?) befreit ist, so wirft sich nun die Frage auf: Kann der Verwandte gegen den Cedenten auftreten? Welche *actio* käme in Frage?

b) Was wäre zu bemerken, wenn der Drittschuldner überhaupt nicht zahlte und bei dem Vorgehen des beschenkten Verwandten gegen ihn sich als zahlungsunfähig herausstellte. Wäre es von Einfluß, ob er schon zur Zeit der zwischen dem Verkäufer und seinem Verwandten getroffenen Verabredung insolvent war oder es erst hinterher wurde?

c) Wie stände es: wenn die fragliche Schuld zur Zeit der Übertragung schon getilgt gewesen wäre? Oder wegen eines Nichtigkeitsgrundes bei dem Begründungsakt überhaupt nicht bestanden hätte?

2. A. übertrug am 1. Juni dem B. verkäuflich eine Forderung gegen C. und versprach, dem B. längstens binnen 14 Tagen eine Urkunde auszustellen, welche dem B. zur Beitreibung der abgetretenen Forderung nötig war. A. versäumte dies aber, und C. wurde zahlungsunfähig.

Kann nun B. gegen A. mit einer Ersatzklage auftreten?

3. Konrad Lenz verkauft dem Georg Erdmann Wildpret für 52 *M*. Der Kaufpreis soll dadurch gedeckt werden, daß Erdmann dem Lenz eine Forderung auf 60 *M* gegen Michael Greim cediert. Wie aber Lenz von dem Schuldner Zahlung verlangt, ist dieser zahlungsunfähig, und es stellt sich heraus, daß er es auch schon zur Zeit der Übertragung war.

a) Kann Lenz von Erdmann 52 *M* fordern?

b) Würde es von Einfluß sein, ob Erdmann gewußt hat, daß Greim nicht zahlungsfähig war?

c) Wie stände es, wenn beide, Lenz und Erdmann, hierüber im klaren waren, aber annahmen, daß Greim sich wieder erholen werde?

4. Daum hatte eine angebliche Kaufschillingsforderung gegen Horn eingeklagt und sie im Laufe des Prozesses an Speyer in Anrechnung auf eine Schuld des Daum abgetreten. Horn hatte eingewendet, daß das Kaufgeschäft nur ein Scheingeschäft gewesen sei (der wahre Käufer sollte Horns Schwiegersohn Eisenhauer gewesen sein) — und erbrachte diesen Beweis bis zum Erfüllungseid. Jetzt trat Speyer urkundlich *alle ihm aus der Cessionsurkunde gegen Horn, sowie gegen dessen Schwiegersohn Eisenhauer zustehenden Forderungs- und Klagansprüche mit allen ihm zustehenden Rechten an Marcus Nathan käuflich ab;* und nachdem dieser in den Prozeß eingetreten war, schwur Horn den Erfüllungseid, und die gegen ihn erhobene Kaufgeldklage wurde abgewiesen.

Nunmehr nahm Nathan sofort seinen Rückgriff an den ersten Cedenten Daum und verlangte von diesem, gestützt auf dessen Haftung für den Bestand der abgetretenen Forderung, Ersatz ihres Betrages und der in dem Prozesse gegen Horn aufgewendeten Kosten. Daum bestritt die Zulässigkeit der Klage wegen mangelnder Aktivlegitimation des Nathan, gegen ihn aufzutreten.

Wie ist zu erkennen?

LXXV

1. Welche juristischen Begriffe treten in den folgenden Willenserklärungen in Anwendung?

a) Beim Verkaufe eines Hauses für 30 000 *M* wird ausbedungen: 10 000 *M* Anzahlung, für 10 000 *M* Übernahme der auf dem Hause bestehenden Hypothek, der Rest bleibt verzinslich zwei Jahre stehen.

b) Wolffhardt vermietet an Schlosser ein Haus mit Garten, und letzterer verspricht, die Grund- und Gebäudesteuer zu tragen.

c) Unter einem Schuldschein bemerkt der Bruder des Darlehensnehmers: *Für obige Summe bin ich gut und hafte selbstschuldnerisch dafür.*

d) Der Gutsinspektor Kohl wird von Windig zu einem Viehhandel mit Feld bewogen, indem Windig erklärt, daß er bei berechtigten Regreßansprüchen der Gutsherrschaft an Kohl diesen Nachteil aus seiner Tasche bestreiten werde.

e) Schade kauft eine Holzschneidemühle und übernimmt von den Erben des seitherigen Inhabers alle mit dem Geschäfte verbundenen Aktiva und Passiva.

f) S. übermittelt seinem Gläubiger G. einen Schein, auf welchem er den A. ersucht, den dem G. geschuldeten Betrag in drei Monaten zu zahlen. A. setzt auf die Urkunde: *Einverstanden. A.*

g) Regierungsrat Kiefer hat vom Bauunternehmer Perl eine Wohnung auf fünf Jahre gemietet, möchte sie aber nach einiger Zeit mit einer anderen geräumigeren Wohnung vertauschen. Perl erklärt, daß er nichts einwende, wenn Kiefer einen anderen guten Mieter stelle. Dieser findet als solchen den Oberstleutnant von Booch, mit welchem Perl nun einen Mietvertrag wieder auf fünf Jahre schließt.

h) Beim Kaufe eines Bauerngutes war ausgemacht worden: . . . *Käufer übernimmt die Ansprüche der Elisabeth Theiß, welche sie an den Verkäufer auf 800 M angeblich rückständigen Erbgelder geltend macht, zu befriedigen.*

i) Die Provinzialverwaltung der Rheinprovinz hatte einer Gasgesellschaft die Benutzung einer früheren Staatsstraße zu Gasleitungen gestattet. Bei der jüngsten Vergrößerung des Weichbildes der Stadt Cöln hat die Provinzialverwaltung der Stadt die Verwaltung jener Straße übertragen und dabei die Bedingung gestellt, daß die zu Recht bestehenden

Gebrauchs- und Nutzungsrechte zu achten seien, und die Stadt in die Rechte und Pflichten der früheren Verwaltung einzutreten habe.

2. Mühler wurde von Scholten auf Grund einer Urkunde verklagt, worin Beklagter in betreff einer Schuld seines Sohnes an den Kläger erklärt: *Mein Sohn hat mir gegen Übernahme seiner Schuld anderweit genügende Sicherheit gegeben und übernehme ich hierdurch die Schuld meines Sohnes an Herrn Scholten,* worauf die Beredungen wegen Zahlung und Verzinsung der zusammengezählten gesamten Schuld des Beklagten an Scholten sich anschließen.

Welche Rechtsakte und Rechtsverhältnisse liegen hier unter den Beteiligten vor? Ist der Klaganspruch begründet?

3. Um ihrem Bruder bei dem Bäcker weiteren Kredit zu verschaffen, hatte eine Arbeiterfrau dem Bäckermeister vor Zeugen erklärt, *daß sie die rückständige Schuld ihres Bruders von 37 ℳ als die ihrige aufnehme und mit ihm unbedingt auf das Ganze haften wolle.*

Nachmals von dem Gläubiger belangt, weigert sie die Bezahlung, weil die Formvorschrift von BGB. 766 nicht erfüllt sei. Der Bäcker entgegnet, daß er seine Anforderung gegen sie auf BGB. 414 stütze.

Wer von ihnen ist im Rechte?

4. Grosmann schuldete an Schaper ein auf dem Hause des ersteren hypothekarisch eingetragenes Kapital von 4000 ℳ, zu dessen fernerer Sicherung er dem Schaper außerdem einen ihm, dem Grosmann, selbst zuständigen Hypothekenbrief verpfändet hatte. Grosmann veräußerte darauf sein Haus an den Rentner Rahn, der in dem Kaufvertrage jenes Kapital von 4000 ℳ als eigene Schuld übernahm; später übertrug Rahn das Grundstück verkäuflich an die Witwe Callmann, und auch diese übernahm dabei die fragliche Schuld von 4000 ℳ vertragsmäßig als die ihrige.

Hiernächst belangte Grosmann den Schaper auf Rückgabe des ihm als Pfand übergebenen Hypothekenbriefes, mit der Behauptung, seine, des Klägers, Pfandschuld sei dadurch erloschen, daß Beklagter von Rahn Zinsen angenommen und jetzt der Witwe Callmann das Kapital gekündigt habe.

Beklagter hält dieses deshalb für gleichgültig, weil er den Grosmann aus seiner Schuld nicht ausdrücklich entlassen habe.

Wie ist zu erkennen?

5. A. hatte von B. eine Fabrik gekauft und in Anrechnung auf das Kaufgeld hypothekarische Schulden, die auf der Fabrik lasteten, übernommen; dabei hatte A. versprochen, binnen bestimmter Frist jene Hypotheken zu tilgen, und die Schuldverschreibungen der Gläubiger mit einem Anerkennungsvermerke seinerseits versehen. Da A. aber nicht zahlte und die Gläubiger drängten, so entschloß sich B., diese zu bezahlen, indem er sich ihre Rechte aus den einzelnen Verschreibungen cedieren ließ.

B. verlangte nunmehr von A., nach erfolgter Kündigung, Zahlung auf Höhe der gedachten Forderungen.

A. entgegnete, daß nach dem Tatbestande doch nur von der Verkaufsklage die Rede sein könne; dieser aber setze er die Einrede drohender Eviktion entgegen, indem ein Dritter inzwischen eine auf der Fabrik lastende Realforderung angemeldet habe, von der bei den früheren Kaufverhandlungen keine Rede gewesen.

Der klägerische Vertreter replizierte, daß er die Klage nicht aus dem Verkaufe, sondern aus der Cession angestellt habe.

(Aus Delbrück, Die Übernahme fremder Schulden.)

6. Der Kaufmann Hitten war gestorben. Sein einziger Sohn und Erbe war Missionar und in China an unbekanntem Orte. Hitten hatte dem Arzte Konbow 20000 ℳ geliehen und dafür eine Hypothek auf des letzteren Hause erhalten. Bei einer Erbteilung übernimmt diese Schuld Mönchdam, ein Vetter des Konbow. Die genannte Summe war an Hitten in vier Jahren zurückzuzahlen.

Die beiden genannten Vettern kommen in Streit. Konbow verlangt, daß ihn Mönchdam nun von der Schuld an Hittens Sohn befreie und beruft sich auf BGB. 415. Sein Gegner aber meint, daß dieser Paragraph auf den vorliegenden Fall nicht passe und ihm, dem Mönchdam, die jetzt angesonnene Verpflichtung nicht auferlege.

Wie ist hierüber zu erkennen?

7. A. nimmt von der Bank X. ein Darlehen von 10000 ℳ auf, mit der Bedingung, daß jedes Jahr außer den Zinsen 1000 ℳ zurückbezahlt werden sollen; wird nicht pünktlich bezahlt, so kann das ganze Kapital gekündigt werden. Er verpfändet sein Haus, und es verbürgt sich der B. selbstschuldnerisch und unter Verzicht auf die Einrede der Vorausklage. Dem B. gegenüber tritt der C. als Rückbürge für 5000 ℳ ein.

A. verkauft nach einem Jahre sein Haus an die Fabrik Z. für 10000 ℳ, mit der Bedingung, daß der Kaufpreis so getilgt werden soll, daß Z. die Schuld des A. als persönliche Schuldnerin übernimmt und A. völlig befreit werden soll. Der X. wird das angezeigt, und Z. ersucht sie, einen Teil des Grundstückes pfandfrei verkaufen zu dürfen, was X. auch genehmigt.

Wie steht es nun mit der Haftung des B.? Ist es in der jetzigen Lage von Einfluß, ob er sich mit oder ohne jenen Verzicht verbürgt hatte?

LXXVI

1. Auf manchen Rechnungen auswärtiger Firmen findet sich die Bemerkung: *Der Schein über Einzahlung des anbei berechneten Betrages zur Post mittels Postanweisung an uns gilt als Quittung.*

Genügt dies nach den hierüber geltenden Sätzen des BGB.?

2. Einem Arbeiter war seitens der Invaliditäts- und Altersversicherungsanstalt der von ihm angemeldete Anspruch auf Invalidenrente anerkannt und die Postkasse angewiesen worden, ihm den Betrag vom 18. Juli v. J. an mit 70 *M* auszahlen zu lassen. Der infolge seiner Invalidität verarmte Rentenberechtigte war aber bei Zustellung der Rentenquittung so krank, daß es ihm unmöglich war, das Quittungsformular mit seiner eigenhändigen Unterschrift zu versehen. Darum wurde die Ortsbehörde veranlaßt, nach genommener Einsicht diese Sachlage, sowie daß der Rentenberechtigte geschäftsfähig sei, amtlich auf dem Quittungsformular zu bescheinigen, und die Postkasse nunmehr ersucht, auf Grund dieses behördlichen Ausweises die Zahlung zu veranlassen; zumal dadurch dem Arbeiter die Möglichkeit eröffnet war, sich eine gesündere Krankenkost, eine Flasche stärkenden Weines und dergleichen zur Wiederbelebung und Erfrischung seiner der äußersten Erschöpfung verfallenen Kräfte zu beschaffen.

Die Postkasse lehnte indes die Zahlung ab und gab den Bescheid, daß die Auszahlung der Rente so lange unterbleiben müsse, bis der Empfänger im stande sei, die Unterschrift selbst zu vollziehen; falls er stürbe, würde die Rente an die berechtigten Erben gezahlt. BGB. 368 nötige sie hierzu.

Ist dies richtig?

3. Der verstorbene Schulrektor Nicolai hinterläßt bei seinem Tode eine Schuld von nahezu 1200 *M* bei dem Kaufmann Oberman. Die Witwe zahlt in kleinen Raten langsam ab. Als sie den letzten schuldigen Posten abführt und nun an Stelle der Abschlagsquittungen eine allgemeine Quittung verlangt, verspricht auch Oberman eine solche; allein er hält sie nachmals lange damit hin, unter dem Vorwande, weil er erst weiter nachsehen müsse, ob nicht, wie er zu vermuten Ursache habe, noch Posten rückständig wären.

Die Witwe Nicolai weiß aber zuverlässig, daß sie nichts mehr schuldig ist, und besorgt weniger bei ihrem Leben, als vielmehr nach ihrem Tode unbegründete Ansprüche. Dieser Besorgnis möchte sie gern zuvorkommen.

Wie kann sie solches auf rechtlichem Wege anfangen?

4. *Zahlung von Beträgen unter 20 ℳ kann der Portoersparnis halber an meinen Leipziger Vertreter Herrn H. Hucke, Königstraße 2, geschehen; doch bitte ich, mir davon per Postkarte Anzeige zu machen.*

H. Weller, Sortiment und Antiquariat, Paris, Rue Bonaparte 59.

a) Von welcher Rechtseinrichtung ist hier Gebrauch gemacht?

b) Welche Berechtigungen und Verpflichtungen ergeben sich für die einzelnen Beteiligten daraus?

c) In welcher Weise und in welchem Zeitpunkte wird die betreffende Schuld getilgt?

d) Steht die angegebene Beredung juristisch der Bemerkung gleich, die von Kohlengeschäften öfter auf ihre Rechnungen gesetzt wird: *Zahlungen an uns können auch in dem und dem Tabakgeschäft geleistet werden?*

5. Wird in den folgenden Fällen die in Rede stehende Schuldforderung ordentlich getilgt?

a) R. verkauft eine Sache an den S. Dieser bleibt mit der Zahlung des Kaufgeldes in Rückstand und verkauft bald darauf jene Sache an den T. um den gleichen Preis. R. und T. kommen dahin überein, daß T. einfach an den R. zahlen soll; was auch geschieht.

b) Eine alleinstehende Dame hat eine größere Wohnung gemietet und verschiedene Zimmer im einzelnen wieder vermietet. Sie stirbt plötzlich, und der Hauseigentümer fordert und erhält von den Zimmermietern ihr fälliges Mietgeld, das er nun auf seine Forderung an den Nachlaß der Verstorbenen verrechnen will.

c) Ein Privatmann ist einem Weinproduzenten für erhaltene Weinlieferungen eine größere Summe schuldig geworden. Als er von dem Reisenden jenes wieder einmal behufs Empfangnahme von Aufträgen besucht wird, bezahlt er diesem den rückständigen Betrag gegen Quittung. Der Reisende liefert aber das Geld dem Weinproduzenten nicht ab.

6. Eine Seiltänzergesellschaft produziert sich auf dem Jahrmarkte in einer kleinen Stadt im Freien. Während sie in voller Tätigkeit ist, geht jemand mit einem Teller herum und sammelt Geld, — womit er sich aus dem Staube macht. Als der wirkliche Kassierer der Gesellschaft kam, hatten die Zuschauer alle schon bezahlt.

Quid iuris?

7. Bei einer Postanstalt erhebt ein Fremder postlagernde Wertbriefe, unter Vorzeigung einer gefälschten oder dem rechtmäßigen Besitzer entwendeten Paßkarte.

Oder: auf Grund einer ordnungsgemäß ausgestellten Vollmacht, welche inzwischen aber von dem Prinzipal widerrufen worden ist.

Ist die Post befreit?

8. In der Stadt Lauterbach haben verschiedene Gastwirte übereinstimmend die Einrichtung getroffen, daß sie zur bequemeren Zahlungserledigung sogenannte Biermarken an die Gäste abgeben; diese müssen mindestens sieben Stück für 1 *M* nehmen, haben dann aber ein Recht auf sieben Glas Bier zu je 15 *Pf*. Dabei haben die Wirte verabredet, daß in jeder Wirtschaft auch die Biermarken des anderen in Zahlung genommen werden.

a) Wie ist die Abrede zwischen den Gastwirten rechtlich zu charakterisieren?

b) Welches ist das Rechtsverhältnis des Biermarken verkaufenden Wirtes zu dem kaufenden Gaste?

c) Haben die Käufer von Marken des einen Wirtes gegen den anderen Wirt unmittelbar Ansprüche?

d) Was liegt juristisch vor, wenn in der einen Wirtschaft mit Marken des anderen Gastwirtes bezahlt wird?

e) Wenn der eine Wirt in Konkurs fällt: müssen die anderen noch weiter Marken des jetzigen Gemeinschuldners annehmen? Können sie, wenn sie solche angenommen haben, als Konkursgläubiger auftreten?

9. Ein Bauer kann eine fällige Darlehensschuld nicht bezahlen. Er bietet seinem Gläubiger an, daß dieser statt dessen ein Schwein annehmen solle; derselbe ist einverstanden.

a) Ist dadurch die Darlehensschuld getilgt?

b) Wie ist es, wenn das Schwein dreimal soviel Wert ist, als der Schuldbetrag?

c) Welche Rechtsfolgen treten ein, wenn das Schwein gar nicht dem Bauer zu Eigentum gehört hat, sondern gestohlen war?

10. Ein in Geldnot geratener Fabrikant überläßt einem seiner Gläubiger Waren zahlungshalber. Der Gläubiger bringt sie zum Verkaufe, um sich damit zu befriedigen. Dann kommen sie in Streit darüber, ob der Gläubiger nicht vielleicht die Waren rücksichtslos verschleudert, und ob er alles eingenommene Geld vorgerechnet habe.

Wer hat hier die Beweislast?

11. *Abschied deß Reichs-Tags, Zu Regenspurg Anno 1654. auffgericht*, §§ 170—172:

Nachdeme auch in dem Frieden-Schluß versehen, daß bey gegenwärtigem Reichs-Tag auf billige Wege und Mittel gedacht werden sollte, wie denjenigen Schuldnern, welche durch den Krieg ins Verderben kommen, dergestalt geholffen würde, damit aus denen zwischen ihnen und den Gläubigern einkommenen Klagen und Strittigkeiten nicht neue gefährliche Unruhe und Weiterung im Reiche entstehen möchten, . . . Setzen demnach, ordnen und wollen . . .

So viel nun die *Capitalia* anlangt, . . . von den *Creditoribus* die sonsten auffkündlichen *Capitalia* vor drei Jahren *a dato* dieses Reichs Abschieds nicht aufgekündigt werden sollen. Falls aber ein *Creditor*, nach Verfließung erstgemeldter drey Jahren solche Auffkündigung thäte, soll dem *Debitori* in den nächst darauf folgenden siebenden Jahren frey stehen und zugelassen seyn . . . auf den Fall er bey dieser Geld-klemmen Zeiten keine baare Mittel hätte, noch erlangen könnte, durch Dargebung anderer beweg- und unbeweglicher Güther, an statt baarer Bezahlung (jedoch daß dem *Creditori* die Wahl nach Besag gemeiner Rechten frey stehe) auff derselben vorhergehende, zwischen den vorigen und gegenwärtigen Zeiten auf das Mittel gestellte billiche Schatzung abzulegen, der *Creditor* aber solche anzunehmen schuldig seyn.

Von welchem Rechtsinstitut ist hier die Rede? Findet es sich bereits im römischen Rechte? Was gelten *nach Besag gemeiner Rechten* über es noch für Besonderheiten? Wie ist es nach dem BGB.?

12. Wie sind die kommenden Beredungen juristisch zu charakterisieren?

a) Ein Darlehensschuldner zahlt seinem Gläubiger die fälligen Summen in Banknoten aus.

b) Die Reichsbank nimmt bei Geldeinzahlungen Noten von Privatbanken nicht an; man verfügt sich daher zu einem benachbarten Geldwechsler und erhält von diesem gegen die Noten Goldmünzen oder Reichskassenscheine.

c) *Bei Einkäufen von 4 M nehme eine Annonce mit (25 Pf) in Zahlung. G. Ohm, Schuhwarenlager.*

d) Ein Schuldner hat Wechsel über 1000 M zu bezahlen. Er kommt mit seinem Gläubiger überein, daß dieser Sachen des Schuldners für 300 M abnimmt, mit der Befugnis, das rückständige Kaufgeld auf die Wechselschuld anzurechnen.

LXXVII

1. Wie kann sich in folgenden Fällen der zur Leistung Verpflichtete helfen? Was für Gesetzesbestimmungen kommen dabei in Betracht?

a) Es hat ein Verkäufer zwei Gebinde Cognac zu liefern; der Käufer nimmt die zugesandten Gebinde nicht an.

b) Von einer Stadtgemeinde ist ein Grundstück enteignet worden, dessen Eigentümer gestorben ist; die Erben sind unbekannt.

c) Der Nachbar des eben genannten Grundstückes behauptet, das seinige dem jetzt verstorbenen Anlieger verkauft zu haben; im Kaufpreise sei er befriedigt.

d) Eine Hamburger Tierhandlung sendet eine Partie Klapperschlangen an die Direktion des Zoologischen Gartens zu X., die die Sendung zurückweist, weil nach dem inzwischen geführten Briefwechsel nicht die richtigen Exemplare angekommen wären.

2. Der Eigentümer eines Landgutes, auf welchem ein unkündbares Fideikommißkapital eingetragen steht, war nach dem Tode des bisherigen Fideikommißinhabers darüber zweifelhaft, welchem Mitgliede der berechtigten Familie nunmehr der Zinsgenuß zustehe, da die Stiftungsurkunde die Successionsordnung in der Tat nicht klar und bestimmt genug vorschrieb.

Er hinterlegte deshalb die fälligen Zinsen mit der schriftlichen Erklärung, daß er damit seine Schuld zu lösen beabsichtige und dem Gerichte die Bestimmung überlasse, wer unter den mehreren Prätendenten jetzt der Gläubiger sei.

War dieses nach dem BGB. zutreffend verfahren? Welche

Rechtsfolgen werden eintreten; und wie steht es insbesondere mit der vom Schuldner angerufenen richterlichen Bestimmung?

3. Der verstorbene Bäcker Belitz hatte der verehelichten Kumert, die mit ihrem Ehemanne in allgemeiner Gütergemeinschaft lebte, ein am nächsten Osterfeste auszuzahlendes Vermächtnis in einem rechtsgültigen Testamente ausgesetzt. Dem Pächter Wallrodt, einem Gläubiger des Kumert, wurde durch gerichtliche Verfügung der Anspruch auf dieses Vermächtnis zur eigenen Einziehung im Wege der Zwangsvollstreckung überwiesen.

Im Juni des betreffenden Jahres verklagte der Gastwirt Wiesecke die Erben des Belitz auf Zahlung des oben genannten Vermächtnisses, das ihm von den Kumertschen Eheleuten als Leistung an Erfüllungsstatt abgetreten worden sei.

Die Beklagten halten entgegen, daß sie auch von der Beschlagnahme seitens des Wallrodt gebührend benachrichtigt worden seien; sie könnten bis auf weiteres nicht wissen, wer nun eigentlich der wirkliche Verfügungsberechtigte über das fragliche Vermächtnis sei. Indessen würden sie bereit sein, den Betrag des Vermächtnisses öffentlich zu hinterlegen; und bitten deshalb um kostenpflichtige Abweisung der Klage.

Dem widerspricht der Kläger. Die Klage sei nach dem eigenen Vorbringen der Beklagten voll begründet. Nach dem BGB. hätten sie im vorliegenden Fall kein Recht auf Hinterlegung. Wollten die Beklagten l. 1 § 37 D. depositi (16, 3) und l. 3 C. de usuris (4, 32) heranziehen, so sei er zu der dort vorgeschlagenen Maßnahme erbötig. Dann käme aber nur BGB. 232 ff. in Frage; und blieben die Prozeßkosten den Beklagten.

Hiernach ist ein rechtliches Gutachten zu entwerfen.

LXXVIII

1. Ist nachstehend eine Aufrechnung zulässig?

a) Gegen eine Forderung aus Darlehen beruft sich der Beklagte auf eine gleich hohe Gegenforderung aus Gesellschaftsvertrag. Der Kläger erwidert, daß nach dem letzteren Vertrage ein ausschließlich schiedsrichterliches Verfahren verabredet sei, und er zur Klarstellung der gegnerischen Forderung auf dem Schiedsgerichte bestehen müsse.

b) Es war Kaufgeld eingeklagt. Der Käufer wendet ein, daß er gegen den Verkäufer einen Anspruch auf Gewährung eines zugesagten Darlehens habe.

c) Ein Miterbe verklagt einen Erbschaftsschuldner. Dieser bestreitet das Erbrecht des Klägers; *eventuell* schützt er aus einer Geschäftsführung eine Gegenforderung vor, die er sofort *liquid* stellt.

d) Ein staatlicher Rechnungsbeamter hat die ihm anvertraute Kassenverwaltung fahrlässig geführt, und es sind Verluste entstanden. Als er auf Ersatz in Anspruch genommen wird, macht er eine gerade fällige Gehaltsforderung geltend, die jenen Verlust ausgleicht.

(Vgl. auch oben § 47 Nr. 4.)

2. A. hat dem B. ein unverzinsliches Darlehen von 300 *M* gewährt, bald darauf aber eines Abends gegen 400 *M* im Spiele an B. verloren, ohne diese Summe an dem Spielabend bar bezahlen zu können.

a) Wie steht es nunmehr mit den beiden Forderungen? Kann A. das Darlehen von B. einklagen?

b) Ist es von rechtlichem Interesse, daß an dem fraglichen Abende B. zu A. gesagt hat: *Nun sind wir quitt, wir wollen das Verlorene gegen mein Darlehen aufrechnen,* und daß darauf A. geantwortet hat, daß er damit einverstanden sei? Wie stände es, wenn A. auf jene Bemerkung gar nichts geantwortet hätte?

3. Ein Handwerksmeister hat gegen einen Gastwirt eine Forderung von 100 *M*, deren Bezahlung er von dem Schuldner gutwillig nicht erlangen kann. Eines Tages schickt er seinen Altgesellen nebst den übrigen Gesellen und Lehrlingen zu dem Wirte und gibt diesen Anweisung, daß sie sich ordentlich auftragen lassen und auf seine, des Meisters, Kosten zechen sollten. Dieses geschieht. Am Schlusse zieht der Altgeselle die von dem Meister quittierte Rechnung heraus und überreicht sie dem verdutzten Wirte.

Wie ist dieser Vorgang rechtlich aufzufassen? Und was ergibt sich daraus hinsichtlich der Zulässigkeit des von dem Handwerksmeister eingeschlagenen Verfahrens?

4. Ein Miterbe X. verkauft seinen Erbanteil an den Y. Zum Zwecke der Erbteilung werden die geerbten Grundstücke öffentlich versteigert, und Z., ein Gläubiger des X., ersteht sie. Bei der Auseinandersetzung unter den Miterben wird dem Y. die Kaufgeldforderung gegen den Z. zugewiesen. Nun will dieser letztere mit seiner Forderung gegen den X., den Rechtsvorgänger des Y., aufrechnen.

Ist er hierzu berechtigt?

5. Einer Bank wird Geld geschickt, um es einem Privatmann auszuhändigen. Da sie gegen den letzteren selbst eine fällige Forderung hat, so behält sie einfach das Geld und setzt ihren Schuldner hiervon in Kenntnis.

Ist dieses ohne weiteres zulässig?

6. Zwischen dem Testamentsvollstrecker des verstorbenen Thomas Abercromby und dem Meier Bendheim war über verschiedene streitige Rechtsverhältnisse, insbesondere einen von dem letztgenannten zu bezahlenden Hauskaufsschilling, ein Vertrag abgeschlossen worden, in dem u. a. bestimmt war: *Der Testamentsvollstrecker bezahlt . . (es folgen drei Forderungen im Gesamtbetrage von 7300 ℳ). Auf den Kaufschilling dürfen nur obige 7300 ℳ und auch diese nur auf die letzte Zahlung aufgerechnet werden.*

Als der Testamentsvollstrecker nun den Restkaufschilling von 15 000 ℳ einklagte, wollte Meier Bendheim mit einer Forderung von 800 Pfund Sterling aufrechnen, die er von einem Gläubiger des Thomas Abercromby inzwischen erworben hatte; wogegen der Testamentsexekutor sich auf den obigen Vertrag berief, woraus die Unzulässigkeit der Aufrechnung sich ergäbe.

Wie ist zu entscheiden?

---

7. Auf dem Anwesen des F. ist für eine Kaufgeldforderung des G. eine Hypothek eingetragen. Letzterer stirbt und wird von H. beerbt, der seinerseits ein Darlehensschuldner des F. ist.

Der F. möchte gern die Hypothek gelöscht sehen; welche Wege Rechtens kann er einschlagen?

8. A. ist Gläubiger des B. zufolge Darlehensvertrages vom 2. Februar v. J. auf 600 ℳ; das Darlehen soll zu 5 % verzinst und mit den Zinsen nach anderthalb Jahren zurückgezahlt werden; bei nicht pünktlicher Zahlung tritt eine Vertragsstrafe von monatlich 5 ℳ ein.

Am 2. Mai d. J. beerbt B. den C., dem der A. aus Verkäufen noch 300 ℳ schuldet. Der A. erfährt von diesem Erwerbe zunächst nichts.

Er fragt sich, wie es mit der Forderung des A. nach Kapital, Zinsen und Vertragsstrafe weiter sich verhalte, wenn:

a) die Forderung des C. gegen den A. gleichfalls mit 5 % verzinst werden sollte?

b) sie unverzinslich war?

9. Die Gewerbebank G. hat gegen den Schneidermeister S. eine Forderung von 18000 *M*, von dieser Summe aber einstweilen, um vorerst allzu hohe Prozeßkosten zu vermeiden, 600 *M* eingeklagt. S. macht geltend, daß ihm sein Schwiegersohn ein Guthaben von 900 *M* gegen die Gewerbebank abgetreten habe, womit er bis zur Höhe der eingeklagten Forderung aufrechne.

Es sind augenscheinlich folgende Möglichkeiten vorhanden:

a) Die Klage wird lediglich wegen der geschehenen Aufrechnung abgewiesen;

b) Klägerin holt aus ihrem Restguthaben soviel Hilfe, daß damit die Gegenforderung des Beklagten wieder eliminiert wird;

c) es findet eine *replicatio compensationis* in der Art statt, daß damit die ganze Restschuld jetzt in Aktion tritt, und der Beklagte zu der Zahlung der Gesamtsumme, abzüglich seiner Gegenforderung, verurteilt wird.

Für welche dieser Möglichkeiten hat sich das angegangene Gericht zutreffenderweise zu entscheiden?

10. Der Buchbindermeister Sandhäuser fordert von dem Lehrer Roberts durch Klage vor dem Amtsgerichte 116 *M* für gelieferte Buchbinderarbeiten aus den letzten zwei Jahren in einer mehrere Posten umfassenden Rechnung, deren Preisansetzung als verabredet, auch sachentsprechend und für dergleichen Arbeiten dort üblich bezeichnet wird. Roberts hat gegen die Rechnung als solche sachlich nichts einzuwenden; er bringt aber folgende Gegenforderung vor. Vor längerer Zeit habe er seinen minderjährigen Sohn bei dem Kläger als Lehrling und dann als Geselle gegen verabredeten Lohn in Arbeit gegeben; aus diesem vor drei Jahren gelösten Dienstverhältnis schulde ihm Sandhäuser noch 120 *M*, mit denen er wettschlage.

Der Kläger entgegnet: Da der Beklagte die ihm angeforderte Rechnung als richtig anerkannt habe, so müsse er auch zunächst zur Zahlung derselben verurteilt werden; er könne seinen Anspruch dann in einem zweiten Prozeß geltend machen. Freilich werde er damit kein Glück haben, denn er, Sandhäuser, besitze verschiedene Gegenforderungen, auf die er sich jetzt schon berufe: Vor allem habe der Sohn des Beklagten, als er noch Geselle war, durch liederliche Besorgung verschiedener ihm aufgetragener Arbeiten dem Kläger einen Schaden von 15 *M* zugefügt, den sein Vater ersetzen müsse, da er beim Antritt des Dienstes solches vertragsmäßig übernommen habe. Sodann habe er an

Roberts vor mehr als zwei Jahren als bares Darlehen 25 *M* gewährt und wegen 60 *M*, die Roberts bei einem Dritten aufgenommen, als selbstschuldnerischer Bürge gutgesagt; gestern sei er von dem Gläubiger in Anspruch genommen worden; er habe bezahlt und bringe die erwähnte Summe nunmehr zur Verrechnung. Endlich sei ihm von einem Vetter des Beklagten, dem der letztgenannte an Kaufgeld für Möbel gerade am Tage vor der jetzigen Klagerhebung noch 240 *M* schulde, der Betrag von 20 *M* abgetreten worden.

Dagegen bringt der Lehrer vor, daß der Kläger sich nach dem Gesetze eine Aufrechnung unbedingt, und ohne wieder mit Gegenforderungen zu kommen, gefallen lassen müsse; übrigens sei ihm der cedierende Verwandte aus Erbteilung selbst noch 100 *M* schuldig, und an dem Kaufgelde würde er wegen Mängel der verkauften Sachen 10 *M* dem Vetter in Abzug bringen.

Da die Parteien in der sehr erregten mündlichen Verhandlung weder zu einem Vergleiche zu bewegen, noch auch über die tatsächlichen Unterlagen in Übereinstimmung sind, so ordnet der Amtsrichter Beweiserhebung an, welche die Richtigkeit der oben von den Streitteilen jeweils aufgestellten Behauptungen ergibt.

Was für ein Erkenntnis hat das Gericht abzugeben?

LXXIX

1. Wie sind folgende Tatbestände juristisch zu konstruieren? Und welche Rechtswirkungen kommen ihnen danach zu?

a) Eine Hypothek eines Ehemannes war verpfändet zur Sicherheit der von ihm übernommenen Verpflichtung, an seine geschiedene Ehefrau bis zu deren Lebensende eine jährliche Alimentensumme von 280 *M* zu leisten und ihr außerdem dafür, daß sie die Erziehung und Unterhaltung der Kinder übernehme, monatlich 30 *M* zu zahlen. Jetzt ist der Vater gestorben, und die Kinder sind seine Erben geworden.

b) Eine Stadtgemeinde hat Schuldverschreibungen auf den Inhaber ausgegeben und davon eine größere Anzahl an der Börse freihändig zurückgekauft. Einen Teil davon will sie jetzt wieder ausgeben.

c) Der Gläubiger einer offenen Handelsgesellschaft überträgt seine Kaufgeldforderung wegen gelieferter Waren an den einen Gesellschafter, — entweder während Bestehens der Gesellschaft, oder ein Jahr nach ihrer Auflösung.

2. A. hat von seinem Verwandten B. ein Darlehen aufgenommen. Er stirbt nicht lange nachher, und es werden seine Erben B. und C.

Welche Gestaltung haben nun diese Rechtsverhältnisse gewonnen? Und wie erfolgt die Auseinandersetzung unter den Miterben?

3. S. hatte sein Haus nacheinander den Gläubigern G. und H. für Darlehen von je 30000 ℳ verpfändet. Demnächst wurde das Haus zwangsweise versteigert und von H. für 60000 ℳ erstanden. Im folgenden Jahre überträgt H. seine Forderung an den J. und verkauft dann das Haus an K.

Welche Rechtsverhältnisse liegen vor?

4. Eilhard hatte die erste Hypothek auf das Gut Drießen von dessen Eigentümern, dem Gmelin und seiner Mutter, bestellt erhalten. Vor 10 Jahren wurde dieses Gut versteigert, unter der Bedingung, daß der Steigerer die Hypothekarforderung des Eilhard zu übernehmen und der Mutter des Gmelin eine Leibrente zu bezahlen habe. Der Sohn Gmelin wurde Steigerer und erwarb nach weiteren 7 Jahren durch Cession jene Hypothekarforderung des Eilhard.

Gmelin kommt jetzt in Streit mit seiner Mutter. Diese fordert von ihm ihre Leibrente, während er ihr vorrechnet, daß seine von Eilhard ihm abgetretene Forderung dem vorgehe, das Gut aber und dessen Einkünfte zu ihrer beider Befriedigung nicht ausreiche.

Es fragt sich: wie die beschriebenen tatsächlichen Vorgänge rechtlich zu charakterisieren sind, und was sich hieraus für die streitigen Ansprüche als maßgeblich ergibt?

5. Bei einem Juristen wird angefragt:

Vor kurzem bin ich nach dem Tode meines Oheims Erbe von dessen Vermögen geworden; während die Witwe desselben an der Hinterlassenschaft lebenslängliche Verwaltung und Nutznießung hat. Nun hatte ich vor 10 Monaten meinem Oheim ein zu 4 % verzinsliches Darlehen von 4000 ℳ auf ein Jahr gewährt, betreffs dessen der ordnungsgemäß ausgestellte Schuldschein in meinen Händen sich befindet.

Kann ich nicht von der Witwe, welche doch als Nießbraucherin den Nachlaß besitzt, Bezahlung der rückständigen Zinsen, die halbjährlich bezahlt werden sollten, sowie der

Kapitalsumme fordern? Muß sie nicht einfach in die Schuld ihres verstorbenen Ehemannes eintreten? Oder kann ich auf entsprechende Teilung und Auseinandersetzung der Erbschaft klagen?

LXXX

1. Ein Studierender, der mit seinem Vermieter in Differenzen gekommen war, verließ mit Ablauf des Monates, für den er gemietet hatte, die innegehabte Wohnung. Am Morgen des Auszuges rechnete er mit der Frau des Vermieters mündlich ab, bezahlte ihr die berechnete Summe und fragte dabei: *Sind Sie nun auch vollständig abgefunden, und haben nichts mehr zu fordern?* Worauf jene antwortete: *Es ist alles bezahlt.*

Nachmals aber entdeckt der Vermieter, daß er Porto und Frachtgeld für den damaligen Mieter ausgelegt und bei der Abrechnung nicht berücksichtigt hatte.

Kann er jetzt noch etwas nachfordern, oder ist die ganze Angelegenheit ein für allemal erledigt?

2. A. verklagt den B. auf Zahlung einer Schuld von 15000 ℳ; B. wendet ein, daß ihm A. die Schuld unentgeltlich mündlich erlassen habe. A. erwidert, daß dieses formlose Schenkungsversprechen nicht rechtsgültig sei.

Quid iuris?

3. Ein überschuldeter Handwerker bot seinen Gläubigern zur Vermeidung des Konkurses einen Vergleich an, nach welchem er 80 Prozent der Forderungen bar bezahlen, der Rest ihm erlassen sein sollte. Da durch die Eröffnung und Durchführung des Konkurses sicherlich weniger zu erlangen war, so gingen alle Gläubiger auf jenen Vorschlag ein.

Unter den Gläubigern befand sich auch einer, dem für sein Guthaben der Schwager jenes Handwerkers sich verbürgt hatte.

Kann der erwähnte Gläubiger diesen Bürgen wegen der ausgefallenen 20 Prozent mit Recht in Anspruch nehmen?

4. Bei der kaufsweisen Abtretung einer Geldforderung hatte der seitherige Gläubiger für die Einbringlichkeit der Forderung Gewähr geleistet. Allein der Drittschuldner erwies sich als insolvent; es wurde Konkurs eröffnet, der Cessionar meldete seine Forderung an und erhielt, da der Konkurs durch Zwangsvergleich geschlossen wurde, einen geringen Teil der Forderung bezahlt.

Es fragt sich, ob er einen Rückgriff gegen den bisherigen

Gläubiger nehmen kann, obgleich er im Konkursverfahren für Eingehung des Zwangsvergleiches gestimmt hat?

5. Mittels Briefes bestätigte Steinkamp dem Lütken, daß er ihm auf Grundlage eines vor kurzem übersandten Schuldscheines einen Betrag von 2450 *M* schuldig sei; er verpflichtete sich, diesen in bestimmten Raten zu bezahlen, mittlerweile aber die Schuld des Lütken an ihn im Betrage von 1500 *M* aufzurechnen; Steinkamp schloß sein Schreiben: *Ich hoffe, Sie werden meinen Antrag im ganzen annehmen und genehmigen.*

Die Schuld des Lütken an Steinkamp war auf dem Hause des ersteren hypothekarisch sicher gestellt; Steinkamp weigert sich jedoch in die Löschung einzuwilligen, weil Lütken den erwähnten Brief gar nicht beantwortet habe. Dieser klagt und stellt Antrag, zu erkennen: daß seine Schuld an Steinkamp im Betrage von 1500 *M* durch Aufrechnung erloschen sei, und daß Beklagter binnen 14 Tagen eine Erklärung auszustellen habe, kraft deren die Hypothek gelöscht werden könne.

Wie, und nach welchen rechtlichen Gesichtspunkten, ist zu erkennen?

6. Welche Rechtsakte liegen in den kommenden Fragen vor? Und welche juristischen Konseqenzen knüpfen sich jeweils an dieselben?

a) Ein Beamter schuldete einen unverzinslichen Kaufgelderbetrag von 900 *M* einem Weingutsbesitzer. Mittels notarieller Urkunde trat der letztere diese Forderung seiner Ehefrau ab. Der dabei zugezogene Schuldner erklärte in der Urkunde: *Ich, der Käufer, verspreche nun hiermit der Ehefrau meines seitherigen Gläubigers diese 900 M gegen sechsmonatliche Kündigung zu zahlen und von heute ab mit 5 % zu verzinsen.*

b) Ein Drittschuldner, der von einer durch seinen Gläubiger vorgenommenen Cession zufällig erfährt, erkennt den Cessionar in einem von diesem unbeantwortet gelassenen Briefe als seinen nunmehrigen Gläubiger an.

c) Bei einer Vermögensübergabe unter Lebenden wurde der Übernehmer betreffs der Zahlung des ausbedungenen Entgeltes an den Gläubiger des Übergebers zur Zahlung verwiesen.

d) Drei Gemeinden haben an einem fiskalischen Walde eine Holzungsgerechtigkeit, deren Ausübung durch jene zu steten unerquicklichen Streitigkeiten Anlaß gibt. Es kommt endlich ein Vertrag zu stande, vermöge dessen jenes Recht in ein solches auf regelmäßigen Bezug eines bestimmten Holzdeputates verwandelt wird.

e) Der älteste Sohn, der das väterliche Gut übernommen, hatte vertragsmäßig die beiden jüngeren Geschwister mit Geld und Naturalien abzufinden. Nachdem teilweise Bezahlung erfolgt ist, so erklären sich die Empfänger damit einverstanden, daß ihnen in einem halben Jahre anstatt der Restleistungen gewisse Mobilien geliefert werden.

f) Ein dienendes Grundstück wird von einem darauf lastenden Wegerecht unter der Beredung befreit, daß jenes Recht auf ein anderes, dem Eigentümer des *praedium serviens* gehöriges Grundstück verlegt wird.

g) In den letzten Jahren sind häufig staatliche Schuldverschreibungen konvertiert worden. Der Fiskus macht alsdann von dem ihm zustehenden Kündigungsrechte Gebrauch und läßt den Inhabern der Obligationen die Wahl, ob sie Barzahlung zum Nominalwerte oder neue Schuldverschreibungen in gleicher Kapitalsumme, aber zu geringerem Zinsfuße, gegen ihre seitherigen eintauschen wollen. Häufig wird auch so verfahren, daß, im Falle der Kapitalist das letztere wählt, seine Obligationen einfach von der fiskalischen Behörde abgestempelt werden.

h) Ein Schuldner stellt seinem Gläubiger für die bestehende Schuld einen Wechsel aus; oder er sendet ihm einen Wechsel mit Indossament und dem Ersuchen, denselben *zur Gutschrift* zu empfangen; oder er akzeptiert einen wegen seiner Schuld von dem Gläubiger auf ihn gezogenen Wechsel.

i) Als in der Mitte der fünfziger Jahre infolge der Entdeckung der kalifornischen Goldfelder ein massenhaftes Einströmen des Goldes und dadurch eine Verringerung des Goldagios gefürchtet wurde, so wurden zahlreich zu Darlehensobligationen, die auf Gold lauteten, Nachtragsverträge aufgenommen, nach welchen nun der Gläubiger statt Gold Kurant zu einem gewissen Kurse des Goldes zu fordern hatte.

k) Umschreibung einer Hypothek in landschaftliche Pfandbriefe.

Die *Landschaften* sind eine Schöpfung Friedrichs des Großen. Es sind Realkreditverbände von Grundbesitzern, mit dem Zwecke, den letzteren zu möglichst vorteilhaften Bedingungen Darlehen zu gewähren; die Mittel dazu verschaffen sie sich durch Ausgabe von Pfandbriefen, d. h. von Verschreibungen, die auf Grundlage der der Landschaft gegen ihre Schuldner zustehenden Hypothekenforderungen ausgegeben sind, und für welche ferner sämtliche zu der betreffenden Landschaft verbundenen Grundbesitzer entweder solidarisch haften (das ältere Prinzip) oder ausschließlich mit einem Sicherheitsfond Garantie leisten (ein bei den neueren Instituten oft vorkommender Fall).

Den Betrag eines gewünschten Darlehens empfängt ein Grundbesitzer nicht in bar, sondern in Pfandbriefen zum Nennwert, die dann von ihm weiter zu veräußern sind. Nun werden die Hypothekendarlehen von den Landschaften nur an erste Stelle gewährt; steht also eine Hypothek auf dem Gute, so muß diese abgelöst werden. Auf Grund vorheriger näherer Verabredung tritt alsdann der Hypothekengläubiger der Landschaft seine Hypothek ab, und diese liefert dem Grundbesitzer für die nun erhaltene erste Hypothek die Pfandbriefe, welche sie an den mit Spezialvollmacht des Schuldners zur Empfangnahme befugten seitherigen Hypothekengläubiger übergibt.

7. Der Empfänger eines Schenkungsversprechens über 1000 *M*, zahlbar in 6 Monaten, hat den Schenkgeber gebeten, jene Summe lieber dem Bruder des Beschenkten zuzuwenden. Der Schenker verspricht es nun dem letzteren gegenüber, aber nur unter der Bedingung, daß er in jener genannten Frist eine in Aussicht stehende Erbschaft machen werde.

Welches ist die rechtliche Wirkung dieses letzten Abkommens?

8. Zwischen einem Gläubiger und seinem Schuldner, für welchen ein Bürge eingetreten war, wird eine Abrechnung vorgenommen; dabei stellt sich ein Schuldrest zu ungunsten des Schuldners heraus. Dieser stellt hierüber eine neue Schuldverschreibung gegen Rückempfang der durchstrichenen älteren Schuldurkunde aus.

Wie steht es nunmehr rechtlich mit der Haftung des Bürgen?

LXXXI

1. Was für Rechtsgeschäfte sind in folgenden Tatbeständen gegeben? Und welche Verschiedenheit der Rechtsfolgen ist in den einzelnen Fällen vorhanden?

a) *Suche gute Wassermühle zu übernehmen, wenn außer Barzahlung ein gut rentierendes Hausgrundstück angenommen wird.*

b) Aus einer Klage: Am 19. Mai vertauschte ich dem Beklagten ein Stutenpferd gegen ein Wallachpferd und eine von jenem zu zahlende Zugabe von 50 ℳ.

c) Im 14. Jahrhundert lebten im Rheingau zwei Linien einer und derselben Ritterfamilie, die Knebel und die Kesselhut. Den Helmschmuck der Knebel bildeten zwei große Eselsohren, ein weißes und ein rotes, auf dem Helm der Kesselhut dagegen sah man nur ein weiß-rotes Eselsohr ins Profil gestellt. Der Unterschied war daher gekommen, daß ein Vorfahr der Kesselhut einmal in Geldbedrängnis geraten war, und die Knebel ihm mit einer Summe unter dem Bedinge beisprangen, daß er fortan das eine Ohr an der Helmzier weglasse.

d) K. hat mit E. einen Vertrag geschlossen, wonach gegen eine bestimmte Summe E. sich verpflichtet, gewisse, individuell bestimmte Maschinen dem K. zu Eigentum zu überlassen, sowie deren Aufstellung und Montierung zu besorgen und den K. und dessen Personal im Gebrauche der Maschinen hinlänglich zu unterweisen.

e) A. und B. stehen derart miteinander in Geschäftsverbindung, daß ersterer von B. Harz kauft, während B. von A. den Abfall aus dessen Pechkocherei geliefert erhält.

f) M. übergibt an N. ein Pferd zu Eigentum, mit der Beredung: daß N. ihm ein bestimmtes anderes Pferd dafür liefere; — oder: das nur zur Sicherheit eigentümlich hingegebene Pferd bei Zahlung der Schuld des M. an N. zurücktradiere; — oder: eine bestimmte Summe Geldes leiste.

g) Ein Fuder Wein wird übergeben unter dem vertragsmäßigen Bedinge demnächstiger Gegenleistung: eines Stückes Vieh; — oder: eines Fuders Wein gleicher Qualität; — oder: einer bestimmten Summe Geldes.

h) Jemand gibt einen Hundertmarkschein hin, damit er in Gold umgewechselt werde; oder in Scheidemünze. Oder eine Doppelkrone, um sie in Silber umzusetzen.

i) Zwei Theaterbillets werden gegeneinander umgetauscht.

k) Eine Hallesche Stadtobligation ist ausgelost worden. Der Eigentümer bringt sie zum Bankier, welcher dafür eine andere Obligation gleicher Art gibt oder den Betrag bar herauszahlt; — oder: ein anderes Wertpapier liefert und je nach dem Betrage und Kurse dieses noch Geld herauszahlt oder empfängt.

l) A. sendet durch Postanweisung an B. 350 ℳ, um ein bestimmtes Pferd, das er bei B., als zu diesem Preise verkäuflich, vor kurzem gesehen hatte, von B. eigentümlich zu erhalten.

2. Das Handlungshaus Herm. Zollst in Hamburg pflegt Reis direkt in Indien einzukaufen und selbigen nach Rio de Janeiro zn verfrachten. Um eine günstige Geschäftslage auszunutzen, bestellt es im März für 30000 ℳ von der demnächst zu erwartenden Ernte. Allein die eingehenden Proben werden während der Ernte immer schlechter, erst gelb, dann fast schwarz.

Es fragt sich:

a) Muß Herm. Zollst die ganze Summe bezahlen?

b) Wie wäre es, wenn durch Überschwemmung der Verkäufer nicht in der Lage sich befände, zu liefern?

c) Steht obiger Tatbestand dem Falle gleich, da ein großes Weingeschäft einem Weinbauer den ganzen Betrag des zu erwartenden Jahrganges für eine runde Summe auf sein Risiko abgekauft hätte?

d) Oder demjenigen, da ein Hinterwäldler eine im Walde verlaufene Schweineherde an einen Jäger um einen verhältnismäßig geringen, bar zu zahlenden Preis verkauft, der Jäger aber sich die Schweine selbst suchen und holen soll?

3. Wie verhält sich das in der vorigen Frage vorangestellte Rechtsgeschäft zu folgenden Vertragsschlüssen in Art und Folge?

a) V. verkauft dem K. im Herbste, wo der Umfang der Bestellung zu übersehen ist, seine nächstjährige Rapsernte, den Scheffel zu 27 ℳ.

b) Eine Gemeinde versteigert ihre Apfelernte auf dem Baume, in der Art, daß die Kauflustigen sich auf dem Gemeindeland einfinden und nun Baum für Baum auktionsmäßig vorgenommen wird. Ein Privatmann ersteht dabei für die bar zu zahlende Summe von 15 ℳ den Ertrag von 15 Bäumen.

c) A. handelt dem B. das Füllen ab, welches das Mutterpferd des B. trägt, ohne das letztere aber mitzukaufen. Dann stellt sich heraus, daß die Mähre nur anscheinend trächtig war und nicht wirft.

4. In einem Kaufladen ist angeschrieben: *Feste Preise.* Auf

Drängen und Handeln einer Dame läßt der verkaufende Handlungsgehilfe eine Ware doch unter dem Satze, mit dem sie ausgezeichnet war.

Ist der Kauf rechtlich in Ordnung?

5. Der Fabrikant F. hat dem Restaurateur R. zwei Kredenzkasten geliefert und fordert dafür Zahlung eines Kaufpreises von 600 ℳ. R. entgegnet, daß dieser Preis viel zu hoch sei; allerdings habe bei den Verhandlungen F. soviel gefordert, aber er, R., habe sofort erklärt, daß er nicht mehr wie 400 ℳ geben werde; erst auf die Bemerkung des F.: *nun, über den Preis werden wir schon einig werden,* habe er zugegeben, daß F. ihm die Kasten zusende.

Wie ist dieser Rechtsfall juristisch zu behandeln?

6. Sind folgende Privatabmachungen rechtswirksam?

a) X. schickt einem Antiquar eine Dublette seiner Bibliothek mit dem Ersuchen, *einen angemessenen Preis durch die Post ihm zu übermitteln.*

b) Der Vater einer Braut verspricht dem Bräutigam, *ihm sein Gut um einen billigen und kindlichen Preis käuflich zu überlassen.*

c) Ein Handelshaus bestellt bei einem Lithographen eine Partie herzustellender Aktienscheine, mit dem Hinzufügen: *und notieren Sie mir solche billigst.*

d) Bei einer chemischen Fabrik läuft der Auftrag ein, Farbstoffe *zu den in Ihrer Fabrik üblichen Preisen zu senden.*

e) Ein Bauer hatte in einem schriftlichen Vertrage sich verpflichtet, seinem Sohne ein Bauerngut für 15 000 ℳ *und Aussetzung eines Leibgedinges* abzutreten.

7. H. und G. kommen überein, daß H. eine Quantität Quadersteine aus den im Steinbruche des G. lagernden Vorräten kaufe; wobei sich H. vorbehält, wenn er 18 zöllige nicht gebrauchen könne, dafür 15 zöllige zu nehmen.

Später verlangt G., daß H. die Steine hole und den im Geschäfte des G. hierfür üblichen Preis bezahle; H. weigert sich wegen mangelnder Bestimmtheit des Preises und des gesamten Kaufes.

Quid iuris?

8. Ein Amerikaner, der sich besuchsweise in einer kleinen deutschen Stadt aufhielt, zeigte seine goldene Uhr in einer Gastwirtschaft. Ein anwesender Gast fragte den Fremden, ob er die

Uhr verkaufe. Da der Besitzer der Uhr seine Geneigtheit zum Verkaufe kundgab, forderte er den Käufer zum Gebot auf. Dieser sprach: *Ich gebe so viel für die Uhr, so viel Sie* (der Besitzer der Uhr) *Geld bei sich haben.* Letzterer nahm das Gebot an, schlug die Uhr zu, zog seine Barschaft heraus und zählte — 770 ℳ auf. Der Käufer, etwas verblüfft, verweigerte die Erfüllung des Geschäftes.

Wie würde eine richterliche Entscheidung auszufallen haben?

9. B. übertrug dem A. den Alleinbetrieb seines Kohlensandsteines in gewissen Bezirken für dessen Rechnung und verpflichtete sich, Sandsteinmaterial aus den bezeichneten Brüchen nach jenen Bezirken nicht zu liefern, außer an den A. und für dessen Rechnung und Ordre, wogegen andererseits A. sich anheischig machte, in den nämlichen Landesteilen an Kohlensandsteinmaterial aus dem Ruhrgebiete nur das des B. zu führen, so lange letzterer sich nicht weigern würde, ihm im Einzelfalle Material zu liefern.

Was liegt hier vor? Und wie steht es mit rechtlichen Ansprüchen der beiden gegeneinander?

10. Sind nachstehende Kaufverträge im Hinblick auf den einzustellenden Preis juristisch ganz in Ordnung? Ist nach dem seitherigen und dem neuen bürgerlichen Rechte hierin ein Unterschied?

a) Der Sohn des Graveurs K., ein musikalisch beanlagter junger Mann, hatte in einem Trödelgeschäft eine Geige gekauft, für die er 100 ℳ zahlte; und an welcher der Händler einen annehmbaren Gewinn gemacht hatte. Mit der Zeit erforderte das Instrument eine Ausbesserung und wurde zu diesem Zwecke einem Geigenmacher übergeben. Dieser entdeckte sofort, daß er ein Kunstwerk des Meisters Nicola Amati aus Cremona vor sich hatte. Ohne dem jungen K. dies mitzuteilen, beredete er ihn, die Geige ihm für 750 ℳ abzulassen, unter dem Vorgeben, daß er für solche alte Instrumente einen gut zahlenden Abnehmer kenne. Darauf ging die Geige um den Preis von 10000 ℳ in den Besitz eines bekannten Kammervirtuosen über.

b) Klinger hat von Thomä ein angeblich von Wouwerman herrührendes Schlachtengemälde für 3500 ℳ gekauft, verlangt aber jetzt die Rücknahme, da ihm die Echtheit zweifelhaft geworden sei, und das Bild im regelmäßig betriebenen Handel nur einen Wert von 400, höchstens 500 ℳ besitze.

c) Casimir-Périer war ein intimer Freund Corots. Bei einem Besuche, dem er dem Maler in dem Künstlerdorfe Barbizon im Walde von Fontainebleau machte, fand er Corot damit beschäftigt, die letzte Hand an seine *Biblis* (Nymphen im Walde bei Sonnenuntergang) zu legen. Das Meisterwerk begeisterte den Mäcen, der in Corot drang, ihm das Bild zu verkaufen. *Ich überlasse Ihnen meine Leinewand,* sagte der Künstler, *unter der Bedingung, daß Sie den Bäcker und den Fleischer meines Freundes Millet bezahlen. Gemacht,* erwiderte Perier, den die sonderbare Bedingung einigermaßen überraschte. Man ließ in Chailly die Rechnungen der beiden Lieferanten verlangen und diese erreichten die Höhe von 22000 und 24000 Franken. Millet hatte seit 12 Jahren auf Kredit gelebt.

LXXXII

1. Der Erbe (V.) verkauft eine Erbschaftssache an K. Nachdem sie übergeben, auch das Kaufgeld bezahlt ist, erfährt K., daß V. gar nicht der Eigentümer gewesen ist, weil der Erblasser sie gestohlen hatte.

Rechtsfolgen?

2. Bald darauf tritt E. auf, behauptend, daß ihm jene Sache gehöre und der Erblasser nur den Nießbrauch daran gehabt habe, was K. nur in grober Fahrlässigkeit habe übersehen können.

Wen wird er verklagen? Welche Rechtsverhältnisse liegen vor? Wie heißen die *actiones?* Wie wird sich die Sache entwickeln und schließlich ordnen?

Wie wäre es, wenn E. seinerseits einen mit dem Tode des Erblassers beginnenden Nießbrauch geltend machte?

3. Kann der Käufer in nachstehenden Fragen gegen seinen Verkäufer Ansprüche erheben?

a) Es wird ein Grundstück in einem Bezirke verkauft, in welchem das Grundbuch noch nicht angelegt ist.

b) Der Verkäufer hat eine Uhr verkaufsweise versprochen, über die er vorher einem Dritten ein Vorkaufsrecht eingeräumt hatte.

c) In dem letzten Falle hat der Veräußerer die Uhr dem Dritten ausgehändigt, weil das Vorkaufsrecht von seinem Erblasser begründet worden war und er, der Verkäufer, zur Zeit des zweiten Verkaufes nichts davon gewußt hatte.

d) Nach dem Abschlusse des Kaufvertrages erwirkt ein Dritter die Eintragung eines Wegerechtes. Er behauptet, daß dieses schon lange bestehe, während der Verkäufer versichert, daß dies irrig sei.

e) Jemand kauft einen Bauplatz und erfährt dann, daß er nach dortigem Ortsstatut einen 6 Meter breiten Vorgarten unbebaut lassen muß.

4. Auf einem verkauften Grundstücke lastete eine Rentenbankrente, die vor längeren Jahren an Stelle verschiedener nicht eingetragener öffentlicher Lasten getreten war und selbst nicht eingetragen war.

Kann der Käufer jenes Grundstückes rücksichtlich jener Rente von dem Verkäufer rechtlich etwas verlangen?

Preuß. Ges. v. 2. März 1850 über die Errichtung von Rentenbanken, § 18: *Die an die Rentenbank abgetretenen Renten genießen bei Konkurrenz mit anderen Verpflichtungen des belasteten Grundstückes dasselbe Vorzugsrecht, welches die Gesetze den Staatssteuern beilegen. Sie bedürfen keiner Eintragung in das Hypothekenbuch des verpflichteten Grundstückes, welches jedoch für die Dauer der Amortisations-Periode der Rentenbank verhaftet bleibt.* — BGB. 434. — EG. 113; 114. — Preuß. AG. z. BGB. 22, 3; Preuß. AG. z. GBO. 11; 12.

5. Bei der Überweisung einer Forderung an Zahlungstatt hatte der übertragende Gläubiger dem Abnehmer gesagt: *Der Schuldner ist ein vermögender Mann; da bin ich gut dafür.* — Statt dessen erweist sich hinterher der Schuldner als ein böser Zahler, der nach Fälligkeit der abgetretenen Schuld keine Miene macht, an den ihm bekannt gegebenen Cessionar zu zahlen. Nun verlangt der bisherige Gläubiger von dem Drittschuldner Befreiung, gestützt auf BGB. 438 und 775; während der letztere die Berechtigung dieses Anspruches wegen BGB. 398 und 437 in Abrede stellt.

Wer ist hierbei im Rechte?

6. Ein Haus wird gegen die Vorschriften der örtlichen Bauordnung aufgeführt, so daß die Baupolizeibehörde Recht und Pflicht hat, einen Umbau zu veranlassen. Bevor sie aber einschreitet, wird das Haus verkauft und der Käufer nachmals zum Umbau gezwungen.

Kann er gegen den Verkäufer auftreten und irgend etwas rechtlich beanspruchen?

7. X. hat einen Hund um 20 *M* käuflich an sich gebracht. Jetzt wird er ihm entwehrt. X. legt nun dar, daß er Gelegenheit gehabt habe, das Tier um 100 *M* an einen Liebhaber zu veräußern. Der Verkäufer ist bereit, 20 *M* zu ersetzen, oder auch, — wenn dieses Rechtens wäre — denjenigen Preis, auf welchen Sachverständige jetzt den Hund taxieren werden; lehnt aber jene hohe Summe um so mehr ab, als sie ja das Doppelte des Wertes übersteige.

Wie ist der Ersatzanspruch des X. zu berechnen?

8. A. klagt gegen den B., weil das Pferd, das B. ihm verkauft, durch ein gegen ihn ergangenes Versäumnisurteil dem C. zugesprochen worden sei. B. sagt, daß A. an dem Verluste selbst schuld sei, weil er ihn, den B., nicht rechtzeitig benachrichtigt habe (CPO. 72). Es komme also nicht BGB. 440, sondern 254 in Betracht. A. stellt das in Abrede, da er ja die Haftung des Verkäufers wegen BGB. 433 gar nicht darauf stütze, daß jener den Schaden *vorwiegend verursacht* habe.

Entscheidung?

9. Hanß Walter und *consorten*, Bürger zu Keyl, haben *anno* 1676, als der *General* Feld *Marechal Tourenne* bei Neuen Mühl *campirt*, zwey Pferde im Felde stehend mit sich hinweg genommen, weil niemand dabey, sondern etwas weit davon etliche Schnaphäne gewesen, solche über Rhein gebracht, und an Abraham Hauß Metzgern, dem ältern, vor 70 fl. verkaufft, als aber bald darauff beyde Pferde von denen Königl. *trouppen evinci*ert worden, suchen anietzo des Käuffers Erben das Kauffgeld der 70 fl. von Verkäuffern wieder zurückzugeben, Ob nun wol Beklagte Verkäuffern so wol des Kauffs, als auch daß sie die verkauffte Pferde aus freyen Felde hinweggenommen, gestehen, So *opponi*eren sie doch *exceptionem:* Käuffer hat gewust, daß die Pferde denen Schnaphänen weren abgenommen worden, Und hat der jüngste Sohn geständig sein müssen, daß er die Pferde uf des Vaters Geheiß nicht den geraden Weg zu, sondern durch einen ümb Weg herein geritten, diesem nach denn die Frage entstehet: Ob denen klagenden Käuffers Erben die *actio de evictione ad repetendum pretium* der gezahlten 70 fl. *de iure competi*re?

(Aus Schilter, Praxis iuris Romani in foro Germanico.)

LXXXIII

1. Stehen in folgenden Fällen dem Käufer rechtliche Behelfe zu Gebote? Und welches sind bejahendenfalls seine Ansprüche im einzelnen?

a) Es wird ein Haus auf Abbruch verkauft. Als es niedergerissen wird, zeigt sich, daß es völlig mit Schwamm behaftet war.

b) Ein Bauunternehmer verkaufte zwei Häuser an einen Buchdrucker und machte dabei über die Mietverhältnisse unrichtige Angaben. Zahlte z. B. jemand 600 *M* jährliche Miete, so bezifferte der Verkäufer den Mietzins dem Käufer gegenüber auf 650 *M*. Später stellte sich der wahre Sachverhalt heraus.

c) Im April 1896 verbreiteten Zeitungen die Nachricht, daß das Museum des Louvre für eine viertel Million Franken einen Goldfund aus Olbia in Südrußland angekauft habe, der aus dem griechischen Altertum stammen und durch den Reichtum und die Schönheit seines Bildwerkes alles Dagewesene übertreffen sollte. Es handelt sich um eine große *Tiara* oder eine Art kugelförmigen Helm von Gold, der überreich mit Ornamenten und Bildwerk bedeckt ist; angeblich vom Könige Saitaphernes stammend. In der Tat haben deutsche Gelehrte alsbald nachgewiesen, daß das Ganze eine Fälschung ist, ganz und gar eine moderne Arbeit.

d) Ein Brautpaar hat in einem Abzahlungsgeschäft einen Glasschrank gekauft und nach der Hochzeit zur Aufbewahrung von Porzellan benutzt. Der Schrank wurde bezahlt. Er war aber so schlecht gearbeitet gewesen, daß er nach einigen Monaten zusammenfällt und das Geschirr entzwei geht.

e) Der Zirkusdirektor Jung wollte einen Bären als Reiter zu Pferde abrichten, wozu sich nur ein ganz junger Bär eignet. Er schrieb das öffentlich also aus und bestellte unter den eingelaufenen Angeboten einen solchen Bären bei dem Tierhändler Prager. Als aber der Bär ankam, erwies er sich als ein ausgewachsenes, etwa zwei Zentner schweres Exemplar, das zu jener Dressur nicht zu gebrauchen war.

2. In einem Laden war angeschrieben: *Nur echte Silberwaren.*

Ein Käufer aber findet hinterher, daß ihm dortselbst ein Becher von Neusilber verkauft worden sei.

Welchen Anspruch hat er? und worauf?

3. Ein Möbelhändler entdeckt in einem Sofa Motten. Trotzdem verkauft er es dem K., ohne ein Wort zu sagen.

Welchem Anspruch setzt er sich aus?

Wie steht es, wenn K. das Sofa, ehe er den Sachverhalt gemerkt hatte, an den L. weiter verkauft?

4. In den *Hamburger Nachrichten* war eines Tages eine Landstelle für 10000 *M* ausgeboten und angepriesen, daß auf den Ländereien *außer Weizen alle möglichen Getreidearten und Pflanzen gedeihen*, und jeder Kaufmann oder Handwerker sich durch den Erwerb der Stelle *eine brillante Existenz* sichern werde. Es trat jemand auf Grund dessen in Verhandlungen und kaufte die Stelle, um dann zu finden, daß sie von ganz gewöhnlicher Beschaffenheit war und gar keine persönlichen Vorzüge bot.

Rechtliche Folge?

5. Tatbestand:

Kläger hat vom Beklagten durch Vertrag vom 29. Mai das Hausgrundstück Streiberstraße 7 für 61000 *M* gekauft. Der Beklagte hat *ohne Gewähr für die bauliche Beschaffenheit* des Grundstücks verkauft. Die Auflassung ist am 29. September, die Übergabe am 1. Oktober erfolgt. Kläger hat am 16. Juni 5000 *M* gezahlt. Kläger verlangt die Aufhebung des Kaufvertrages, weil in dem Hause sich Schwamm in einer Ausdehnung befinde, daß dessen Beseitigung nur durch sehr umfassende und langwierige Arbeiten herbeigeführt werden könne, indem Kläger seinen Anspruch darauf stützt, daß Beklagter, obwohl ihm das Vorhandensein des Schwammes bekannt gewesen sei, keinerlei Mitteilung darüber gemacht habe.

Beklagter hat entgegnet, daß aus einem solchen nur fahrlässigen Stillschweigen ein Anspruch, wie die Klage ihn erhebe, nicht folge; auch habe er ausdrücklich alle Gewährleistung für sich ausgeschlossen.

Urteil mit Gründen?

6. Ein Landwirt hatte von einer Brauerei Malzkeime zum Viehfutter gekauft. Die Kühe, welche dieses Futter genossen hatten, waren erkrankt, zum Teil gestorben. Die Ursache wurde darin gesucht, daß die verkauften Malzkeime Mennigteile enthalten haben sollten.

Der Landwirt erhebt Anspruch auf Schadensersatz, was der Verkäufer mit Rücksicht auf seine *bona fides* in betreff der verkauften Malzkeime ablehnt.

Quid iuris?

7. V. hat an K. eine Nähmaschine, welche fehlerfrei 120 *M* wert gewesen wäre, für 100 *M* verkauft. Nach 2 Monaten stellt sich ein damals verborgener Fehler heraus, wegen dessen die Maschine nur 60 *M* wert ist.

Was kann der Käufer an Minderung vom Kaufpreise verlangen?

8. Die Sportsleute Rigolly und Jarrott tauschen unter sich einen Kraftwagen *Continental Pneumatic* gegen ein Automobil älterer Konstruktion unter Zuzahlung von 1000 *M* für das letztere. Jener Wagen war 5000 *M* wert. Das Automobil erweist sich als fehlerhaft nnd ist nur noch 2500 *M* wert.

Anspruch des Rigolly?

9. Was kann im folgenden der Käufer verlangen?

a) A. bestellte bei B. auf dessen Ankündigung in Zeitungen eine größere Quantität frischer Butter. Als diese ankam, war sie nicht frisch; und A. stellte sie dem B. sofort zur Verfügung.

b) Bei dem Verkaufe einer großen Menge von Bauholz bemerkte der Käufer, daß von den verschiedenen Teillieferungen zwar die erste ungewöhnlich gute Qualität, die zweite aber erheblich schlechtere besaß.

c) Ein Kaufmann hatte Schlösser nach Modell bezogen, die als Massenartikel zu ungewöhnlich billigen Preisen gehandelt wurden. Etwa fünf vom Hundert schlossen aber nicht.

d) Bei einer Zwangsversteigerung von Sachen, die hartnäckigen Steuerschuldigen von Rechts wegen abgepfändet worden waren, wurde unter anderem auch eine ansehnliche Flaschenbatterie ausgeboten, wohlgezählte hundert Flaschen feinsten Likörs. Sie wurden, da die Kauflust an diesem Tage keine sehr rege war, zu dem billigen Preise von 90 *Pf* für die Flasche von einem Käuferkonsortium erstanden, welches seine Kapitalien zu diesem bedeutenden Geschäft zusammengeschossen hatte. Der Ersteher der hundert Flaschen aber veranstaltete sofort an Ort und Stelle, im Versteigerungssaale, eine kleine Kostprobe. Eine Flasche wird entkorkt, und im Vorgenuß des so billig erworbenen *feinsten Likörs* schwelgend, setzt der Mann die Mündung der Flasche an die Lippen, macht einen kleinen Schluck und bricht mit entrüsteter Überraschung in den Schreckensruf aus: *Das ist ja Wasser!* Und es war wirklich Wasser. Aber das konnte ja ein kleiner Zufall, es konnte durch ein Mißverständnis diese eine, mit Wasser gefüllte Flasche mit einer der *feinsten Liköre* vertauscht worden sein. Der Käufer entkorkt also eine zweite Flasche und führt sie an die Lippen, — es ist wieder Wasser, feinster Hochquell! Kurz und gut, es stellte sich heraus, daß sämtliche hundert Flaschen mit Wasser gefüllt waren.

10. Wie verhält es sich mit der Haftung eines Pferdeverkäufers in folgenden Fällen?

a) Er hat versichert, daß das Tier ein Renner sei, was gar nicht der Fall ist.

b) Er hat gewußt, daß es Koller hatte, und nichts davon dem Käufer mitgeteilt.

c) Oder: er hat selbst von der Krankheit gar keine Kenntnis gehabt.

d) Oder: Beide, Verkäufer und Käufer, haben sie gekannt; — oder: nur der Käufer.

11. Von dem Gutsbesitzer Dedicke wurden dem Fleischermeister Kalle sechs Schweine verkauft und übergeben. Sie wurden an dem gleichen Nachmittage in dem Schlachtviehhofe geschlachtet. Dabei stellte sich heraus, daß das eine Schwein ein *Spitzeber* war, d. h. ein nicht korrekt geschnittener Eber. Ein solches Tier hat den Mangel, daß sein Fleisch in geschlachtetem Zustande übelriechend und nicht gut, wenngleich nicht gerade gesundheitsgefährlich ist.

Nun verlangt Kalle Minderung und Schadensersatz. Der Anwalt des Dedicke erwidert, daß der gerügte Mangel in BGB. 481 und der Kais. VO. v. 27. März 1899 nicht erwähnt seien; worauf der Gegner ausführt, daß alsdann auf die Bestimmungen in BGB. 459 ff., sowie auf den allgemeinen Teil BGB. 119 zurückgegangen werden müsse.

Was ist hierzu juristisch zu bemerken?

12. Eller verkaufte und übergab am 22. Juli an Winterstein ein Kalb, der es alsbald an Berchem verkäuflich weitergab. Bei diesem wurde das Tier untersucht und wegen Lungenseuche als fehlerhaft befunden, infolge wovon Winterstein es gegen Erstattung des erhaltenen Preises zurücknahm.

Nun verlangt Winterstein mittels Klage vom 12. September Wandelung des mit Eller geschlossenen Handels.

Eller beantragt dagegen Abweisung dieser Klage; nachdem das Kalb weiter veräußert und durch mehrere Hände gegangen und beständig benutzt worden sei, brauche er es nicht mehr zurückzunehmen, da der frühere Zustand von Winterstein gar nicht mehr hergestellt werden könne.

Ist dieser Einwand rechtlich begründet?

Bei der Bearbeitung kann l. 43 § 8 D. de aedil. ed (21, 1) herangezogen werden.

LXXXIV

1. A. hatte dem B. einen Schrank verkauft, sich aber dessen Gebrauch bis zu einem bestimmten Tage ausbedungen. Vor diesem Tage ging die Sache in einem zufälligen Brande zu Grunde. A. verlangt Bezahlung des Kaufpreises, B. entgegnet, daß A. vorzuleisten habe.

Wer ist im Rechte?

Wie stände es, wenn dem B. der Schrank übergeben worden wäre, A. sich aber bis zu der Zahlung des Kaufpreises das Eigentum vorbehalten hätte, — und nun der Schrank durch Zufall unterginge?

2. In einem Weinrestaurant bestellt ein Gast ein Dutzend Austern. Der sie überbringende Kellner wird von einem fremden Gaste, der gerade seinen Überzieher anzieht, gestoßen, ohne daß er es voraussehen konnte; die Austern fallen in den Staub. Wer trägt den Schaden, und weshalb?

Würde es ganz gleich sich verhalten, wenn bei dem Abschlusse des Bestellungsvertrages ausdrücklich gesagt worden war, daß augenblicklich nur noch ein einziges Dutzend Austern im Hause sei?

3. In unseren Großstädten bestehen vielfach *Paketfahrtgesellschaften.* Manche Kaufleute bedienen sich dieser, um ihren Kunden die schriftlich oder durch Fernsprecher bestellten Waren zuzuführen; und die Käufer sind damit regelmäßig einverstanden.

Wenn nun einem Wagen jener Gesellschaft ein zufälliges Mißgeschick zustößt: Wer hat die Gefahr der auf dem Transporte befindlichen Waren zu tragen?

4. Eine Ziegelei hatte 4 Millionen Ziegelsteine an einen

Maurermeister der benachbarten Stadt zu liefern und dabei im Vertrage *die Verladung übernommen.*

Wessen ist die Gefahr des Transportes? Und wer hat die Beweislast über die Ordnungsmäßigkeit der Versendung, falls die Steine beschädigt ankommen?

5. Von einer Fabrik war eine Lokomobile auf Abschlagszahlungen verkauft worden. Bis zur völligen Erledigung der Kaufgeldschuld hatte sie sich das Eigentum vorbehalten.

Der Käufer fügte die Lokomobile in seinen Fabrikbetrieb ein und ließ sie im Maschinenhause festmauern. Dann blieb er mit der Zahlung des Preises im Rückstande.

Seitens der Verkäuferin wurde die Pfändung der Lokomobile vorgenommen. Der Schuldner widersprach, weil die Sache jetzt unbeweglich sei (BGB. 93); andernfalls gehöre sie nach BGB. 455 überhaupt noch der Verkäuferin. Diese dagegen wollte BGB. 97 angewendet wissen; und meinte, daß der Schuldner sich nur auf den Kauf, aber nicht auf das Eigentumsrecht der Gläubigerin gegen diese berufen könne?

Welches Erkenntnis ist zu fällen?

6. Heinecke hatte an Kahlefeld am 10. Februar sein Wohnhaus nebst Zubehör *im augenscheinlichen Zustande* und ohne Gewähr für Mängel irgend einer Art verkauft. Der Besitz sollte am 1. Oktober auf den Kahlefeld übertragen werden und auch die Gefahr des Grundstücks erst mit diesem Termine auf ihn übergehen. In der Zwischenzeit traten aber nicht unbeträchtliche Fehler an dem Hause hervor, welche teils auf das mangelhafte Material, teils auf die Bauausführung zurückzuführen waren. Und es entstand nun Streit unter den Parteien über ihre jeweilige Verhaftung.

Wie ist solcher zu schlichten?

LXXXV

1. Welche juristischen Begriffe haben nachstehend Anwendung erfahren? Und welche einzelnen Rechtsfolgen sind jeweils für die Beteiligten gegeben?

a) Soll ich von meinen hochfeinen und ganz reinen Havanas, edelstes Vuelta-Gewächs, einzelne Probekistchen senden, wird es ganz sicher an Nachbestellungen nicht fehlen, zumal diese Havana pure das Feinste repräsentieren, was überhaupt zu bieten ist.

...Ausdrücklich verpflichte ich mich hierdurch, alles aus meinen Fabriken Stammende, während des dreimonatlichen Ziels, auch wenn es sich um mehr oder weniger angebrochene Kisten handelt, auf meine Kosten zurückzunehmen, falls auch nur in irgend einer Beziehung das geringste daran auszusetzen ist, was ich der alleinigen Beurteilung meiner Abnehmer überlasse, so daß mit einem Bezuge meiner Fabrikate durchaus kein Risiko verbunden ist...

Aug. Hammerschlag, Cigarren-Fabrikant.

b) Puppe beansprucht von der Winzer den Kaufpreis für eine Nähmaschine. Die Beklagte bestreitet den Anspruch, weil vereinbart worden sei, daß, *wenn die Nähmaschine nicht gefiele oder den beabsichtigten Zweck nicht erfüllen möchte, es der Winzer freistehen solle, an Stelle der übersandten eine Maschine anderen Systems zu wählen.*

c) Das Mailänder Handelshaus B. ermächtigte das Haus A. in Marseille, für seine Rechnung 100 Fässer Weingeist, das Faß zum Minimalpreise von 74 Franken zu verkaufen, mit dem Vorbehalte jedoch, daß der Verkäufer bis zu dem für die Übergabe bestimmten Tage berechtigt sein solle, gegen ein Reugeld von 30 Franken pro Faß vom Vertrage zurückzutreten.

d) M. verkauft an N. seinen Garten, am nächsten 1. Juli zu überliefern, wenn *bis dahin sich ein besserer Käufer nicht fände.*

e) Ein Pferd war unter der Vereinbarung verkauft, daß es binnen 14 Tagen gegen ein anderes umgetauscht werden könne.

f) Als der Sohn S. heiratete, übergab ihm sein Vater ein Haus im Anschlage von 20000 ℳ mit der Bedingung, daß S. es ihm lebenslänglich mit 3 % zu verzinsen, nach seinem, des Vaters, Tode aber wieder in die Erbmasse einzuwerfen oder dafür den Betrag von 20000 ℳ zu ersetzen habe.

2. Unold ersucht den Marcus, der ein großes Kleidermagazin in Frankfurt besitzt, Kleider näher bezeichneter Art *zur Ansicht* zu schicken. Marcus kommt dem bereitwillig nach und schickt ihm einen großen Ballen Kleider frankiert zu. Unold mäkelt an dem Preise. Nach fruchtlosen Verhandlungen schreibt Marcus: *Schicken Sie mir die zur Ansicht mitgeteilten Kleidungsstücke frankiert zurück.* Unold weigert sich, das Porto zu tragen.

Marcus klagt und beantragt, den Unold zum Ersatze des gesamten Portos zu verurteilen, während letzterer meint, daß er gar kein Porto oder doch jedenfalls das erste nicht zu ersetzen habe.

Wer hat Recht?

Würde es von Einfluß sein, wenn Marcus offenbar schundmäßige Ware geschickt hätte?

Oder: wenn er einen objektiv allzu hohen Preis angesetzt hätte?

3. Anfrage bei einem Juristen:

Ich habe an meinen Gutsnachbarn ein Ackerpferd auf Probe verkauft. Nachdem er das Pferd längere Zeit zum Ackern benutzt, hat er es nach mehreren vergeblichen Aufforderungen, sich darüber schlüssig zu machen, ob er es behalten und bezahlen oder zurückgeben wolle, mir endlich mit der Erklärung zurückgegeben, daß das Pferd sich für seine Zwecke nicht eigne, wiewohl er es Tag für Tag hat arbeiten lassen. Auf meine nunmehrige Aufforderung, mir für die Benutzung des Pferdes eine angemessene Entschädigung zu zahlen, verweigert mein Nachbar jegliche Vergütung.

Habe ich Anspruch auf Entschädigung; und von welchem Zeitpunkte an: vom Tage der Übergabe des Pferdes an ihn, oder doch wenigstens vom Tage meiner ersten Aufforderung zur Erklärung über endgültigen Kauf oder Rückgabe des Pferdes?

4. In dem Städtchen Abderau wurde kürzlich der Ankauf einer Dampfspritze beschlossen. Der Ankauf geschah jedoch bedingungsweise; die Spritze sollte nämlich eine Zeit lang auf Probe bleiben.

Bald nach ihrer Ankunft brach in einer Bäckerei Feuer aus; die Dampfspritze wurde geholt und tat ihre volle Schuldigkeit, indem sie das Feuer binnen kurzem löschte.

Trotzdem erschien dem Rate von Abderau die Spritze zu teuer; und er beschloß, sie dem Lieferanten zurückzugeben. Da stieß er aber auf Widerspruch. Der Verkäufer machte geltend, daß die Spritze *wirklich gebraucht* und nicht bloß *probiert* worden sei. Letzteres habe bei ihrer Verwendung in dem Bäckereibrand denen, die sie aus dem Spritzenhause gezogen, ganz fern gelegen.

Was ist hierzu juristisch zu bemerken?

5. In nachstehenden Fällen handelt es sich um folgende Fragen: Einmal, wie die Tatbestände rechtlich zu charakterisieren sind? Sodann, wer jeweils Eigentümer ist? Wer Besitzer? Endlich, wer von den Beteiligten die Gefahr des bezüglichen Gegenstandes trägt, und was für Rechte und Pflichten überhaupt unter jenen sich ergeben?

a) L. hat mit K. einen Vertrag abgeschlossen, wonach er dem K. Bretter lieferte, welche dieser vertreiben, von dem erlangten Kaufpreise 28 ℳ für das Schock an L. abführen, den Mehrerlös aber als Provision für sich behalten sollte.

b) Man sendet Geld an einen Freund, damit dieser eine Sache bestimmter Qualität von einem Dritten für jenen kaufe, oder natürlich das Geld zurückgebe, wenn ein solcher Gegenstand nicht zu haben ist.

c) Vertrag zwischen Lotteriedirektion und Kollekteur, wonach letzterer eine Anzahl Lose bei dem Publikum unterbringen soll, einige davon aber auch fest übernimmt, mit der Befugnis, nicht abgesetzte zu bestimmter Zeit wieder zurückgeben zu dürfen.

d) Bestellung von Wein; der Lieferant setzt das Faß mit 4 ℳ auf die Rechnung, erbietet sich aber, es leer, in gutem Zustande und geschwefelt, binnen drei Monaten in Anrechnung zurückzunehmen.

e) *Nach mündlicher Absprache bekenne ich F. M. mich dazu, die in anliegendem Verzeichnisse aufgeführten, von Herrn L. J. erhaltenen Muster chinesischer und japanesischer Waren im Betrage von 600 ℳ zum Verkaufe unter der Bedingung übernommen zu haben, daß ich den Betrag binnen drei Monaten an Herrn J. übermache, und, im Falle dies nicht geschehen sollte, Herr J. nach drei Monaten den Betrag zahlbar acht Tage nach Sicht auf mich abgeben kann, daß aber dagegen Herr J. die Verbindlichkeit übernimmt, nach Ablauf eines Jahres die nicht verkauften Gegenstände zum kostenden Preis auf Verlangen zurückzunehmen und den Betrag bar zu vergüten.*

f) Buchhändlerisches Konditionsgeschäft. Ein Sortimenter entnimmt von einem Verleger Bücher, unter der Bedingung: die nicht verkauften bis zu einem bestimmten Abrechnungstermine wiedergeben zu können, die nicht zurückgegebenen aber an diesem Termine bezahlen zu müssen.

6. Zum Schlusse dieses folgen einige Geschäftsabschlüsse, wie solche in der Übung unseres Großhandels auftreten. Sie sind der Korrespondenz eines großen Hamburger Exporthauses entnommen. Es wird an dieser Stelle darauf ankommen, die den Briefen unterliegenden juristischen Begriffe, mit welchen die Schreiber operiert haben, herauszufinden und technisch zu bezeichnen, sowie die abgeschlossenen Geschäfte auf ihre rechtliche Natur und Folge zu prüfen und klar zu stellen.

a) Briefwechsel über Erteilung eines *Auftrages*.

Herrn N. H. in Hamburg. Bahia, 15. Oktober 19 . .

Uns zum Empfange Ihres Geehrten vom 20. v. M. bekennend, danken wir Ihnen für die uns damit gemachten Mitteilungen. Die Preise des norwegischen Klippfisches an Ihrem Platze sind noch zu hoch, um uns zum Geschäft zu animieren. Sollten Sie indessen in die Lage kommen, 200 Kisten von der Kronenmarke zum Preise von *M* 29— per Kiste kaufen zu können, so erteilen wir Ihnen hiermit den Auftrag, obiges Quantum für unsere Rechnung abzuschließen und mit zwei Dampfern à 100 Kisten im Zwischenraum von 14 Tagen zur möglichst billigen Frachtrate an unsere Adresse zu verladen. Die Assekuranz besorgen wir selbst.

Ihren angenehmen Mitteilungen entgegensehend, zeichnen

Hochachtungsvoll

S. & C.

Herren S. & C., Bahia. Hamburg, 3. November 19 . .

Im Besitze Ihres Werten vom 15. v. M., danke ich Ihnen verbindlichst für den mir damit gefälligst erteilten Auftrag auf 200 Kisten Klippfische, Kronenmarke, zu dem limitierten Preise von *M* 29— per Kiste, bedauere aber Ihnen mitteilen zu müssen, daß es unmöglich ist, zu diesem Preise kaufen zu können. Die Nachfrage nach norwegischen Klippfischen ist andauernd eine sehr lebhafte, und da der Stock nicht groß ist, so halten die norwegischen Exporteure nicht allein sehr fest auf ihren jetzigen Forderungen, sondern geben schon zu verstehen, daß demnächst eine Steigerung eintreten muß. Ich würde daher die 200 Kisten heute nicht unter *M* 31— kaufen können, und angesichts der oben erwähnten Marktstellung hielt ich es für angebracht, Ihnen heute zu kabeln:

arabic = Ich kann Ihren Auftrag nur zu . . . ausführen; kabeln Sie, ob ich kaufen soll.

marmaid = ℳ 31—.

garment = Tendenz steigend.

Ich hoffe morgen Ihre zustimmende Antwort zu erhalten, und inzwischen begrüße ich Sie hochachtend N. H.

Herren S. & C., Bahia. Hamburg, 8. November 19 . .

Ich bestätige Ihnen mein Ergebenes vom 3. d. und empfing am 4. Ihr Telegramm, so lautend:

balsamin = Kaufet 200 Kisten Klippfische zum bestmöglichen Preise,

woraus ich gerne ersah, daß Sie das mir in Ihrem Geehrten v. 15. v. M. gegebene Limit für den Ankauf der 200 Kisten Fisch aufheben und mich ermächtigen, bestmöglichst für Sie zu kaufen. Es freut mich nun, Ihnen mitteilen zu können, daß, da ich auch für andere Plätze in diesen Tagen bedeutende Ordres auf Fisch erhielt, es mir gelang, eine Reduktion von $^1/_2$ ℳ per Kiste für meine sämtlichen Einkäufer durchzusetzen, wovon Ihre 200 Kisten, die ich eben also à ℳ 30,50 abgeschlossen habe, natürlicherweise auch profitiert haben. Die Verladung der ersten 100 Kisten wird mit dem Dampfer *Nordpol*, der am 12. d. ausgeht, erfolgen, und habe ich die Fracht zur Rate von ℳ 45— per Kubikmeter bedungen. In der angenehmen Hoffnung, Ihnen also binnen kurzem mit Verladungs-Dokumenten aufwarten zu können, empfehle etc. N. H.

Herren S & C., Bahia. Hamburg, 12. November 19 . .

Ich schrieb Ihnen am 8. d. und habe heute das Vergnügen, Ihnen Konnossement und Faktura zu behändigen über auf Ihre Ordre und für Ihre werte Rechnung per Dampfer *Nordpol* nach dort verladene

S. C. Nr. $^1/_{100}$: 100 Kisten Klippfische, Kronenmarke,

Sie ersuchend, mich für den Betrag meiner Faktura mit

ℳ 3697,70 per 11. d. M.

gefälligst erkennen zu wollen. Ich etc. N. H.

[Anlage:]

Faktura.

Hamburg, den 12. November 19 . .

Herren S. & C., Bahia.

Für die nachstehenden auf seine Ordre, für seine Rechnung und Risiko mit dem Dampfer *Nordpol* nach dort verladen, nämlich

ohne Versicherung

S. C. 100 Kst. Klippfisch.

	Kronenmarke à 30,50	ℳ 3050,—
Fracht nach Bahia.		
	12 Kbm. à 45—	540,—
		ℳ 3590,—
	Kommission 3 %	„ 107,70
		ℳ 3697,70

Valuta per 11. November. N. H.

b) Konsignation mit Vorschuß.

Der Kaufmann A. in Rio de Janeiro konsigniert (überträgt zum Verkauf) an B. in New York 1000 Sack Reis, wobei er von dem Konsignatar einen Vorschuß à conto des *netto Provenue* haben will, und zwar, wie unter Kaufleuten gebräuchlich, durch Wechsel; da aber Wechsel auf New York in Brasilien keine Käufer finden, so wird A. von B. autorisiert, auf London für des letzteren Rechnung zu trassieren, und zwar auf das Haus C., 90 Tage nach Sicht. A. *negoziiert* diesen Wechsel sofort in Rio de Janeiro und erhält so seinen Vorschuß. Dabei *avisiert* A. den C. etwa: *Gegen den bei Ihnen von B. in New York zu meinen Gunsten eröffneten Kredit von £ ..., war ich heute so frei, als Vorschuß auf genanntem B. gemachte Konsignation von 1000 Sack Reis £ 90 Ordre N. N. auf Sie zu entnehmen, und empfehle ich diese Tratte Ihrer gefälligen Schutznahme, zu Lasten des B. . . . .*

c) Konsignation mit garantiertem Erlöse seitens des Konsignatars.

Ein Hamburger Handelshaus hatte früher Zement in großen Quantitäten für eigene Rechnung fest gekauft und an seine Filiale in Rio de Janeiro gesandt; da aber der Preis dieses Artikels vor einiger Zeit stark fiel, auch ein Vertrag mit einem dortigen größeren Bauunternehmer sein Ende erreichte, so gab es diesen Geschäftszweig auf. Nun brauchen aber die Segelschiffe, welche das Haus mit Pulver, Dynamit, Streichhölzern u. dergl. nach Südamerika verfrachtet, Ballast von Zement, so daß es weiterhin in seinem Interesse liegt, solchen zur Verfügung zu haben; andererseits ist die betreffende deutsche Zementfabrik sehr willig, ihre Ware los zu werden, — wie sie angiebt, um ihre Arbeiter fortdauernd beschäftigen zu können und ihre Marke in Brasilien nicht ausgehen zu lassen. So kommt zwischen dem Handelshause und der Fabrik ein Vertrag folgenden Inhaltes zu stande: Ersteres übernimmt gewisse Quantitäten von Zement in Konsignation nach Rio de Janeiro, unter Bestimmung eines Preises, der viel niedriger ist, als der vormals bei den festen Ankäufen gezahlte; dagegen wird der Fabrik ein barer Vorschuß schon jetzt gewährt und zugesichert, daß der Betrag des Erlöses, der jenen Preis übersteigt, ihr herausbezahlt werden soll, während ein etwaiger Mindererlös dem Handelshause zur Last fällt.

LXXXVI

1. Juristische Konstruktion folgender Tatbestände?

a) Jemand räumt einem alten Diener zur Vergeltung von dessen langjährigen, treuen Diensten unentgeltliches lebenslängliches Mietrecht in einem Gartenhause ein.

b) Verpachtung einer Jagd seitens der dazu berechtigten Gemeinde.

c) Der Eigentümer eines Steinbruches gesteht einem anderen gegen bestimmte Geldleistung das Recht zu, in jenem Steine für sich zu brechen.

d) B. verpachtet an R. auf 12 Jahre seine Ziegelei mit allen darauf befindlichen Gebäuden, Trockenscheuern und Brennöfen, der Zieglerwohnung und den vorhandenen Utensilien und überläßt dem R. ferner zur Entnahme der zum Betriebe der Ziegelei erforderlichen Ziegelerde eine abgegrenzte Fläche von 20 Morgen von dem Acker des Gutes mit der Befugnis, dieselbe, soweit sie nicht zum Ausgraben der Ziegelerde in Angriff genommen sei, ackerwirtschaftlich auszunutzen: alles dieses gegen einen jährlichen Zins von 6000 *M*.

e) Das Wegnehmen des Straßenkotes einer Stadt war im Wege der Versteigerung auf mehrere Jahre einem Unternehmer gegen einen von letzterem an die Stadtkasse zu zahlenden jährlichen Betrag übertragen worden.

f) Eine Stadt räumt einem Privatmanne Baulichkeiten auf 50 Jahre zum Gebrauche ein, unter der Auflage, sie auf seine Kosten wieder in Stand zu setzen und nach Ablauf jener Zeit solche mit den getroffenen Verbesserungen der Stadt unentgeltlich zu überlassen.

2. Ein Garten mit Wirtschaftshaus und Stallung war auf drei Jahre von Fuß an Zehe vermietet worden. Nach Ablauf jener Zeit verlangt Fuß die Räumung. Zehe entgegnet, daß Fuß, wie er erst nachträglich in Erfahrung gebracht, gar nicht Eigentümer sei, sondern dessen Vetter Knie.

Wenn dieses richtig steht, kann Fuß doch für sich die Räumung verlangen?

3. Der Lehrer Leonhardt, welcher ein Bauerngut geerbt hat, kommt mit dem Landwirt Frost überein, daß letzterer jenes, dem seinigen benachbarte, Gut zu Gebrauch und Nutzung erhalte, und von den davon zu ziehenden Früchten ein Sechstel an den Leonhardt fallen, fünf Sechstel dem Frost verbleiben sollten.

Es entsteht späterhin Streit, in welchem es sich vor allem fragt, welches die rechtliche Natur des abgeschlossenen Vertrages sei? Und wie sich je nach der Entscheidung dieser Frage Recht und Pflicht der beiden stellen?

4. Ist nachstehendes Vorgehen von Mietern und Pächtern gesetzlich befugt?

a) Ein pensionierter Offizier mietet eine Wohnung von sieben Zimmern. Nach einigen Monaten nimmt er seine verwitwete Tochter und deren zwei Kinder mit ihrem Hausrate dauernd bei sich auf.

b) Zwischen dem Hauseigentümer und einem Mieter entstand Streit, weil letzterer ohne Zustimmung jenes möblierte Zimmer vermietet hatte. Als der eine Untermieter dies erfuhr, zog er sofort aus.

c) Der Pächter eines Landgutes hat einem benachbarten Holzhändler auf dem Pachtlande einen Lagerplatz vermietet.

5. A., welcher mit X. über den Ankauf zweier Landstücke von gleicher Größe in Verhandlungen steht, hat seinem Bruder B., unter dessen dankender Annahme, versprochen, daß er ihm, wenn jener Kauf sich verwirklichen sollte, eines der beiden Grundstücke *in billige Pacht* geben wolle. Nachdem der Kauf zu stande gekommen, weigert aber A. die pachtweise Überlassung und wird nun darauf von B. verklagt, welcher das kleinere, aber bessere Grundstück wählt und 375 ℳ Pacht zu geben bereit ist, da dieses der — wie man sagen könne — marktgängige Preis für dergleichen Pachtgrundstücke sei, auch angemessen wäre und von Sachverständigen, auf die er ausdrücklich als Beweismittel greife, sicherlich zugebilligt werden würde.

Was liegt hier rechtlich vor? Wie ist die Streitsache zu entscheiden?

6. M. hat von den Erben des verstorbenen Photographen H. dessen Photographiegeschäft (Atelier mit Inventar, Kundschaft etc.) gepachtet, dann aber die Übernahme und die Zahlung des Mietgeldes verweigert, weil es an einem tauglichen Objekte fehle; für ähnliche Varhältnisse sei sogar mit gesetzlicher Kraft ein Verbot derartiger Verträge ausgesprochen, vgl. die preußische Ministerialverfügung vom 21. September 1886, betreffend Unzulässigkeit der Verpachtung von Apotheken (Min.Bl. f. innere Verw. 1886, S. 198).

Der Anwalt des H. hält ihm entgegen, daß dieses angezogene Cirkular schwerlich rechtsbeständig sei, sondern der Reichs-Gewerbeordnung § 45 widerspreche: *Die Befugnisse zum stehenden Gewerbebetriebe können durch Stellvertreter ausgeübt werden;* in jedem Falle aber sei der Unterschied vorhanden, daß zum Betriebe eines Photographiegeschäftes nicht mehr, wie bei Apotheken, eine konzessionierte Gerechtsame erworben werden müsse; — was nun freilich auf seiten des M. nur die duplizierende Bemerkung hervorruft, daß ein Pächter kein Stellvertreter sei, und daß gerade aus der letzten Bemerkung der Jenseite der Mangel einer greifbaren *res incorporalis*, als des doch beabsichtigten Pachtgegenstandes, in unserem Falle deutlich werde: über nicht bestehende Objekte könne man keine Verträge schließen.

Wie ist zu erkennen?

LXXXVII

1. Ein neu erbautes Haus war für 12 Wohnungen eingerichtet und an ebenso viele Familien zum 1. April vermietet worden. Am 27. März hatte die Gebrauchsabnahme stattgefunden. Die Abnahmekommission hatte aber nicht alles in Ordnung befunden — einzelne Wohnungen waren feucht — und deshalb den Abnahmeschein dem Eigentümer nicht ausgehändigt. Nach den bestehenden Vorschriften darf aber ein Haus nur bezogen werden, wenn der Gebrauchsabnahmeschein ausgestellt ist.

Welche Rechtsbehelfe stehen den Mietern nach dem BGB. zu?

2. In dem, einem Studenten vermieteten, möblierten Zimmer platzt infolge schlechter Konstruktion der dort aufgestellte und seit kurzem in Gebrauch genommene Porzellanofen.

a) Wem liegt es ob, den Ofen auf seine Kosten wieder in stand setzen zu lassen?

b) Gilt das Gleiche, falls der Ofen infolge des Heizens etwas verstopft ist und gereinigt werden muß?

c) Wie steht es, wenn die Fensterscheibe infolge strenger Kälte einen Sprung erhalten hat? oder durch Hagelschlag — oder von einem Dienstboten des Vermieters — oder von einem Dritten — oder unvorsichtigerweise von dem Studenten selbst eingeschlagen worden ist?

3. Bei einer großen Rheinüberschwemmung wurden in und bei Mainz viele vermietete Wohnungen im Erdgeschosse unter Wasser gesetzt und infolgedessen für die geflüchteten, nach dem Fallen des Wassers zurückkehrenden Mieter ohne gründliche Ausbesserung unbrauchbar. Einzelne nahmen die Ausbesserung auf eigene Kosten vor, andere aber nicht. In beiden Fällen kam es zu Prozessen, in denen es sich fragte:

a) Kann der Vermieter (V.) verlangen, daß der Mieter (M.) ausbessere?

b) Hat es Einfluß, ob im Mietvertrage ausdrücklich steht: Die Wohnung ist in demselben Zustande abzuliefern, in welchem M. sie erhalten hat?

c) Kann M., wenn er diese Fragen nicht aufgeworfen, sondern ohne weiteres wieder hergestellt hat, Ersatz dafür verlangen?

d) Kann V. für die Zeit der Überschwemmung und für die der Ausbesserung Mietgeld verlangen?

e) Wie wäre es, wenn das betreffende Haus vollständig vernichtet worden wäre?

4. Der Bierbrauereibesitzer H. hatte das zu Kassel belegene Palais-Restaurant an den Restaurateur E. daselbst auf drei Jahre verpachtet. Zu dem Pachtgegenstand gehörte ein Garten mit fünf Lauben und einem großen Pavillon; die Lauben wurden durch eine mit Landschaftsbildern verzierte Rückwand abgeschlossen. Diese Wand, welche dem angrenzenden Nachbar eigentümlich gehörte, ist im Juli v. J. durch diesen abgebrochen worden, und wurde hierdurch der Wirtsgarten längere Zeit, und zwar gerade in den Monaten, in welchen der Garten am meisten besucht zu werden pflegte, fast gänzlich unbenutzbar.

E. behauptet nun: Die fragliche Rückwand sei stillschweigend mitvermietet worden, und der Verpächter müsse deshalb den ungestörten Gebrauch jener Wand während der Mietszeit gewährleisten; da dieses nicht geschehen sei, so hafte H. wegen seines

Verschuldens dem Mieter auf dessen Interesse; jedenfalls könne er für die Zeit der Störung nur ein geringeres Mietgeld fordern.

Der in diesem Sinne erhobenen Klage wurde von H. entgegengehalten: Die fragliche Rückwand sei von dem Beklagten nicht mitvermietet worden; auch treffe ihn kein Verschulden; es liege vielmehr nur ein Zufall vor, dessen nachteilige Folgen der Mieter zu tragen habe.

Welche Entscheidung ist zu treffen?

5. Schöne schreibt an seinen Rechtsanwalt:

Vor zwei Monaten habe ich das Erdgeschoß des dem Ladegast gehörigen Hauses zum Zwecke des Restaurationsbetriebes gemietet. Vor einiger Zeit ist in demselben Hause Sailer mietweise eingezogen, welcher daselbst nun die Fabrikation von Hausenblase betreibt; hierbei werden aber derartig üble Dünste erregt, daß meine Wirtschaft dadurch ganz gestört und vernichtet wird.

Kann ich mich wegen des erlittenen Schadens an den Ladegast halten?

Oder muß ich mich gegen Sailer wenden?

Ist es vielleicht nötig, daß ich nachweise, Ladegast habe von dem Vorhaben jenes Fabrikationsbetriebes des Sailer Kenntnis gehabt und trotzdem an ihn vermietet?

6. Ein Offizier hat einen Pferdestall gemietet. Dieser ist bald darauf zufolge Baugebrechens eingestürzt und hat die darin befindlichen Pferde erschlagen. Der Offizier will Klage auf Entschädigung gegen den Vermieter anstellen.

Wie wird sein Anwalt eine solche Klage zu begründen haben?

7. Ein Jurist erhält von einem Freunde nachstehenden Brief zur sachverständigen Beantwortung:

Zu meiner Mietwohnung gehört ein Garten, den ich im Vertrage zu meiner unbeschränkten Benutzung übernommen habe. Er war verwahrlost und wurde von mir neu angelegt. Nach Kündigung des Mietverhältnisses wünsche ich einen Teil der von mir gepflanzten Topfgewächse und hochstämmigen Rosen aus dem Garten herauszunehmen; mein Wirt weigert mir jedoch die Entnahme jeglicher Gewächse, will sich auch zu keiner Einigung über deren Wert verstehen.

Muß ich die Gewächse überhaupt und auch ohne Entschädigung im Garten stehen lassen?

Ich hatte auch einige wilde Rosen eingepflanzt, mich dann aber nicht näher um sie kümmern können. Jetzt erfahre ich, daß sie während einer Reise meinerseits von meinem Vermieter okuliert worden sind. Ist er wirklich dadurch, wie er behauptet, Eigentümer dieser Pflanzen geworden?

8. Nachdem der Gerichtsassessor von Lersner den ihm gehörigen Karlshof an Hoffmann pachtweise in Benutzung gegeben hatte, fällte ersterer eigenmächtigerweise einige auf dem Pachtgute stehende Bäume.

An welche Rechtsmittel kann man zu Gunsten des Hoffmann denken, und welche würden — und aus welchen Gründen — mit Fug bei gerichtlichem Auftreten durchdringen?

9. Vor zwei Jahren hat Flörsheim alle in dem dritten Stocke des Wolfschen Hauses befindlichen Zimmer und sonstigen Räumlichkeiten auf sechs Jahre gemietet. Jetzt beabsichtigt Wolf an seinem Hause einen hölzernen Anbau vorzunehmen, um dadurch weitere Räumlichkeiten zu gewinnen. Noch ehe dieses indessen geschehen, protestiert Flörsheim privatim gegen die Errichtung des Anbaues, weil er an dem dritten Stock ein ausschließliches Wohnungsrecht habe und die beabsichtigte Veränderung dieses beeinträchtigen würde. Wolf läßt den Anbau trotzdem errichten.

Als dieser bis zum dritten Stocke vollendet ist und hier die erforderlichen (hauptsächlich in der Verwandlung eines auf der Treppe vom dritten zum vierten Stocke befindlichen Fensters in eine Türe für den neuen Anbau bestehenden) baulichen Veränderungen getroffen werden sollen, übergibt Flörsheim diese Angelegenheit einem Anwalte, um gerichtlich vorzugehen.

Was für ein Gutachten wird der letztere abgeben?

---

10. Eine Wohnung war für 500 ℳ jährlich vermietet. Am Schlusse des ersten Vierteljahres klagt der Vermieter 125 ℳ ein. Der Beklagte entgegnet, daß die Klage verfrüht sei, weil der Mietpreis nach BGB. 551 erst am Ende der Mietzeit fällig werde. Der Kläger hält diese Auslegung für irrig.

Wer hat Recht?

11. Ist ein Billardspieler verpflichtet, dem Eigentümer Schadensersatz zu leisten, wenn er beim Verlaufe des regelmäßigen Spieles ein Loch in das Billardtuch stößt? Kommt es darauf an, ob das Billard in einem öffentlichen Lokale sich befindet und für seine Benutzung Stundengeld erhoben wird? Oder in den Gesellschaftsräumen eines geschlossenen Klubs, wobei jedem Mitgliede das unentgeltliche Spielen gestattet ist? Oder bei einem Privatmann, der Bekannte zu einer Partie als Gäste eingeladen hat?

12. *Zur Aufrechterhaltung der Ordnung und zur Vermeidung von Differenzen werden die geehrten Benutzer meiner Leihbibliothek um gefällige Beachtung nachstehender Bedingungen gebeten:*

1) *Das Abonnement kann mit jedem Tage begonnen werden, und ist das Lesegeld so lange zu entrichten, als sich Bücher in den Händen der Abonnenten befinden, wenn dieselben auch nicht gewechselt werden.*
2) *Die Teilnehmer werden gebeten, mehrere Nummern aus dem Katalog aufzuzeichnen, der für 20 Pf käuflich zu erwerben ist.*
3) *Wer ein Buch beschädigt oder verliert, erstattet dessen Ladenpreis; gehört es jedoch zu einem mehrbändigen Werke, dessen Bände nicht einzeln käuflich sind, so muß der Wert des ganzen Werkes erstattet werden.*
4) *Unbekannte Personen hinterlegen den Wert der entliehenen Bücher als Pfand, mindestens aber M 3.—.*

Es sind folgende Fragen zu beantworten:

a) Von welchem Rechtsverhältnis ist hier die Rede? Was ist, juristisch charakterisiert, ein *Abonnement*?
b) Wenn ein Abonnent hinterher (durch Krankheit, Reise u. dgl.) verhindert ist, von dem Abonnement Gebrauch zu machen, kann er nicht einen verhältnismäßigen Teil des schon gezahlten Betrages zurückfordern?
c) Ist es nötig, daß Vorauszahlung des Betrages ausdrücklich oben ausbedungen wurde, oder verstand sich dieses nicht schon von selbst?
d) Stimmt die Festsetzung unter 3) mit den entsprechenden Sätzen des BGB. überein?
e) Was für ein Rechtsverhältnis ist im Falle 4) gegeben? Mit welchen Konsequenzen — dinglicher und obligatorischer Art?

13. Ein Mieter hat zugleich mit seiner Wohnung eine Laube, welche durch eine Traneresche gebildet wird, zu seiner ausschließlichen Benutzung kontraktlich sich ausbedungen. Der Hauswirt will nun nicht zugeben, daß der Mieter fremde Leute mit in die Laube nehme, und protestiert auch dagegen, daß der Mieter in der Laube eine Bank auf die Weise anbringe, daß er einige Pfähle in die Erde schlägt und über denselben ein Brett befestigt.

Unter welchen rechtlichen Gesichtspunkt ist dieser Vorfall zu bringen?

14. In dem vorigen Falle hat schließlich der Mieter nach einem gereizten Briefwechsel mit dem Vermieter die Wohnung gekündigt. Der Vermieter sucht durch Inserat einen neuen Mieter; und es kommen in den nächsten Tagen häufig Leute, welche sich die Wohnung ansehen wollen. Der jetzige Mieter aber, der sich durch das Verhalten des Gegners stark verletzt fühlt, weigert allen Reflektanten, schließlich auch dem persönlich erscheinenden Vermieter den Zutritt zu den von ihm bewohnten Räumlichkeiten. Er erreicht dadurch auch, daß sich die Wohnung rechtzeitig nicht wieder vermietet.

Was ist zu allem diesem juristisch zu bemerken?

15. In einem vermieteten Hause ist Mauerschwamm entstanden.

a) Muß der Mieter auf Beseitigung desselben bedacht sein?

b) Muß er, wenn der Vermieter Maßregeln dagegen ergreifen will, ihn ohne weiteres in die Mieträume zulassen?

d) Da ihm dieses unangenehm ist, macht er den Vermieter auf den entdeckten Schwamm gar nicht aufmerksam; kann letzterer deshalb Schadensersatz fordern?

e) Wie steht es, wenn sich in der Wohnung Ratten oder Wanzen zeigen?

16. In Halle a. S. wurde vor kurzem die Einrichtung der Wassermesser zwingend eingeführt. Bis dahin war von jeder Haushaltung ein Betrag von 2 % des Mietzinses als Wassersteuer erhoben worden; jetzt fiel dies weg, und es sind von jedem Kubikmeter Wasser, das auf einem Grundstücke verbraucht wird, 16 Pf als Gebühr von dem Eigentümer zu zahlen.

Kann der Vermieter diese Gebühr von seinen seitherigen, noch berechtigten Mietern ersetzt verlangen? Ist es von Einfluß, ob der Mieter in ordnungsmäßiger Verwaltung Wasser verbraucht oder eine sinnlose Wasservergeudung treibt? Kommt vielleicht die Differenz zwischen der früher von dem Mieter gezahlten Wassersteuer und der jetzigen Gebühr in Betracht? Wer würde die Kosten für Aufstellung und Instandhaltung der von der Stadt (kauf- oder leihweise, nach Wahl) gelieferten Wassermesser zu tragen haben? Muß sich der Mieter eine solche Aufstellung innerhalb der von ihm gemieteten Wohnung überhaupt gefallen lassen?

17. Der Stadtrat zu Leipzig beschloß, unter Genehmigung der vorgesetzten Verwaltungsbehörde, im September 1892, daß wegen vorliegender Choleragefahr die damals bevorstehende Leipziger Michaelismesse ganz ausfallen solle.

Da in Leipzig eine große Anzahl von Lokalen gerade mit Rücksicht auf die Messe, und nur für deren Dauer, vermietet sind, so erhob sich die Frage: ob der entstandene Mietzinsverlust von den Vermietern oder den Mietern zu tragen war?

18. Danneman schreibt an einen Rechtsanwalt:

In der Absicht, in Bad Nauheim meinen Wohnsitz zu nehmen, mietete ich im Juni v. J. von Schirmer eine Etage in dessen Wohnhause für ein Jahr um 900 *M*. Meine Übersiedelung wurde durch Erkrankung und widrige Familienverhältnisse zunächst gehindert; ich habe aber für die beiden ersten Quartale doch an Schirmer den Mietpreis bezahlt. Jetzt ist es sicher, daß ich überhaupt nicht überziehen kann. Ich habe nun erfahren, daß Schirmer im Januar und Februar d. J. die vermieteten Räume dadurch selbst benutzt hat, daß er seine Kinder und das Dienstmädchen in denselben hat schlafen lassen.

Ist damit nicht unser Vertrag aufgelöst?

Wenn Sie es aber für rechtlicher halten, so wollen Sie in meiner Vertretung dem Schirmer nur des Mietgeld für jene zwei Monate abziehen?

Ist es denn nicht möglich, die Wohnung an einen Dritten unter der Hand zu vermieten? Mit Schirmer will ich aber nach unserem letzten gereizten Briefwechsel nichts mehr zu tun haben.

Was wird der Jurist dem Anfragenden antworten?

LXXXVIII

1. Wann endigen nachstehende Mietverträge?

a) In einem schriftlichen Mietvertrage über eine Wohnung hatte sich der Vermieter verpflichtet: *weder zu kündigen, noch zu steigern in Zukunft.*

b) Es war über das Ende einer Miete weiter nichts verabredet, als: *mit halbjähriger Kündigung.*

c) Die Weinhandlung von Mitscher & Caspary in Berlin hat ihre Räume von 1900 bis 2000 gemietet.

d) Ein Mieter hatte in eine Steigerung des Zinses und Herrichtung der Wohnung auf eigene Kosten gewilligt, aber dann auch um Überlassung auf längere Zeit gebeten. Darauf hatte ihm der Vermieter geschrieben: *Solange ich lebe, werde ich Ihnen nicht kündigen.*

2. Ein Vermieter klagt gegen einen Studenten auf Räumung der auf einen Monat vermieteten Wohnung, nachdem diese Frist abgelaufen ist. In dem Verhandlungstermine bringt der Beklagte vor, daß er die Wohnung *für das Semester* gemietet habe. Der Vertrag war mündlich ohne Zeugen abgeschlossen worden, und beide Parteien, die auf ihren widersprechenden Behauptungen beharren, können als Beweismittel nur den Eid benennen.

Wie wird das Gericht vorzugehen haben?

3. A. hatte dem B. Grundstücke um den jährlichen Pachtpreis von 500 ℳ auf 6 Jahre verpachtet, unter Ausbedingung halbjährlicher Zahlung des Pachtgeldes. B. läßt aber zwei Ziele verstreichen, ohne zu zahlen.

Welche rechtlichen Mittel stehen dem A. zu Gebote?

4. In dem vorigen Falle hatte sich A. nicht gerührt, und es waren jetzt bereits fünf Ziele fällig gewesen, ohne daß eine Zahlung erfolgt ist. Als nun A. gegen B. Schritte tun will, rechnet ihm dieser vor, daß er im letzten Jahre auf notwendige Reparaturen an den mitverpachteten Gebäuden, sowie für unentbehrlich gewordene Bewässerungsanlagen auf den Wiesen ungefähr 300 ℳ verwendet habe, deren Wiederersatz er von A. beanspruchen müsse. Wegen des Restes bittet er noch um Ausstand. A. will sich aber auf nichts mehr einlassen und sähe es am liebsten, wenn er den ganzen Pachtkontrakt los wäre.

Was kann bei dieser Sachlage jeder von dem anderen rechtlich beanspruchen?

5. Gempt hatte von Rautenberg auf eine Reihe von Jahren vier Räume *zur Betreibung einer Möbelfabrikation* gemietet. Die Lokalitäten waren in der Hamburger Zollvereins-Niederlage gelegen und deshalb den besonderen Anordnungen der Zollbehörde gesetzlich unterworfen. Nun untersagte diese dem Gempt, vom 1. April an andere Möbel als Polstermöbel anzufertigen, worauf derselbe dem Rautenberg mitteilte, daß er zu seinem Bedauern ihm seine Räume vom 1. April zur Verfügung stellen müsse, da sie für ihn, den Gempt, jetzt keinen Wert mehr hätten. Rautenberg protestiert aber gegen diese willkürliche Handhabung ihres fest abgeschlossenen Vertrages; auf derartige persönliche widrige Zufälle könne er, der Vermieter, keine Rücksicht nehmen, und Gempt hätte sich die Möglichkeit einer solchen Verfügung, wie der jetzt eingetroffenen, beim Vertragsabschluß vorbehalten müssen; — was nun Gempt veranlaßt, auf Feststellung seiner

Berechtigung, sich von den Mietverträgen loszusagen, Klage zu erheben (CPO. 256).

Urteil mit Gründen?

6. Ein Mieter hatte eine Wohnung auf drei Jahre gemietet. In dem Vertrage stand die übliche Klausel, daß die Miete auf weitere drei Jahre verlängert sei, wenn von keiner Seite drei Monate vor dem Ablaufe des Vertrages gekündigt werde. Dieser Fall trat ein. — Nach weiteren drei Jahren, als sich wieder keine Partei gerührt hatte, zog der Mieter ohne Sang und Klang aus und begründete dies mit dem Ablaufe des Vertrages. Dagegen meinte der Vermieter, daß durch das Stillschweigen eine zweite Verlängerung auf abermals drei Jahre eingetreten sei.

Welches ist die richtige Ansicht?

7. Der Kaufmann Holland hatte von dem Reeder Reyen dessen Schiff *Therese* für eine transatlantische Reise auf 10 Monate zur Monatsfracht von 4250 ℳ gemietet. Die Charterpartie enthielt die Klausel: *Es steht jedoch den Befrachtern frei, die Charter bis auf 14 Monate auszudehnen.* Das Schiff wurde zu einer Reise nach einigen Häfen der Westküste von Central-Amerika benutzt. Die dortigen Korrespondenten des Holland schlossen, wozu sie befugt waren, einen Unterfrachtvertrag mit einer anderen Firma über die Rückfahrt nach Europa. Auf dieser befand sich das Schiff zur Zeit des Ablaufes der 14 Monate, und wurde es nach Vollendung der Rückreise, als insgesamt $17^1/_2$ Monate verstrichen waren, dem Reyen zur Disposition gestellt.

Es erhob sich nun ein Streit zwischen Holland und Reyen darüber, ob Holland für die letzten $3^1/_2$ Monate den gleichen Preis, wie für die früheren, zu zahlen habe, oder für jeden Monat 1200 ℳ mehr, um welchen Betrag die Frachten im betreffenden Zeitraume gestiegen waren; — und ist hierüber in begründetem Gutachten sich auszulassen.

8. Der Zimmermeister Arckel hatte von dem Rentner Bücking einen Zimmerplatz auf drei Jahre gemietet. Das auf demselben lagernde Holz verkaufte Arckel der Hauptsache nach an den Holzhändler Steinhauf, dem bei Ablauf der drei Jahre Bücking einen Brief des Inhaltes zukommen läßt: daß Steinhauf sofort den Platz zu räumen oder den seither geltenden Mietzins zu bezahlen habe.

Steinhauf antwortet nicht, sondern läßt ganz allgemach, wie es durch den Gang seines Geschäftes bedingt war, jenes Holz abfahren. Als dieses nach mehr wie einem halben Jahre vollendet war, erhält er eine Anforderung von Bückung auf verhältnismäßige Mietzinsforderung.

Wird Steinhauf dem erhobenen Anspruche etwas entgegensetzen können? Und welche juristischen Gesichtspunkte kommen bei der Schlichtung dieses rechtlichen Streites durchschlagend in Erwägung? — Cf. l. 13 § 11 D. loc. cond. (19, 2).

LXXXVIII a. Mietverträge.

Die meisten Mietverträge über Wohnungen und andere Räume (BGB. 580) werden heute nach Formularen geschlossen, die von den sich oft interessiert gegenüberstehenden Parteien der Hausbesitzer und der Mieter im voraus aufgestellt sind. Es werden hier zwei Entwürfe mitgeteilt, unter der Frage: In welchen Punkten weichen sie voneinander ab? Worin unterscheiden sie sich von den ergänzenden Regeln des BGB.? Widersprechen sie nicht in manchem auch zwingenden Sätzen des BGB.; und was ist alsdann die rechtliche Folge?

a) Formular der Hausbesitzervereine.

Zwischen Unterschriebenen ist heute nachstehender Mietvertrag geschlossen worden:

§ 1. Der . . . vermietet an . . . und dessen Gattin unter deren samtverbindlicher Haftung folgende in dem Grundstücke . . . belegene Räume . . . vom . . . Die Kündigungsfrist ist halbjährlich; und zwar muß spätestens am 1. April oder 1. Oktober schriftlich gekündigt werden, widrigenfalls der Vertrag sich fortsetzt, bis er durch eine vertragsmäßige Kündigung beendigt wird. Die Übergabe der Mieträume erfolgt am . . . Der jährliche Mietzins beträgt . . . ℳ, buchstäblich . . . derselbe ist in . . . monatlichen Teilzahlungen *pränumerando* pünktlich an den Vermieter oder dessen Stellvertreter in deren jeweiliger Wohnung zu zahlen.

§ 2. Die versäumte oder nicht vollständige Bezahlung des Mietzinses am oben bezeichneten Fälligkeitstermine, oder wiederholte Nichtbeachtung der übrigen Bestimmungen dieses Vertrages und der Hausordnung ändert den Vertrag dahin ab, daß Mieter die Mieträume auf Verlangen des Vermieters ohne vorausgegangene Kündigung sofort räumen müssen; die Mieter sind aber in diesem Falle verpflichtet, noch vor der Räumung den vollen Mietzins für das laufende Vierteljahr zu bezahlen und haften außerdem noch für denselben während der ganzen Vertragsdauer, solange eine anderweitige Vermietung oder Benutzung der Mieträume nicht stattfindet. Ein solches Exmissionsrecht hat Vermieter auch, sobald Mieter ohne dessen schriftliche Genehmigung die Wohnung oder Teile derselben abvermieten oder Schlafburschen bezw. Kostgänger halten. Mieter haben bei Ablehnung eines etwa in Vorschlag gebrachten Aftermieters durch den Vermieter weder einen Entschädigungsanspruch noch ein außerordentliches Kündigungsrecht.

Mieter erklären, daß alle in die gemieteten Räume einzubringenden Möbel und andere Gegenstände ihr unbeschränktes Eigentum sind.

§ 3. Mieter übernehmen die Räume, wie sie stehen und liegen, und sind damit einverstanden, daß etwa nötige oder bedungene Ausbesserungen eventuell erst nach ihrem Einzuge binnen angemessener Frist vorgenommen werden. Ein Recht zum Rücktritt vom Vertrage oder zur Kürzung des ganzen Mietzinses oder eines Teiles, sowie überhaupt einen Schadenersatzanspruch haben Mieter in diesem Falle nicht. Dasselbe gilt von Mängeln, welche sich während der Mietzeit einstellen. Notwendige Ausbesserungen, sowie Maßregeln zur Sicherheit der Baulichkeiten müssen sich Mieter jederzeit gefallen lassen.

Der Wirt bezw. dessen Beauftragte und Begleiter haben das Recht der Besichtigung der Mieträume behufs anderweiter Vermietung in der gewöhnlichen Tageszeit (vorm. 10 Uhr bis nachm. 5 Uhr), nach erfolgter Kündigung der Mieträume ist in Abwesenheit der Mieter der Schlüssel einem Vertreter zu übergeben, welcher die Mieträume in oben bezeichneten Stunden besichtigen läßt.

§ 4. Mieter sind verpflichtet, die Mieträume in ihrem ganzen Umfange ordnungsmäßig zu erhalten, d. h. für erforderliche Instandhaltung und die nötige Lüftung der Räume sowie für angemessene Renovierung derselben während der Mietzeit zu sorgen und die Mieträume bei ihrem Wegzuge in gutem, nutzbarem Zustande zurückzugeben. Insbesondere haben Mieter Ausbesserungen an Wasser-Zu- und Abflußleitungen ungesäumt in sachkundiger Weise ausführen zu lassen. Für Störungen an der Wasser-, Gas- und elektrischen Leitung haftet Vermieter nicht und haben Mieter auch keinen Entschädigungsanspruch. Sollten Mieter beim Ausziehen zerbrochene Fensterscheiben oder andere Beschädigungen und Mängel hinterlassen, so ist Vermieter berechtigt, die Wiederherstellung bezw. Anschaffung auf Kosten der Mieter ohne weiteres zu veranlassen. Mieter verzichten auf Ersatz von Auslagen für notwendige Ausbesserungen, wenn sie solche vorgenommen haben, ohne dem Vermieter vorher Anzeige gemacht und Abhilfe in angemessener Frist abgewartet haben. Schaden, der durch Naturereignisse oder andere Ursachen die Fenster der Wohnung treffen sollte, tragen Mieter. Dieselben haben auch für alle Schäden, die beim Ein- oder Ausbringen von Mobilien oder dergl. im Grundstücke entstehen, oder durch gestattete Aftermieter, Hausgenossen, Bedienstete oder von ihnen Beauftragte angerichtet werden, aufzukommen.

§ 5. Mieter übernehmen die Reinigung der zu den Mieträumen führenden Treppen und Flure einschl. der zugehörigen Fenster und Türen und die Beleuchtung dieser Zugänge entsprechend den polizeilichen Bestimmungen. Treffen den Vermieter wegen Nichtbeachtung dieser letzteren Verpflichtung Strafen, so sind Mieter dem Vermieter ersatzpflichtig. Die Haftpflicht des Vermieters oder Hauseigentümers bei etwaigen Unfällen der Mieter oder ihrer Angehörigen wird ausdrücklich ausgeschlossen; derartige Ansprüche sind zwischen den Parteien nicht klagbar. Die Abwesenheit der Mieter hebt vorstehende Verpflichtungen nicht auf.

§ 6. Für den Fall der Versetzung nach auswärts oder des Todes des Mieters kann die Kündigung des Mietverhältnisses seitens der Mieter oder ihrer Erben, soweit sie überhaupt nach dem Gesetz gestattet ist, erst zu den in § 1 festgesetzten Kündigungsterminen erfolgen.

§ 7. Das Halten von Haustieren jeder Art ist von der schriftlichen Genehmigung des Vermieters abhängig. Diese Genehmigungen sind widerruflich.

§ 8. Als Beitrag zum Wasserzinse zahlen Mieter . . . zum Mietverzeichnisstempel zahlen Mieter . . . in denselben Teilbeträgen, wie der Hauszins gezahlt wird.

§ 9. Mieter verzichten auf Aufrechnung von Gegenforderungen auf den fälligen Mietzins.

§ 10. Die Erklärung des einen der beteiligten Mieter ist für den anderen Mietteil rechtsverbindlich.

§ 11. Etwa später getroffene Vereinbarungen zu gegenwärtigem Vertrage haben nur dann Wirkung und Gültigkeit, wenn solche schriftlich getroffen sind.

§ 12. Mieter versprechen die Vorschriften der unter B. beigefügten, einen inhaltlichen Teil dieses Vertrages bildenden Hausordnung in allen Punkten zu befolgen und dafür einzustehen, daß solche von ihren Familienangehörigen, Dienstboten, Gästen und Aftermietern befolgt werden. Auch ist ruhestörender Lärm streng untersagt und kann Vermieter, wenn wiederholte Vermahnung nutzlos, sofortige Aufhebung dieses Vertrages herbeiführen.

Die in der Wohnung befindlichen Gardinenhaken, Rouleauxeisen, Deckenschrauben u. s. w. dürfen nicht entfernt werden und verbleiben — auch wenn sie von den Mietern angeschafft sind — dem Vermieter, der in diesem Falle den Anschaffungswert dieser Gegenstände den Mietern zu ersetzen hat.

Zur Bestätigung die beiderseitigen Unterschriften.

b) Mietvertrag eines Mietervereins.

In § 1 wird der Gegenstand des Vertrages bezeichnet. § 2 handelt von der Mietszahlung und bestimmt, daß die Miete spätestens am dritten Tage jedes Quartalsmonats *postnumerando* zu zahlen ist. § 3. Für den Fall, daß Mieter mit einer dieser Raten länger als drei Tage im Rückstande bleibt und dieselbe nach erfolgter Mahnung nicht binnen ferneren drei Tagen zahlt, soll Vermieter berechtigt sein, auf sofortige Räumung zu klagen. § 4. Vermieter verpflichtet sich, die vermieteten Räumlichkeiten in gutem und brauchbarem Zustande zu übergeben und zu erhalten, wogegen Mieter die ermieteten Räumlichkeiten bei Beendigung des Vertrages in gutem Zustande, soweit nicht durch ordnungsmäßige Benutzung eine Abnutzung eingetreten ist, zurückzugeben hat. § 5. Dem Vermieter oder dessen Bevollmächtigten muß mangels anderweiter Vereinbarung der Zutritt zu den vermieteten Räumen zur Besichtigung behufs Prüfung des baulichen Zustandes oder Weitervermietung in der Zeit vom . . . bis . . . gestattet werden. Die Besichtigung durch Mietslustige braucht aber nur nach erfolgter Kündigung gestattet zu werden. § 6. Mit Eintritt des letzten Mietsviertel-(Halb-)Jahres und zwar in den ersten drei Tagen desselben muß derjenige Teil, der den Vertrag nicht weiter fortsetzen will, dieses dem anderen Teile ausdrücklich erklären. Erfolgt von keiner Seite eine solche Aufkündigung, so gilt der Vertrag immer auf ein weiteres Jahr mit der früheren Kündigungsfrist als verlängert. § 7. Der Vermieter verpflichtet sich, folgende Neuanlagen und Verbesserungen auf seine Kosten vorzunehmen . . .; und sie spätestens bis zum Mietbeginn fertig zu stellen.

LXXXIX

1. Was für Rechtsgeschäfte liegen in den folgenden Tatbeständen und Privaterklärungen vor?

a) Es verkauft jemand einen Kasten mit Handwerkszeug, behält sich aber daran bis zur Zahlung Besitz und Eigentum vor. Nach wenigen Tagen erscheint der Käufer und bittet, ihm das Handwerkszeug einstweilen einzuhändigen, obgleich er das Kaufgeld heute noch nicht bezahlen könne; sobald der Verkäufer es wünsche, werde er den Kasten gern wieder zurückbringen.

b) Der Besitzer einer seltenen Handschrift gibt sie einem Fachgelehrten, um sie zu untersuchen und wissenschaftlich nach Alter und Bedeutung klar zu stellen; wobei der Untersuchende möglicherweise: dafür bezahlt wird; — es aus Gefälligkeit besorgt; — den Besitzer des Manuskriptes darum gebeten hat, und dieser ihm einen Gefallen erweist; — als Vertreter einer gelehrten Körperschaft zu jener Arbeit verpflichtet ist; — seinerseits etwas für die Benutzung der Handschrift bezahlt.

c) *Die leeren Säcke sind innerhalb vier Wochen in gutem Zustande zurückzusenden oder p. Stück ℳ 1 zu bezahlen.*
Angerstedter Wassermühle.

d) Eine Pelzhandlung sendet drei Pelzmäntel zu 70, 80 und 90 ℳ einer Dame, die einen davon auswählen und kaufen will, mit der Bitte um baldige Rückgabe der zwei in der Wahl ausgefallenen zu; — eine Seidenfabrik überschickt auf Wunsch Muster ihrer Seidenstoffe, bedingt sich aber pünktliche und schnelle Rücksendung der mitgeteilten Musterproben aus.

e) Der Eigentümer überläßt eine leer stehende Wohnung dem darunter wohnenden Mieter so lange unentgeltlich zum Gebrauche, bis sich eine Gelegenheit der Verwertung findet.

2. K. bittet den L., ihm einige Wertpapiere zu leihen, die er, K., als Unterpfand gegen ein in kurzer Frist zurückzuzahlendes Darlehen bei einem Bankhause benutzen will.

a) Was liegt juristisch vor? Welchen Anspruch auf Rückgabe hat L.?

b) Steht dieser Fall dem folgenden gleich: R. übergibt dem S. eine goldene Uhr und Kette mit dem Auftrage, darauf bei einem Pfandleiher 100 ℳ zu leihen und solche dem

R. zu überbringen; S. nimmt das Geld auf — entweder auf seinen eigenen Namen, oder auf den Namen des R.

3. Einstmals lieh Kosciuszko einem Freunde ein Pferd zu einer Tagesreise. Als dieser das Pferd zurückbrachte, sagte er zu Kosciuszko, das nächste Mal müsse er ihm seine Geldbörse dazu leihen. So oft er auf der Straße an einem Bettler vorübergekommen, habe das Pferd stillgestanden und sei nicht zum Fortgehen zu bewegen gewesen, bis eine Gabe verabreicht worden.

Würde der Freund nach dem Rechte unseres BGB. gegen Kosciuszko einen Ersatzanspruch gehabt haben?

XC

1. Welches ist die zutreffende juristische Auffassung nachstehender Willenserklärungen?

a) Die städtische Sparkasse fordert in der Zeitung öffentlich zu Einlagen auf, und gibt bekannt, daß sie Geld an sichere Schuldner auszuleihen bereit sei; — eine Bank eröffnet einem Gutsbesitzer einen Kredit bis zur Höhe von 40000 *M.*

b) Es bittet jemand brieflich um Gewährung eines Darlehens. Der Angegangene erlaubt jenem, einen Wechsel auf ihn zu ziehen und diesen weiter zu begeben; — oder er schickt ihm einen eigenen Wechsel.

c) Ein Möbelhändler, der eben Gelegenheit hat, ein paar Dutzend Stühle zu verkaufen, schickt zu einem befreundeten Gewerbegenossen, um sich die fehlende Stückzahl solcher Stühle einstweilen zu leihen.

d) Es wird auf eine zu liefernde Arbeit ein Vorschuß geleistet.

e) Ein Kapitalist verspricht einem Ökonomen, daß er ihm das zur Anzahlung des Dritteils eines von dem Landwirte zu erstehenden Gutes erforderliche Geld darleihen werde.

f) Durch testamentarische Bestimmung ist einem Erben die Verpflichtung auferlegt, einem Dritten eine gewisse Summe auf eine bestimmte Zeit als unverzinsliches Darlehen zu geben; — dann stellt sich heraus, daß dieser Dritte inzwischen in Konkurs verfallen ist.

g) Ein Dienstmädchen, welches aus dem Dienste tritt, um sich zu verheiraten, ersucht die seitherige Herrschaft, die ihm noch 200 *M* an Lohn schuldet, diese Summe an den Vater der Ansucherin auszuzahlen, da sie diesem das Geld leihweise versprochen habe. Die Auszahlung geschieht.

h) Als Ergebnis einer Geschäftsführung für einen anderen wird zu Gunsten des Vertreters ein Saldo von 2000 *M* festgestellt, wovon der andere 400 *M* bar bezahlt, während die übrigen 1600 *M* an bestimmten späteren Terminen bezahlt werden sollen.

i) *Je soussigné A. L. reconnais avoir reçu de mon beau-père vingt cinq obligations Alsace-Lorraine de mille francs chacune, rapportant 4 %₀ et m'engage à les lui rendre, quand il le désirera et devrai de plus lui faire tenir les coupons annuels échéant le 2 janvier ou le montant des dits coupons.*

2. Nach einem Darlehensvertrage nahm ein Grundbesitzer zur Ausführung eines Baues von einem Kapitalisten ein Darlehen von 90000 *M* gegen Hypothek auf; in einem Scheine wurde aber bestimmt, daß das dargeliehene Geld einstweilen bei einer Bank niedergelegt und nach und nach, wie es nach den auszuführenden Bauarbeiten erforderlich sein werde, an den Bauherrn verabfolgt werden sollte. Das Kapital wurde in dieser Weise von der Bank allgemach bis auf 8000 *M* bezahlt, als der Grundbesitzer in Konkurs geriet.

Wie ist die Verabredung rechtlich zu charakterisieren? In welcher Weise sind die Ansprüche des Kapitalisten und der Konkursmasse auseinander zu setzen?

3. Milse hat dem Vieler 3000 *M* schenkungsweise zugewendet. Später kommt Milse in Geldverlegenheit, und Vieler beredet deshalb mit ihm, daß Vieler die angegebene Summe, zu deren Rückerstattung er sich unter den eingetretenen Umständen für verpflichtet erachte, als ein verzinsliches Darlehen behalten und nach dreimonatlicher Kündigung zurückzahlen solle. Bald darauf stirbt Vieler. Seine Erben, von Milse auf Rückzahlung der ihnen gekündigten 3000 *M* gedrängt, halten das Versprechen ihres Erblassers nicht für rechtsgültig.

Ist diese Ansicht zutreffend?

4. Ein Bauer hatte bei einem *Kundenmüller,* d. h. einem Müller, der die von seinen Kunden gelieferte Frucht mahlt, das Mehl und die Kleie abliefert und seinen Lohn durch das *Molter,* Abzug eines gewissen Quantums von dem Mehl (12 Pfund von dem Zentner Frucht), erhält, längere Zeit hindurch in dieser Weise mahlen lassen, indem er jedesmal ungefähr 200 Pfund Frucht brachte und das entsprechende daraus gewonnene Mehl mit Kleie erhielt. Dann kam es aber vor, daß er während mehrerer Jahre je einmal keine Frucht hatte und doch Mehl benötigte. Er bat deshalb den Müller, von seiner Frucht zu mahlen und ihm das entsprechende Mehl nebst Kleie zu liefern, er werde ihm später ebensoviel von seiner, des Bauern, Frucht dagegen liefern.

a) Ist dieses Darlehen oder Tausch oder was sonst für ein Rechtsverhältnis?

b) Wie steht es mit den jeweiligen Eigentumsübertragungen?

c) Was ist die Folge, wenn nach der Verwendung der Frucht seitens des Müllers, aber vor der Ablieferung des Mehles ein zerstörender Zufall eintritt?

5. Der Gastwirt Schacht suchte ein Darlehen von 9000 *M*. Soubiron erklärt sich mündlich zur Darleihung dieser Summe bereit und nimmt die über 9000 *M* ausgestellte Schuldurkunde in Empfang. Auf die Valuta zahlt er abschläglich 7000 *M* und bleibt mit 2000 *M* noch in Rest. Der Schuldner, dem an der baldigen Berichtigung des Valutarückstandes gelegen ist, wendet sich deshalb an den Agenten Ötzen, und dieser läßt sich bereit finden, namens des Soubiron, jedoch ohne dessen Auftrag, die rückständigen 2000 *M* zu zahlen.

Später nimmt er den Soubiron wegen Erstattung der für ihn gezahlten 2000 *M* in Anspruch, wird aber von diesem an Schacht gewiesen.

Es entsteht nun die Frage: gegen wen der Agent Ötzen durch Zahlung jener 2000 *M* einen Anspruch erworben habe, und wie dieser Anspruch zu begründen sei?

6. Nach dem Statut einer Gewerbebank *haben die Mitglieder der Gesellschaft unbedingt, Nichtmitglieder so lange, als die Generalversammlung nichts anderes beschließt, das Recht, Spareinlagen in die Gesellschaft zu machen, die aber eine andere Begünstigung als den Bezug von 4 % Zinsen vom Tage der Einlage an nicht genießen; die Zinsen werden nur für volle Monate berechnet; für Spareinlagen, die nicht wenigstens drei volle Monate bei der Kasse stehen bleiben, werden keine Zinsen bezahlt; die Kasse ist jedoch nur, wenn der jeweilige Kassenbestand eine sofortige Rückzahlung nicht gestattet, berechtigt, eine Kündigungsfrist zu verlangen* (welche je nach der Größe der Rückzahlungen auf eine kürzere oder längere Zeit bestimmt ist).

Auf Grund dessen hat ein Kaufmann auf ein Sparbüchlein 15000 *M* eingelegt, die er nun plötzlich zurückfordert. Die Kasse beruft sich darauf, daß diesmal Kündigungsfrist nötig sei; der Kaufmann will dies nach BGB. 695 nicht gelten lassen.

Wie ist hierüber zu befinden?

7. Der Pächter Schott hatte seinem Verpächter Hümmer zur Sicherstellung der aus dem Pachtvertrage entstehenden Verbindlichkeiten eine Kaution von 10000 ℳ in der Art geleistet, daß Hümmer berechtigt sein sollte, über diese Summe gegen Verzinsung mit 5 % zu verfügen. Als später über das Vermögen des Schott der Konkurs ausbricht, verlangt der Konkursverwalter von Hümmer die Zahlung des Kautionsbetrages.

Der Beklagte hält entgegen, daß die übergebene Summe nicht mehr im Eigentume des Schott sich befinde; und daß er, Hümmer, nur gegen Abrechnung und gegen Abzug seiner Forderungen aus dem Pachtvertrage herauszugeben brauche. Worauf der Konkursverwalter erwidert, daß er namens des Schuldners aus dem Darlehen und dem *depositum irregulare* fordere.

Welches Erkenntnis ist abzugeben?

8. Hat *Anno* 1624 N. N. von X. X. 8000 Thaler erborget. Nachdem aber das Darlehen nicht alles an barem Gelde geschehen, sondern eine Chur-Fürstliche Cammer-Verschreibung auf 3000 fl. zugleich an statt Geldes eingehändigt worden, ist der *Debitor* bey der Wiederzahlung solche ebenmäßiger Weise an statt Geldes wieder einzuliefern gemeynet. Indeme nun der *Creditor* damit nicht zufrieden seyn will, aus Ursachen, daß sich der *Debitor* zu 8000 Thalern verobligieret, allhier aber der *Debitor* die Cammer-Verschreibung annoch in Händen, und kein Geld jemahls darauf erlanget hat: also fraget es sich, ob der *Creditor* solche Verschreibung auf 3000 fl. wieder anzunehmen schuldig?

(Aus Carpzov, Opus decisionum.)

9. In der strafgerichtlichen Verhandlung gegen die Gründer des verkrachten Kaiserbazars zu Berlin wurde festgestellt, daß das angeblich bar eingezahlte Kapital von einer Million Mark, das bei dem notariellen Gründungsakt vorhanden sein mußte und tatsächlich vorgezeigt wurde, nichts weiter als ein Schaustück war. Es hatte der Hauptgründer von Westernhagen diese Million für den notariellen Akt, das heißt auf die Dauer einer Viertelstunde von der Deutschen Genossenschaftsbank Sörgel, Parrisius & Co. in Berlin, ausgeliehen erhalten. Der gegenwärtige Leiter dieser Bank, Direktor Weil, erklärte sogar, daß Herr von Westernhagen öfter größere Beträge als Darlehen auf Stunden und Tage erhalten habe. Die Hergabe der gedachten Million sei ganz innerhalb des Kontokorrentverkehr geschehen. Nach der Bekundung des Kassierers Katz war die bewußte Million am 30. November durch mehrere Kassenboten der Bank dem Herrn von Western-

hagen nach der Schreibstube des Rechtsanwalts Kempner mit dem Auftrag zugestellt worden, gleich auf deren Rückgabe zu warten.

Was ist hierüber nach den Grundsätzen unseres bürgerlichen Rechtes zu bemerken?

XCI

1. Welche Rechtsverhältnisse sind in folgenden Tatbeständen gegeben?

a) Ein Kaufmann erhält von einem Geschäftsfreunde durch Postanweisung Geld geschickt, mit dem Ersuchen, mit diesem gewisse, von einem anderen akzeptierte, nicht bezahlte Wechsel einzulösen und sie dem Geschäftsfreunde einzusenden.

b) Der Verkäufer einer Ware stellt dem Käufer einen Bezugschein mit der Ermächtigung der Abholung der Ware aus; — es erhält jemand Auftrag, für einen anderen Gelder zu vereinnahmen.

c) X. bestellt bei dem Kupferschmiede Y. einen Kessel aus dem Kupfer, das er ihm gibt. Er bemerkt: *Über die Bezahlung werden wir wohl eins werden;* worauf Y. entgegnet: *Ich bin ihnen ja von anderen Gelegenheiten her zu Dank verbunden und werde den Kessel gern umsonst anfertigen.*

d) Ein *armer Reisender* bittet einen Barbier, daß er ihn umsonst rasieren möge.

e) Ein Gelehrter übernimmt unentgeltlich die Schriftleitung einer wissenschaftlichen Zeitschrift, nur um der Sache zu dienen. Der einzige Vorteil, den er hat, besteht in möglicher freier Aufnahme eigener Abhandlungen gegen Honorar.

f) Z. hat ein kleines Kapital geerbt und in bar ausbezahlt erhalten. Es redet ihm ein Bekannter dringend zu, daß er sich doch Obligationen der Lissaboner Stadtanleihe dafür kaufen möge, das ein sicheres und gut verzinsliches Papier sei. Z. läßt sich dazu verleiten.

g) Ein Privatmann, welcher 1000 ℳ Ersparnisse in Wertpapieren anlegen und gerne mit dem Bankier seines früheren Wohnortes in Verbindung bleiben will, zahlt jene Summe bei der Reichsbankstelle seines jetzigen Domizils auf das Konto jenes Bankiers ein, indem er diesen brieflich beauftragt, ihm für das Geld deutsche Reichsanleihe zu beschaffen und die Wertpapiere einstweilen bei sich in Verwahrung zu nehmen.

h) Ein Kaufmann hat Vollmacht, Waren einzukaufen, — sei es gegen jeweilige Bezahlung und Provision, oder unentgeltlich; er überschreitet diese Vollmacht. Da er zugleich ersucht war, die Waren bei sich lagern zu lassen und sie gegen Feuer zu versichern, so tut er dies bei einer Gesellschaft, deren Vertreter er ist.

i) Im Auftrage eines Gemeinschuldners hat sein Bruder einem Konkursgläubiger, um dessen Zustimmung zu einem beabsichtigten Vergleiche zu verlangen, gewisse Prozente seiner Forderung zu zahlen zugesichert und dann auch wirklich gezahlt.

2. A. übernahm den Auftrag, die Schulden des B., sei es aus eigenen Mitteln, sei es aus zu diesem Zwecke aufzunehmenden Kapitalien zu tilgen. Er entlieh sodann zu fraglichem Zwecke in eigenem Namen von C, ein Kapital von 8000 *M*, die er jedoch nicht ganz an diesen zurückzuzahlen brauchte, da C. ihm später einen bedeutenden Nachlaß von 4000 *M* bewilligte.

B. nimmt jetzt den Vorteil dieses Nachlasses für sich in Anspruch.

Mit Recht?

3. Charles Prumat war von Jean Mercier beauftragt worden, des letzteren Leute, die in einem Steinbruche beschäftigt waren, bei der Arbeit zu überwachen. Zu seinem Schrecken bemerkt er, wie sich ein Felsstück loszulösen und jene zu erschlagen droht. Er springt hinzu und rettet sie durch Zuruf; wird dabei aber von dem herabstürzenden Geröll selbst schwer verletzt.

Auf die Klage des Prumat auf Schadensersatz sprach die erste Instanz aus: *qu'il y avait eu là un élan généreux digne d'éloges sans doute, mais que l'accident avait eu là sa cause véritable, et partant, qu'il ne devait pas donner lieu à la responsabilité du mandant.*

Dagegen verurteilte die zweite Instanz den Jean Mercier zum Ersatze des Schadens, *dont l'exécution du mandat avait été incontestablement l'occasion.*

Wie ist nach dem Rechte unseres BGB. zu erkennen?

XCII

1. Unter welche Rechtsbegriffe sind die folgenden kontraktlichen Abmachungen zu subsumieren?

a) Von dem Eigentümer wird ein Vizewirt für sein Haus bestellt; — ein Inspektor für ein Landgut, der Leitung und Betrieb desselben übertragen erhält; — die Mutter als Verwalterin des Vermögens ihres verschollenen Sohnes.

b) Ein Tapezierer soll eine Wohnung einrichten; — ein Buchbinder ein Buch einbinden; — ein Schlosser ein kunstvolles Gittertor anfertigen; — ein Porträtmaler ein Bild herstellen; — ein Bildhauer ein Grabmonument liefern.

c) Es nimmt jemand Musikunterricht gegen Honorar; — ein Hauslehrer wird bei völlig freier Station angenommen, sei es mit oder ohne Zahlung einer kleinen baren Remuneration.

d) Ein Jäger übergibt sein Gewehr einem Schmied zum Herausholen einer darin stecken gebliebenen Patrone.

e) Ein Pferdebesitzer leistet mit seinen Pferden Frachtfuhrleuten gewerbsmäßig Vorspann, oder zieht auf dem Leinpfade Schiffe stromaufwärts, wobei die Unkosten ersetzt und für Tag oder Stunde ein bestimmter Betrag als Entgelt gezahlt werden soll.

f) Ein Hamburger Exporthaus schließt mit einem Reeder über ein diesem gehöriges Dampfschiff einen Mietvertrag: entweder über das ganze Schiff zu einer Fahrt nach Loanda; — oder für bestimmte Räume und Kammern im Schiffsraume; — oder nur unter Übergabe der Ware zum Transporte nach San Thomé an eine bestimmte Adresse; — oder in der Weise, daß ihm das Schiff auf 18 Monate zu eigener Bemannung und Verwendung zur Verfügung gestellt wird; — oder endlich zwecks Überfahrt zweier Geschäftsangestellten nach Madeira, unter Verabredung voller Beköstigung für eine runde Gesamtsumme.

g) Ein Gartenbesitzer liefert die Erträgnisse seiner Johannis- und Himbeersträucher in einer Konditorei ab, welche die Früchte in Zucker für jenen einzumachen hat und als Entgelt eine bestimmte Anzahl fertiggestellter Gläser für sich behalten soll.

h) Ein Arzt hat mit dem Besitzer von Fuhrwerken einen Vertrag dahin abgeschlossen, daß, so oft der Arzt zu

Fahrten über Land einen Wagen nötig habe, der andere einen solchen ihm stellen solle; am Ende des Jahres wird über die geschehenen Fuhren abgerechnet.

i) Es übernimmt jemand die Reparatur einer Mühle; der Eigentümer dieser verspricht ihm als Entgelt eine bestimmte Mitbenutzung der Mühle.

k) Eine Gemeinde läßt einen Brückenbau aufführen; sie gibt die Ausführung im Wege der Submission an einen Bauunternehmer, der nun zur Ausführung der Maurerarbeiten einen Maurermeister in Unterakkord annimmt; dieser liefert durch seine Arbeiter die Maurerarbeiten.

l) Der Redakteur Engelbert hat sich verpflichtet, den *Ludwigswalder Boten*, solange er ihn herausgeben werde, bei dem Buchdrucker Münchmann gegen sachgemäße Vergütung drucken zu lassen.

m) Ein Gutsbesitzer überträgt einem Architekten und Maurermeister den Umbau einer Scheune in ein Brennereigebäude in vollem Umfange dergestalt, daß der Baumeister auch die anderen Gewerken, wie z. B. Zimmerleuten, Schlossern, Glasern, Steinmetzen, Dachdeckern, zufallenden Arbeiten mit besorgen lassen, das dazu erforderliche Material anschaffen und alles dies dem Gutsbesitzer in Rechnung stellen solle.

2. Welcher Vertrag liegt in der Annahme eines *Hausmannes*, der im Kellergeschoß eine Wohnung eingeräumt erhält und entweder: dafür einen bestimmten jährlichen Preis bezahlt und die Verpflichtung des Türschließens, der Straßenreinigung und der Beaufsichtigung des Hofes hat; oder: nur diese letzteren Tätigkeiten als Äquivalent leistet; oder: für seine Portierdienste außer der freien Wohnung noch Wochenlohn bezieht?

---

3. Ein Bureauvorsteher, der bei einem Rechtsanwalt dauernd gegen festes Gehalt angestellt war, hat bei starkem Geschäftsgange über die verabredeten Bureaustunden gearbeitet, auch Akten zur Fertigstellung angefangener Arbeiten abends nach Hause genommen.

Kann er nach dem BGB. dafür Bezahlung verlangen?

4. Der pensionierte Förster Laetus erhebt gegen seinen Dienstherrn von Hassen Klage, darauf gegründet: daß ihm neben seinem damaligen Dienste die Geschäfte des abgegangenen Rentmeisters übertragen worden, wegen der hierdurch entstandenen

Verhinderung bei der Besorgung jenes Dienstes ein Forstwärter beigeordnet und in dem desfallsigen Reskripte bemerkt gewesen sei, daß er am Schlusse einer Gratifikation entgegensehen dürfe; eine solche sei ihm jedoch nicht zu Teil geworden.

Ist die erhobene Klage gerechtfertigt?

5. A. hat durch mehr als fünf Jahre seiner Schwester B. beim Betriebe eines Krämergeschäftes beigestanden; während dieser Zeit befand er sich nebst seiner Tochter bei der B. in Kost und Wohnung. Nach einem persönlichen Streite nimmt er jetzt für die abgelaufene Zeit einen Betrag von 8 *M* für den Monat in Anspruch, da heutzutage die Entgeltlichkeit geleisteter Dienste vermutet werde, und jener Betrag für die von ihm geleisteten ortsüblich und auch angemessen sei.

Welche *actio* ist angestellt? Ist sie nach vorstehendem begründet oder nicht?

6. Die Stellung eines *Hausarztes* ist neuerdings mehrfach rechtlich streitig geworden. Nach allgemeinem Gebrauche ist der Inhalt des Vertrages dahin aufzufassen, daß der Arzt jederzeit dem Rufe in das Haus folge und auch in seiner Sprechstunde seinen Rat gebe und von Zeit zu Zeit unaufgefordert die Familie besuche, und daß er für seine gesamte Tätigkeit ein Pauschquantum erhalte.

Es fragt sich aber, wie in Ermangelung besonderer Abrede das Jahreshonorar zu berechnen ist? Insbesondere, welchen Einfluß die ärztliche Taxordnung hierauf hat?

---

7. In einem Privatbriefe fand sich nachstehende Bitte um Rechtsbelehrung:

Eine an einer Privatschule mit Gehalt und freier Station auf zwei Jahre fest angestellte Lehrerin erkrankte an den Masern und mußte wegen der Ansteckungsgefahr für die Schülerinnen in ein Krankenhaus übersiedeln. Während der Krankheit wurde ihr von der Schulvorsteherin eine Vertreterin bestellt.

Wer trägt die Kosten der Verpflegung im Krankenhause und der Vertretung?

8. In Throtenstein fand an einem Sonntage im Gasthofe öffentliche Tanzmusik statt. Bei einbrechender Dunkelheit gab die 18jährige Tochter des Wirtes einem langjährig dort dienenden Knechte den Auftrag, den Kronleuchter anzuzünden. Der Knecht bestieg, um dem nachzukommen, eine dem Wirte gehörige Patentleiter von etwa zwei Meter Höhe. Während er noch oben stand, fing die Musik an zu spielen, ein paar Arbeiterfrauen tanzten gegen die Leiter, und der Knecht stürzte von ihr herab. Dabei hat er Schaden gelitten.

Er befragt einen Rechtsverständigen. Der meint, daß der Wirt nach BGB. 618 und EG. 95, sowie BGB. 278 wohl haftbar sei. Bedenklich sei nur, ob die zweifellos gute Beschaffenheit der Leiter jenen nach BGB. 275 und 276 oder auch 254 befreie.

Was ist hierzu rechtlich zu bemerken?

9. Zwischen dem Theaterdirektor Hannemann und dem Dirigenten der Stadtkapelle Appel ist ein Streit entstanden. Appel hat an Hannemann eine Forderung von 277 ℳ für Stellung der Musik zu vier jüngst im Stadttheater erfolgten Opernaufführungen. Letzterer lehnt die Forderung ab, *weil die Musik für die Opernaufführungen nicht zu brauchen war*, und läßt dagegen durch seinen Rechtsanwalt eine Schadensersatzforderung von 500 ℳ geltend machen *für die spärlich besuchten Aufführungen*. Appel behauptet, Hannemann habe, als er mit der Kapelle abschloß, den Grad ihrer Leistungsfähigkeit genau gekannt, er, Kläger, habe ferner seine nur 16 Mann zählende Kapelle, den Forderungen der Direktion entsprechend, mit auswärtigen Militärmusikern verstärkt und schließlich seien doch vier Opern hintereinander mit dieser Musik ohne großen Unfall gegeben worden.

Welche Bestimmungen des BGB. kommen bei diesem Streite zur Erwägung? Und wie ist demnach zu erkennen?

---

10. Ein Arzt war von einer Gemeinde als Stadtarzt gegen jährlichen Gehalt mit der Verpflichtung, die dortigen Armen unentgeltlich zu behandeln, angestellt worden. Als späterhin persönliche Differenzen ausbrachen, kündigte die Gemeinde jenem die Anstellung.

Nun erhebt der Arzt Klage gegen die Gemeinde auf fernere Erfüllung des angegebenen Vertrages, indem er anführt, daß er seinen Dienst weiterhin zur Verfügung gestellt habe, und daß die Beklagte, da seine Anstellung in unwiderruflicher Weise geschehen, zu der Kündigung des Vertrages nicht befugt gewesen sei.

a) Welche der Parteien hat mit Recht den Prozeß zu gewinnen?

b) Würde ebenso in dem Falle zu entscheiden sein, da ein Kulturingenieur mit einem Gutsbesitzer einen Vertrag über

Herstellung einer systematischen Drainanlage auf dem Landgute jenes für einen bestimmten Preis in Bausch und Bogen abgeschlossen hatte und der Gutsbesitzer diesen Vertrag kündigte?

c) Oder in diesem Tatbestande: Bei einem auf mehrere Jahre geschlossenen Dienstvertrage war bestimmt, daß Verkauf des Geschäftes oder Tod des Prinzipals den Vertrag aufhebe?

11. Kann in folgenden Fällen das Dienstverhältnis ohne Einhaltung einer Kündigungsfrist gekündigt werden?

a) Der Angestellte fordert den Geschäftsherrn zum Zweikampfe heraus.

b) In einem großen Betriebe wurde einem Arbeiter Gottlosigkeit vorgeworfen, weil er trotz mehrfacher Aufforderung des Prinzipals sich geweigert hatte, seine Ehe kirchlich einsegnen zu lassen.

c) Ein Bedienter will sich an der Herrschaft wegen erhaltenen Verweises rächen und verführt die unmündigen Kinder jener zur Unzucht.

d) Ein Buchhalter war bei einem Konsumvereine angestellt. Der Vorstand hatte beschlossen, bedruckte Markenbeutel zu bestellen und zwei Firmen zum Wettbewerb aufzufordern. Die eine forderte für 10000 Beutel 90, die zweite 87,50 *M*. Der Buchhalter teilte das der ersten Firma insgeheim mit, und diese schickte nun schnell ein Angebot auf 85 *M*.

e) Ein Inspektor hatte das Landgut eines schwer erkrankten Besitzers zu verwalten, der im Süden weilen mußte. Da fiel ihm selbst ein kleineres Besitztum in einer anderen Provinz zu, das nun seine eigene Fürsorge dringend forderte.

12. Bei der *Kaiser Wilhelmsland-Plantagengesellschaft* war auf Neu-Guinea der Pflanzungsdirektor K. auf 10 Jahre mit einem Gehalte von 12000 *M* jährlich angestellt. Nach einigen Jahren wurde er aber plötzlich entlassen und verklagt nun die genannte Gesellschaft auf Gehaltsansprüche in Höhe von 70000 *M*.

Von der Beklagten wurde eingewandt, daß K. wegen ungehöriger Behandlung der eingeborenen, farbigen Arbeiter hatte entlassen werden müssen. K. behandelte die Arbeiter, die *ganz roh aus dem Busche angeworben oder eingefangen waren,* mit größter Strenge und mit Prügeln und war vom Reichskommissar wegen seines brutalen Verfahrens zweimal verwarnt worden.

Wiederholt waren ihm ganze Trupps von Arbeitern weggelaufen, einmal 10 Neu-Irländer und 44 Neu-Mecklenburger. In einem Bericht an das Auswärtige Amt hatte der Reichskommissar ausgesprochen, daß er von der Grausamkeit des K. ernste Folgen für die Entwickelung der Kolonie befürchte. K. erklärte in seiner Verteidigung, daß ohne Anwendung körperlicher Züchtigung keine Erfolge erzielt werden könnten, und betonte die Notwendigkeit rücksichtsloser Strenge gegenüber dem System weichherziger Milde, wie es von den Behörden vertreten werde. Von seiner Gesellschaft war jedoch K. ausdrücklich angewiesen worden, sich einer freundlichen und menschenwürdigen Behandlung der farbigen Arbeiter zu befleißigen und außer im Falle der Notwehr keine Gewalt anzuwenden.

Auf welchen Rechtssatz wird es dabei ankommen? Welche Anwendung hat er vorliegend zu finden?

XCIII

1. Man achte auf folgende Ausschnitte aus *der vierten Seite* einer Zeitung und bringe sie unter den zutreffenden juristischen Gesichtspunkt:

a) Bestellungen auf die X.-Zeitung für die Monate Mai und Juni werden von allen Postanstalten zu dem Preise von 2 *M* angenommen. Hier am Orte erfolgt die Zustellung je nach Wunsch zweimal täglich, morgens und abends, oder einmal täglich (Morgen- und Abend-Ausgabe zusammen) des Abends. Bei einmaliger Zustellung beträgt das Bestellgeld für die Monate Mai und Juni 1,70 *M*, bei zweimaliger Zustellung 1,90 *M*.

b) Ankündigung von Karussellfahrten auf dem Jahrmarkte.

c) Kammerjäger vertilgt Ungeziefer.

d) Wasch- und Plättanstalt empfiehlt sich.

e) Ein Klavierspieler erhält dauernde Stellung.

f) Redakteur für eine Zeitschrift gesucht, der bereit ist, sich mit einem Kapital von 70000 *M* an der betreffenden Zeitschrift zu beteiligen.

g) Stellenvermittelung für Kaufleute durch den Verband deutscher Handlungsgehilfen.

h) Die provisionsweise Vertretung einer Färberei und Appreturanstalt von Baumwollfutterstoffen zu vergeben.

i) Für einige Fachzeitschriften werden tüchtige Annoncensammler gesucht; hohe Provision wird gewährt.

k) Aufforderung zur Beteiligung an Stangenschen Gesellschaftsreisen.

l) Rechtshilfe, nebst schriftlichen Arbeiten dazu; — Photograph empfohlen; — Schönschreiben wird gelehrt und in drei Wochen jede schlechte Schrift verbessert; — elegante Garderobe wird nach Maß gefertigt; — die Anfertigung von 3000 Quadratmetern Pflaster soll vergeben werden.

2. Welche juristischen Kategorien finden nachstehend Anwendung?

a) Lieferung von Stuckarbeiten, als Leisten, Gesimse, Kehlungen, Rosetten. Sie werden in der Werkstatt des Verfertigers hergestellt und dann in den Bau des Bestellers eingefügt.

b) Für eine Schneidemühle sollte eine Maschineneinrichtung beschafft werden. Der Eigentümer wandte sich an eine Fabrik mit dem Ersuchen, ihm Voranschlag und Zeichnungen zu liefern.

c) Ein Zahnarzt soll ein künstliches Gebiß liefern.

3. Der Zimmermeister Beilhorn hatte gegen eine Vergütung von 6000 *M* es unternommen, dem Cirkusbesitzer Saski den Bau eines neuen Cirkus auf einem von der Stadt Osnabrück gemieteten Platze aus lediglich von Beilhorn zu lieferndem Material zu Vorstellungen der Kunstreitergesellschaft des Saski herzustellen, sowie den Abbruch des Cirkus, die Räumung des Platzes und dessen Rückgabe an die Behörde nach Beendigung der Vorstellungen auszuführen.

Der Vertrag wurde von Beilhorn ausgeführt; Saski blieb aber den Lohn schuldig. Als er nach beinahe 3 Jahren von jenem energisch gemahnt wurde, verwies er ihn auf BGB. 196 : 6; wogegen Beilhorn die Verjährung leugnete und BGB. 196 : 1 in Verbindung mit BGB. 196 : 2 zur Anwendung gebracht wissen wollte.

Wie steht es hiernach mit den Ansprüchen des Beilhorn?

4. Ein Müller soll Getreide für mehrere Bauern mahlen. Dabei wird das Korn zusammengeschüttet, so daß alles einen großen Haufen gibt und alsdann gemahlen wird. Dann liefert er dem einen sein Quantum ab; der Rest geht bald darauf durch unglücklichen Zufall zu Grunde.

Können die anderen Besteller etwas fordern, sei es von dem

Müller, oder von demjenigen, der schon Mehl erhalten hat? Welches rechtliche Verhältnis lag hier überhaupt vor?

---

5. In dem Garten des Kresse hatte der Architekt Hohl ein leichtes hölzernes Gartenhaus aufgeführt. Er fordert jetzt den angemessenen Preis von 280 *M*. Kresse entgegnet, sie hätten sich auf 220 *M* vorher geeinigt. Hohl stellt das in Abrede.

Wer hat die Beweislast?

6. Es ist eine bekannte Erfahrung, daß Bauten gewöhnlich über den Anschlagspreis zu stehen kommen, zumal wenn der Bauherr vom Baugewerken ein Gutachten ohne ganz im einzelnen ausgearbeitete Kostenberechnung erhalten hat. Es fragt sich aber:

a) Muß der Bauherr ohne weiteres den überschreitenden Betrag bezahlen? Oder ist der Übernehmer an seinen einmal gemachten Kostenanschlag unbedingt gebunden?

b) Der Bauherr hat Verdacht, daß die Einhaltung des Kostenanschlages zu Ungunsten der Solidität geschehen ist; kann er mit der Bezahlung des Entgeltes bis zur Feststellung der Tüchtigkeit des gelieferten Werkes warten?

c) Wenn sich der Besteller ausdrücklich die Billigung des anzufertigenden Werkes vorbehielt, ist er bei einer Verwerfung desselben verpflichtet, Gründe anzugeben?

d) Kann der Besteller, wenn er den bedungenen Bau ohne Vorbehalt angenommen hat, hinterher entdeckte Fehler noch rügen? Ist es gleichgültig, ob er eine ausdrückliche Billigung vorgenommen hat?

7. Ein Unternehmer führte im Auftrage des bremischen Staates für diesen einen Damm zu einem festen Preise aus, und zwar nach einem von den Ingenieuren des Staates aufgestellten Plane, worin die vorzunehmenden Arbeiten in ihren kleinsten Einzelheiten aufgeführt und die Art ihrer Ausführung, sowie auch die Beschaffenheit der dazu zu verwendenden Materialien vorgeschrieben waren. Der Unternehmer führte den Plan ganz nach Vorschrift aus; allein infolge der Fehlerhaftigkeit dieses Planes rutschte der Damm zusammen. Jener glaubt, daß er unter diesen Umständen von der Haftung frei sei.

Mit Recht?

8. Einem Annoncenbureau war das Einrücken eines Inserates in 58 italienischen Blättern zum Durchschnittspreise von je

6 Lire aufgegeben; es konnte aber nur in 40 inserieren. Die Zahlung des Preises wurde verweigert, weil der Vertrag nicht erfüllt sei.

Es fragt sich, wie jener Vertrag juristisch zu charakterisieren ist? Und wie sich hiernach Rechte und Pflichten der Beteiligten bestimmen?

9. Eine von einer Privatgesellschaft veranstaltete Elbfahrt konnte nicht ausgeführt werden, weil das dafür gemietete Dampfschiff auf den unter dem Wasser liegenden Anker eines Elbkahnes stieß und ein Leck erhielt.

Es fragt sich, ob die eingetretene Leistungsverhinderung den Anspruch auf Zahlung des für das Dampfschiff bedungenen Fuhrlohnes aufgehoben hatte?

10. Nach Erlaß des Reichsgesetzes vom 21. Oktober 1878 gegen die gemeingefährlichen Bestrebungen der Sozialdemokratie wurden alle sozialistischen Zeitungen, auch die wissenschaftliche Zeitschrift *Die Zukunft* in den letzten Tagen des Oktober verboten.

Die Abonnenten hatten am Anfange des Quartals den Betrag für dieses schon voll entrichtet; und kam es damals vielfach zur Erörterung: ob es dabei einfach sein Bewenden hätte, oder ob sie nicht irgend etwas von irgend wem als Entschädigung gesetzlich beanspruchen könnten?

11. Koker hatte zur Gewinnung von Eis Grundstücke gepachtet, welche von den angrenzenden Bächen unter Wasser gesetzt werden sollten, um dieses gefrieren zu lassen. Er übertrug die Arbeit, das sich bildende Eis während des Winters auszuhacken und auf Wagen zu laden, dem Amthor gegen eine Vergütung von 3 ₰ für den Centner, wobei Amthor für die erforderlichen Arbeiter und nötigen Werkzeuge selbst zu sorgen hatte. Bei Beginn der Arbeit zeigte sich, daß mangels genügenden Wasserzuflusses das sich bildende Eis am Boden angefroren und die Eisgewinnung unmöglich war.

Amthor klagt gegen Koker den Ersatz des ihm durch diese Unmöglichkeit zugegangenen Schadens ein, da er seine Dienste und Arbeiter bereit gestellt habe. Koker erwidert, daß bei der Werkverdingung der *conductor* die Gefahr trage.

Wie ist zu erkennen?

12. Kann unter den kommenden Voraussetzungen die Einräumung einer Sicherungshypothek verlangt werden?

a) Ein Glasermeister hatte dem Eigentümer eines Neubaues für den Preis von 20000 ℳ Fenster geliefert. Nach dem darüber abgeschlossenen Vertrage waren die Fenster nach bestimmtem Maße und in bestimmter Ausführung herzustellen und von dem Lieferanten in das Gebäude einzusetzen.

b) Von einer Tischlerei werden einem Bauunternehmer Schränke geliefert, welche dieser durch seine Gesellen als Wandschränke einfügen läßt.

c) Infolge eines Unwetters waren an einem Neubaue Schäden eingetreten, besonders an Fenstern und Türen. Der Unternehmer läßt sie durch einen in der Nähe wohnenden kleinen Handwerker schnell ausbessern.

d) Für Täfelung eines Speisezimmers und Anbringen einer Holzdecke hatte ein Tischlermeister 1200 ℳ zu fordern. Er übertrug diese Forderung einem Gläubiger an Zahlungsstatt. Dieser möchte BGB. 648 für sich geltend machen.

e) Eine Fabrik hatte Rolläden für einen Neubau zu liefern, sie dort anzubringen und einzufügen. Da der Bauunternehmer in Schwierigkeiten kam, verweigerte er die Abnahme der Läden. Diese mußten gelagert werden, und es entstanden Aufwendungen und Nachteile. Die Fabrik will im Prozeßwege gegen den Unternehmer vorgehen, fürchtet aber, auch noch die dabei erwachsenden Kosten zu verlieren. Sie wünscht daher wegen alles dieses (Preis der Waren, Mehraufwendungen, Prozeßkosten) eine Sicherung.

XCIV

1. Wie sind folgende Tatbestände juristisch zu bestimmen?

a) Jemand verpflichtet sich, einem anderen gegen Entgelt zu verschaffen:
ein Darlehen; — eine erste Hypothek zu guter Kapitalanlage; — ein bestimmtes Grundstück; — 80 Zentner Anthrazitkohlen; — einen tüchtigen Rechtsanwalt; — einen Sitz im Abgeordnetenhause; — eine Braut; — eine Aktie eines Bankvereines.

b) Vermietung von Plätzen an Plakattafeln und Anschlagsäulen.

c) Ein gewerbsmäßiger Auktionator; — ein Subskribentensammler; — *Spediteur ist, wer es gewerbsmäßig übernimmt, Güterversendungen durch Frachtführer oder durch Verfrachter von Seeschiffen für Rechnung eines anderen (des*

Versenders) in eigenem Namen zu besorgen (HGB. 407); — Versicherungsagenten, welche von der Versicherungsgesellschaft zur Vermittelung des Abschlusses von Versicherungsverträgen angestellt werden.

d) *Wir geben Ihnen hiermit 100 Waggons Koks zu 60 ℛ︀𝓅𝒻 den Zentner zu den bekannten Zahlungsbedingungen bis zum 15. Dezember zum Verkaufe an die Hand; für Provision bewilligen wir Ihnen 2 %...*

2. Ist in nachstehenden Fällen der Mäklerlohn verdient?

a) Es soll ein Darlehen vermittelt werden; durch die Tätigkeit des Mäklers kommt ein Kreditvertrag (BGB. 610) zu stande.

b) Ein Unterhändler vermittelt einen Pferdekauf; tags darauf wird der Handel wegen Fehlerhaftigkeit des verkauften Tieres rückgängig gemacht.

c) Der Mäkler M. wurde von dem Gutzbesitzer G. um Vermittelung eines Darlehens seitens der Hypothekenbank K. angegangen. M. leitet die Verhandlungen ein; diese werden aber am 1. November abgebrochen. Am 8. November wendet sich G. nochmals unmittelbar an K., und jetzt gelingt es, das Geschäft abzuschließen.

d) Das vermittelte Rechtsgeschäft steht unter einer (aufschiebenden oder auflösenden) Bedingung; — es ist wegen verweigerter obervormundschaftlicher Genehmigung unwirksam.

e) Der vom Mäkler zugeführte Käufer ist zahlungsunfähig, was dem Vermittler bekannt war.

3. Der Gutsbesitzer V. erteilte dem M. Auftrag, ihm für das Gut einen Käufer zu gewinnen.

Von M. auf Zahlung des für die Mühewaltung zusicherten Honorars belangt, wandte er ein, daß M. von dem aufgefundenen Kaufliebhaber den Auftrag in Empfang genommen, das Kaufgeschäft zu vermitteln. Infolgedessen habe sich M. bemüht, den Kaufpreis herabzudrücken; auch sei er von dem Käufer honoriert worden. Dies widerspreche BGB. 654; und enthalte auch eine stillschweigende Kündigung des empfangenen Auftrages seitens des M.

Der klägerische Vertreter führte aus, daß es sich hier um einen Auftrag in Sinne von BGB. 675 handele. Das Bestreben, den Kaufpreis auf einen angemessenen und annehmbaren Preis zu drücken, sei nicht notwendig parteiisch, sondern im objektiven Interesse des Geschäftes. Von einer Kündigung könne keine Rede sein; und jedenfalls habe M. den von V. versprochenen Lohn zu beanspruchen.

Wie ist zu urteilen?

4. Zwischen A. und B. ist durch Vermittelung des Mäklers M. der Verkauf einer Landstelle nebst Inventar und Ernte für 39 500 *M* zu stande gekommen. Dabei haben sowohl der Verkäufer A., als auch M. das Ackerland und das mit Wintersaat bestellte Areal erheblich höher angegeben, als wirklich vorhanden; auch hatten sie versichert, daß auf der Stelle weniger Abgaben lasteten, als in der Tat der Fall war.

B. hat hierdurch einen Schaden von mehr als 10 000 *M* erlitten; nämlich den Wert des fehlenden Areals und des Ernteausfalles, sowie den Kapitalbetrag der verschwiegenen Abgaben.

Da in der Zwischenzeit A. ausgewandert ist, so wünscht B. ein Gutachten darüber: Ob er gegen den M. wegen seines Schadens mit Erfolg vorgehen kann, — sei es auf das Ganze oder die Hälfte, in primärer oder subsidiärer Haftung?

XCV

1. Was für Rechtsgeschäfte liegen in den folgenden Tatbeständen und Privaterklärungen vor? Welche rechtlichen Folgen treten ein, wenn jeweils die unversehrte Rückgabe durch Zufall oder durch leichte oder durch grobe Nachlässigkeit des Empfängers nicht möglich ist? Wie steht es betreffs dieses in den einzelnen Fällen mit der Beweislast?

a) Jemand überträgt die Bewachung eines Grundstückes einem anderen, der es aus Gefälligkeit und unentgeltlich übernimmt.

b) Ein Bauer erhält von seinem Nachbar Erlaubnis, seine Schweine für einige Zeit in einem leer stehenden Stalle des Gestattenden unterzubringen.

c) Auf dem Bahnhofe wird jemand, der gerade abreisen will, von seinem begleitenden Freunde daran erinnert, daß er Wertsachen zu Hause offen habe liegen lassen; der Begleiter erbietet sich, sie an sich zu nehmen und bis zur Rückkehr zu behalten.

d) Von einer Postanstalt wird ein aus dem Auslande angekommenes Paket der Zollbehörde zur Deklaration und Revision in den dazu bestimmten Schuppen zugeführt und hier in Gegenwart und unter Hilfeleistung des zollpflichtigen

Adressaten revidiert; welcher sich dann entfernt, mit der Angabe, daß er jemanden schicken werde, um die Sachen zu holen.

e) *Herrn Kaufmann Gorlandt, Altenburg.*

Von der Direktion des Feuer-Assekuranz-Vereins in Altona gingen uns heute für Ihre werte Rechnung 11600 ℳ zu, welche wir Ihrem Konto kreditierten. Das verauslagte Porto mit 3 ℳ schrieben wir Ihrem Konto zur Last. Wir bitten um Ihre baldgefällige Verfügung über obigen Betrag. Arthur Heiliger, Bankgeschäft.

f) In einem Pachtvertrage hieß es am Schlusse: *Die 3500 ℳ eingezahlte Pachtkaution sollen gleich einem Faustpfande für alle Pachtverpflichtungen haften.*

g) Ein Gast betritt eine Restauration. Der Wirt nimmt ihm höflich den Überzieher ab und gibt diesen dem Kellner zum Aufhängen am Kleiderständer.

2. Eine Aktiengesellschaft beschloß, eine größere Summe als Darlehen aufzunehmen, und lud die Aktionäre zur Beteiligung ein. X. zeichnete infolgedessen 4000 ℳ und sandte nach geschehener Annahme durch die Gesellschaft 2000 ℳ bar ein, worüber namens des Vereins von den Beamten mit dem Beifügen quittiert wurde, daß X. dafür *auf Depositen-Konto* erkannt sei.

Da das Unternehmen sich später zerschlug, kam es zu Streitigkeiten, in denen es sich vor allem fragte: wie jener Tatbestand rechtlich aufzufassen sei?

3. In den bis 1. Januar 1900 in Geltung befindlichen Statuten der schwarzburgischen Städte Greußen (1556) und Frankenhausen (1558) findet sich:

38. Artikul. Von hinterlegtem gutte.

Hinterlegte wahre oder gelt, soll dem hinterleger auff sein begerenn von stundt ahn, ohne allen Auffzugk wiederumb zu handen gestelt werdenn, auch vngeachtet, ob ehr gleich deme, der die haabe zu seinen Treuen handen bekommen, mit bekentlichen oder erweißlichenn schulden vorhafft wehre, dan was hinterlegt vnd Jemand zu getrauen handten gethan wirdt, das ist im Rechten dermaßen befreyet vnd *privilegirt*, das darwider keine *Exception Compensationis* oder ander behelff dem hinterleger zu nachtheil stadt hat.

a) Findet sich der hier ausgesprochene Grundsatz auch im klassischen römischen oder im justinianischen oder im früheren gemeinen oder dem neuen bürgerlichen Rechte?

b) Wie steht es, wenn der Empfänger der hier erhobenen *actio* (welcher?) gegenüber die *exceptio dominii* vorbringt?

4. Der Riemermeister Schroth klagt gegen den Gerber Zilch auf Herausgabe von 50 Stück Kuhhäuten, die er diesem zur Ausarbeitung und Aufbewahrung bis zu einem späteren Termine übergeben habe. Zilch erwidert, daß das Leder bei einer in seinem Hause vor kurzer Zeit ausgebrochenen Feuersbrunst verbrannt sei; wogegen Schroth geltend macht, es sei Pflicht des Verwahrers gewesen, das ausgearbeitete Leder auf die an dortigem Platze uuter Gerbern übliche Art in dem zur Aufbewahrung des fertigen Leders bestimmten feuersicheren Magazin zu hinterlegen.

Welche Rechtsverhältnisse und *actiones* stehen in Frage? Wie steht es, wenn die Parteien sich gegenseitig ihre Behauptungen bestreiten, mit der Beweislast betreffs der einzelnen relevanten Punkte?

5. Ist in den nachstehenden Fällen ein Anspruch des Geschädigten gegen den Gastwirt begründetermaßen vorhanden?

a) Ein Gastwirt vermietet zur Meßzeit einem fremden Kaufmann sein Gewölbe oder seinen Laden, um darin Waren feil zu halten; — ein Student zieht für einige Zeit, da er noch keine passende Privatwohnung gefunden, in einen Gasthof zur Miete. Es kommen diesen eingebrachte Sachen abhanden.

b) Einem Reisenden wird nach der Einkehr in einem Gasthofe seine goldene Uhr, die er in der Weste trug, von einem Taschendiebe gestohlen.

c) Der Portier bringt Sachen beiseite, die ein im Gasthofe wohnender Reisender in der Stadt gekauft und nach seinem Hotel bestellt hat.

d) Der Reisende läßt bei der Abfahrt für seine rückständige Zechschuld Wertsachen als Pfand; oder er leiht dem Wirte auf dessen Wunsch einen Gegenstand, der nun abhanden kommt.

e) Einem Reisenden werden fremde Sachen gestohlen, die er dem Eigentümer zu überbringen übernommen hatte.

f) Ein Tischler sandte einen Schrank. den ein Frachtfuhrmann nach einem benachbarten Orte mitnehmen sollte, in das Gasthaus, in welchem dieser einzukehren pflegte. Dort wird der Schrank durch Ungeschick der Bediensteten stark beschädigt.

g) Im Anfange des 19. Jahrhunderts ereignete sich folgender Rechtsfall: Ein Offizier, der nicht zur Garnison der Stadt Hannover gehörte, wurde während der Okkupation des Kurfürstentums Hannover von dem Billetamte bei dem Gastwirte Süff gegen eine bestimmte verabredete Geldsumme für Logis und Beköstigung auf ein Quartierbillet einlogiert. Während seiner Abwesenheit ward in seiner Stube sein Koffer erbrochen und das darin befindliche Geld entwendet.

h) Ein Handlungsreisender, der soeben mit dem Eisenbahnzuge eingetroffen ist, übergibt dem Hausknecht eines ihm bekannten Gasthofes, dessen Hotelwagen am Bahnhofe wartet, seinen Koffer, damit dieser einstweilen nach dem Gasthofe mitgenommen werde, während er zu Fuße gehen und unterwegs noch einige Geschäfte besorgen will. Auf dem Rückwege wird der hinten am Wagen befestigte Koffer von dritter Hand abgeschnitten und entwendet.

6. Findet auf diese Tatbestände die *Einbringung von Sachen bei Gastwirten* Anwendung?

a) Manche Gasthäuser haben in der hohen Reisezeit mit benachbarten Privatleuten ein Übereinkommen getroffen, wonach sie bei Überfüllung des Gasthofes jenen Reisende zur Beherbergung überweisen. Es wird hier angenommen, daß Reisende in solcher Lage mitgebrachte Sachen einbüßen.

b) Ein pensionierter Gerichtsschreiber besitzt ein kleines Haus im Harz. Während der Monate Juli bis September vermietet er es an eine Familie aus einer benachbarten Großstadt und lebt selbst mit seiner Frau bei einem verheirateten Sohne.

c) In durchgehenden Schnellzügen sind bekanntlich von besonderen Gesellschaften *Schlafwagen* eingestellt. Es werden den Reisenden gegen Gebühr Abteile mit Betten zur Verfügung gestellt, Toilettekabinen eingeräumt, eine Restauration mit Speisen und Getränken bereit gehalten. Für die Ordnung in den Schlafwagen und die Bedienung der Reisenden sorgen Angestellte der Gesellschaft.

7. Zwei Studenten haben sich gegenseitig Deckelschoppen geschenkt und sie in einer Restauration zu ihrem gewöhnlichen Gebrauche stehen. Nach einiger Zeit gibt es Differenzen mit dem Wirte; sie verlangen die Gläser heraus und verklagen ihn auf seine Weigerung.

Der Wirt entgegnet, daß das eine Glas durch den Kellner beim Reinigen zerbrochen worden; das gehe ihn also nichts mehr an. Den Kellner könne Kläger belangen; aber freilich müsse er dem dann auch Schuld nachweisen, was vorliegend nicht wohl möglich sei. In betreff des anderen Glases sei zu sagen, daß der Student gar nicht Eigentümer sei, da der Verkäufer des Glases sich bis zu der (noch nicht erfolgten) Zahlung des Kaufpreises das Eigentum vorbehalten habe. Gegenüber einer etwaigen Klage aus dem Auftrage mache er Zurückbehaltungsrecht geltend, indem Kläger von dem aus dem Glase bei ihm getrunkenen Biere noch nichts bezahlt habe. Bis dieses geschehen sei, gebe er das Glas nicht heraus; auch verlange er diesen Kaufpreis verzinst, von Lieferung des Bieres oder von einem vom Gerichte zu bestimmenden Zeitpunkte an.

Replik der Kläger: Der Beklagte hafte als *caupo* für den Kellner unbedingt. In keinem Falle sei es ihre Sache, eine besondere Fahrlässigkeit des Kellners nachzuweisen. Die Beziehungen zwischen den Klägern und dem Lieferanten der Kläger gingen den Wirt nichts an. Das Verhältnis unter ihnen, den jetzigen Streitteilen, sei nicht als Auftrag zu charakterisieren, sondern als einseitiger Verwahrungsvertrag, und deshalb sei jede Retentionseinrede unzulässig. Der Zinsanspruch des Beklagten sei rechtlich ohne alle Begründung.

Es ist Urteil mit Entscheidungsgründen zu entwerfen.

XCVI

1. Wie sind die kommenden Vermögenszuwendungen juristisch zu bestimmen und zu behandeln?

a) Einem Arzte, der einer befreundeten Familie gegenüber die Ausstellung einer Rechnung für geleistete ärztliche Dienste abgelehnt hat, wird von jener eine kostbare Statue zugeeignet.

b) M. erstand in der Zwangsvollstreckung das Haus des N. und veräußerte es bald darauf zu einem höheren Preise an O., wobei er dem N., unter dessen Annahme, versprach, daß er ihm den Überschuß herausgeben werde, da er dieses als *Ehrenpflicht* ansehe.

c) Ein Gemeinderat bewilligt, unter Genehmigung der höheren Verwaltungsbehörde, dem Bürgermeister während der Dauer seines Amtes den unentgeltlichen Bezug einer jährlichen Quantität Holz aus dem Gemeindewalde zur Heizung seines Amtslokales.

d) E. erklärt in einer von ihm unterzeichneten Privaturkunde, daß er für jetzt und unwiderruflich dem F., dem Kinde der G., eine Summe von 8000 *M* zuweise, und zwar wegen der dem E. von der G. erwiesenen Dienste; welche Summe dem F., im Falle dessen Mutter G. zur Zeit des Ablebens des E. noch unverheiratet sei, von des letzteren Erben ausbezahlt werden solle.

e) X. möchte gern ein im Miteigentum von Y. und Z. stehendes Gut pachten; Y. ist geneigt; Z. dagegen nicht. Nun verspricht X. dem Z. für die Dauer der Pacht jährlich 60 *M* im besonderen, wenn Z. in die Pacht willige; Z. stimmt zu.

f) Der Mieter M. bittet den Vermieter V. um baldige Aufhebung des den M. drückenden Vertrages, der sonst noch 2 Jahre laufen würde. V. willigt in das Ende der Miete zum Herbst, obgleich er davon einen Schaden von etwa 1000 *M* hat.

g) Eine Provinzialverwaltung bewilligt einem Verleger einen jährlichen Zuschuß für Herausgabe eines Urkundenbuches der Provinz. Doch soll die Unterstützung zurückgezogen werden, wenn das Werk nach dem Ermessen eines vom Provinziallandtage dazu bestellten Ausschusses den wissenschaftlichen oder technischen Anforderungen nicht entspricht, die dem Stande der jetzigen Zeit angemessen sind.

h) In einer Urkunde heißt es, daß S. dem T. 250 *M* *schenkungsweise übermacht, mit der Bestimmung, daß T. aber erst nach dem Tod des S. Ansprüche haben soll.*

i) Zwischen einem Gläubiger und seinem Schuldner sind mehrere Forderungen streitig, einige sogar rechtshängig; sie schließen einen Vertrag, wonach der Schuldner 50 % bar zahlen, der Gläubiger 50 % nachlassen und damit alles erledigt sein soll.

k) Der Großherzog von Hessen hat im Frühjahr 1892 die ihm gehörigen Salinen Karls- und Theodorshalle bei Kreuznach für 245 000 *M* an die Krone Preußens verkauft, die ihrerseits das ganze Anwesen der Stadt Kreuznach kostenlos überläßt. Letztere übernimmt dagegen auf ewige Zeiten die Verpflichtung, sämtlichen Königlichen Schloßverwaltungen das zum Verbrauch in den Schloßküchen notwendige Kochsalz unentgeltlich und in feinster Güte zu liefern.

2. Liegt in der Bestellung einer Hypothek seitens eines Schuldners, der sich hierzu nicht verpflichtet hatte, sondern aus freiem Antriebe seinen Gläubiger gegen etwaige widrige Zufälle sicher stellen will, eine Schenkung?

Ist eine solche in dem Erlasse eines Pfandrechtes durch den Gläubiger gegeben? Oder in dem Verzichte des an erster Stelle Eingetragenen auf sein Vorzugsrecht zu Gunsten eines nachstehenden Hypothekengläubigers?

Wie verhält es sich in dieser Hinsicht mit der Handlung eines sich Verbürgenden, — dem Hauptschuldner, wie dessen Gläubiger gegenüber?

3. In Prag kam es zu Beginn dieses Jahres zu einem eigenartigen Prozesse zwischen einem Kaufmanne und dem von ihm angestellten Reisenden. Letzterer klagte auf Zahlung von 100 Gulden Weihnachtsgeld, mit der Begründung, daß ein solches an dortigem Platze gebräuchlich und üblich sei, während der Prinzipal die Neujahrs- oder Weihnachtsgelder an die Handlungsgehilfen als reine oder höchstens remuneratorische Schenkung aufgefaßt und deshalb die erhobene Klage abgewiesen haben will.

Es ist folgenden Fragen Antwort zu erteilen:

a) Wer war in dem berichteten Streite im besseren Rechte?

b) Ist der Fall dem gleichstehend, da ein Gast einem Kellner oder Portier eines Gasthofes ein Trinkgeld gibt? Oder ein Passagier dem Schaffner einer Straßenbahn? Oder ein zu Besuch weilender Reisender dem Dienstboten seines Gastfreundes?

c) Wie verhält sich derselbe zu dem Hingeben eines Geldstückes an einen an dem Wege sitzenden Orgelspieler? Oder an die auf der Straße singende Kurrende? Oder an einen Taschenspieler, der des Abends in einer Restauration erscheint und Kunststücke vorführt?

d) Wie steht es rechtlich mit den Cigarren oder der Reichsmark, die ein Reisender einem Eisenbahnschaffner gibt, damit ihn dieser in seinem Abteil allein fahren lasse?

e) Ist die Dienstherrschaft nach dem BGB. berechtigt, Weihnachts- oder Neujahrsgeschenke ganz oder zum Teil zu widerrufen, wenn im Laufe des folgenden Jahres der Dienstvertrag durch Schuld des Gesindes aufgehoben wird?

Vgl. § 48 Nr. 4.

4. In einem unter sittenpolizeilicher Kontrolle stehenden Hause kam es zwischen einer Prostituierten und einem Soldaten zu einem Streite, in dessen Verlauf ein Polizeibeamter in das Haus kam und auf Verlangen der Beteiligten den Streit schlichtete; darauf bekam er von den beiden zusammen eine Mark.

Er wurde deshalb unter Anklage gestellt, mit Bezug auf StGB. 331: *Ein Beamter, welcher für eine in sein Amt einschlagende, an sich nicht pflichtwidrige Handlung Geschenke oder andere Vorteile annimmt, fordert oder sich versprechen läßt, wird mit Geldstrafe bis zu dreihundert Mark oder mit Gefängnis bis zu sechs Monaten bestraft.*

Der Angeklagte verteidigte sich damit, daß er jene Mark als Entgeld erhalten habe; schlimmstenfalls könne man es doch nur als *Trinkgeld* ansehen.

Welches Urteil war zu fällen?

5. Die Ehefrau eines reisenden Kaufmannes wurde während der Abwesenheit ihres Mannes gefährlich krank; ihrem Ende nahe, ließ sie sich von ihrer langjährigen Haushälterin versprechen, daß diese stets im Hause in ihrer seitherigen Stellung verbleiben werde; sie solle dem Manne diesen Wunsch der Sterbenden mitteilen und beifügen, daß die letztere gewünscht habe, daß der Haushälterin eine angemessene Vergütung dafür zu teil werde.

Als nach dem Tode der Frau der Kaufmann zurückkehrte und dieses alles erfuhr, versprach er der Haushälterin im Sinne und unter der Bedingung der Verstorbenen 9000 *M.* Etwas über die Hälfte zahlte er ihr nach zehn Jahren auch selbst aus; nach seinem bald darauf erfolgenden Tode weigerten aber seine Erben die Leistung des Restes, weil betreffs dieses eine wegen Formmangels ungültige Schenkung vorläge.

Die Haushälterin berief sich darauf, daß der Verstorbene sie doch nicht habe lediglich bereichern wollen; sondern daß es Ausführung des letzten Wunsches seiner Ehefrau und zugleich Vergeltung für das Ausharren der Haushälterin in der gar nicht so sehr hoch bezahlten Stellung gewesen sei.

Entscheidung?

---

6. A. schenkt dem B. ein Bild. Nach einiger Zeit meldet sich C. als Eigentümer des ihm gestohlenen Bildes und fordert es unter Nachweis seines Rechtes von dem B.

Hat dieser einen Ersatzanspruch gegen A.? Ist es von Einfluß, ob A. gutgläubig war; — oder: ob er dem B. die Sache zusteckte, damit sie dort, und nicht bei A., gefunden würde: — oder: ob A. zwar das Eigentum des C. nicht kannte, aber bei ordentlichem Achthaben hätte kennen müssen; — oder endlich: ob A. den Sachverhalt dem B. mitgeteilt und dabei gesagt hatte, daß er dafür sorgen werde, daß B. das Bild werde behalten können?

7. Hochedelgebohrner, Hochgeehrtester Herr Amtmann!

Eurer Hochedelgebohrnen sehe ich mich gemüßiget klagend anzubringen, was maßen ich zu der Zeit, als ich mit meiner ersten Frau Barbara Katharina in unfruchtbarer Ehe gelebet, meiner Schwester Kind, Barbara Christina Fettin, nicht nur bey mir auferzogen, sondern auch bey deren Verlobung im Jahre 1731 mit Simon Rudolfen, diesen neuen Eheleuten meine zu 400 fl. angeschlagene halbe Hofreide gegen herauszugebende 100 Rthlr. und noch 3 Morgen Acker ganz frey und umsonst durch eine freywillige Schenkung übergeben habe. Nachdem ich aber seitdem im Jahre 1738 mit Clara Trotzin zur anderen Ehe geschritten, und mit selbiger noch am 5. Juli 1743 eine Tochter erzeuget: So habe ich in Betracht dieser unvermuthet veränderten Umstände von gedachtem Rudolf die geschenkten Güter zwar zurückbegehret, jedoch in Güte nichts von ihm erhalten können. Wenn nun gleichwohl derselbe bey so gestalten Sachen dazu den Rechten nach allerdings verbunden ist, in Betracht sowohl bekanntlich *ex arg. L. 8 C. de revoc. donat.* die zur Zeit der Schenkung nicht voraus gesehene *supervenienta prolis* deren nachherige Zurückforderung rechtlich begründet, als die höchste Unbilligkeit sein würde, ein solchergestalt nachher zur Welt kommendes Kind gegen die offenbare und vielmehr stillschweigende Bedingung zurückzusetzen: Als ergehet an Eure Hochedelgebohrne meine rechtliche Bitte, Beklagten vorladen zu lassen, und nach erfolgter Einlassung und Antwort in Rechten zu erkennen und auszusprechen: Daß Beklagter die eingeklagte halbe Hofreide gegen Zurückgebung der dagegen erlegten 100 Rthlr., wie auch gemeldete 3 Morgen Acker *cum omni causa et expensis* Klägern wieder abzutreten schuldig. Hierüber das mildrichterliche Amt besten Fleißes anrufend, beharre mit schuldiger Ehrerbietung

Euer Hochedelgebohrnen ganz gehorsamster Diener

Johann Heinrich Strackbein, Schulmeister zu Langenstein.

Vorstehende Klageschrift fand ich im Sommer 1879 in der Registratur des vormaligen Landgerichtes A. Sie war dem Schicksale reponierter Akten, nach 10 Jahren eingestampft zu werden, versehentlich entgangen. Das Aktenstück enthielt nur diese Klage, mit dem späteren Vermerk, daß die Sache durch Vergleich geordnet worden sei.

Es fragt sich aber: ob, unter Voraussetzung der tatsächlichen Wahrheit der gemachten Angaben, der gestellte Klagantrag rechtlich begründet war; und welche Gründe dafür oder dawider sprachen?

Wie stellt sich das BGB. zu diesen Fragen?

8. Im Jähzorne hatte der jüngere Bruder den älteren mißhandelt, der immer liebevoll für ihn gesorgt und erst vor kurzem 4000 *M* schenkungsweise überwiesen hatte. Dann reut es den jüngeren; er bittet seinen Bruder fußfällig um Verzeihung und verspricht, sich zu bessern. Der ältere Bruder besteht jedoch auf der Rückgabe der geschenkten Summe.

Ist dieses Verlangen nach dem BGB. begründet?

9. Ein ganz eigenartiger Prozeß ist gegenwärtig vor dem Pariser Civilgerichte anhängig. Die Kläger sind die Erben einer Generalin und Beklagter ist der General selber, der seit einigen Jahren der Reserve angehört. Die Generalin, die vor 2 Jahren starb, hatte in ihrem Ehekontrakte ihrem Gatten ein Vermögen von $1^1/_2$ Millionen zuerkannt. Die Erben, die zum Teil in Paris, zum Teil im Elsaß wohnen, klagen auf Herausgabe der Schenkung wegen Undankbarkeit des Generales. Dieser hatte seit vielen Jahren ein intimes Verhältnis mit einem Frl. X., der er in Seebädern elegante Villen und in Paris eine prachtvoll ausgestattete Wohnung eingerichtet hatte. Frl. X. hatte zwei Kinder, die auf dem Standesamte als von unbekannten Eltern stammend angemeldet wurden. Bei der Taufe figurierte der General als Pate. Die Generalin wurde durch einen anonymen Brief, den eine entlassene Kammerzofe des Frl. X. an sie gerichtet, von der Untreue ihres Gatten in Kenntnis gesetzt. Die Eifersucht quälte die betrogene Gattin dermaßen, daß sie ihrem Gatten auf Schritt und Tritt folgte und, als sie die Gewißheit von seiner Untreue erhielt, den Verstand verlor und in eine Irrenanstalt gebracht werden mußte.

Wie wäre hierüber nach dem BGB. zu erkennen?

Könnte der Vormund der Geisteskranken klagen? Würde es von Einfluß sein, ob die letztere noch lebte, oder die Sache — wie der Fall war — nach ihrem Tode von ihren Verwandten verfolgt wurde?

XCVII

1. Wie steht es mit der rechtlichen Bedeutung und Wirksamkeit folgender Willenserklärungen?

a) *Gutsbesitzer Karsten schuldet dem Apotheker Lindeck 28 M, in Worten: zwanzig acht Mark, welche Karsten auf mein Verlangen zu bezahlen hat. Was hiermit anerkannt und unterzeichnet*
Döbelnrod, 28. Mai 19 . . Karsten.
Zahlbar bis Juli und August.

b) In der Verlassenschaft des A. wurde ein Paket mit Wertpapieren gefunden, auf dessen Umschlag die Aufschrift stand: *Mir anvertrautes Depositum, meiner Schwester B. gehörig. A. m. p.*

c) *Zwei Monate nach dato zahlen wir dem Herrn Hermann Retter die Summe von 666 M.*
Windecker & Cie.
Ich verbürge mich für obigen Betrag.
Georg Schiffner.

d) *Schuldschein über 514 M 29 Pf.*
Wir, Endesunterzeichnete, urkunden und bekennen hiermit, daß wir unserer Tochter Karoline, Jacob Rollmann II. Ehefrau, zur Gleichstellung mit ihrem Bruder (der einen Prozeß gegen uns verursacht und ausgeführt hat, sogar mit Frau sich 300 fl. zugeschworen hat) dreihundert Gulden = 514 M 29 Pf schuldig geworden sind. Wir versprechen, solche Schuld als Kapital anzusehen und von heute an zu 5 % jährlich zu verzinsen, mit dem Bemerken, daß das Kapital nebst Zinsen nach unserem Ableben von unserem Nachlaß oder von unseren Erben bezahlt werden soll.
Geschehen Gedern, 30. November 19 . .
Johannes Drehwald.
Karoline Drehwald.

e) *Laut eingereichter Rechnung von Herrn L. W. zahle ich a conto an denselben morgen 10590 M.*

2. Der Schuhmacher Pfeil lernt auf einem Ausfluge die unverehelichte Mathilde Kröll kennen; obschon dieselbe von einem Dritten her in anderen Umständen sich befand und dem Pfeil dieses genau bekannt wurde, so fand er doch solchen Gefallen an ihr, daß er sie zu heiraten beschloß und sich mit ihr verlobte.

Als nicht lange Zeit darauf die Mathilde Kröll einem Kinde männlichen Geschlechtes das Leben gab, so erstattete Pfeil davon dem Standesamt vorschriftsmäßig Anzeige und meldete zugleich mit an, daß er der uneheliche Vater des von seiner Braut geborenen Knaben sei (Reichs-Gesetz über die Beurkundung des Personenstandes und die Eheschließung vom 6. Februar 1875 § 25).

Hiernach wird Pfeil unter Anklage gestellt, weil er *vorsätzlich bewirkt habe, daß Tatsachen, welche für Rechte oder Rechtsverhältnisse von Erheblichkeit sind, in einem öffentlichen Register als geschehen beurkundet worden seien, während sie überhaupt nicht geschehen waren* (StGB. 271).

Der Verteidiger des Pfeil bestreitet, daß § 271 zutreffe; durch die Anerkennung werde eben das fragliche Rechtsverhältnis selbständig begründet und bestehe von da ab: wenn ein Beklagter im Civilprozesse bewußtermaßen fälschlich anerkenne, schuldig zu sein, so falle dieses sicher auch nicht unter § 271, obgleich es auch gerichtlich beurkundet werde, weil es eben Privatfreiheit des einzelnen sei, durch Anerkenntnis neue Rechte zu schaffen.

Wie hat das Gericht zu erkennen?

3. Dem Kämmerer der Stadt Berlin, Heinrich Runge, wurde einmal ein Schein vorgelegt, auf dem er anerkannte, dem Kaufmann Z. 2000 Taler zu schulden, und pünktliche Zahlung versprach. Er war sehr betroffen, da er zwar einen solchen Schein seines Erinnerns nicht ausgestellt hatte, die Unterschrift aber zweifellos von ihm herrührte. Endlich kam er dahinter, daß das Papier von einer Verfügung der städtischen Behörden, die er unterzeichnet, abgeschnitten worden und der über seinem Namen befindliche leere Raum mit obigem Anerkenntnis ausgefüllt worden war.

Runge pflegte seitdem zu den überzeugtesten Anhängern des *Devotionsstriches* zu gehören; da, wie er sagte, nur dessen Anwendung es verhindere, daß man zur Zahlung solcher abstrakter Versprechen gerichtlich gezwungen werden könne.

War diese Ansicht juristisch begründet? Gibt es vielleicht hier einen Unterschied zwischen römischem, gemeinem, preußischem und neuem bürgerlichen Rechte?

4. Der in den siebziger Jahren stehende kinderlose Witwer K. verpflichtete sich eines Abends schriftlich, als er wieder in trüber

Stimmung an seinen Stammtisch kam, der Gesellschaft 300 *M* zu feuchtfröhlichen Zwecken zu stiften, wenn er ein Jahr darauf, am 1. März noch leben würde. K. lebte wirklich an diesem Tage noch, lag aber schon krank zu Bett, so daß natürlich von der ihm gestifteten Feier abgesehen werden mußte. Er starb bald darauf im Mai und hinterließ drei Seitenverwandten ein Vermögen von über 100 000 *M*. Die Stammtischgesellschaft machte nunmehr ihre Rechte geltend, jedoch weigerten sich die Erben, jene Schuld anzuerkennen.

Zur Schlichtung des Handels war nun vor allem die Entscheidung nötig: Ob jener Schein unter BGB. 518 oder 780 falle?

---

5. Wie sind nachstehende Beredungen juristisch aufzufassen? Und welche Rechtsfolgen knüpfen sich an sie?

a) Nach einem Todesfalle schließen die bei der Erbschaft Beteiligten mit den Mitinteressenten eine Übereinkunft ab, worin sie ihre gegenseitigen Berechtigungen und die Art der Schuldentilgung festsetzen.

b) Ein Schuldner erklärt seinen Gläubigern, daß er außer stande sei, ihre jetzt fälligen Forderungen zu bezahlen. Er bekommt eine Frist bewilligt. — Nach ihrem Ablauf haben sich seine Verhältnisse aber noch nicht gebessert, und die Gläubiger gehen auf seinen Vorschlag ein, daß er 70 % der Forderungen bar zahle, und damit seine Verpflichtungen völlig getilgt sein sollen.

c) A. droht dem B. mit einer Klage, deren Berechtigung B. vollständig bestreitet, vor deren Erfolg er aber deshalb Sorge hegt, weil er den von A. ihm jedenfalls dann angetragenen Eid aus religiösem Bedenken nicht leisten mag, während er bei Zurückschieben sich dessen zu versehen hat, daß A. gewissenlos genug ist und wider besseres Wissen schwört; er einigt sich daher mit A. über eine an diesen zu zahlende Abfindungssumme.

d) Der Pächter eines Gutes war zur Räumung rechtskräftig verurteilt worden. Als mit der Zwangsvollstreckung gegen ihn vorgegangen werden soll, schließt er mit dem Eigentümer einen Vergleich, wonach er auf dem Pachtgute noch ein halbes Jahr lang wohnen bleiben darf, — sei es unentgeltlich oder gegen Zahlung des seitherigen Pachtpreises.

e) Der minderjährige A. hat eine seit fünf Jahren fällige Zinsforderung an B. Beide sind im Zweifel, ob durch den vor kurzem erfolgten Tod des Vormundes von A. die Verjährung unterbrochen sei, und einigen sich dahin, daß die Forderung als noch nicht verjährt angesehen werden solle.

6. Dem Erben E. wird von T. eine Schuldurkunde seines verstorbenen Vaters S. über ein Darlehen von 3000 ℳ vorgelegt. E. einigt sich mit T. auf bare Zahlung von 1500 ℳ und Vernichtung der Urkunde. Erst später findet er, daß die Urkunde nur auf 300 ℳ gelautet hatte.

a) Kann E. etwas von T. zurückfordern?

b) Ist es von Einfluß, ob die Fälschung von T. selbst — oder von dessen Cedenten, dem ursprünglichen Gläubiger des S. — oder von dem Erblasser des T. vollzogen war?

c) Kommt nicht vielleicht in Betracht, daß T. mit sofortiger Verklagung und Einleitung der Zwangsvollstreckung dem E. gegenüber gedroht hatte?

7. F. erhebt Klage auf Anfechtung eines Vertrages mit der Gemeinde H., nach welchem er sich schuldig bekannt hatte, eine bestimmte Summe der Gemeindekasse zu schulden. Er war dabei von der Voraussetzung ausgegangen, daß ihm in seiner Eigenschaft als seitherigem Gemeinderechner ein größeres Defizit zu decken obliege, und hatte deshalb in jene Abfindungssumme eingewilligt; dann aber hatte sich nach nochmaliger besserer Prüfung der Rechnung herausgestellt, daß er, F., sogar ein Guthaben an die Gemeinde H. zu beanspruchen gehabt hatte.

Die Gemeinde bestreitet ihre Verpflichtung, jetzt noch einmal auf die Sache zurückkommen zu müssen.

Entscheidung?

Wäre es von Einfluß, wenn die aufklärenden Rechnungen erst später aufgefunden worden und ohne Schuld des Rechners zur Abrechnungszeit nicht vorhanden gewesen waren?

8. Kaufmann Liebmann Reiß verklagt den Hausierer Roth wegen käuflich gelieferter Waren. Roth macht geltend, daß Reiß teilweise Waren geschickt, die seiner Bestellung nicht entsprochen, besonders weiß gewebte Unterhosen, die er auf den Dörfern nicht verwerten könne; deshalb habe er die ganze letzte Sendung nicht angenommen.

Im Verhandlungstermin vom 6. Juni schließen die Streitteile nachstehenden Vergleich: Kläger nimmt die Bahnhof G. lagernden

Unterhosen zurück, Beklagter verpflichtet sich zur Abnahme des Restes; die Bezahlung des Kaufpreises soll am 1. Oktober d. J. erfolgen, damit Roth Zeit habe, um aus dem Verkaufe der Waren die Mittel zur Zahlung zu gewinnen.

Die Waren kommen erst am 21. September bei Roth an, der die Annahme wieder verweigert. Am 2. Oktober erwirkt Liebmann Reiß eine vollstreckbare Ausfertigung des Vergleiches und läßt Roth sofort wegen 107 *M* pfänden. Roth beantragt die vorläufige und durch Klage die definitive Aufhebung der Zwangsvollstreckung, sowie Urteil dahin, daß er aus jenem Vergleiche wegen verspäteter Lieferung des Reiß nicht mehr haftbar sei.

Wie hat das Amtsgericht zu erkennen? Wie steht es im besondern mit den Rechtsfolgen des abgeschlossenen gerichtlichen Vergleiches zu dem früher erhobenen Anspruche des Liebmann Reiß?

XCVIII

1. Rechtliche Konstruktion folgender Tatbestände?

a) In einer mit der Überschrift *Obligation* versehenen Schuldurkunde bekennt S. von G. 2000 *M* als Darlehen erhalten zu haben; verspricht, diese Summe mit 4 % zu verzinsen und verpflichtet sich, das genannte Kapital sechs Monate nach geschehener Kündigung an den G. *oder sonstigen getreuen Inhaber der Obligation* zu zahlen.

b) *Lagerschein Nr. 1. Es lagern für Ihre werte Rechnung bei uns 53 Barrels schweres deutsches Vulkanöl im Gewicht von etwa 10000 Kilo . . . Obige Barrels werden Ihnen nur gegen Rückgabe dieses Scheines ausgeliefert.*

c) Serie VIII. 4 %. Reihe 1.

Berliner Hypotheken-Bank, A.-G.

Talon

Talon zum Couponsbogen des Hypotheken-Pfandbriefes Lit. E. Nr. 412.

Dem Inhaber dieses Talons werden gegen dessen Rückgabe nach vorgängiger Bekanntmachung die Zins-Coupons für fernere zehn Jahre, die erste dieser Coupons fällig am 1. Oktober 1904, nebst einem neuen Talon ausgehändigt.

(Unterschrift.)

d)

Nr.	Nr. .... *M* ....
Ausgehändigt am	*Die Reichsbank in Berlin*
....	wolle zahlen gegen diesen Check aus meinem/unserem
	Guthaben an ....
	....oder Überbringer
M	
(Datum)	Mark ....
....	....(Datum.)

Checks, in welchen der Zusatz *oder Überbringer* durchstrichen oder eine Zahlungsfrist angegeben ist, werden nicht bezahlt.

e) Gesetz über das Postwesen des Deutschen Reiches vom 28. Oktober 1871, § 49 Satz 2: *Die Postverwaltung ist nicht verpflichtet, die Legitimation desjenigen zu prüfen: welcher unter Vorlegung des vollzogenen Ablieferungsscheines, oder bei Paketen ohne Wertangabe unter Vorlegung des reglementsmäßig ausgelieferten Begleitbriefes, die Aushändigung der Sendung verlangt.*

f) Auf einem Papierstreifen stand auf der einen Seite geschrieben: *Glatz, 30. Dezember . . Nach Sicht zahlen Sie gegen diesen Prima-Wechsel an die Ordre der Glatzer Bank, Louis Brieger, die Summe von 10 000 M — Herrn Franz Bretschneider in Glatz.*

Auf der anderen Seite befinden sich folgende Worte: *Gut für 10 000 M. Heinrich von Münchhausen.*

2. Es verkaufte Hansen an Lode zehn Stück Anteilscheine an einer Grundschuld über je 500 *M*, ausgestellt von der Horster Aktiengesellschaft für Kleinbahn- und Brückenbau. Alsdann stellte sich heraus, daß jene auf Inhaber lautenden Scheine zu einem Bündel gehört hatten, das der Ausstellerin gestohlen und gegen ihren Willen in Verkehr gebracht worden war. Die Scheine hatten in den Kassaschränken einstweilen noch gelagert, weil die Königliche Genehmigung zu ihrer Ausgabe noch nicht eingetroffen war.

Was für rechtliche Folgen sind unter den beteiligten Personen hier einzusetzen?

3. Ist die Eisenbahnverwaltung nach unserem bürgerlichen Rechte verpflichtet, für eine nicht benutzte Rückfahrkarte den entsprechenden Betrag zurückzuerstatten, — und zwar

a) wenn der Reisende wegen Überfüllung des Zuges von der Mitbeförderung ausgeschlossen wird?

b) wenn durch elementares Unglück der Verkehr eine Unterbrechung erleidet?

c) falls der Inhaber der Karte wegen eines bei ihm eingetretenen Hindernisses — z. B. Krankheit, Änderung des Reiseplanes wegen Witterungsumschlages u. s. w. die Fahrt nicht antreten kann oder will?

d) Wie stand es mit den Briefmarken, welche von den am 1. April 1900 aufgehobenen Privatposten (Reichs-Ges. vom 20. Dez. 1899) ausgegeben, aber nicht verwendet worden waren?

4. Nach den Satzungen der städtischen Sparkasse zu A. erhalten die Einleger über die gemachten Einzahlungen ein Quittungsbuch unter ihrem, der Einleger, Namen; zur Empfangnahme der Einzahlung genügt aber die Vorlage des Quittungsbuches, und die Anstalt wird von allen Ansprüchen befreit, sobald bei Rückzahlung der Einlagen die Ausantwortung des Buches erfolgt ist.

Nun hatte der Assistent Hallig nach und nach bei der Sparkasse ein Guthaben von 1800 *M* angesammelt, als er in Zerwürfnisse mit seiner Frau geriet. Diese verließ ihn und nahm unter anderem das Sparkassenbuch ihres Mannes heimlich mit sich. Hallig machte alsbald bei dem Kuratorium der Sparkasse Anzeige und protestierte im voraus gegen die Zahlung der von ihm eingelegten Summe an einen Fremden. Gleichwohl ist die Einlage hernach der Frau ausgezahlt worden. Worauf Hallig die Sparkasse verklagte, sein Forderungsrecht über 1800 *M* anzuerkennen und ihm darüber ein neues Quittungsbuch auszustellen.

Die Beklagte berief sich auf obige Satzungsbestimmungen und verwies den Kläger an dessen Ehefrau. Von des letzteren Seite wurde aber auf ein Urteil des dortigen Landgerichtes verwiesen, wonach gepfändete Sparkassenbücher nicht nach CPO. 821 als *Wertpapiere* behandelt werden dürften; was Beklagte freilich für irrige Rechtsmeinung erklärt.

Wie ist hierüber zu befinden?

5. Der Kaufmann Hedebrook, der sich in bedrängten Vermögensverhältnissen befand, übergab im August v. J. seinem Bruder schenkungsweise 30000 *M* in Staatspapieren; dabei verschwieg er ihm seine üble finanzielle Lage und gab vor, daß er nur dem Beschenkten eine größere Unternehmung ermöglichen wolle.

Jetzt hat Hedebrook seine Zahlungen eingestellt; und sein Gläubiger Katten ficht jene Zuwendung an (Reichs-Ges. v. 21. Juli 1879, § 3 : 3).

Der Anwalt des Bruders bestreitet, daß überhaupt eine Zuwendung erfolgt sei. Die überlieferten Papiere seien nur ein rechtlich gesichertes Mittel zur Begründung eines Schuldverhältnisses, nicht aber selbst schon eine Obligation (Jhering, Jahrb. f. Dogmatik d. röm. Rechts I S. 49). Der jetzt zahlungsunfähige Hedebrook habe also nur eine Erwerbsmöglichkeit weggegeben, was bekanntlich nach römischem und heutigem Rechte keine Schenkung sei (BGB. 517).

Dagegen meint der klägerische Vertreter, daß Hedebrook durch Ankauf der Staatspapiere mit dem Vertreter des Fiskus einen Vertrag abgeschlossen und die ihm fest zukommenden Vertragsrechte auf seinen Bruder übertragen habe.

Wer von diesen hat die richtige Ansicht?

IC

1. *50 M Belohnung. In der Nacht zum Donnerstag wurde schon wiederum eine Spiegelglasscheibe unseres photographischen Schaukastens in der Poststraße durch einen Steinwurf absichtlich zertrümmert. Wir sichern demjenigen eine Belohnung von 50 M zu, der uns den Täter so namhaft macht, daß er zur gerichtlichen Verantwortung gezogen werden kann.*

M. u. P.

Atelier für Photographie.

a) Wie würde eine solche Bekanntmachung juristisch heißen? Was für eine Willenserklärung liegt in ihr?

b) Was geschieht, wenn M. u. P. zu gleicher Zeit zwei oder mehr Briefe erhalten, welche alle der oben gestellten Bedingung entsprechen?

c) Der Täter hat sich freiwillig gestellt und Ersatz geleistet. Nach 3 Tagen läuft von X. eine Denunziation jenes ein, begleitet von dem Ersuchen um 50 *M*. *Quid iuris?*

d) Die Zertrümmerung war von dem Täter nur fahrlässig geschehen. Nun meldet er sich, will die Scheibe mit 30 ℳ ersetzen und verlangt 20 ℳ, eventuell unter Abzug der Insertionskosten, heraus. Mit Recht?

2. *Verloren. Ein zweireihiges Simili-Armband gestern Abend von .... bis .... straße 17c verloren gegangen. Gegen Belohnung daselbst abzugeben.*

Als der Finder am nächsten Tage hinkam, wurde ihm von der Vermieterin eröffnet, daß die bei ihr wohnhafte Verliererin in der letzten Nacht verstorben sei.

Rechtsfolge?

3. Der Konditor Dawitt in H. erläßt durch die Zeitungen ein Preisausschreiben zu einem Entwurfe einer zweckmäßigen und schönen Umbauung seines Wohn- und Geschäftshauses. Nach einiger Zeit reut ihn die Sache, und er macht bekannt, daß er jene Aufforderung zurücknehme.

a) Ist er hierzu berechtigt? Kommt es darauf an, ob er einen Termin zur Einlieferung festgesetzt hatte, und ob der Widerruf vor oder nach diesem Termine stattfindet?

b) Ein Architekt hatte sich alsbald nach dem Ausschreiben ernsthaft mit dem Plane befaßt und beträchtliche Zeit und Kosten auf die Ausarbeitung eines Entwurfes verwendet. Er fordert den ausgesetzten Preis von 800 ℳ und ist sogar bereit, zu beweisen, daß sein Entwurf allen zu stellenden Anforderungen entsprechen würde. Ist ihm dieser Beweis nachzulassen? Oder müßte an sich Dawitt dartun, daß diese Arbeit ungeeignet sei?

c) Die Unkosten des Architekten betragen 75 ℳ. Er will auch diese von Dawitt ersetzt haben. Mit Recht?

d) Ein anderer hatte sofort nach jener Publikation einen Brief an Dawitt gesandt, in welchem er die Aufforderung annahm und eine Lieferung versprach. Er hat auch einen Plan fertig gestellt. An welche *actio* könnte er denken?

4. Dem Leutnant Dankemann war ein Hund entlaufen. Der Lehrer Wohlfahrt in einem bei dem Garnisonorte gelegenen Dorfe nahm das ihm bekannte Tier auf und schickte es am folgenden Tage durch einen Knecht dem Eigentümer zurück, der sich indes nur freundlich bedankte.

Dann erfährt Wohlfahrt, daß Dankemann im Lokalblatte eine Belohnung von 10 ℳ auf das Wiederbringen ausgesetzt habe.

Kann er diese Summe noch jetzt fordern? Hat er nicht Ersatzanspruch auf Futterkosten und Botenlohn?

5. Es war ein Preis auf eine bestimmte chemische Erfindung gesetzt worden. Ein Fachmann arbeitet daran und entdeckt das gewünschte Verfahren. Als er sich zu dem Preise meldet, wird ihm die Antwort, daß schon ein anderer den Preis erhalten habe.

Ist damit die Sache rechtlich erledigt?

Man setze den Fall, daß der Betreffende an demselben Abend, an welchem er seine Meldung an die ausschreibende Gesellschaft geschickt hatte, zu seiner Überraschung gewahrte, daß jene Entdeckung inzwischen von einem Dritten gemacht und in einer Fachzeitschrift veröffentlicht worden war.

Wie steht es juristisch mit dem Preise?

6. Dem Gutsbesitzer Axel wurde mittels Einbruches an Wertpapieren der Betrag von 17000 ℳ entwendet. Er sicherte nun jedem eine Belohnung von 1000 ℳ zu, der ihm den Täter des bei ihm verübten Diebstahles bezeichne und ihm hierdurch die Möglichkeit verschaffe, wieder in den Besitz des Gestohlenen zu gelangen.

Fiedler bezeichnete dem Axel den Dieb. Bei diesem fand sich die entwendete Summe bis auf 1200 ℳ vor, und wurde derselbe auch wegen Diebstahls bestraft. Axel weigerte sich aber, dem Fiedler die 1000 ℳ zu bezahlen, weil dieser selbst bei dem Diebstahl beteiligt gewesen, und er jedenfalls mit den nicht wieder erhaltenen 1200 ℳ aufrechnen könne; auch habe er die Belohnung nur versprochen, wenn er das ihm gestohlene Geld zurückbekäme, was nicht eingetreten sei.

Kann Fiedler mit Fug Klage gegen Axel erheben?

7. In einem Intelligenzblatt befand sich eine Anzeige, wonach Epstein für das Wiederschaffen eines Hundes 300 ℳ versprach. Die Annonce war aber nicht von Epstein, sondern von Gumpert ausgegangen, der sie ohne Wissen des Epstein hatte einrücken lassen.

Am nächsten Tage teilte Hanauer dem Epstein mit, daß er wisse, wo der Hund sich befinde; Epstein suchte den Hanauer auf und erfuhr, daß der Hund bei Schultz gewesen sei, der ihn an Flade verkauft habe. Als Epstein weggehen wollte, fragte Hanauer: *Nun, wie steht es mit meiner Belohnung?* Epstein erwiderte: *Natürlich bekommen Sie Ihre Belohnung, wenn ich den Hund wieder habe.*

Kann Hanauer auf Grund dieses Tatbestandes einen Anspruch geltend machen?

C

1. Welchen juristischen Begriffen unterstehen folgende Abmachungen? Sind letztere sämtlich rechtsgültig und klagbar?

a) Die Schachmeister Steinitz in New York und Tschigorin aus Petersburg unternahmen einen Wettkampf im Schachspiel um einen beiderseitigen Einsatz von 2000 Dollars. Sieger sollte sein, wer zuerst 10 Partien gewinnt; würden beide Spieler auf 9 kommen, so sollte ein Stichkampf von 3 entschiedenen Partien den Ausschlag geben; Remispartien wären nicht zu rechnen. Der Match sollte in Havanna stattfinden. Der dortige Schachklub zahlte jedem Spieler 600 Dollars für seine Unkosten, ferner die Überfahrt von New York nach Havanna; Tschigorin erhielt außerdem 300 Dollars für die Reise von Petersburg nach New York.

Der Wettkampf wurde von Steinitz mit 10 gegen 8 Gewinnpartien, bei 4 Remisen gewonnen. Dadurch erledigte sich zugleich eine Reihe von Wettverabredungen, welche eifrige Schachfreunde in der Weise untereinander getroffen, daß sie wechselseitig, je nach ihrer verschiedenen Meinung von der größeren Spielstärke der beiden Kämpfer, auf den Gewinn des einen oder anderen größere Summen hielten.

Etwas anderen Bedingungen unterliegen die Schachturniere, für welche von Vereinen oder einzelnen Privaten Preise ausgesetzt werden, während die um die letzteren spielenden Teilnehmer nur einen kleinen Einsatz (gewöhnlich 5—25 ℳ) einzuzahlen haben.

Zuweilen findet sich auch, besonders in England, die Beredung, daß ein Matador des edlen Spieles gleichzeitig eine größere Anzahl von Partien, oft ohne die Spielbretter anzusehen, gegen verschiedene Amateurs führt, von denen jeder einen festen Satz (etwa 1 £) ohne Rücksicht auf Gewinn oder Verlust der betreffenden einzelnen Partie zu entrichten hat.

b) Jemand macht einem Freunde Vorhalt über dessen Neigung zum Hazardspiel. Dieser gelobt ihm, von nun ab sich gänzlich davon fern zu halten, und verspricht, falls er nur einmal wieder sich am Glücksspiele beteilige, dem Freunde eine Strafsumme zu zahlen.

c) Bei Erbteilungen findet sich außerordentlich häufig das Übereinkommen der Miterben, daß die Verlassenschaft in ebensoviele *Lose*, als es Erben sind, geteilt werde und dann jeder Miterbe den ihm zukommenden Anteil eben durch das Los zugewiesen erhalte.

d) Eine Zeitung veröffentlicht Preisrätsel und lost unter den richtig eingehenden Lösungen eine aus, deren Einsender den ausgesetzten Preis dann erhält.

e) Zwei Biertrinker ziehen an einer Fastenbrezel; der Teil, den jeder in Händen behält, soll ihm gehören. Dabei hat entweder der eine die Brezel allein bezahlt, — oder beide zusammen, — oder der soll bezahlen, der das kleinste Stück zieht.

f) In einer Gesellschaft behauptet jemand, daß der Kaiser im Deutschen Reiche bei Reichsgesetzen ein Veto habe; ein anderer bestreitet es. Jener wird so erregt, daß er eine Wette von 1000 Talern gegen 10 Pf anbietet, was der andere annimmt.

g) Ein Metzgermeister, der zugleich Gastwirtschaft betreibt, läßt bei einem Schweineschlachten in die eine Wurst ein Zehnmarkstück machen und verkauft nun, unter Bekanntmachung dieses Umstandes, die Bratwürste in seiner Wirtschaft an jenem Tage zu hohen Preisen.

h) In Hauffs Märchen wird in der Erzählung *Sage vom Hirschgulden* von einem eigentümlichen Handel unter den drei Brüdern Zollern berichtet. Ein in der Mitte zwischen ihren Schlössern gelegener Fischteich war bei der Erbteilung durch ihren Vater dem ältesten Sohne, Kuno, zugewiesen worden. Dieser aber machte seinen Brüdern, des besseren geschwisterlichen Verhältnisses halber, das Angebot, den Teich als Gemeingut zu behandeln, was die anderen ablehnten, indem jeglicher ihn als alleiniges Eigentum haben wollte. Endlich einigten sie sich dahin, daß sie ihre Angelschnüre und Haken holten; und wer von den dreien im Laufe des Vormittags die meisten Fische geangelt, der sollte den Weiher eigen haben.

i) Infolge einer Wette hat sich der Hotelbesitzer W. in Belzig verpflichtet, in der Zeit von zwei Jahren die Bibel abzuschreiben. Der Vertrag ist notariell abgeschlossen und besagt, daß die Abschrift fehlerlos sein muß; sämtliche Sternchen und Punkte muß die Abschrift enthalten, kein Komma darf vergessen werden, sonst erhält Herr W. die 2000 ℳ (den Preis für seine Arbeit) nicht; ferner darf er nur schreiben, wenn er keine Gäste hat. Vom Februar bis April soll die Arbeit bis zum 2. Buch Mose gediehen sein.

k) In Barmen wurde kürzlich ein Ibachsches Pianino auf folgende originelle Weise ausgeraten. Ein Einmachglas wurde bis an den Rand mit Erbsen gefüllt, und gegen Erlegung von 50 ₰ konnte jeder raten, wie viel Erbsen sich in dem Glase befinden; derjenige, welcher die richtige Anzahl riet, wurde glücklicher Besitzer des Instrumentes, und wenn niemand die wirkliche Zahl traf, der, der dem Ziel am nächsten kam. An 3000 Personen beteiligten sich an diesem Wettraten, und der Lehrer Hesselmann zu Schwelm war der Gewinner des Pianinos, da er die richtige Anzahl, 4016 Erbsen, traf. Außerdem waren nur zwei Personen dem Ziele nahe gekommen, die übrigen hatten teils weit darunter, teils viel darüber geraten.

l) Englische Blätter berichten folgende Geschichte:

Ein Mann in London ward krank. Ein Freund besuchte ihn, fand ihn sehr schlecht und prophezeite ihm, daß er Weihnachten gewiß nicht überleben würde. Der Kranke aber fühlte sich besser, als der Freund glaubte, und versprach diesem 50 £, wenn er ihm dagegen verspreche, ihm für jeden Tag, den er nach Weihnachten leben würde, 2 sh. zu geben. Der Freund, seiner Sache gewiß, nahm dieses an: der Kontrakt ward notariell aufgesetzt, und der Kranke gab eine Banknote zur Sicherheit. Allein in kurzem ward er wieder ganz hergestellt, und sein Freund muß nun, jetzt schon seit mehreren Jahren, täglich die 2 sh. bezahlen.

2. A. schließt mit B. folgenden Vertrag: Die Enten des A., die B. durch Steinwürfe töten werde, sollen Eigentum des B. sein; dieser aber hat für jeden Steinwurf gegen die Enten an den A. 10 ₰ zu zahlen.

Daraufhin wirft B. nach den Enten, und es gelingt ihm, mit Aufwendung von 60 Steinwürfen zwei jener Tiere zu töten. Als aber A. 6 ℳ von ihm fordert, die nach dem angeführten Vertrage als Kaufpreis für die Enten anzusehen seien, weigert B. die Erfüllung, weil ein rechtlich unzulässiger Glücksvertrag vorliege.

Welche Entscheidung ist zu treffen?

3. M. verklagt die N. auf Erfüllung ihres Versprechens, daß sie ihm, wenn sie ihren Erbschaftsprozeß gewinnen würde, 3000 *M* geben wolle; der Prozeß sei jetzt zu ihren Gunsten entschieden worden. Die N. hält sich dagegen wegen des aleatorischen Charakters jener Beredung nicht für juristisch gebunden.

Mit Recht?

4. Lachs klagt gegen Rinfalt 5000 *M* ein, welche ihm Rinfalt aus Hazardspiel schulde. Im Verhandlungstermine bleibt Rinfalt aus, und Lachs trägt nun die Klage vor.

Wie hat das Gericht zu erkennen?

Was ist zu sagen, wenn der Beklagte erscheint und vorbringt, daß vor dem Spiele verabredet worden: Es sollten etwaige Streitigkeiten vor einem bestellten Schiedsgerichte, und nicht im ordentlichen Rechtswege ausgetragen werden?

5. Zur Deckung eines im Hazardspiele erlittenen Verlustes hat jemand dem Gewinner hingegeben:

a) einen Schuldschein;

b) einen Wechsel;

c) einen Hypothekenbrief als Pfand für die demnächst zu zahlende Spielschuld;

d) eine Lebensversicherungs-Polize auf den Inhaber.

Wie steht es mit der rechtlichen Wirksamkeit dieser Hingaben?

6. Ein Gastwirt spielte mit seinen Gästen Skat. Der Verlierer sollte der Spielgesellschaft eine Flasche Rotwein geben. Der eine Gast verlor und bestellte den Wein, verweigerte aber nachher auf Grund von BGB. 762 die Zahlung.

Entscheidung?

7. In einer Wirtschaft waren Abends mehrere Gäste, dabei ein Glaser- und ein Zimmermeister versammelt. Der letztere erlaubte sich hierbei die Behauptung, die Arbeit jenes wäre viel zu teuer und nicht wertentsprechend, er selbst könnte die Fenster gerade so gut und billig oder noch billiger machen, als jener.

Der Glaser wollte sich die Herabsetzung seiner Geschäftsehre in öffentlicher Gesellschaft nicht gefallen lassen und bot deshalb jenem eine Wette von 1000 *M* an, daß er nicht im stande sei, Fenster, wie der Angegriffene sie fertige, und wie sich solche in dessen Werkstätte befänden, anzufertigen. Der Zimmermeister nahm dieses an, und es wurde die Wette in allen Einzelheiten vereinbart. Dann aber fertigte der letztgenannte die Fenster nicht. Nun wurde vom Glaser auf jene 1000 *M* Klage erhoben.

Welches ist die zutreffende Beurteilung und Entscheidung des Streitfalles?

CI

1. Wie sind nachstehende Verabredungen rechtlich zu charakterisieren?

a) Mehrere Tagelöhner vereinigen sich, um gegen Bezahlung Holz zu spalten oder zu fällen.

b) Zwei Freunde verabreden, während der Pfingstfeiertage gemeinsam einen Ausflug zu unternehmen.

c) G. hat einen zweifelhaften Schuldner S. und übergibt dem solche Geschäfte gewerbsmäßig betreibenden X. den Schuldschein: von dem einlaufenden Gelde soll X. 20 %, den Rest der G. erhalten.

d) Der Eigentümer einer Schafherde, der von der Schafzucht nichts versteht, vereinigt sich mit einem Schäfer zum Betriebe der Schäferei in der Art, daß der Schäfer Hütung und Pflege der Schafe übernimmt und von dem Wollertrag ein Drittel erhält.

e) Ein Verleger übernimmt Herstellung und Vertrieb einer juristischen Monographie mit dem Beding, daß ein nach Deckung der gesamten Unkosten etwa erzielter Gewinn ihm und dem Autor zu gleichen Teilen zufallen soll.

f) Der Besitzer eines Rennpferdes, der nicht reiten kann, verbindet sich mit einem Reiter, der kein Rennpferd hat, zur Teilnahme an einem Wettrennen dergestalt, daß der Reiter das Pferd des anderen reiten soll, und ein erlangter Rennpreis gleich zu teilen ist.

g) Der Fiskus und ein Rittergutsbesitzer haben einen Vertrag geschlossen, um einen Bach in dem für das gemeinschaftliche Flößereiinteresse erforderlichen Zustande zu erhalten. Es soll vor Beginn der Flößperiode eine gemeinsame Revision stattfinden und von beiden Teilen bestimmt werden, welche Ausbesserungen gemacht werden müssen; können sie sich nicht einigen, so soll die Königliche Regierung entscheiden und ein prozessualisches Verfahren nicht vorkommen.

h) Ein Geschäftsmann, der eine Schlachterei ankaufen und betreiben wollte, ging mit einem Kapitalisten einen Vertrag ein, wonach dieser ihm 30000 ℳ zur Verfügung stellte. Es sollte diese Summe dem Gläubiger mit 6 % verzinst werden und vom jährlichen Gewinn der Schlachterei ihm der fünfte Teil zukommen, während $^4/_5$ dem Geschäftsmanne verbleiben.

i) Es bildet sich ein Komitee zur Errichtung eines Kriegerdenkmales, wobei Sammellisten in dem Orte umgehen und Beiträge von Privaten entgegengenommen werden.

k) Kolibay und Averhoff schließen folgenden von ihnen beiden unterzeichneten Vertrag: 1) *Kolibay besetzt den dem Averhoff gehörigen Ruda-Teich mit 100 Schock Besatzfischen ohne Entschädigung.* 2) *Im Herbst k. J. wird der Ruda-Teich von Kolibay und unter seiner Aufsicht befischt, und die Fische werden unter ihm und dem jetzigen Besitzer zur Hälfte geteilt.* 3) *Die Kosten der Fischerei bezahlen die beiden Unterzeichneten zur Hälfte.*

2. M. und N. haben einen Steinbruch gepachtet und verabredet, daß sie das Pachtgeld gemeinschaftlich bezahlen wollen, den Steinbruch aber beliebig, jeder für sich, ausbeuten können.

Was liegt hier juristisch vor?

3. A. hatte von dem Wirte W. die Erbauung einer Kegelbahn und eines dazu gehörigen Hauses übertragen erhalten, die Ausführung dann aber an B., C. und D. in der Weise weitergegeben, daß die drei letzteren den Bau auf gemeinschaftliche Rechnung ausführen, der zu erzielende Gewinn aber unter A., B., C. und D. zu je $^1/_4$ geteilt werden sollte.

Als später Streit entstand, handelte es sich selbstverständlich in erster Linie um Feststellung der richtigen juristischen Auffassung des fraglichen Vertrages. Welches ist diese?

4. Zwei jüdische Güterhändler, Kuschel und Lissauer, hatten sich vereinigt, um einem Bauern Namens Brunn sein Hofgut feil zu machen und abzukaufen und es nachher stückweise auf gemeinschaftliche Rechnung wieder zu verkaufen. Kuschel trat mit Brunn in Unterhandlung, und es kam ein Kauf um 65000 *M* zu stande, jedoch so, daß Kuschel zum Rücktritte berechtigt sein sollte, wenn die nach Landesrecht erforderliche polizeiliche Genehmigung zum stückweisen Wiederverkauf nicht erteilt werden würde (EG. 119). Die Genehmigung wurde versagt — zur großen Freude des Brunn, dem inzwischen zum Bewußtsein gekommen war, daß er sein Gut zu wohlfeil verkauft habe, und der nun sicher hoffte, daß Kuschel von dem Rücktrittsrechte Gebrauch machen werde, da dieser und Lissauer selbst weder bewirtschaften konnten noch wollten. Diese aber waren nicht gesonnen, ohne allen Gewinn wieder abzuziehen.

Es erschien jetzt Lissauer bei Brunn und teilte ihm mit, Kuschel hege die Absicht, zur Hofmetzgerei das Gut zu behalten. Darob erschrak natürlich der Bauer; nun sagte ihm der Jude, er könne seinen Glaubensgenossen vielleicht zum Rücktritt bestimmen, und er schlage Brunn einen neuen Vertrag vor: Es solle das Gut durch gemeinschaftliche Tätigkeit von Lissauer und Brunn zum Verkauf gebracht und der Erlös über 65000 ℳ zwischen beiden gleich geteilt werden. In der Angst, Kuschel möchte den Kauf halten, geht Brunn auf den Vorschlag ein; Kuschel tritt zurück; Lissauer und Brunn suchen Liebhaber für das Gut, das denn auch nach wenigen Wochen um 75000 ℳ an einen Dritten verkauft wird.

Wie sind die beschriebenen Geschäfte rechtlich zu bestimmen? Und welche Rechtsfolgen kommen ihnen zu?

CII

1. Wie haften nachstehend die einzelnen Gesellschafter den Gesellschaftsgläubigern?

a) In einem Gesellschaftsvertrage war dem einen Teilhaber die Geschäftsführung übertragen. Er schloß mit einem Dritten ein Kaufgeschäft in eigenem Namen, aber im Interesse der Gesellschaft ab.

b) Eine Gesellschaft übertrug die Beaufsichtigung der technischen Geschäftsführung, sowie der Bücher und der Kasse, einem Ausschusse von drei Mitgliedern, welche gemeinschaftlich ihre Beschlüsse fassen sollten; diese nahmen für die Gesellschaft ein Darlehen auf.

c) Es findet nach geschehener Auflösung eine Auseinandersetzung des Gesellschaftsvermögens statt; der eine Gläubiger möchte gerne gegen den einen Gesellschafter vorgehen, ehe jenes Verfahren beendet ist.

2. Aus dem Protokoll eines Verhandlungstermines bei dem Amtsgerichte X.

K. trägt klagend vor: Er habe mit N. in vertragsmäßiger Gemeinschaft den Umbau einer Staatsstraße dem Fiskus gegenüber unternommen; N. habe die Kasse und die Rechnungen geführt, und er, K., verlange jetzt von ihm Rechnungstellung über die von N. gemachten Einnahmen. N. erwidert, daß K. nach ihren Abmachungen das erforderliche Material an Wandsteinen zu liefern gehabt, solches aber noch nicht gestellt habe; eine Verpflichtung zur Abrechnung sei also zur Zeit noch nicht bestehend: K. könne keinen Anteil an der Arbeit verlangen, bis er selbst die Erfüllung der ihm obliegenden Verbindlichkeiten nachgewiesen habe. K. repliziert, daß dieser Einwand des nicht erfüllten Vertrages unzulässig sei und N. nur Schadensersatz deshalb in Anspruch nehmen könne.

Entscheidung mit Gründen?

3. Ein Gesellschafter hat in seiner Eigenschaft als geschäftsführender Socius das der Gesellschaft gehörige Haus zur unentgeltlichen Bewohnung zugewiesen erhalten. Bei der Auflösung zeigt sich, daß die ihm eingeräumte Wohnung stark beschädigt ist, so wie er überhaupt als ein nachlässiger Mensch in allen Geschäften sich erwiesen.

Können die übrigen Gesellschafter ihn wegen der angegebenen Beschädigungen in jener Wohnung zum Ersatze heranziehen? Auf was für einen Beweis wird es dabei ankommen? Und wie steht es alsdann mit der Beweislast?

4. Fleißig war seit mehreren Jahren in der Waggonfabrik der Firma Theophil und Eggert als Arbeiter beschäftigt. Er verunglückte im Mai des ersten Jahres bei dem Transporte eines Waggons zur Eisenbahn in der Art, daß ihm ein Vorderrad des Transportwagens ein Bein unter dem Knie vollständig abschnitt. Während sich Fleißig noch in ärztlicher Behandlung befand, erklärte ihm einer der drei Mitinhaber der Firma, Georg Eggert junior: *Seien Sie unbesorgt; Sie werden von unserer Fabrik lebenslänglich versorgt;* — welches Versprechen Fleißig unter Ausdrücken besten Dankes fest annahm. Nach seiner Herstellung trat Fleißig wieder als Arbeiter in die Fabrik ein, wurde aber nach einigen Jahren doch entlassen.

Hat Fleißig einen rechtlichen Anspruch? Gegen wen und worauf müßte dieser sich richten?

CIII

1. Zwei Brüder kaufen zusammen ein Gut, um es gemeinschaftlich zu bewirtschaften. Dem einen stehen von seinem ererbten Vermögen aber nur noch 50000 ℳ zu Gebote, während der andere 70000 ℳ einschießen kann.

Was kann ein jeder mangels besonderer Abrede vom Geschäftsgewinn beanspruchen?

2. Ein Beduine hatte eine Anzahl von Eiern, ein anderer eine Henne gekauft, und beide waren dahin übereingekommen, durch die Henne die Eier ausbrüten zu lassen und die Küchlein darauf zu teilen. Zufällig kamen deren dreizehn heraus.

Wie war nach unserem BGB. die Auseinandersetzung vorzunehmen?

3. Zwei Schäfer auf dem Felde wollten miteinander ihr Abendessen verzehren. Der eine hatte fünf kleine Ziegenkäse, der andere drei. Kommt zu ihnen ein dritter Mann von der Straße herüber. *Laßt mich mithalten für Geld und gute Worte!* Also aßen sie selbdritt fünf und drei, sind acht Käslein, jeder gleich viel. Hierauf dankt ihnen der dritte Mann und schenkt ihnen acht Dublonen.

Der eine wollte nach der Anzahl seiner Käse fünf davon behalten und dem andern geben drei. Der andere sagte: *So? Der Herr hat uns das Geld miteinander geschenkt, also gehören jedem vier. Was deine fünf Stücke mehr wert sind, will ich dir herausbezahlen.* Da sie nicht einig werden konnten, brachten sie den Handel vor den Richter. Der geneigte Leser sinnt nach: Welchem von beiden hat der Richter recht gegeben?

(Aus Hebel, Erzählungen des rheinischen Hausfreundes.)

4. Ein Kapitalist (K.) schließt mit einem Techniker (T.) einen Gesellschaftsvertrag behufs Erwerbung und Betreibung einer Fabrik zur Anfertigung von Holzwaren. K. schießt 60000 *M* ein, T. übernimmt die Oberleitung der Anstalt; jenes Kapital soll mit 6 % verzinst werden, im übrigen gleicher Anteil am Gewinn statthaben. Am Ende des ersten Geschäftsjahres: Gewinn nur 300 *M*. Jetzt fordert K., daß T. ihm aus seinem kleinen Privatvermögen 3600 *M* Zinsen ersetze.

Ist er hierzu berechtigt, und weshalb oder weshalb nicht?

5. Auf einer von Mitgliedern des hanseatischen Geschichtsvereins unternommenen Wisby-Fahrt wurde nach der Ankunft auf Gotland ein feines Festmahl abgehalten, das von dem Vereinsvorstande, der von den Teilnehmern mit den Vertragsabschlüssen mit Wirten, Reedern etc. betraut worden war, arrangiert und danach von den allgemeinen Reisekosten, zu welchen jeder Teilnehmer beigesteuert, bestritten wurde; die Getränke sollte aber jeder für sich bezahlen. Es wurde sehr unterschiedlich getrunken:

teurer Champagner und einfache Weine; und so geschah es, daß einer der Teilnehmer, der Bürgermeister in einer kleinen Stadt Pommerns und ein etwas genauer Herr war, sich nur eine Flasche billigen Rotweines bestellte und bei dieser während des ganzen Festes ausharrte. Am anderen Tage war aber bei der Abrechnung schlechterdings nicht mehr zu ermitteln, was und wieviel jeder einzelne getrunken hatte; und das Komitee schickte einen Diener mit einem Zettel herum; es müßte aus dem angegebenen Grunde auch das Getränk ausgeschlagen werden. Der Bürgermeister bezahlt unter Protest 15 *M*.

Kann er zurückfordern?

6. A. und B. spielen gemeinsam ein Los in der Braunschweiger Lotterie, obgleich das Spielen in derselben in ihrem Heimatsstaate verboten ist. Das Los gewinnt. A. zieht den ganzen Gewinn ein und weigert sich, etwas herauszugeben, weil aus einer verbotenen Handlung niemand Rechtsansprüche herleiten könne.

Könnte B. mit Aussicht auf Erfolg einen Anspruch erheben?

CIV

1. Welche Besonderheiten sind in folgenden Fällen zu bemerken? Und wie sind diese rechtlich zu behandeln?

a) Eine Gesellschaft sollte laut Vertragsbestimmung auf die Erben übergehen; bei dem späteren Tode des einen Gesellschafters schlagen dessen sämtliche Erben die Erbschaft aus.

b) Bei einer Gesellschaft beschließen die Teilhaber durch Mehrheit den Ausschluß des einen Gesellschafters.

c) Die Kinder eines im Dienste einer Dampfdreschgenossenschaft verunglückten Arbeiters klagen auf Schadensersatz; während des Prozesses meldet die Gesellschaft an, daß sie sich aufgelöst habe.

2. Läpke und Simson verabreden, bei einer auktionsweisen Parzellierung eines Rittergutes Grundstücke zu erstehen und für gemeinsame Rechnung wieder zu veräußern. Simson nimmt die Ausführung in die Hand und erhält den Zuschlag auf zwei Grundstücke für 6000 *M*.

Nach einiger Zeit tritt Läpke klagend gegen Simson auf und behauptet, daß die Grundstücke von Simson jetzt wieder an Dritte für 7000 *M* verkauft seien; er sei bereit, die Hälfte der Unkosten zu tragen, die Simson liquidieren möge, verlange aber auch die

Hälfte des Gewinnes. Simson entgegnet, er habe keinen Gewinn gemacht; da sich nämlich Läpke bis zu ihrem jetzigen Streite um die fragliche Sache gar nicht gekümmert habe, so habe er, Simson, seine Ansprüche aus den Parzellenverkäufen an seinen Bruder gegen den Ankaufspreis der Grundstücke und Ersatz seiner Unkosten mit 350 ℳ übertragen.

Entscheidung mit Gründen?

3. Ein junger Kaufmann, welcher Mitglied eines Gesangvereines ohne Rechtsfähigkeit war, wurde durch einen Mehrheitsbeschluß der Mitglieder aus dem Vereine ausgeschlossen und erhob deshalb Klage darauf, daß dieses ungültig und er fernerhin als Mitglied des Vereines zu betrachten sei. Von beklagtischer Seite wird die Zulässigkeit des Rechtsweges bestritten, weil nach § 5 der Vereinssatzungen jedes Mitglied in erwähnter Art ausgeschlossen werden könne, sobald es sich Beleidigung des Vorstandes zu schulden kommen lasse, was von dem Kläger geschehen sei. Dieser leugnet, daß er den Vorstand beleidigt habe; und da also die Mehrheit keinen Grund zum Ausschlusse gehabt, so sei er in seinen satzungsmäßigen Rechten verletzt und zur Betretung des Rechtsweges befugt.

Wie wird das Gericht zu befinden haben?

4. Zwischen Nolte und Odin war ein Gesellschaftsvertrag auf 10 Jahre abgeschlossen worden, in dem sie sich zu persönlicher Tätigkeit im Geschäfte und zu Einlagen verpflichteten, und in welchem für den Todesfall des Nolte bestimmt war, daß Odin innerhalb vier Wochen nach dem Tode jenes zu bestimmen habe, ob die Gesellschaft mit den Erben des Nolte fortgesetzt werden, oder ob dieselben aus der Sozietät ausscheiden sollten. Es heißt dann wörtlich weiter: *Im Falle die Sozietät mit den Nolteschen Erben fortgesetzt werden soll, haben diese einen gemeinsamen Bevollmächtigten zu ihrer Vertretung in der Sozietät zu bestellen, mit welchem allein die übrigen Gesellschafter sich in Verhandlungen einzulassen brauchen.*

Nach dem Tode des Nolte erklärt Odin rechtzeitig, daß dessen Erben in die Sozietät eintreten sollen. Es fragt sich:

a) welches der Umfang der Rechte der Nolteschen Erben ist?

b) welche Rechte der von ihnen gemeinschaftlich zu bestellende Bevollmächtigte hat?

5. Mehrere Bauunternehmer bilden eine Versicherungsgesellschaft auf Gegenseitigkeit zur Sicherung der Gelder, welche einer von ihnen auf Grund des Haftpflichtgesetzes an seine verunglückten

Arbeiter werde bezahlen müssen. In dem Vertrage heißt es: *Wenn die von den Mitgliedern zu zahlenden Beiträge nicht ausreichen, den etwaigen Schaden zu decken, so kann durch Mehrheitsbeschluß für jedes Mitglied die nötige Summe als Beisteuer aufgestellt werden.*

Ein Teilnehmer tritt am 16. Juni aus; am 31. Mai des folgenden Jahres wird beschlossen, daß für das mit dem 1. Juni v. J. abgelaufene Rechnungsjahr eine Beisteuer, und zwar auch von den Ausgeschiedenen zu erheben sei.

Ist jenes ausgetretene Mitglied zu dieser Zahlung verpflichtet?

CV

1. Wie ist über folgende Ansprüche begründet zu erkennen?

a) A. hatte eine Scheune erbaut, und zwar zum Teil auf eigenem, zum Teil auf einem Grunde, der dem B. gehörte, der aber von diesem dem A. zum Zwecke des Scheunenbaues vertragsmäßig überlassen worden. Eine gerichtliche oder notarielle Verlautbarung des Vertrages war unterblieben. Jetzt klagt B. gegen A. und verlangt Teilung der Scheune als Miteigentümer.

b) E. und F. besitzen gemeinschaftlich einen Wald. F. hat das Teilungsverfahren beantragt und verlangt, daß zum Zwecke der besseren Verwertung der Wald abgeholzt und dann als Ackergrundstück veräußert werden solle. E. widerspricht diesem Ansinnen.

c) Im Jahre 1869 wurden die bis dahin zu Z. bestandenen Brennholzgerechtigkeiten in der Weise abgelöst, daß den bisherigen Berechtigten gewisse Waldungen als Eigentum zugeschrieben wurden; wobei vertragsmäßig namentlich auch bestimmt wurde: Die Waldungen werden nicht Gemeindeeigentum, sondern bleiben ungeteiltes gemeinschaftliches Eigentum der früher Berechtigten, nach dem Verhältnis ihrer Bezüge. — Jetzt haben mehrere Teilhaber Klage auf Teilung des Waldes erhoben; deren Zulässigkeit die übrigen Beteiligten Widerspruch entgegensetzten.

2. A. und B. pachten gemeinschaftlich von einer Gemeinde eine Jagd auf sechs Jahre, unter solidarischer Haftbarkeit für das Pachtgeld. Jeder soll das von ihm erlegte Wild frei veräußern, und am Ende des Jahres soll dann gleichmäßig verteilend abgerechnet werden. Nach einem Jahre stirbt A. und wird von seinem Sohne X. beerbt.

Dieser ist zwar mit B. persönlich verfeindet, möchte aber doch die Jagd gern fortsetzen und klagt daher auf Anerkennung seines Rechtes, als Erbe seines Vaters in die Jagdpachtverträge einzutreten. B. leugnet, daß es eine *actio communi ineundo* gebe, und will sich auf nichts einlassen; während X. noch beibringt, daß die Gemeinde bereits das fällige Pachtgeld voll eingetrieben habe, da ja die Verpflichtungen seines Vaters auf Zahlung durch dessen Tod natürlich nicht erloschen seien.

Entscheidung?

3. Welches ist die richtige Entscheidung nachfolgender Rechtsstreitigkeiten?

a) In dem wenige Fuß breiten Raum zwischen zwei Häusern befindet sich ein Abort. A., der eine Anlieger, baut an seinem Hause ein neues Klosett und füllt dabei die ganze Breite des Winkels aus. B., der andere Anlieger, klagt auf Entfernung des neuen Abtritts, weil dieser sich auf die Hälfte der Breite des Winkelraumes habe beschränken müssen. A. hält die Klage nach bestehenden Rechtssätzen für unbegründet.

b) Zwei angrenzende Gebäude der Landwirte Amelung und Butte mit zwischenliegendem gemeinsamen nassen Winkel sind in der Art gebaut, daß die Rückseiten sich nicht in derselben Ebene befinden, vielmehr die Rückseite des Amelungschen Gebäudes um einige Fuß vor der Rückseite des Hauses von Butte steht. An der Ecke der Rückseite des letzteren, nach dem Winkel hin, ist ein Abtritt angebracht; unterhalb dessen schließt eine kleine Mauer den Winkel, so daß die Unreinigkeiten dieses Abtrittes nicht in den Winkel abgeführt werden könne. Butte, der die Mauer angelegt hat, entfernt sie und bahnt dadurch den Unreinigkeiten seines Abortes einen Weg in den Winkel.

Amelung klagt auf Herstellung der Mauer. Von Butte wird Abweisung der Klage beantragt, weil ein Teilhaber den anderen an Veränderung der gemeinschaftlichen Sache zwar hindern, bei bewirkter Veränderung aber Wiederherstellung nicht verlangen könne (cf. l. 28 D. communi dividundo 10, 3).

4. Von der Landstraße zweigt ein Weg nach den Ländereien des S. ab. Der Weg ist Eigentum des S. Neben dem Wege ging früher von *a* nach *b* ein Graben, der dem K. und dem S. gemeinschaftlich gehörte und das Regenwasser vom Wege des S. aufzunehmen hatte. Wegen üblen Geruches wurde der Graben mit Bewilligung beider Teile zugeschüttet.

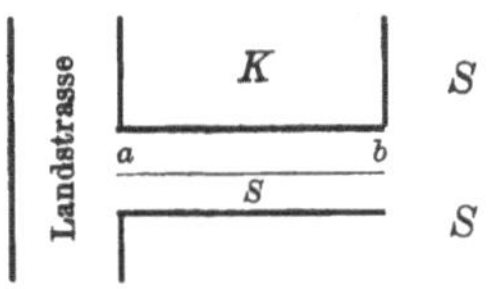

Jetzt verlangt S., daß er den Streifen *a*—*b* zum Reiten, Fahren und Gehen, wie seinen Weg benutzen dürfe; dagegen fordert K., daß jener Streifen nach wie vor ein Grenzstück bleibe, welches das Wasser aufzusaugen habe, das vom Graben aufgefangen wurde.

Findet auf diesen Rechtstreit BGB. 743 oder BGB. 745 entscheidende Anwendung?

CVI

1. Wie sind folgende Rechtsfragen zu lösen?

a) Ein Dienstmädchen nimmt in Abwesenheit der Herrschaft von dem Postboten ein Paket mit Nachnahme von 8 ℳ für die Herrschaft in Empfang. Diese leugnet, das Paket bestellt zu haben; es sei von einer fremden Handlung ohne Bestellung geschickt, und sie wolle jene 8 ℳ nicht ersetzen. — Der Kassierer eines Bankgeschäftes bezahlt einen fälligen Wechsel, der sich hinterher als sehr geschickt gefälscht erweist.

b) In einer Gastwirtschaft in Berlin erschien im Herbst vorigen Jahres ein junger Mann und ließ sich ein Glas Bier geben. Unmittelbar nachdem er es getrunken, fiel er bewußtlos um. Es stellte sich später heraus, daß er aus Liebesgram Gift genommen hatte. Der Restaurateur benachrichtigte die Polizei, und diese ließ, wie immer in solchen Fällen, den Armenarzt des Reviers holen. Ehe dieser aber zur Stelle geschafft werden konnte, verschlimmerte sich der Zustand des jungen Mannes, weshalb der Restaurateur schleunigst einen anderen benachbarten Arzt zur Hilfe herbeiholte, der mit Erfolg Gegenmittel in Anwendung brachte. Der Lebensmüde, ein Mechaniker, ist dann in der Charité wieder genesen. Der Arzt, der ihm das Leben gerettet, verlangte von ihm ein Honorar von 10 ℳ; dieser Antrag wurde mit der Begründung zurückgewiesen, daß er, der Gerettete, den Arzt nicht gerufen habe. Nunmehr verklagte der Arzt den Restaurateur wegen des Honorars.

c) N. war von Q. durch leichtsinniges Überfahren schwer verletzt worden. Während seiner Krankheit hatte ihn sein Sohn Z. ernährt und verpflegt. Z. klagte hierauf wieder Q. auf Ersatz der von ihm bestrittenen Kurkosten und Alimente. Q. bestritt, daß Z. wider ihn deshalb zu klagen befugt sei.

d) Bei Gelegenheit des vorjährigen Eisenbahnunglücks zu Eschede drohte einem nachfolgenden Zuge ebenfalls Gefahr. Ein Herr suchte diese abzuwehren, indem er mit angezündeten Taschentüchern dem einfahrenden Zuge Signale machte, damit er nicht in die Trümmer des verunglückten Zuges fahre. Auf seine Anfrage, ob er nicht den Wert der verbrannten Tücher ersetzt bekomme, wurde ihm von der Eisenbahndirektion erwidert, daß sich hinter jedem Zuge eine rote Schlußlaterne befinde, seine Einmischung also überflüssig gewesen sei.

e) Ein Tagelöhner klagt gegen seinen Verwandten, einen wohlhabenden Bauer, auf Zahlung einer Entschädigung für geleistete Dienste, indem er bemerkt, daß ihn der kinderlose, bejahrte Beklagte schon in seinem, des Klägers, siebenten Lebensjahre zu sich genommen; daß er seitdem, in der Aussicht, demnächst dessen Hof zu erhalten, gegen Lebensunterhalt, 32 Jahre hindurch ihm die Dienste eines Knechtes geleistet, in den letzten Jahren, als der Beklagte wegen hohen Alters arbeitsunfähig geworden, sogar allein die Hofwirtschaft geführt habe; jetzt aber, nachdem jener seinen Hof einer Verwandten abgetreten, ohne bare Vergütung entlassen sei, weshalb er wenigstens für die letztere Zeit den üblichen Knechtelohn für seine Dienste beanspruche.

f) In der Tiergartenstraße zu Berlin wurden eines Tages die Pferde eines dort haltenden eleganten Fuhrwerkes scheu und rasten die Straße entlang, ohne daß der Kutscher noch irgend welche Gewalt über sie gehabt hätte. Da warf sich der Führer eines Milchwagens jenem Gefährt entgegen, faßte die Zügel der durchgehenden Pferde und brachte sie, indem er eine Strecke weit geschleift wurde, endlich zum Stehen. Dabei erlitt er einen schweren Schädelbruch mit Gehirnverletzung; infolge deren das linke Auge völlig erblindet ist. Schwere Arbeiten bewirken Kopfschmerz und Schwindel, so daß er vor der Hand seinen bisherigen Beruf als Kutscher nicht ausüben kann. Der Eigentümer des Gespannes weigerte sich aber, dem Verletzten eine Entschädigung zu geben, da die Pferde sich schon von selbst beruhigt haben würden.

2. *Klage des Kaufmanns J. Prinz in Fulda gegen den Spediteur Th. Schwarzburg in Lauterbach:*

Ich lieferte am 12. August d. J. an Herrn Mühlenbesitzer Friedrich Krölfuß in Lauterbach 2 Kolli Fett. Nr. 115 J. P. gehörte dem eben Genannten, Nr. 116 J. P. gehörte Heinrich Krölfuß. Friedrich Krölfuß sollte es an diesen Adressaten abliefern und das an ihn adressierte für sich behalten. Er holte es jedoch nicht von der Bahn ab, sondern Th. Schwarzburg, Spediteur in Lauterbach, empfing diese 2 Kolli.

Anstatt nun dem Adressaten dieselben zuzuführen, blieb die Ware, ohne daß irgend jemandem davon Mitteilung gemacht wurde, mehrere Wochen bei Schwarzburg lagern. Jetzt nimmt der Adressat die Ware nicht mehr an.

Ich habe deshalb den Schwarzburg zur Zahlung aufgefordert, erhielt aber weder Antwort noch Kassa.

J. P. 115 ist 1 Kanne Tran	28 Pfd. à 36 Pf :	M 10,08
J. P. 116 ist 1 Kanne Wagenfett	28 Pfd. à 20 Pf :	M 5,60
	Die Kannen:	M 4,—
	Sa.:	M 19,68

Ich lade den Beklagten vor das Amtsgericht L. und werde beantragen, den Beklagten 1) zur Abnahme, 2) zur Bezahlung und 3) in die Kosten zu verurteilen. J. Prinz.

Im anberaumten Verhandlungstermine bleibt der Beklagte aus. Welche Entscheidung ist begründetermaßen zu treffen?

3. In einer Oktobernacht erlitt ein Schiff auf der Elbe unterhalb Hamburgs Havarie; namentlich gingen dabei eine erhebliche Anzahl mit Petroleum gefüllter Fässer über Bord. Ein Arbeiter, der es beobachtete, unternahm es alsbald, dieselben aufzufischen und ihr Forttreiben zu verhüten, indem er sie teils in ruhiges Wasser, teils an Land brachte, teils abbäumte. In einer fast siebenstündigen angestrengten Tätigkeit, meistens bis zum Bauch im Wasser stehend, gelang ihm das Werk.

Als er aber von dem Eigentümer der Fässer eine Belohnung erbat, verweigerte dieser eine solche. Die Arbeit sei, so gab sein Rechtsbeistand an, während der Nacht geschehen, wo der Arbeiter keine Lohnarbeit versäumt habe; und von Lohn sei bei einer *negotiorum gestio*, die sich dem Auftrage grundsätzlich anschließe, weder nach römischem Rechte, noch auch nach dem BGB. die Rede.

Vgl. l. 36 D. de R. J. (50, 17); auch l. 1 § 4 D. mand. (17, 1); l. 2; 4; 6 § 1; 10 pr. D. de N. G. (3, 5). — BGB. 662; 683.

Der Arbeiter wendet sich an einen Juristen mit der Bitte um Auskunft, ob sich das wirklich so verhalte; wenn er das gewußt hätte, so würde er die Fässer ruhig haben schwimmen lassen.

Was wird er für Antwort erhalten?

4. Ein Dorfbewohner wurde leblos aufgefunden, dem Anscheine nach war er erfroren. Daher wurde von der Polizeibehörde eine Untersuchung, besonders die ärztliche Besichtigung und Sektion der Leiche angeordnet. Es ergab sich, daß der Verunglückte durch übermäßigen Genuß von Branntwein und dadurch hervorgerufene Unfähigkeit richtiger Pfadfindung seinen Tod selbst verursacht hatte. Die erwachsenen Kosten der Untersuchung wurden der Witwe des Verstorbenen, als seiner Erbin, angefordert; diese weigert deren Erstattung.

Entscheidung?

5. Der Landgerichtsrat Welland, ein Junggeselle, hat mit dem Wirte *zur Stadt Kassel* einen Vertrag geschlossen, wonach letzterer gegen jährliche feste Vergütung die den Welland treffende Einquartierung übernehmen soll. Beide haben von ihrem Abkommen der Bürgermeisterei Anzeige gemacht, und diese hat seit mehreren Jahren die einquartierten Mannschaften stets alsbald nach der *Stadt Kassel* gewiesen. Im Herbst v. J. geschah das nicht; und eines Abends 9 Uhr erscheinen drei Mann Militär vor den verschlossenen Zimmern des Welland. Während sie warten, gibt ein zufällig hinzukommender Unteroffizier ihnen den Rat, nach dem nahen *Grünen Baum* zu gehen, dessen Wirt sie gegen Vorzeigung ihrer Einquartierungsscheine aufnimmt und später, nach ihrem Abzuge, dem Landgerichtsrat Welland eine Rechnung über 14 ℳ zusendet. Dieser weigert die Zahlung.

Welches ist die zutreffende rechtliche Auffassung und Entscheidung des Falles?

6. Welche rechtlichen Besonderheiten liegen in den hierunter angeführten Rechtsfällen vor? Und wie stellen sich hiernach Rechte und Pflichten unter den Beteiligten?

a) Die Ehefrau eines Gemeinschuldners bittet dringend ihren vermögenden Bruder, daß er doch die Konkursmasse übernehmen und die Gläubiger befriedigen solle; dieser führt es aus.

b) Der Vorstand einer Ortsgemeinde nimmt zur Vereinnahmung und Verrechnung von Gemeindegefällen einen Rechner an und sichert diesem 1 % der eingehenden Gelder als Vergütung zu; der Rechner bezieht dies auch elf Jahre lang, als sich herausstellt, daß der Vorstand ohne Zustimmung der Gemeindevertretung zu jener Anstellung, nach dortigem Partikulargesetze, gar nicht befugt gewesen sei.

c) Nach dem Tode des D. nimmt eine entfernte Verwandte K., welche in seiner letzten Krankheit beständig um ihn gewesen war, auf Grund eines Testamentes die Erbschaft in Besitz, Verwaltung und Genuß. Hinterher stellt sich heraus, daß das Testament nichtig ist, weil D. bei seiner Errichtung nicht mehr gesunden Sinnes war, sowie daß die K. das genau gewußt hat.

7. Der Bauunternehmer Kugel hatte ein von ihm aufgeführtes Haus dem Gastwirt Mittelstraß auf Kredit verkauft und die Kaufgeldforderung dem Architekten Löffler abgetreten, damit dieser sich hieraus für seine Baurechnungen bezahlt mache. Da die Geldverlegenheit des Kugel in der Folge sich noch steigerte, so übertrug er, unter Mißachtung und Verschweigung der bereits geschehenen Abtretung, jene Forderung später noch einmal an den Kaufmann Stecher, der nun auch den rückständigen Kaufpreis von Mittelstraß vereinnahmt.

Da sowohl Kugel, wie Mittelstraß inzwischen zahlungsunfähig geworden sind, so verlangt Löffler ein rechtliches Gutachten darüber: ob er von Stecher die Herausgabe des vereinnahmten Kaufgeldes verlangen könne?

8. Zwei Vettern führten beide den Namen Kaspar Nöthling; der ältere hat in der Sparkasse seines Ortes 1100 ℳ eingelegt und darüber ein Sparkassenbuch in Händen. Als der jüngere Vetter stirbt und von seiner Schwester beerbt wird, veranlaßt diese, in dem guten Glauben, daß ihr Bruder jene Einlage gemacht, ein Aufgebotsverfahren betreffs des angeblich verloren gegangenen Sparkassenbuches und, da der ältere Kaspar Nöthling als Sachsengänger gerade in der Fremde weilt, ein Ausschlußurteil mit der darin ausgesprochenen Kraftloserklärung des Einlagebuches. Hierauf erhält sie die eingelegten 1100 ℳ von der Sparkasse ausbezahlt, welche statutenmäßig befugt ist, belegte Gelder an jeden Überbringer eines Buches ohne Prüfung der

Legitimation desselben zurückzuzahlen. Erst nach einiger Zeit, bei der Rückkehr des noch lebenden Kaspar Nöthling, klärt sich die Sache auf.

Wie kann der wirkliche Einleger zu seinem Gelde kommen? Gegen wen hat er einen Anspruch auf Erstattung des Geldes und der verlorenen Zinsen; und in welcher Art müßte er begründet werden?

9. Bei Gelegenheit eines Sängerfestes hatte eine Bierausschankhalle (B.) mit dem Architekten A. einen Vertrag geschlossen, wonach A. gegen die feste Summe von 600 *M* die sämtlichen Ausschmückungsarbeiten der Halle übernahm und sich namentlich verpflichtete, von dem Gärtner C. 1000 Meter Guirlanden zu beziehen und anzubringen, zum Preise von 12 *Pf* für den laufenden Meter.

Es hat demnächst eine erhebliche Überschreitung dieser Zahl stattgefunden, da 3900 Meter verwendet wurden. Diese hat A. bei C. nachbestellt, und zwar unter dem Hervorheben, daß nach dem zwischen A. und B. geschlossenen Vertrage die B. verpflichtet sei, das nachbestellte Quantum zu bezahlen.

Jetzt hat C. gegen B. Zahlung der gelieferten Guirlanden klagend verlangt. B. bestreitet ihre Zahlungspflicht überhaupt und insbesondere dem C. gegenüber.

Wie ist hierüber zu erkennen?

CVII

1. Ist in den nachstehenden Fällen ein Rückforderungsrecht des Geschädigten begründet? Bejahendenfalls gegen wen? Auf Grund welcher Gesetzesbestimmungen?

a) H. findet in dem Nachlasse seines Vaters T. einen Mahnbrief des G. auf Bezahlung eines verfallenen Darlehens von 600 *M*. H. zahlt diese Summe an G. Später erfährt er, daß G. vor einem Jahre den T. schon verklagt hatte, damals aber durch gerichtliches Urteil wegen eines, wie jetzt nachweisbar ist, falschen Eides des T. rechtskräftig abgewiesen war.

b) Es wendet jemand einem anderen etwas zu, in der irrigen Meinung, daß dieser sich um ihn in bestimmter Richtung verdient gemacht habe.

c) M. war verpflichtet, dem N. den fünften Teil einer erhaltenen Erbschaft herauszuzahlen. Er macht einen ungefähren Überschlag, zahlt danach an N. und macht den

Vorbehalt, nach etwa besserer Berechnung die Zahlung entsprechend berichtigen zu können.

d) Ein homöopathischer Arzt forderte von einem Annoncenbureau für Reklamen gezahlte Beträge in Höhe von 4966 ℳ zurück, weil diese Beträge über die zwischen den Parteien verabredeten Sätze hinaus berechnet seien. Die Beklagte entgegnet, sie habe höhere Sätze berechnen müssen, weil Kläger ihr eine gefährliche Tätigkeit zugemutet habe: die Einsendungen seien so gefaßt gewesen, als ob sie von den Redaktionen oder unbeteiligten Dritten stammten, während sie vom Kläger selbst herrührten.

e) Der Käufer hat dem Verkäufer einen Vorschuß auf das Kaufgeld gewährt; dann kommt die gekaufte Sache gar nicht oder in ganz schlechtem Zustande bei dem Käufer an.

f) Jemand ist überzeugt, bei einem Kaufhandel von dem Verkäufer betrogen worden zu sein, kann es aber nicht beweisen und zahlt deshalb das Kaufgeld. Nachmals fallen ihm Beweismittel, die seinen erwähnten Verdacht voll bestätigen in die Hand.

g) Der Erbe eines Darlehensschuldners zahlt nach der Antretung der Erbschaft die 2400 ℳ betragende Schuld des Erblassers. Dann stellt sich heraus, daß diese erst in einem halben Jahre fällig gewesen wäre.

h) Ein Schuldner hat seinen Gläubiger mit Geld bezahlt, welches ihm zur Aufbewahrung anvertraut war, und ist dann zahlungsunfähig und flüchtig geworden.

i) R. hat dem S. eine Sache geliehen. Als er sie nach einiger Zeit zurückfordert, weigert sich S., sie herauszugeben. R., dem es darum zu tun ist, seine Sache schnell wieder zu erhalten, gibt dem S. Geld und bekommt sie so alsbald heraus.

k) Der Indossant eines Wechsels hat einem Indossatar die Regreßsumme bezahlt, da ihm unbekannt war, daß er nach der WO. nur bei gültigem Proteste dazu verpflichtet gewesen, der hier nicht vorlag.

l) Ein Postbeamter hat Postanweisungen gebucht, die gar nicht eingelaufen sind. Die Post hat die Beträge den bezeichneten Adressaten ausgezahlt.

m) Eine Dame hatte sich in einer Gärtnerei erkundigen wollen, wie teuer sich das Bepflanzen verschiedener Beete ihres Gartens mit Rosen, sowie die Anlage von Teppichbeeten stellen werde, und hatte hierüber in Abwesenheit des Gärtners mit dessen Personal gesprochen. Dieses stellte mißverständlicherweise dem Prinzipal es später so dar, als ob eine feste Bestellung ergangen wäre. Der Gärtner führt es hiernach in der doppelten angegebenen Richtung aus, indem in zufälliger mehrtägiger Abwesenheit jener Dame ihre Dienstboten, vermeinend, daß die Herrschaft es so angeordnet hätte, den Gärtner in den Garten ließen.

n) Steht dieser Tatbestand in der rechtlichen Beurteilung dem von Fritz Reuter in der *Stromtid* erzählten Vorkommnis vollständig gleich, da der Knecht des Kaufmannes Kurz mit dem Dungwagen irrtümlich auf den Acker eines Dritten fährt und dort den Mist streut und die Jauche auslaufen läßt?

2. Ein Testamentserbe hat gemäß einem in dem Testamente enthaltenen Vermächtnis eine kostbare Uhr dem Vermächtnisnehmer ausgehändigt. Nach einiger Zeit findet sich unter den Erbschaftspapieren ein gültiger Widerruf jenes Vermächtnisses.

a) Kann der Erbe die Uhr als sein Eigentum zurückfordern oder nicht?

b) Wie ist es, wenn der Vermächtnisnehmer sie an einen Dritten verkauft hat? oder verschenkt hat? oder sie erheblich beschädigt hat?

3. Über ein Grundstück war ein mündlicher Kaufvertrag abgeschlossen. Der Käufer zahlte 3000 *M* an, obgleich der Verkäufer ihn bei der Zahlung nochmals fragte, ob sie nicht lieber zu einem Notar gehen wollten, da ja die verabredete Veräußerung ohne Form gesetzlich ungültig sei.

Hinterher sieht sich der Käufer in seinem Vertrauen, daß der andere Teil schon erfüllen werde, getäuscht und will das Geld zurückhaben; wird aber von dem Gegner auf BGB. 814 verwiesen.

Wie steht es damit?

4. Das Handelshaus Röhrer in Hamburg steht mit dem Handelshause Pomy in Leipzig in Geschäftsverbindung. Der Anwalt Freund in Hamburg, welcher für beide Häuser Geschäfte besorgt hatte, wandte sich an Röhrer, als Geschäftsfreund von Pomy, um die Zahlung einer Forderung von 570 *M* zu erlangen; die verlangte Zahlung wurde *zu Ehren der Firma Pomy* unverzüglich geleistet. Pomy weigerte sich jedoch, den Betrag zurückzuzahlen, da er die Schuld nicht anerkennt.

Nun fordert Röhrer von Freund die 570 *M* zurück. Dieser aber weigert sich und bemerkt: Röhrer habe gewußt, daß er ihm, dem Freund, nichts schuldig sei, und habe daher wissentlich eine Nichtschuld gezahlt.

Was ist Rechtens?

5. Ein Bewohner der Stadt Luckenwalde forderte von der Stadt den seit 19 Jahren gezahlten Grundzins zurück, behauptend, daß eine Verpflichtung zur Leistung einer solchen Abgabe von seinem Grundstücke nicht bestanden, und daß er sich hierüber bei den gedachten Zahlungen in einem Irrtum befunden habe.

Die Parteien gerieten wesentlich in Streit über die Frage der Beweislast. Kläger berief sich darauf, daß die Präsumtion für Freiheit des Eigentums spreche, und es deshalb der beklagten Stadtgemeinde obliege, ihrerseits den Beweis für die rechtliche Existenz der betreffenden Grundabgabe zu erbringen; wogegen die Vertreter der Stadt meinten, daß der Kläger die Unrechtmäßigkeit des erhobenen Grundzinses dartun müsse.

Wer war im Rechte?

6. *Friedrich Wilhelms Königes in Preußen verbessertes Landrecht des Königreiches Preußen, von 1721.*

Buch IV, Tit. 17, Art. 2 § 10: . . . Wann jemands einen beklagt, er habe Geldt von ihm eingenommen, daß er ihme nicht schuldig gewest: Oder er habe ihme das vorhin auch einmahl bezahlet, und spricht dann Beklagter, er gestehe nicht, daß er einiges Geld vom Kläger empfangen: In diesem Fall soll der Kläger (wie auch sonst *regulariter* in andern) zur Beweisung der Außgabe solchen Geldes gelassen werden. Und so er die Außgab und *Solutionem* erwiesen: Alsdann muß hergegen der Beklagte darthun, daß ihme dasselbige Geld auß billicher und rechtmäßiger Schuldt bezahlet worden sey.

Fragen:

a) Stimmt diese Gesetzesbestimmung mit den Normen des älteren oder justinianischen römischen Rechtes überein? Wie ist es nach dem BGB.?

b) Wie würde es in dem Falle stehen: da der Zahlende jetzt erst eine Geldforderung an seinen Gegner entdeckt, mit welcher er hätte aufrechnen können?

c) Muß er besonderen Beweis dafür erbringen, daß er zur Zeit der Zahlung die Gegenforderung nicht gekannt hat, oder ist es Sache des Empfängers, das Gegenteil darzutun?

d) Welchen Einfluß würde es haben, wenn der Kläger nicht Geld gezahlt, sondern einen Schuldschein über eine Summe irrtümlich ausgestellt hätte, die er in der Tat nicht schuldig war?

---

7. Juristische Anfrage.

Mein Vater bestellte brieflich infolge einer Annonce bei einem Hauptkollekteur und Effektengeschäft in E. ein Los der Cölner Dombau-Lotterie, schickte aber vorher den Betrag durch Postanweisung mit 3,45 ℳ ein. Der Termin der Ziehung (12. Januar) verstrich, ohne daß er ein Los erhielt. Daraufhin verlangte er sein Geld zurück. Es erfolgte aber nicht einmal Antwort darauf. Auf einen zweiten diesbezüglichen Brief kam eine Ziehungsliste an.

Was hat mein Vater zu tun, um wieder zu seinem Gelde zu kommen?

8. Wie verhält es sich bei den kommenden Tatbeständen mit der Rückforderung und den dafür maßgeblichen Gesetzesstellen?

a) Jemand mietet einen Kutscher und gibt diesem, der in einigen Tagen den Dienst antreten soll, einen Vorschuß auf den versprochenen Lohn, dann wird der Kutscher krank und zum Eintritte unfähig.

b) Der V. hat sich mit der W. verlobt und ihr alsdann verschiedene wertvolle Geschenke gemacht. Nach einiger Zeit muß er erfahren, daß die W. bereits verheiratet ist.

Dabei sind zwei Möglichkeiten in das Auge zu fassen: Entweder hatte W. die Absicht, von ihrem Ehemanne sich scheiden zn lassen, oder es fehlte ihr dieser Vorsatz gänzlich, und sie hatte den V. in Erwartung solcher Geschenke über ihren Personenstand absichtlich getäuscht.

c) Es legt jemand Geld in einer Sparkasse ein, wobei die Empfangsbescheinigung nur von dem einen Beamten, statt wie vorschriftsmäßig von zweien, unterschrieben wird. Die Sparkasse verweigert deshalb die Rückzahlung.

d) P. hatte dem Q. Geld gegeben, damit dieser einen Meineid schwöre und vor Gericht als Zeuge die Wahrheit nicht bekunde. Später verspricht Q. dem P., das erhaltene Geld wieder zurückzuerstatten.

e) Der Mieter eines Bordells hatte als Mietgeld 516 ℳ gezahlt; er möchte diese Summe gerne zurückhaben.

f) Um seine Gläubiger zu schädigen und diesen angeblich ein zur Zwangsvollstreckung geeignetes Objekt zu entziehen, hat S. eine ihm gegen X. zustehende Forderung dem U. zum Scheine abgetreten. Später verlangt er von U. Rückgabe.

g) Z. hatte sich von einer auswärtigen Bibliothek Handschriften leihweise bestellt und gewünscht, daß diese an die in seinem Wohnorte befindliche Universitätsbibliothek gesandt würden, die ja jedenfalls bereit sein würde, die Manuskripte anzunehmen und ihm auf dem Lesezimmer zur Verfügung zu stellen. Die Handschriften werden an die Bibliothek gesandt, die sie annimmt, aber dem Z. nicht zur Verfügung stellt, da sie ihn aus irgend einem Grunde von der Benutzung der Bibliothek ausschließen zu können glaubt. Dagegen will sie die Handschriften auch nicht zurückgeben, weil sie behauptet, daß die fraglichen Gegenstände im Eigentume einer benachbarten Bibliothek ständen, der sie vor nicht langer Zeit entwendet worden sind.

9. Die Ehefrau Pausch wurde bereits am 130. Tage nach ihrer Verheiratung von einem Kinde entbunden, dessen Vater ein gewisser Mirus, und nicht ihr Ehemann, war. Mirus versprach nun dem Pausch 800 *M*, wenn dieser das von seiner Frau geborene Kind als sein eheliches anerkenne und demgemäß, die Vaterschaft des Mirus verschweigend, die entsprechende Erklärung bei dem Standesamte abgebe. Das geschah; und Pausch erhielt von Mirus eine Urkunde ausgestellt, worin dieser bekannte, hierdurch dem Pausch 800 *M* schuldig geworden zu sein (BGB. 780). Mirus bezahlte dann auch 200 *M*, worauf Pausch sein Guthaben an Vierling übertrug.

Jetzt weigert sich Mirus, weiter zu zahlen, behauptet auf erhobene Klage, daß der ganze Akt null und nichtig sein müsse, und fordert die bezahlten 200 *M* widerklagend zurück.

Entscheidung?

10. Bei einer Erbteilung hatte ein Fabrikant das väterliche Landgut übernommen und seine Geschwister in Geld abgefunden. Er suchte nun nach einem Inspektor für jenes und trat mit verschiedenen Bewerbern in Verhandlung. In der Erwartung, daß er mit dem einen zur Einigung kommen werde, schickte er ihm 150 *M* als Reisegeld und Anzahlung auf den Lohn.

Bei der persönlichen Vorstellung fanden sie aber gegenseitig nicht besonderes Gefallen aneinander. Und es forderte der Besitzer die gezahlten 150 *M* zurück.

Der Beklagte behauptete dagegen, daß bei der Zusammenkunft ein Dienstvertrag bindend abgeschlossen worden sei.

Zeugen waren nicht zugegen gewesen. Als Beweismittel wurde beiderseits Eid benannt.

Wie hat das Gericht zu entscheiden?

11. Die siebzehnjährige Waldrade hatte sich unter Zustimmung ihres Vaters Teutberg mit Arsenius verlobt; und es war ihre Aussteuer dem Bräutigam bereits von Teutberg übergeben. Nachmals erfuhr letzterer, daß Arsenius einem übel berufenen und unzüchtigen Lebenswandel ergeben sei. Er löst die Verlobung auf und fordert das Heiratsgut zurück. — Arsenius weigert sich dessen. Teutberg verstoße mit seiner Forderung gegen BGB. 815, da die Ermangelung der Ehe auf die eigene Tat des Fordernden zurückgehe. Dagegen führt letzterer BGB. 1299 an.

Wie ist hierüber zu erkennen?

12. Kaiser Alexander I. von Rußland unternahm einst eine Fahrt zum Rheinfallfelsen bei Schaffhausen. Der Schiffmann Gelzer, dem das Leben des Potentaten anvertraut war, rief demselben voller Besorgnis zu: *Hocked abe, Majestät!* als es nicht mehr ging, im Schiffe stehen zu bleiben. Darauf setzte sich Alexander, lächelnd über den biederen Zuruf, auf ein Brett, und dieses Brett wurde seither als Familienstück von den Nachkommen der glücklichen Schiffsleute getreulich gehütet. Die Frau des jetzigen Inhabers kam, vor einigen Jahren, auf den nur der Weiberlist möglichen Gedanken, das Brett dem Großneffen desjenigen, der darauf gesessen, dem Kaiser Alexander III., zuzueignen, und wirklich wurde das Geschenk angenommen und vom Zaren als Zeichen der Erkenntlichkeit der Geberin eine wertvolle Brosche geschenkt. Nun erhoben die zwei Geschwister und Miterben des Mannes der Schenkgeberin Ansprüche auf Teilnahme an dem Geschenke.

Es ist darüber juristisch abzuurteilen; und zwar

a) unter der Annahme, daß die Frau das Miteigentum der jetzigen Kläger gekannt hat und trotzdem und bewußt hinter deren Rücken vorgegangen ist;

b) unter derjenigen, daß sie im guten Glauben, daß das Brett ihrem Manne allein gehöre, gehandelt hat.

13. Der Schneider Hösel läßt zum Zwecke der Vollstreckung eines erfochtenen obsiegenden Urteiles gegen den Kaufmann Backhaus eine Forderung, welche dieser gegen den Kanzlisten Raab hatte, pfänden, worauf er von Raab in weiterem ordnungsgemäßen Vollstreckungsverfahren das Geld ausbezahlt bekommt. Da tritt der Händler Puricelli auf und weist nach, daß, vor der Pfändung der Forderung, Backhaus diese ihm, dem Puricelli, übertragen hatte.

Es fragt sich, ob Puricelli gegen einen der Genannten — und gegen wen — einen Anspruch hat? Welche *actio* würde in Frage kommen? Wie wäre sie zu begründen? Und worauf könnte sie gerichtet werden?

---

14. Ein Freund eines in der Schweiz weilenden und dort erkrankten Gutsbesitzers bekümmert sich um die Wirtschaft des Abwesenden und kauft auch Getreide, das zur Fütterung der Tiere des Reisenden verwendet wird.

a) Hat der Verkäufer des Getreides einen unmittelbaren Anspruch gegen den Gutsbesitzer?

b) Zieht die etwaige Zahlungsunfähigkeit des Freundes besondere Rechtsfolgen nach sich?

c) Ist es für die Beantwortung unserer Fragen von Bedeutung, ob der Freund dem Verkäufer gegenüber erklärt hat, daß er im Interesse des Gutsbesitzers den Kauf abschließe, oder nicht?

15. Der Landwirt Schüttel hatte beim Kaufmann Nürnberger eine Schuld von etwa 250 ℳ für verschiedene Wirtschaftsbedürfnisse während der Ernte aufgenommen. Schüttel starb überschuldet. Bei der Zwangsversteigerung erstand Eberius das Gehöft.

Nun stellt Nürnberger eine Klage auf Zahlung gegen Eberius an, weil die von dem Kläger gelieferten Waren zum Nutzen des Hofes verwendet wären.

Ist dieser Klage statt zu geben?

16. Canter klagt gegen Osten auf Kaufpreis für 100 Scheffel Malz, welche von dem Vater des Osten für diesen von Canter gekauft und in dem Brauhause des Osten versotten worden seien. Osten entgegnet, daß sein Vater keine Vollmacht zu jenem Handel gehabt und auch eine Gegenleistung von ihm, dem jetzigen Beklagten, nicht erhalten habe.

Wird die Klage des Canter durchdringen?

17. Es hat Kläger die Beklagte wegen 50 an Oppermannen geliehenen Reichstaler in Anspruch genommen und den Grund seiner Klage darinnen gesetzt, daß solche 50 Reichstaler zur Tilgung der auf dem Oppermannischen Hause haftenden Schulden angewendet worden, also der Beklagten, welche solches Haus jetzo besitze, zu gute gekommen. Beklagte hat hierwieder weiter nicht geantwortet, als dieses, sie habe mit dem Kläger nicht *contrahiret*, wobei sie denn *exceptionem non competentis actionis* vorgeschützet. Fraget es sich: ob solche *exceptio* Stich hält?

(Aus Leyser, Meditationes ad pandectas.)

18. Der Besitzer eines hochgelegenen Grundstückes hat auf dasselbe Dünger aufgeführt. Ein starker Regen weicht den Dünger auf und schweift ihn auf das unterhalb liegende Grundstück, so daß der Besitzer des letzteren den Nutzen des Düngers zieht.

Jener verlangt Entschädigung wegen nützlicher Verwendung und ungerechtfertigter Bereicherung.

Mit Recht?

CVIII

1. Welche Zweifels- und Entscheidungsgründe kommen in folgenden Fällen rechtlich gestellten Verlangens zur Erwägung?

a) Ein Erbe hat von einem Erbschaftsschuldner Zahlung empfangen und eine Quittung ausgestellt. Um den Vermächtnisnehmern gegenüber genau dartun zu können, wieviel die Erbschaft beträgt und was er erhalten, möchte er gern jene Quittung einmal wieder haben und fordert sie von dem Empfänger in diesem Sinne zurück.

b) Von einem Hofbesitzer wird Verdacht gehegt, daß die seit kurzem in seinen Keller eindringende Feuchtigkeit durch die ordnungswidrige Beschaffenheit des Brunnens auf dem Nachbargrundstück verursacht werde. Er beantragt daher, durch Sachverständige jenen Brunnen untersuchen zu lassen.

c) Ein Droguist verklagt den Vater eines ihm entlaufenen Lehrlings auf Zahlung des Lehrgeldes. Der Beklagte erwidert, daß sein Sohn mit Recht die Lehre verlassen habe, da er in dem ganz schlecht geführten Geschäfte des Klägers nichts Ordentliches habe lernen können. Ein sachverständiger Augenschein in dem Hause des Klägers, sowie eine genaue Untersuchung von dessen Geschäft und Prüfung der mangelhaft geführten Bücher würden das bestätigen, welchen Beweis er daher vorzunehmen bitte.

d) Eine Genfer Zeitung drohte einmal, sie werde eine Liste der sämtlichen Freimaurer der Schweiz veröffentlichen. Die Großloge *Alpina* stellt darauf den gerichtlichen Antrag, das Schriftstück vorzuweisen. Es könne nur durch Vertrauensbruch das Verzeichnis in fremde Hände gekommen sein; und es solle deshalb nach Feststellung dessen gegen den Täter vorgegangen werden.

2. Ein auf 10 Jahre verpachtetes Bauerngut war nach dem Tode des Eigentümers von den Erben verkauft worden, während jene Pacht noch 4 Jahre zu laufen hatte. Der Käufer verpachtete es an einen Dritten; der seitherige Pächter mußte ausziehen.

Er will nun die Erben seines Verpächters auf Schadensersatz belangen; zu diesem Zwecke aber ist eine genaue Besichtigung des fraglichen Gutes unumgänglich notwendig, um auf Grund derselben eine Taxation des dem Pächter zugefügten Schadens vornehmen zu können.

Gegen wen und in welcher Art und Weise muß er vorgehen, um im Wege Rechtens zu seiner Schadloshaltung zu kommen?

3. Jedem Gebildeten ist es geläufig, wie Gustav Freytag in seinem Romane *Die verlorene Handschrift* das vergebliche Suchen zweier Gelehrten nach einem Manuskripte des Tacitus zur Schilderung bringt. Nach alten Notizen sollte die Handschrift um das Jahr 1500 im Kloster vorhanden gewesen sein; während im April des Jahres 1637 die letzten Mönche dieses Klosters, in schwerer Kriegszeit, das Kirchengerät und die Handschriften des Klosters an einer hohlen und trockenen Stelle des Hauses Bielstein vor den Schweden verborgen hatten. Schloß Bielstein stand zur Zeit der Erzählung noch wesentlich im alten Zustande und hatte seinen Eigentümer mehrmals gewechselt; war übrigens in der ganzen Gegend als Ort verrufen, an welchem alte Mönche ihre Schätze vermauert hätten.

Hieran lassen sich folgende Rechtsfragen anknüpfen:

a) Hätten die beiden Philologen den jetzigen Besitzer von Bielstein rechtlich nötigen können, daß er das Durchsuchen seines Hauses und Gutes nach der alten Handschrift dulde? Wäre es von Einfluß gewesen, wenn jene eine ganz bestimmte Stelle (etwa die, wo späterhin wirklich versteckte Gegenstände entdeckt wurden) als Ort des Versteckes bezeichnen konnten? Von welcher *actio* würde überhaupt die Rede gewesen sein? Oder hätte man vielleicht verlangen können, daß der Besitzer selber suche und nachgrabe?

b) Würde es für diese Fragen einen Unterschied machen, wenn nicht die genannten Gelehrten, sondern der Verkäufer und frühere Eigentümer des Gutes die Nachsuchung verlangt hätte? — oder der Rechtsnachfolger jenes Klosters?

c) Würde vielleicht das Angebot oder die Forderung einer Sicherheitsleistung für die Beantwortung der gestellten Fragen von Interesse sein?

4. Ein Fürst borgt 100000 Tlr. von drei *Bankiers,* welche dieses Geld zusammenschießen, und gibt ihnen darüber eine gemeinschaftliche *Obligation,* die einer von diesen 3., welchem von den übrigen, wie auch die Hebung der *Interessen* aufgetragen wird, in Verwahrung bringt. Der Fürst befriedigt hernach 2. von ihnen, und bekommt die *Obligation* zurück. Der 3te, der seynen Antheil noch zu fordern hat, verlangt nun vom Fürsten die *Edition* der *Obligation.*

(Aus einem Pandekten-Praktikum des XVIII. Jahrhunderts.)

CIX

1. Was für *delicta privata* des römischen Rechtes stehen im folgenden in Frage? Welche Sätze des BGB. kommen in Betracht?

a) Ein Gutsbesitzer fuhr kürzlich, eine Cigarre rauchend, auf der Thüringer Bahn. Ihm gegenüber saß eine Dame, die infolge des Cigarrenqualmes bald zu hüsteln anfing. Sie ersuchte den Raucher, das Rauchen zu unterlassen. Er aber rauchte weiter, indem er die Dame darauf aufmerksam machte, daß sie dann in einen Wagen für Nichtraucher hätte steigen mögen. Sie bittet nochmals, aber vergebens. Plötzlich springt sie auf, reißt ihm die Cigarre aus dem Munde und wirft sie zum Fenster hinaus. Dabei fiel ihr unter ihrem Mantel verborgen gehaltener Schoßhund zur Erde, den er sofort ergreift und auch zum Fenster hinausschleudert.

b) A. behauptet fahrlässig in unbegründeter Weise, daß im Hause des B. Schwamm sei. Infolgedessen zerschlägt sich ein vorteilhafter Verkauf des Hauses an den C.

c) In einer Zeitung fand sich die Notiz, daß ein Konkurrenzblatt demnächst nicht mehr erscheinen werde. Die Nachricht war falsch — sei es, daß der Verbreiter es gewußt, sei es, daß er fahrlässig gehandelt hatte —, brachte aber dem davon betroffenen Blatte großen Schaden.

d) Vor dem Civilgerichte zu Paris klagt der Herzog von La Rochefoucauld-Doudeauville, Abgeordneter des Sarthe-Departements und Präsident der royalistischen Rechten, gegen eine *hellsehende* Somnambule, die Frau Mongruel. Diese

Dame arbeitet schon seit einem halben Jahrhundert in ihrem Fache, muß sich aber der Konkurrenz jüngerer Kolleginnen erwehren und veröffentlicht in ihren Zirkularen *lobende Zeitungsausschnitte* und Anerkennungsschreiben bekannter Persönlichkeiten, darunter auch das nachfolgende: *Frau Mongruel, liebenswürdig und natürlich im wachenden Zustande, schien mir während ihres Schlafes von einem hervorragenden, gewissenhaften und weisen Hellblick zu sein, und ich mache mir ein Vergnügen daraus, diese Wahrheit denen zu bezeugen, welche die Sibylle zu Rate ziehen. La Rochefoucauld, Herzog von Doudeauville.*

Der Präsident des Jockey-Klubs, der für einen der ersten Vertreter der französischen Aristokratie gilt, war empört über den Mißbrauch, der mit seinem Namen getrieben wurde, und bezichtigte die Somnambule der Fälschung. Allein Frau Mongruel wies das Original des Zeugnisses vor, an dessen Echtheit nicht geweifelt werden konnte; nur das eine hatte die hellsehende Dame weggelassen, das Datum, 16. März 1849.

Der jetzige Stammherr derer von La Rochefoucauld-Doudeauville, dem das Zeugnis der Somnambule bei den Abgeordnetenwahlen schaden könnte, dringt nun darauf, daß Frau Mongruel auch das Datum veröffentliche.

e) Der Besitzer eines Bergwerkes hatte seither Erze aus jenem auf einem öffentlichen Waldwege abgefahren. Die Gemeinde, der der Weg gehört, hat jetzt ein Verbot auf Befahren desselben mit Erzen erlassen und jenen Besitzer, als er sich an das Verbot nicht kehrte, bei dem Forstgerichte angezeigt. Der Angeklagte behauptet, daß nicht er, sondern die Gemeinde deliktisch gehandelt.

2. In den bayerischen Alpen besteht noch immer die allbekannte Sitte oder Unsitte des *Haberfeldtreibens.*

Unter welchen civilrechtlichen Gesichtspunkt ist das Auftreten der vermummten Richter dem Angegriffenen gegenüber zu stellen? Kann dieser, wenn er auf Grund des Haberfeldes von aller Welt gemieden und in seinem Erwerbe geschädigt oder geradezu geschäftlich ruiniert wird, gegen etwa ihm bekannte Anstifter, Teilnehmer oder Ausführer jenes Unfuges mit einer Schadensersatzklage auftreten?

3. Ein Schullehrer war strafgerichtlich verurteilt worden, weil er an einem zehnjährigen Mädchen unzüchtige Betastungen vorgenommen hatte. Nunmehr klagt der Vater des Kindes civilrechtlich auf Schadensersatz.

Wie steht es mit Rechtsgrund und Durchführung dieser Klage?

4. Von einem Armenpfleger läuft bei einem Anwalte folgendes Schreiben ein: Vor mehreren Wochen wurde die Frau eines Mannes, der in beschränkten Verhältnissen lebt, von einem scheu gewordenen Pferde niedergerissen. Infolgedessen ist die Frau längere Zeit arbeitsunfähig gewesen, außerdem sind durch Zuziehung des Arztes dem Manne bedeutende Kosten erwachsen. Der Besitzer des Pferdes weigert sich, ihm irgend welche Vergütung angedeihen zu lassen. Das Pferd ist dadurch scheu geworden, daß die Deichsel des Wagens ausgezogen ist. Der Besitzer ist aber auf die Schadhaftigkeit derselben vorher aufmerksam gemacht worden.

Kann der Besitzer des Pferdes gezwungen werden, die ärztlichen Kosten zu bezahlen und Schadensersatz zu leisten?

5. Ein Hauseigentümer befragt einen Juristen:

Am heurigen Sedanstage riß eine meiner zur Dachluke herausgehängten Fahnen infolge eines heftigen Windstoßes von des Nachbars Fenster zwei durch keine Vorrichtung vor dem Hinunterfallen geschützte Blumentöpfe hinab. Der Eigentümer verlangt Bezahlung.

Bin ich schuldig, die Töpfe zu ersetzen? Oder besteht nur dann eine Verpflichtung, wenn die Töpfe trotz einer Sicherheitsvorrichtung hinabgezogen wären?

6. Ein merkwürdiger Unfall ereignete sich einmal im Betriebe der Berliner Stadtbahn. Ein Soldat, welcher, auf der Urlaubsreise begriffen, in einem Fernzug bis zum Schlesischen Bahnhof fuhr, lehnte sich, um sich abzukühlen, zum Fenster hinaus. Der Soldat wollte sich nun vor der Möglichkeit eines Diebstahls sichern und hielt auch seinen Koffer, um diesen ständig vor Augen zu haben, zum Coupéfenster hinaus. Als der Zug an einer Signalstange hinter dem Bahnhof Börse vorbeisauste, streifte das Gepäckstück die Stange und stürzte in die Tiefe. Der Koffer fiel in den Garten der *Deutschen Konzerthallen* an der Spandauerbrücke und dort dem Geschäftsführer auf den Kopf, welcher eine, glücklicherweise nicht gefährliche, Verletzung erlitt.

Kann der Verletzte von dem Soldaten eine Entschädigung verlangen?

7. In einem Marmorgeschäft zu Cöln traten die Arbeiter anfangs dieses Jahres in Ausstand, weil der Inhaber einen entlassenen Arbeiter nicht wieder einstellen wollte. Über das betreffende Geschäft wurde von seiten der Arbeitnehmer die Sperre verhängt. Der Inhaber erließ nun an sämtliche Marmorgeschäfte in Cöln ein Zirkular, in welchem er die streikenden Arbeiter mit Namen nannte und empfahl, sie nicht einzustellen.

Jetzt stellten zehn der ausständigen Arbeiter gegen ihren seitherigen Arbeitgeber eine Entschädigungsklage an.

Wie ist darüber zu befinden?

Ähnlich scheint folgender Fall zu liegen:

Der französische Sozialistenführer Jaurès und zwei seiner Parteiblätter sind vor nicht langer Zeit von den Gerichten Frankreichs verurteilt worden, dem Glashüttenbesitzer Rességnier 150000 Franken Schadensersatz zu leisten, weil sie ihn durch ihre Parteinahme für die Arbeiter in dem großen Glasarbeiterstreik geschädigt hätten. Das Urteil war namentlich darauf gestützt, daß die Agitatoren den Besitzer fälschlich eines Vertragsbruches gegen die Arbeiter durch angebliche Lohnverkürzung oder ungerechtfertigte Entlassung bezichtet hatten.

Wie verhalten sich die beiden Tatbestände zu einander? Welches ist die richtige Entscheidung des zweiten nach unserem BGB.?

8. Eine alte Frau, die in dem Hinterhause des A. zur Miete wohnte, fiel des Abends über eine große Kiste, welche ein anderer Mieter (B.) im Hofe hatte stehen lassen, und verletzte sich dabei nicht unerheblich.

Kann die Frau gegen A. oder gegen B. mit einer Ersatzklage erfolgreich vorgehen?

Kommt etwas darauf an, ob der A. den Hof beleuchtet oder dies zu tun unterlassen hatte?

Wie stände es, wenn nicht die Mieterin, sondern ein Fremder (X.) in der angegebenen Weise zu Schaden gekommen wäre?

Steht dem Gesagten der Fall gleich, da ein Hauseigentümer es unterließ, den Bürgersteig bei Glatteis nach polizeilicher Vorschrift mit Asche, Sand oder dergleichen zu bestreuen, und nun ein Vorübergehender zu Fall kam und sich beschädigte?

9. Ist in den folgenden Fällen ein Ersatzanspruch des Geschädigten begründet? Gegen wen würde er ihn zu richten haben? Welche *actio* steht in Frage? Wie unterscheiden sich hierbei das ältere, das klassische, das justinianische, das seitherige und das heutige bürgerliche Recht?

a) Am 5. November v. J. begegnete abends auf der Eschersheimer Landstraße die Lokalbahn einer Hammelherde, die etwa 300 Tiere stark war. Mehrere Hämmel wurden dermaßen verletzt, daß sie alsbald geschlachtet werden mußten, 2 Tiere wurden zermalmt.

b) Ein Hauseigentümer läßt das Haus neu decken; die Dachdecker stellen kein Warnungszeichen aus; und es werden durch herunterfallende Ziegel Vorübergehende beschädigt und verletzt.

c) Aus Versehen nimmt jemand beim Nachhausegehen aus einer Restauration einen fremden Hut mit; oder er setzt ihn auf, weil dieser an Stelle seines von einem Dritten mit sich geführten Hutes zurückgeblieben ist. Durch einen unterwegs sich einstellenden Regen wird der Hut verdorben.

d) Im Falle c) stieß der Heimkehrende auf einer Brücke mit einem Angetrunkenen zusammen und kam in Wortwechsel mit demselben. Dieser schlägt ihm, in Wut versetzt, den Hut vom Kopfe und in das Wasser.

e) Ein Fensterpfosten war schadhaft und lose geworden; in einer Unterredung darüber erbot sich dem Mieter der betreffenden Wohnung ein anderer Bewohner des Hauses, die Reparatur durch seinen Schwager, einen Zimmermann, besorgen zu lassen, welcher jedoch erst in einigen Tagen, am nächsten Sonntage, dazu Zeit haben werde. Der Mieter war damit einverstanden. Aber am folgenden Tage fiel der Fensterpfosten von seinem Standorte im dritten Stocke auf die Straße und verwundete eine vorübergehende Frau schwer.

f) In der Rinne einer von der Straßenbahn-Gesellschaft gelegten Schiene bleibt ein Pferd mit dem Hufstollen hängen und geht infolge hiervon zu Grunde.

g) Auf einer öffentlichen Straße erleidet ein Gefährt Schaden, weil die Straße mangelhaft angelegt, elend gepflastert und sehr schlecht im stande gehalten ist.

h) In einer kleinen Stadt finden sich auffällig viele Brust- und Augenleidende. Bei näherer Untersuchung stellt sich heraus, daß die Gemeindebehörde in übel angebrachter Sparsamkeit die Räume und Einrichtungen der Schulen in ganz ungenügender und schlechter Art hat bestehen lassen, und dadurch viele Kinder lungenkrank oder kurzsichtig geworden sind.

i) Der Amtsrichter Dr. D. hatte im vorigen Herbst bei der Rückfahrt von Grünberg nach Züllichau abends mehreren Personen auf der Landstraße das für Radfahrer vorgeschriebene Glockenzeichen nicht gegeben und sie angefahren und verletzt, weil er sie bei der völligen Dunkelheit nicht hatte sehen können; sonst hatte er allen Vorschriften genügt, insbesondere eine brennende Laterne, welche jene Personen zugestandenermaßen auch gesehen hatten, geführt.

k) Ein Waldeigentümer hat auf seinem am Flusse gelegenen Grundstücke Floßholz aufgehäuft, welches im Frühjahre durch eine — sei es regelmäßig eintretende und mit Wahrscheinlichkeit vorauszusehende, oder eine nach Vorkommnis und Größe ganz ungewöhnliche — Überschwemmung auf andere Grundstücke weggeführt wird und dort Schaden anrichtet.

10. Ein Hühnerzüchter, namens Laggen, klagte gegen eine Schnapsfabrik auf Schadensersatz, weil sie berauschende Flüssigkeit in einen benachbarten Teich fließen lasse und dadurch seine Hühner und Enten betrunken und für seine Zwecke unbrauchbar mache. Der arme Mann erzählte eine traurige Geschichte von der Trunksucht seines Federviehes. Der Appetit der Hühner sei verloren, und sie wollten weder Eier legen noch fett werden. Sie seien beständig betrunken, außer Sonntags, wenn die Brennerei nicht arbeite. An diesem Tage litten sie dafür am schrecklichsten Katzenjammer. Und am allerschlimmsten sei es Montags; denn da tränken sie ganz riesig, und weil an diesem Tage die Hennen oft in den Teich fielen, habe er einen Jungen anstellen müssen, um sie zu bewachen. Sie weigerten sich, zu fressen, bevor sie ihren Spaziergang nach dem Teich gemacht hätten; am Lande benähmen sie sich dann abscheulich, und die Enten seien nicht besser als die Hennen.

Wie ist hier zu erkennen?

11. In neueren Zeiten sind die kaufmännischen *Auskunftsbureaus* immer mehr aufgekommen und an Bedeutung gewachsen. Ihre Tätigkeit erstreckt sich vor allem, wie die größte deutsche Auskunftei, von Schimmelpfeng in Berlin, in ihrem Prospekte sagt, *auf die Erteilung von Auskunft über die Kreditwürdigkeit* *aufgegebener Firmen;* sie erfolgt gegen Vergütung nach bestimmtem Tarif.

Aus den hierbei leicht auftauchenden Rechtsfragen sind vornehmlich zwei von grundlegendem Interesse:

a) In welcher rechtlichen Stellung befindet sich der Inhaber eines Auskunftsbureaus zu dem Anfragenden, wenn dieser durch eine versehentlich falsche Auskunft zu Schaden gekommen ist?

b) Setzt sich der Inhaber eines Auskunftsbureaus irgend welchen civilrechtlichen Ansprüchen des dritten Kreditsuchenden dadurch aus, daß er über ihn ungünstig berichtet?

c) Wie verhält sich hierzu diese Rechtsfrage: Ein Neapeler Hotel *Allegria* hatte Baedecker verklagt, weil er es in seinem Reisebuch als *Haus für alleinreisende Herren* bezeichnet hatte.

12. B. versichert dem A. auf dessen Anfrage wider besseres Wissen, daß N., der von A. Kredit begehrt, in Rom ein eigenes Haus besitze und 50000 Lire im Vermögen habe; dabei erklärt aber B. ausdrücklich: *Er übernähme keine Haftung, auch keine moralische.*

Kann A., der daraufhin in Schaden gekommen ist, sich nicht doch irgendwie an den B. halten?

13. Es ist ein bekanntes Manöver emittierender Bankhäuser, daß sie durch bezahlte Zeitungen falsche oder doch stark übertriebene Berichte über die günstige Finanzlage des gerade fraglichen ausländischen Staates, städtischen Gemeinwesens oder privaten Unternehmens bringen lassen, um das Publikum zum Ankaufe der betreffenden exotischen Wertpapiere zu veranlassen.

Können die dadurch Geschädigten gegen die Veranlasser oder Schreiber solcher Artikel, wenn sie nachweisen können, daß dieselben von der Richtigkeit des wesentlichen Inhaltes der Veröffentlichungen nicht überzeugt gewesen sind, einen Ersatzanspruch mit Erfolg geltend machen?

14. Welche juristischen Begriffe sind bei Beurteilung der folgenden Vorkommnisse in Erwägung zu ziehen und anzuwenden? Was für *actiones* waren entstanden? Und wie würde auf nachmaliges Verlangen der Beteiligten jede Angelegenheit im Wege Rechtens zu erledigen sein?

a) Valabrègue, der bekannte Pariser Possendichter, befand sich eines Abends auf den äußeren Boulevards, als es heftig zu regnen anfing; er sprang in eine Droschke. Unterwegs merkte Valabrègue, daß er seine Börse vergessen hatte. Was nun? Am Bestimmungsorte angelangt, stieg er aus und sagte ruhig zu dem Kutscher: *Bitte, geben Sie mir ein Streichholz, ich habe ein Zwanzigfrankstück im Wagen fallen lassen.* Kaum waren diese Worte gesprochen, als der Kutscher seinem Pferde einen gewaltigen Peitschenhieb versetzte und das Gefährt im Galopp hinter der nächsten Ecke verschwand.

b) *Halbpart!* rief auf einem Jahrmarkte ein biederer Landmann einem Arbeiter zu, als dieser ein Geldtäschchen aufhob, in dem sich eine Doppelkrone vorfand. Der Finder war mit dem *Halbpart* einverstanden, bedauerte aber, die 10 ℳ nicht herausgeben zu können, da er nicht so viel besitze. Rasch nahm deshalb der Landmann die Doppelkrone an sich und zahlte die 10 ℳ heraus, machte aber später die unangenehme Entdeckung, daß er einem Gauner in die Hände gefallen war, denn die vermeintliche Doppelkrone war eine — Spielmarke. Der Betrüger hatte jedenfalls den *Fundgegenstand* selbst erst auf die Erde gelegt.

c) Der Diplomfälscher Ludwig Ganting, ehemals Privatdozent der Musikgeschichte an der Universität Bern, stand dieser Tage vor der Kriminalkammer in Bern, der Fälschung öffentlicher Urkunden (Doktordiplome der Berner Hochschule) angeklagt und geständig. Der Angeklagte bestritt, durch diese Handlung eine materielle Schädigung der betreffenden Personen verursacht zu haben; auch behauptete er, daß die von ihm betrogenen Personen gewußt hätten, daß die Diplome nicht echt seien.

15. Jemand, der bei einer Versicherungsgesellschaft für den Fall seines Todes seinen Angehörigen ein bestimmtes Kapital versichert hat, wird von einem Dritten ermordet. Nunmehr geht die Gesellschaft gegen den Täter deshalb vor, weil sie schon jetzt das versicherte Kapital unter Entbehrung weiterer Prämien und unter Verlust des Zwischenzinses hat auszahlen müssen, während nach dem gewöhnlichen Laufe der Natur der Tod des Versicherten so bald noch nicht zu erwarten stand.

Was ist Rechtens?

16. Ein Gutspächter trifft auf seinem Kleefelde einen Knaben, zwei Kühe weidend. Auf die Frage nach dem Eigentümer der

Kühe erfolgt eine falsche Namensangabe. Der fälschlich Beschuldigte erhebt gegen das ihm zugestellte Strafmandat Widerspruch, kommt vor das Schöffengericht und wird natürlich freigesprochen.

Wer entschädigt aber dem Manne die zwei dabei in seinem Berufe versäumten Tage?

17. Ein Gerichtstaxator, welcher beauftragt war, eine Taxe über ein Grundstück zu fertigen, nahm irrigerweise an, daß auf dem Grundstücke ein Wohnhaus sich befinde, während dieses auf dem Nachbargrundstücke stand. Er stellte danach die Taxe auf, ohne sich noch einmal von dem Sachverhalte überzeugt zu haben.

Der Auftraggeber erwarb daraufhin eine auf dem taxierten Grundstück haftende Hypothek und kam zu Schaden.

Kann er den Taxator verantwortlich machen?

18. Ein Schwiegervater und ein Schwiegersohn bewohnten gemeinsam das ihnen gehörige Haus; jeder war Eigentümer *(pro indiviso)* zur Hälfte, der Benutzung nach war das Haus jedoch so abgeteilt, daß der Schwiegervater den größeren Teil innehatte. Infolge entstandener Streitigkeiten erhob der Schwiegersohn Klage mit dem Antrage, seinen Schwiegervater zur Zahlung einer Gleichstellungssumme zu verurteilen.

Die zu diesem Zwecke gerichtsseitig veranlaßte Taxation ergab als Wert des vom Kläger innegehabten Anteiles 2220 *M*, wogegen für den vom Beklagten besessenen Teil 2580 *M* sachverständig festgestellt wurden. Die Parteien vereinigten sich dahin, daß durch Gerichtsurteil der seitherige Besitzstand zum Rechtsstand erhoben werden sollte; gegen die Schätzung der Sachverständigen wurde nichts eingewandt und die Feststellung der hiernach an den Kläger zu zahlenden Ausgleichssumme dem Gerichte überlassen.

Das Landgericht verurteilte den Beklagten zur Zahlung von 360 *M*.

Erst nach eingetretener Rechtskraft dieses Urteils entdeckt der Beklagte die ihm fehlerhaft zugefügte Schädigung.

a) Kann er gegen das Gericht mit Fug klagend vorgehen?

b) Wenn diese Frage — sei es nach vorliegendem Tatbestande, oder unter anderen Voraussetzungen — zu bejahen ist: in welcher Art und Weise hat der Geschädigte zu operieren? Wie ist es namentlich, wenn der Gerichtsbeschluß *per maiora* gefaßt worden ist, der Geschädigte aber die Abstimmung der einzelnen Richter nicht kennt?

19. Es wird jemand amtlich als Zeuge vor das Amtsgericht einer benachbarten Stadt geladen. Die ihm zugestellte Ladung enthält ganz ordnungsgemäß, nach CPO. 377: 1. *die Bezeichnung der Parteien; 2. die Tatsachen, über welche die Vernehmung erfolgen soll; 3. die Anweisung, zur Ablegung des Zeugnisses bei Vermeidung der durch das Gesetz angedrohten Strafen in dem nach Zeit und Ort bezeichneten Termine zu erscheinen.*

Als der Geladene aber nach vollführter Reise auf dem Gerichte erscheint, wird ihm mitgeteilt, daß sein Name irrtümlich auf die Zeugenliste gekommen sei; da er also kein Zeugnis abzugeben habe, könne man ihm auch Reisekosten und Gebühren nicht bewilligen.

Muß sich der Geschädigte hierbei beruhigen?

20. Nach § 14 des Postgesetzes des Deutschen Reiches, vom 28. Oktober 1871, erlischt der Anspruch auf Entschädigung an die Postverwaltung mit Ablauf von sechs Monaten, vom Tage der Einlieferung der Sendung an gerechnet.

Wenn man nun durch die Post mittels Postanweisung Geld versandt hat, das durch Unterschlagung oder fehlerhafte Beförderung seitens eines Postbeamten wegkommt: inwieweit kann man sich nach sechs Monaten noch an den betreffenden Beamten halten, bei dem man die Anweisung aufgegeben hat? oder an denjenigen, durch dessen Schuld das Eingezahlte abhanden gekommen ist?

21. Zahlreiche Verurteilungen Unschuldiger wegen Milchverfälschung sind in Potsdam seit Jahren vorgekommen, und zwar, weil das von der Potsdamer Polizei zu den Untersuchungen der Milch verwendete Galaktometer eine unrichtige Skala hatte. Der gerichtliche Sachverständige, Chemiker Dr. Bischoff aus Berlin, nahm an Gerichtsstelle eine Prüfung des Milchmessers vor, und es stellte sich heraus, daß die Skala einen halben Grad weniger zeigte, als sie eigentlich zeigen sollte. Dr. Bischoff erklärte, daß die Milchmesser vielfach nachgeahmt würden und wahrscheinlich sehr viele Polizeibehörden unrichtige in ihrem Besitze haben.

Die Folgen sind für die Betroffenen sehr verhängnisvoll gewesen. Nicht nur, daß den Milchhändlern die Milch in den Rinnstein gegossen wurde, sie wurden oftmals auch mit Gefängnis bestraft, und das Urteil wurde von seiten des Gerichtes in den Blättern bekannt gemacht, wodurch die Milchhändler in ihrem Erwerbe empfindlich geschädigt wurden.

Wer leistet nun, nachdem sich die Unrichtigkeit des von der Behörde verwendeten Galaktometers herausgestellt hat, den zu Unrecht Verurteilten Ersatz?

22. Es beschädigt jemand schuldhaft eine dem X. gehörige Sache, welche dieser

a) dem Y. vermietet, oder zu Nießbrauch, oder als Pfand gegegeben hat;

b) bei dem Y. in Verwahrung gegeben hat;

c) dem Y. zu dem Zwecke anvertraut hat, daß er sie dem Z., welcher sie von X. gekauft hat, überbringe;

d) einem Gastwirte oder Schiffer in Ausübung ihres Gewerbes übergeben hat;

e) oder einem Handwerker, zur Bearbeitung und Reparatur.

Wer ist in allen diesen Fällen der richtige Kläger gegen den die fragliche Sache Beschädigenden?

23. Bei dem Entleiher einer Sache ist diese spurlos verschwunden; da jener sich selbst den Vorwurf machen muß, auf das entliehene Objekt nicht ordentlich acht gegeben zu haben, leistet er dem Eigentümer Schadensersatz. Nach einiger Zeit stellt sich heraus, daß jene Sache durch Schuld eines bestimmten Dritten vernichtet worden ist.

Welche Rechtsfolgen knüpfen sich an diesen Tatbestand?

24. Ein Schneidermeister in Frankfurt a. M. hatte an einen jungen Mann eine Forderung von 270 *M*, ohne daß es ihm glücken wollte, zu seinem Gelde zu kommen. Er verfügte sich nach der Wohnung des Schuldners und traf denselben gerade an seiner Haustüre, wo er mit ihm in einen Streit geriet. Wenn Sie mich nicht bezahlen, dann sollen Sie auch meinen Überzieher nicht länger tragen, rief der Schneider und schnitt dem Schuldner mit einer Schere ein großes Stück Tuch aus dem Rocke, so daß letzterer unbrauchbar wurde.

Hat er sich dadurch nicht einem civilrechtlichen Anspruche ausgesetzt? Macht es einen Unterschied, wenn er jene 270 *M* kreditiert oder die Kleidungsstücke in der ausgesprochenen Erwartung der Barzahlung geliefert hatte?

25. Zwei Kinder, die auf der Dorfstraße mit einem kleinen Wagen spielten, wurden von einem vorschriftswidrig schnell fahrenden Fleischerwagen, durch Schuld des Führers dieses Gefährtes, überfahren und verletzt; das genannte Spielzeug ward völlig zertrümmert. Die Mutter der Kinder war im letzten Augenblicke noch hinzugesprungen, um zu retten, dabei aber unter den, auch jetzt noch nicht eingehaltenen oder gebremsten, Wagen gekommen und so schwer verletzt worden, daß sie bald darauf ihren Wunden erlag.

Ihr Ehemann wünscht nun juristischen Rat betreffs der Ersatzforderung und will vor allem wissen:

a) Ob er nach dem Gesetze einen Anspruch gegen den Herrn des Geschirres habe? oder gegen die Insassen überhaupt? oder nur gegen den Kutscher?

b) Auf was dieser Anspruch sich erstrecke?

c) Ob er für sich und in seinem Namen, als Vater und Ehemann, auftreten könne? oder in Stellvertretung namens der übrigen Geschwister der Verletzten; und für seinen Freund, dem der zertrümmerte kleine Wagen gehört habe? oder als Nießbraucher des mütterlichen Vermögens seiner Kinder?

---

26. Ein Jockey ist einem anderen, dem er beim Wettrennen unterlegen ist, aufsässig. Er weiß, daß der letztere am morgigen Tage wieder reiten wird, und dingt zwei Personen, welche das zu reitende Pferd töten sollen. Diesen aber mangelt es später zur Ausführung an Mut; sie bereden zwei andere Leute zu der Tat, und diese erschießen das Tier.

Wie ist hier die Haftung jeder einzelnen der genannten Personen? Ist es von Einfluß, ob die beiden letzterwähnten geschossen haben und man nicht weiß, welcher Schuß getötet hat; oder ob nur der eine schoß, der andere das Tier hielt?

27. In den siebziger Jahren fanden an verschiedenen Orten Bayerns *Bierkrawalle* statt, veranlaßt durch eine von den Brauern versuchte Erhöhung der Bierpreise, bestehend in tumultuarischem Zusammenrotten von Volkshaufen, welche gewalttätig in die Bierwirtschaften und Brauereien eindrangen und sie mit Inventar zerstörend beschädigten. Vielfach konnten nur einige wenige, die an dem Krawalle beteiligt gewesen, ermittelt werden.

a) Wie steht es mit den Ersatzansprüchen der geschädigten Wirte und Brauer?

b) In einem Falle wurde festgestellt, daß jemand den Tumultuanten Nachricht gebracht, wann die Gendarmen des Ortes sich entfernt hatten; und andere hatten alsdann Wache gestanden, um bei etwaigem Zurückkehren jener die Zerstörer zu warnen. *Quid iuris?*

c) Steht das letzterwähnte dem Falle gleich, da ein reicher

Bauer einem Strolche Geld gibt, auf daß er die Scheune eines ihm verfeindeten Dorfbewohners in Brand setze?

d) Bei einem jener Krawalle hatte sich der Hofhund des Wirtes den Eindringlingen entgegengestellt; einer der letzteren verwundet das Tier, später kommen andere und schlagen den Hund tot. Haftung?

28. Ein Bauer war mit einem Metzger in Streit gekommen und hatte dabei den letzteren tätlich angegriffen, an die Wand gedrückt und heftig geschüttelt. Als er ihn losließ, sprangen unaufgefordert die beiden Knechte des Metzgers hinzu, warfen den Bauer zu Boden, mißhandelten ihn und ließen nicht eher ab, bis ihr Dienstherr ihnen zurief: *Jetzt ist es genug.*

Wen kann hier der verletzte Bauer mit rechtlichem Erfolg verklagen?

29. Drei Jäger haben auf einen ihnen zugetriebenen Hasen je einen Schuß abgegeben. Durch ein Schrotkorn aus einem dieser Schüsse wurde eine in der Nähe befindliche Frau verletzt. Diese klagt gegen den einen jener Jäger auf Ersatz wegen des infolge ihrer Verletzung erlittenen Schadens.

Das Beweisverfahren ergibt, daß das ganze Verhalten der Jäger beim Aufstellen, Zutreibenlassen und Schießen ein fahrlässiges gewesen ist; dagegen ist nicht festzustellen, durch welchen der drei Schüsse die Verletzung der Klägerin verursacht worden ist.

Wie hat das Gericht zu entscheiden?

30. Einige Kinder spielten im Hofe eines Grundstücks *Zeck,* ein Junge lief vor einem andern, ihn verfolgenden, auf die Straße hinaus, drehte sich dabei nach seinem Verfolger um und rannte gegen eine gerade des Weges kommende alte Dame, so daß diese zu Boden stürzte und sich einen Schenkelbruch zuzog. Sie machte darauf gegen den Vater des Jungen Ersatzansprüche geltend und verlangte von ihm im Wege der Klage für Kur und Pflege 300 *M*. Ihr Vertreter stützte sich dabei auf BGB. 825. Dagegen verwies der Vertreter des Beklagten auf den letzten Passus von BGB. 832 und beantragt Abweisung der Klage.

Wessen Meinung ist im Gesetze begründet?

CX

1. Kann in nachstehenden Fällen von dem Geschädigten ein Ersatzanspruch (und was für eine *actio*?) erhoben werden?

a) X. hetzt den Hund des Y. auf Z., der nun von dem Tiere beschädigt wird.

b) Bei einem auf gemietetem Pferde unternommenen Spazierritte war das Pferd durch einen Flug zahmer Tauben erschreckt worden, welche deren Eigentümer zur Saatzeit gegen polizeiliches Verbot hatte ausfliegen lassen; hierbei war der Reiter abgeworfen und durch Verstauchen des Armes einige Zeit arbeitsunfähig geworden.

c) Der Sohn des Gerbers R. ist an einem Flusse mit Reinigung von Fellen seines Vaters beschäftigt, da der Gerber S. in Begleitung eines sehr bösen Hundes kommt und sehr ärgerlich wird, als er sieht, daß R. an dem Platze arbeitet, den er, S., sonst inne hat. Er schöpft mit der Hand Wasser aus dem Flusse und bespritzt damit den jungen R.; kaum hat dieses der Hund gesehen, so springt er auf den R. und verletzt ihn durch Beißen schwer. S. verkauft am nächsten Tage den Hund an T.

d) Eine alte Frau wurde durch einen mit zwei Pferden bespannten Wagen eines Gasthofes überfahren und beschädigt. Das Gespann hatte der Kutscher des Gasthofes geleitet. Das Hotel gehörte einer Aktiengesellschaft.

e) Ein seltsames Waldschutzmittel hat ein Gutsbesitzer im Ostrowschen Kreise erfunden. Um die Bauern am Holzstehlen zu verhindern, kaufte er ein Rudel Wölfe und setzte sie in seinen Forsten in Freiheit. Die Bauern wagen sich nun nicht mehr in den Wald — der Gutsbesitzer aber auch nicht mehr. Die Wölfe haben sich schnell vermehrt und dehnen ihre nächtlichen Ausflüge bis in die Ställe der Umwohner aus.

2. Ein Gutsbesitzer war in einem Gasthofe abgestiegen. Während des Mittagessens stand sein großer Hund neben seinem Sitz. Ein Herr, der dem Gutsbesitzer gegenüber Platz genommen, wollte zahlen und dem Kellner einen Fünfzigmarkschein reichen, ließ aber das Wertpapier in eine Saucenschüssel fallen. Ein neben dem Gutsbesitzer sitzender Herr ergriff den Schein, um ihn, mit Sauce überzogen, dem Kellner zu reichen; in diesem Augenblicke sprang der Hund hinzu und verschluckte den Schein.

Eine Tötung des Hundes, um den Schein zu retten, lehnte der Eigentümer des Tieres ab, da der Hund sehr wertvoll war.

Es entsteht nun die im Wege des Prozesses zu entscheidende Frage: Wer hat den Schein zu ersetzen?

3. Ein interessanter Rechtsfall schwebte vor kurzem in Freiburg in der Schweiz. Der Elefant Jumbo, welcher in der Menagerie Kleeberg mit dem Rüssel die Taschen der ihn bewundernden Besucher zu durchsuchen pflegte, um etwaige Leckerbissen ausfindig zu machen, erwischte bei dieser Gelegenheit das Portemonnaie eines Gastes und steckte es sofort in den Mund. Das im Portemonnaie enthaltene Geld konnte samt dem Portemonnaie ohne Schwierigkeit wieder herausgeholt werden; dagegen blieben zwei Banknoten von je 50 Franken verschwunden. Der Elefant hatte sie verschlungen.

Hiernach fragt es sich, von wem der Schaden zu tragen ist?

4. Wie ist über folgende Ersatzansprüche nach unserem bürgerlichen Rechte zu befinden?

a) Die *Korb- und Weidenwarenindustrie-Zeitung* führt lebhafte Klage über Wildschaden in den Weidenpflanzungen. In einem speziell angeführten Falle hatten Rehe an einer Weidenpflanzung einen Schaden von etwa 1000 ℳ angerichtet. Und im vorigen Sommer fand sich bei Besichtigung einer neu angelegten Pflanzung, daß zahlreiche Stöcke von den Hasen abgefressen worden waren, als die jungen Schößlinge ungefähr handlang waren. Die Anpflanzer wollen Ersatz.

b) Herzog Ernst August von Cumberland hat seine Besitzungen in Gmunden und Umgebung; dazu gehört auch das Jagdgebiet in Kirchham. Die Bauern dieses Dörfchens behaupten nun, daß sich im Jagdreviere des Herzogs die Eichhörnchen in erschreckender Weise vermehren und ihre Obstgärten, sowie Waldkulturen empfindlich schädigen. Sie wandten sich daher an die herzogliche Jagdleitung um Wildschadensersatz.

c) Ein Bienenschwarm wählte den Rücken einer im Nachbargarten angebundenen Ziege zum Ruh- und Sammelort und richtete das arme Tier derartig zu, daß es danach verendete.

d) Fräulein Dufay vom Pariser Olympia-Theater hat eine merkwürdige Passion für Esel. Als sie kürzlich erfuhr, daß in einem benachbarten Dorfe ein solcher zu verkaufen sei, begab sie sich dorthin, um das Grautier anzusehen. Das gutmütig dreinschauende Tier ließ sich streicheln und liebkosen: die Küsse der Küntslerin erwiderte es aber nach Eselsart mit einem Biß in die Wange der Freundin. Fräulein Dufay hat nun gegen den Besitzer des Esels Klage auf Schadensersatz erhoben.

5. Ist in den kommenden Tatbeständen eine gesetzliche Haftung jemandes begründet?

a) Im Juli 1902 stürzte der Campanile auf dem Markusplatze in Venedig infolge von Baufälligkeit ein. Es wurden der Palazzo reale und auch Privatgebäude beschädigt.

b) Der Harzklub, ein eingetragener Verein, hat verschiedene Aussichtstürme errichten lassen. Es mag der Fall gesetzt werden, daß durch Abbröckeln von Baumaterial oder durch Fehlen eines Geländers ein Besucher zu Schaden kommt.

Solche Türme und Schutzhütten sind zuweilen auch von Vereinen ohne Rechtsfähigkeit hergestellt worden.

c) Von einem Hause fiel einer vorübergehenden Frau ein Konsol, das zur Verzierung des Hauses unter dem Dache angebracht war, auf die Schulter und veranlaßte einen Bruch des Schlüsselbeines, an den sich eine chronische Entzündung schloß.

d) Ein Fuhrmann fuhr mit seinem eigenen Gespann ein Fuder Schilf im Auftrage eines Landwirtes nach des letzteren Gehöft. Bei der Einfahrt in den Hof stieß der Wagen an den einen Pfeiler des Torweges. Der Pfeiler löste sich und fiel mit einem Flügel auf den Fuhrmann, so daß dieser erheblich verletzt wurde.

6. Eine Grenzmauer, welche den Eigentümern aneinander stoßender Grundstücke gemeinschaftlich gehört und daher gemeinsam von ihnen zu erhalten ist, wird baufällig. Der eine Miteigentümer fordert den Nachbar vergeblich zur gemeinschaftlichen Wiederherstellung der Mauer auf. Für sich allein will er den Bau nicht übernehmen, weil er Grund hat, zu besorgen, daß der seinen Nachbar treffende Kostenanteil von diesem nicht zu erlangen sein werde. Er schreitet daher gegen ihn zur Klage, mit dem Antrage: den Beklagten zur Instandsetzung der Mauer auf gemeinschaftliche Kosten zu verurteilen.

Während des Prozesses stürzt jedoch die Mauer ein und verursacht dem Kläger beträchtlichen Schaden.

Ist der Beklagte zum Ersatze dieses Schadens oder doch der Hälfte dessen verpflichtet?

Anhang.

(Vgl. auch S. 4.)

Erläuterungen zu der Karte des im Deutschen Reiche vor 1900 geltenden bürgerlichen Rechtes.

(Die von den Bundesstaaten seit 1806 erlassenen Einzelgesetze sind auf der Karte und im folgenden nicht berücksichtigt.)

I.

Gemeines Recht.

A. Ausschließlich gemeinrechtliche Quellen.

1. Reichsritterschaftliche Gebiete in Schwaben und Franken; Fuggersche Besitzungen; reichsunmittelbare Klöster und Stifter.
2. Abtei Irrsee.
3. Riedeselsche Besitzungen.
4. Reichsritterschaftliche Gebiete des Kantons Rhön-Werra.

B. Einzelne Partikulargesetze und Gewohnheitsrechte.

5. Unbedeutende Lokalstatuten und Observanzen.
6. Hohenzollern-Sigmaringen.
7. Lindau.
8. Rothenfels.
9. Bistum Augsburg.
10. Stadt Augsburg.
11. Fürstentum Kempten.
12. Stadt Kempten.
13. Kaufbeuren.
14. Memmingen.
15. Nördlingen.
16. Öttingen.
17. Pappenheim.
18. Eichstädt.
19. Regensburg.
20. Rothenburg.
21. Schwarzenberg.
22. Castell.
23. Löwenstein-Wertheim.
24. Erbach.
25. Hessen-Darmstadt.
26. Schlitz.
27. Fulda.
28. Kurhessen.
29. Waldeck.
30. Nassau.
31. Hessen-Homburg.
32. Lippe-Detmold.
33. Braunschweig.
34. Calenberg-Göttingen-Grubenhagen.
35. Lüneburg-Celle-Hoya.

36. Grafschaft Diepholz.
37. Herzogtum Bremen-Verden.
38. Bistum Osnabrück.
39. Bistum Hildesheim.
40. Goslar.
41. Herzogtum Oldenburg.
42. Erbherrschaft Jever.
43. Lauenburg.
44. Schauenburgische Anteile von Holstein.
45. Mecklenburg-Schwerin.
46. Mecklenburg-Strelitz.
47. Ratzeburg.
48. Neuvorpommern und Rügen.

C. Land- und Stadtrechte (Reformationen).

49. Hohenzollerische Landesordnung 1698.
50. Württembergisches Landrecht 1610.
51. Gesetzbuch Josephs II. 1787. (Vorderösterreichisches Recht.)
52. Hohenloher Landrecht 1737.
53. Wimpfener Stadtrecht 1755.
54. Würzburger Landgerichtsordnung 1619.
55. Schweinfurter Stadtrecht 1724.
56. Bamberger Landrecht 1769.
57. Nürnberger Reformation 1564.
58. Kurpfälzisches Landrecht 1610.
59. Mainzer Landrecht 1755.
60. Katzenelnbogner Landrecht 1591.
61. Solmser Landrecht 1571.
62. Frankfurter Reformation 1578.
63. Nassau-Katzenelnbogensche Landesordnung 1616.
64. Kurtrierer Landrecht 1713.
65. Kurcölnische Rechtsordnung 1663.
66. Schaumburger Polizeiordnung 1615.
67. Bentheimische Hof- und Landgerichtsordnung 1690.
68. Münsterische Polizeiordnung 1740.
69. Celler Stadtrecht 1537.
70. Lüneburger Stadtrecht 1577 (1778).
71. Hamburgisches Stadtrecht 1603.
72. Bremer Stadtrecht 1433, 1489, 1534.
73. Hadeler Landrecht 1583.
74. Butjadinger Landrecht 1664. Würder Landrecht 1574.
75. Eiderstedter Landrecht 1591.
76. Lübecker Stadtrecht 1586.
77. Rostocker Stadtrecht 1757.
78. Wismarer Stadtrecht 1875.

D. Der Sachsenspiegel.

Subsidiär hinter lübischem Recht in den holsteinischen Städten und der Haubenbandsgerechtigkeit für den angesessenen Adel.

Sowie hinter

79. Ditmarscher Landrecht 1567.
80. Land- und Marschrecht (Gewohnheitsrecht).
81. Neumünsterische Kirchspielsgebräuche.

E. Gemeines Sachsenrecht.

Subsidiär hinter Partikularrecht von

82. Sachsen-Weimar-Eisenach.
83. Sachsen-Koburg-Gotha.
84. Sachsen-Altenburg.
85. Sachsen-Meiningen.
86. Fürstentümer Schwarzburg.

87. Fürstentümer Reuß.
88. Anhalt.
89. Amt Bergedorf (Hamburg).
90. Fürstentum Lübeck (Oldenburg).

F. Codex Maximilianeus Bavaricus Civilis 1756.

Teilweise subsidiär hinter lokalem Recht.

G. Jütisch Low (1240) 1590.

91. Schleswig (außer 75; — V; VI). Susidiär hinter einzelnen Stadtrechten.
92. Recht der Insel Fehmarn (1326) 1558.
93. Helgoland.

Das gemeine Recht gilt hinter JL. nur, soweit es im einzelnen besonders rezipiert ist.

II.

Allgemeines Landrecht für die preußischen Staaten.

A. Prinzipale Geltung.

94. Provinz Sachsen, soweit sie zum Königreich Westfalen gehörte.
95. Hannöversches Eichsfeld.
96. Ostfriesland.
97. Jahdegebiet.
98. Provinz Westfalen (außer 110).
99. Rheinprovinz: Kreise Duisburg, Essen, Rees.
100. Provinz Posen.
101. Kulm- und Michelauer Land.

B. Subsidiär hinter alten Lokalrechten.

102. Märkisches Provinzialrecht.
103. Magdeburgisches Recht.
104. Erfurter Recht.
105. Altsächsisches Lokalrecht (ganz unbedeutend).
106. PommerschePartikularrechte.
107. Oberlausitzer Provinzialrecht.
108. Niederlausitz Provinzialrecht.
109. Schlesische partikulare Rechte (von verschwindender Bedeutung).
110. Herzogtum Westfalen; Siegen; Wittgenstein.
111. Lingensches Landrecht 1639; — Münstersche Absplisse.
112. Bayreuther Provinzialrecht.
113. Ansbacher Provinzialrecht.

C. Suspension von ALR. II, 1—3.

In 102 und 110. (In 110 auch von einigen anderen Abschnitten des ALR.)

D. Vorgehende Provinzialgesetzbücher.

114. Ostpreußisches Provinzialgesetzbuch 1801.
115. Westpreußisches Provinzialgesetzbuch 1844.

III.

Rheinisches Recht.

A. Code civil 1804.

116. Elsaß-Lothringen.
117. Bayerische Rheinpfalz.
118. Rheinhessen.
119. Oldenburg-Birkenfeld.
120. Preußische Rheinprovinz links des Rheins.
121. Altes Herzogtum Berg.

B. Badisches Landrecht 1809.

IV.

Bürgerliches Gesetzbuch für das Königreich Sachsen 1865.

V.

Nordstrander Landrecht 1572.

(Friesisches Recht.)

VI.

Gesetzbuch Christians V. von Dänemark 1683..

VII.

Bürgerliches Gesetzbuch für das Kaisertum Österreich 1811.

(Am Fichtelgebirge im Amte Redwitz und im Fraischbezirke.)